先行先试

——粤港澳大湾区建设

国家出版基金项目
NATIONAL PUBLICATION FOUNDATION

国家出版基金资助项目

全国高校出版社主题出版项目

重庆市出版专项资金资助项目

国家社会科学基金重大项目：

粤港澳大湾区构建具有国际竞争力的

现代产业体系研究

李青　韩永辉　等　著

XIANXING XIANSHI

YUEGANG'AO DAWANQU

JIANSHE

重庆大学出版社

内容提要

在当前经济全球化进程受阻、国际经济政治环境纷繁复杂及中美关系错综复杂的大背景下,中国国内改革已进入深水区,如何深化区域经济合作,发挥区域经济轴带作用进而助推中国经济发展是当下及未来中国关注的重点议题。《先行先试——粤港澳大湾区建设》一书以粤港澳大湾区的先行先试发展历程为主线,通过梳理粤港澳大湾区经济、文化、制度等方面敢为人先的历史变迁,系统阐述了当下粤港澳大湾区的人才环境、营商环境、技术创新和产业融合等方面的显著的先行先试优势以及粤港澳大湾区如何发挥先行先试优势成为中国的经济引擎。结合我国"双循环"新发展格局,对粤港澳大湾区的未来高质量发展进行了精准定位,以期为粤港澳大湾区继续发扬先行先试精神勾勒出愿景蓝图。

图书在版编目(CIP)数据

先行先试:粤港澳大湾区建设 / 李青等著. --重庆:重庆大学出版社,2022.3
(改革开放新实践丛书)
ISBN 978-7-5689-2834-2

Ⅰ.①先… Ⅱ.①李… Ⅲ.①区域经济—经济建设—研究—广东、香港、澳门 Ⅳ.①F127.6

中国版本图书馆 CIP 数据核字(2022)第 038479 号

改革开放新实践丛书
先行先试
——粤港澳大湾区建设
李 青 韩永辉 等著
策划编辑:马 宁 尚东亮 史 骥
责任编辑:史 骥 版式设计:史 骥
责任校对:谢 芳 责任印制:张 策

＊

重庆大学出版社出版发行
出版人:饶帮华
社址:重庆市沙坪坝区大学城西路 21 号
邮编:401331
电话:(023)88617190 88617185(中小学)
传真:(023)88617186 88617166
网址:http://www.cqup.com.cn
邮箱:fxk@cqup.com.cn(营销中心)
全国新华书店经销
重庆升光电力印务有限公司印刷

＊

开本:720mm×1020mm 1/16 印张:25.5 字数:368 千
2022 年 3 月第 1 版 2022 年 3 月第 1 次印刷
ISBN 978-7-5689-2834-2 定价:99.00 元

丛书编委会

主 任：

王东京　中央党校（国家行政学院）原副校（院）长、教授

张宗益　重庆大学校长、教授

副主任：

王佳宁　大运河智库暨重庆智库创始人兼总裁、首席研究员

饶帮华　重庆大学出版社社长、编审

委　员（以姓氏笔画为序）：

车文辉　中央党校（国家行政学院）经济学教研部教授

孔祥智　中国人民大学农业与农村发展学院教授、中国合作社研究院院长

孙久文　中国人民大学应用经济学院教授

李　青　广东外语外贸大学教授、广东国际战略研究院秘书长

李　娜　中国国际工程咨询有限公司副处长

肖金成　国家发展和改革委员会国土开发与地区经济研究所原所长、教授

张志强　中国科学院成都文献情报中心原主任、研究员

张学良　上海财经大学长三角与长江经济带发展研究院执行院长、教授

陈伟光　广东外语外贸大学教授、广东国际战略研究院高级研究员

胡金焱　青岛大学党委书记、教授

以历史视角认识改革开放的时代价值

——《改革开放新实践丛书》总序

改革开放是决定当代中国命运的关键一招。在中国共产党迎来百年华诞、党的二十大将要召开的重要历史时刻,我们以历史的视角审视改革开放在中国共产党领导人民开创具有中国特色的国家现代化道路中的历史地位和深远影响,能够更深刻地感悟改革开放是我们党的一个伟大历史抉择,是我们党的一次伟大历史觉醒。

改革开放是中国共产党人的革命气质和精神品格的时代呈现。纵观一部中国共产党历史,实际上也是一部革命史。为了实现人类美好社会的目标,一百年来,中国共产党带领人民坚定理想信念,艰苦卓绝,砥砺前行,实现了中华民族有史以来最为广泛深刻的社会变革。这一壮美的历史画卷,展示的是中国共产党不断推进伟大社会革命同时又勇于进行自我革命的非凡过程。

邓小平同志讲改革开放是中国的"第二次革命",习近平总书记指出,"改革开放是中国人民和中华民族发展史上一次伟大革命"。改革开放就其任务、性质、前途而言,贯穿于党领导人民进行伟大社会革命的全过程,既是对具有深远历史渊源、深厚文化根基的中华民族充满变革和开放精神的自然传承,更是中国共产党人内在的革命气质和精神品格的时代呈现,因为中国共产党能始终保持这种革命精神,不断激发改革开放精神,在持续革命中担起执政使命,在长期执政中实现革命伟业,引领中华民族以改革开放的姿态继续走向未来。

改革开放是实现中国现代化发展愿景的必然选择和强大动力。一百年来,我们党团结带领人民实现中国从几千年封建专制向人民民主的伟大飞跃,实现中华民族由近代不断衰落到根本扭转命运、持续走向繁荣富强的伟大飞跃,实现中国大踏步赶上时代、开辟中国特色思想道路的伟大飞跃,都是致力于探索中国的现代化道路。

改革开放,坚决破除阻碍国家和民族发展的一切思想和体制障碍,让党和人民事业始终充满奋勇前进的强大动力,孕育了我们党从理论到实践的伟大创造,走出了全面建成小康社会的中国式现代化道路,拓展了发展中国家走向现代化的途径,为解决人类现代化发展进程中的各种问题贡献了中国实践和中国智慧。党的十九大形成了从全面建成小康社会到基本实现现代化,再到全面建成社会主义现代化强国的战略安排,改革开放依然是实现中国现代化发展愿景的必然选择和前行动力,是实现中华民族伟大复兴中国梦的时代强音。

改革开放是顺应变革大势集中力量办好自己的事的有效路径。习近平总书记指出,"今天,我们比历史上任何时期都更接近、更有信心和能力实现中华民族伟大复兴的目标。中华民族伟大复兴,绝不是轻轻松松、敲锣打鼓就能实现的。"当前,我们面对世界百年未有之大变局和中华民族伟大复兴战略全局,正处于"两个一百年"奋斗目标的历史交汇点。

改革开放已走过千山万水,但仍需跋山涉水。我们绝不能有半点骄傲自满,故步自封,也绝不能有丝毫犹豫不决、徘徊彷徨。进入新发展阶段、贯彻新发展理念、构建新发展格局,是我国经济社会发展的新逻辑,站在新的历史方位的改革开放面临着更加紧迫的新形势新任务。新发展阶段是一个动态、积极有为、始终洋溢着蓬勃生机活力的过程,改革呈现全面发力、多点突破、蹄疾步稳、纵深推进的新局面,要着力增强改革的系统性、整体性、协同性,着力重大制度创新,不断完善和发展中国特色社会主义制度,推进国家治理体系和治理能力现代化;开放呈现全方位、多层次、宽领域,要着力更高水平的对外开放,不断推动共建人类命运共同体。我们要从根本宗旨、问题导向、忧患意识,完整、准确、全面贯彻新发展理念,以正确的发展观、现代化观,不断增强人民群众的获得感、幸福感、安全感。要从全局高度积极推进构建以国内大循环为主体、国际国内双循环相互促进的新发展格局,集中力量办好自己的事,通过深化改革打通经济循环过程中的堵点、断点、瘀点,畅通国民经济循环,实现经济在高水平上的动态平衡,提升国民经济整体效能;通过深化开放以国际循环提升国内大循环效率和水平,重塑我国参与国际合作和竞争的新优势。

由上观之,改革开放首先体现的是一种精神,始终保持改革开放的革命精神,我们才会有清醒的历史自觉和开辟前进道路的勇气;其次体现的是一种方略,蕴藏其中的就是鲜明的马克思主义立场观点方法,始终坚持辩证唯物主义和历史唯物主义,才会不断解放思想、实事求是,依靠人民、服务人民;再次体现的是着眼现实,必须始终从实际出发着力解决好自己的问题。概而言之,改革开放既是方法论,更是实践论,这正是其时代价值所在,也是其永恒魅力所在。

重庆大学出版社多年来坚持高质量主题出版,以服务国家经济社会发展大局为选题重点,尤其是改革开放伟大实践。2008 年联合《改革》杂志社共同策划出版"中国经济改革 30 年丛书"(13 卷),2018 年联合重庆智库共同策划出版国家出版基金项目"改革开放 40 周年丛书"(8 卷),在 2021 年中国共产党成立100 周年、2022 年党的二十大召开之际,重庆大学出版社在重庆市委宣传部、重庆大学的领导和支持下,联合大运河智库暨重庆智库,立足新发展阶段、贯彻新发展理念、构建新发展格局,以"改革开放史"为策划轴线,持续聚焦新时代改革开放新的伟大实践,紧盯中国稳步发展的改革点,点面结合,创新性策划组织了这套"改革开放新实践丛书"(11 卷)。丛书编委会邀请组织一批学有所长、思想敏锐的中青年专家学者,围绕长三角一体化、粤港澳大湾区、黄河流域生态保护和高质量发展、海南自由贸易港、成渝地区双城经济圈、新时代西部大开发、脱贫攻坚、乡村振兴、创新驱动发展、中国城市群、国家级新区 11 个选题,贯穿历史和现实,兼具理论与实际,较好阐释了新时代改革开放的时代价值、丰硕成果和实践路径,更是习近平新时代中国特色社会主义思想在当代中国现代化进程中新实践新图景的生动展示,是基于百年党史背景下对改革开放时代价值的新叙事新表达。这是难能可贵的,也是学者和出版人献给中国共产党百年华诞、党的二十大的最好礼物。

中央党校(国家行政学院)原副校(院)长、教授　　　　　　重庆大学校长、教授

王东京　　　　　　　　　　　　　　　张宗益

2021 年 7 月　　　　　　　　　　　　2021 年 7 月

序言一

当前,新冠肺炎疫情肆虐全球,世界正经历百年未有之大变局,全球经济政治格局出现新的变化,中国进入"两个一百年"历史交汇期,改革开放进入攻坚期和深水区。作为我国改革开放的排头兵和创新发展的先行者,粤港澳大湾区如何整合现有资源,发挥集成优势,建成我国的经济引擎,从而发挥区域带动作用提升中国总体实力,更好地推动"双循环"新发展格局,既是时代的机遇,又是时代的挑战,也是一个值得学界深入研究的重大课题。围绕这一机遇与挑战,李青教授和韩永辉教授带领研究团队对此展开了相关的研究,《先行先试——粤港澳大湾区建设》一书得以问世。

从"珠三角"到"大湾区",从"世界工厂"到"世界市场",粤港澳大湾区通过整合区域发展优势,成长为我国经济发展的重要引擎。作为我国开放程度最高、经济活力最强的区域之一,粤港澳大湾区既有强大的市场需求基础,又有齐全的产业链支撑,还有特殊的国家政策支持,既是中国经济发展的核心引擎,也是推动新时代我国继续深化改革、发挥区域经济轴带作用的重要区域,更是我国联结国内外两大市场、引领国内外双向开放的综合性门户枢纽,其高质量建设必将助推我国"双循环"新发展格局的构建。

由李青教授和韩永辉教授领衔的研究团队所撰写的《先行先试——粤港澳大湾区建设》一书,以粤港澳大湾区的发展历程为主线,系统阐述了粤港澳大湾区经济、文化和制度等方面发展的历史沿革与最新成果,为读者全面展现了粤港澳大湾区的前世今生。同时,此书还通过翔实的数据和案例分析,阐述了粤港澳大湾区如何通过发挥其在人才环境、营商环境、技术创新、制度开放和产业融合等方面的优势,发展成为推动中国发展的经济引擎,为读者勾勒出一幅全面了解粤港澳大湾区发展现状的工笔画。此外,此书还结合我国"双循环"新发展格局,对粤港澳大湾区未来的发展进行了精准定位,并对粤港澳大湾区的未来发展方向进行了全方位展望,有助于读者深入了解粤港澳大湾区在独特的时代背景下的未来发展目标。

中国社会科学院大学教授、经济研究所研究员

裴长洪

2021 年 5 月

序言二

从古至今,珠江口地区都是中国最令人瞩目的经济区域。此处有"东方之珠"香港,有"千年商都"羊城广州,有"中国硅谷"深圳,有"东方拉斯维加斯"澳门,还有盛产"无影脚"和"咏春"的"功夫之城"佛山等。无论提起这些城市中的哪一个,它在中国和世界上都有响当当的名头。这里不但经济发展强劲,还有超过千年的人文历史沉淀和同宗同族的传统广府文化,保留了中国千年商业繁荣盛世的足迹,并延续至今,为世人所惊叹。珠三角9市和港澳2区既因一水珠江及其出海口而联结起来,形成了以"粤港澳大湾区"为名的空间地理概念,又因多年来千丝万缕的经济联系和人文联系而形成一个经济地理和人文地理概念。正如"一国两制"的提出是中国的一个伟大创举一般,粤港澳大湾区概念的提出也是一个划时代的创新,是对"一国两制"成功实践的进一步升华。

事实上,粤港澳大湾区无论是基础设施建设、经济发展活力、技术研发水平,抑或是制度创新能力,均已达到世界一流。但是,我们要看到,发展基础并非目标,而是未来爬得更高、走得更远的根基和优势。而这些根基和优势能否发挥应有的作用,关键是要看"9+2"城市能否深入挖掘出相互的互补之处,通过合理布局与协同合作,打破制度藩篱,实现"9+2>11"的叠加效应,继而成为一体化的世界级城市群,成为世界一流的湾区,成为中国未来发展的重要极核,辐射带动泛珠三角乃至整个中国的经济继续腾飞。从李青教授和韩永辉教授及其团队撰写的《先行先试——粤港澳大湾区建设》一书中的内容来看,我们可以对这一建设目标充满信心。

同为湾区城市群,粤港澳大湾区与纽约湾区、旧金山湾区和东京湾区的发展模式有着明显的差别。正如著名管理学家 Fred E. Fiedler 所说:"没有最好的,只有最适合的。"从此书对粤港澳大湾区先行先试发展历程的介绍来看,无疑验证了这一观点。除此之外，该书从时间和空间两大维度对粤港澳大湾区先行先试的实践经验进行了翔实的介绍，既能"纵观千年"，又能"横览万里"，为读者展开粤港澳大湾区勇当潮头、先行先试的发展历史卷轴的同时，又深入分析其经济、文化和制度等方面的发展现状，描绘出一整幅粤港澳大湾区发展全景图，为读者提供了一场饕餮盛宴。可以说，此书是迄今为止对粤港澳大湾区先行先试实践和发展历程介绍得最为全面的文献，无疑为读者开启了一扇深入了解粤港澳大湾区的重要窗口。

水深自有蛟龙游，相信顺着中国进一步改革开放这股浪潮，粤港澳大湾区这条蛟龙，一定能在"一带一路"乃至全球市场之汪洋中遨游万里，肆意成长。

对外经济贸易大学教授

林桂军

2021 年 5 月

序言三

当今世界,经济全球化在曲折中调整发展,各国经济深度融合,贸易往来与日俱增。一方面,随着各国在多边贸易往来中的相对收益差距逐步扩大,以美国为首的发达资本主义国家以"不公平贸易"为由推行贸易保护主义,致使经济全球化进程受阻,多边贸易深陷掣肘,国际经贸规则加快变革与重塑。另一方面,以 5G、大数据、物联网、人工智能等为代表的信息技术不断发展,催生了数字化、网络化、智慧化的生产生活方式,新产业、新业态、新商业模式"三新"经济为各国经济社会发展提供了新的活力,也为经济全球化提供了新动力和新方向。在这一时代背景下,中国负起大国责任,积极推动更有活力、更加包容、更可持续的经济全球化进程。

经过改革开放 40 多年的快速发展,中国已进入高质量发展的新阶段,改革开放步入深水区,如何深化区域经济合作,发挥区域经济轴带协同作用带动中国整体经济发展,进而助推现代化强国目标的实现,是值得思考的问题。凭借改革开放先行先试的政策优势以及"改革不停步、创新不止步"的进取精神,粤港澳大湾区成为继纽约湾区、旧金山湾区、东京湾区之后的全球第四大湾区。因此,全面了解粤港澳大湾区发展历程,深刻把握其引擎动力及"双循环"新发展格局下的战略定位,有利于把粤港澳大湾区建设成为我国经济和社会高质量发展的典范,亦对中国其他区域发展具有借鉴意义。

在《先行先试——粤港澳大湾区建设》一书中,我们看到了由李青教授和韩永辉教授领衔的研究团队在探索如何把粤港澳大湾区建设成我国经济新引擎时所做出的不懈努力。此书不仅对粤港澳大湾区的历史变迁与制度演变进行了清晰明了的阐述,更从制度、科技、产业、贸易、投资和人才 6 个方面具体剖析了粤港澳大湾区如何发扬其先行先试的无畏精神来发挥各方优势的实践历程,解释了其强劲的发展动力的源泉。不仅如此,此书还契合我国新提出的"双循环"新发展格局,给出在"十四五"时期的新要求下粤港澳大湾区高质量发展的战略定位及发展方向建议。期待此书的出版能够为加快建设国际一流湾区和世界级城市群提供智力支持。

中山大学粤港澳发展研究院教授

毛艳华

2021 年 5 月

前　言

近年来,我国经济发展面临严峻复杂的国内外环境。国际上,全球化进程受阻,贸易保护主义、单边主义等"逆全球化"思潮涌动,全球经济发展下行压力增大,笼罩于巨大的不确定性阴霾之下;在国内,我国经济正由增量发展向提质发展转变,区域经济发展不平衡将成为高质量发展的掣肘,如何发挥我国头部城市经济的带动作用,促进经济整体发展,是当下推动我国经济高质量发展的破局之策。

湾区经济作为当今世界经济版图的突出亮点,无论在哪个国家和地区,都发挥着引领创新、聚焦辐射的核心功能,已成为带动区域乃至全球经济发展的重要增长极和引领技术变革的领头雁。改革开放40多年来,粤港澳大湾区通过先行先试,凭借其优越的地理位置以及开放型的经济体制红利,经济体量不断增大,经济实力显著增强,已具备成为全球第四大湾区的发展基础。香港的金融业,澳门的旅游业,深圳的科技产业以及广州、佛山、东莞的制造业均位居全球前列,支撑着粤港澳大湾区成为中国经济高质量发展的新引擎。

本书从时间和空间两个维度分析了粤港澳大湾区的地理特征与空间张力,梳理了粤港澳大湾区的历史变迁、文化血脉和制度演变,继而从制度、科技、产业、贸易、投资和人才6个方面对粤港澳大湾区的先行先试实践进行全面分析,给出了粤港澳大湾区在构建"双循环"发展新格局背景下继续发挥先行先试优势的发展方向与战略定位。本书所研究的议题具有创新性和前瞻性,集中体现了粤港澳大湾区如何通过先行先试,在中国经济发展中占据领头地位和发挥引擎作用。

本书结构和主要内容如下:

第一章结合当前中国经济和社会发展特征以及"十四五"规划纲要的新要

求,总结了本书的写作目的,梳理了全书的写作主线和逻辑框架。第二章介绍了粤港澳大湾区的地理概念,分析了湾区内二区九市的空间张力。第三章从政治、经济、社会3个角度分析了粤港澳大湾区的历史变迁。第四章介绍了粤港澳大湾区的广府文化、粤语文化和粤商文化及其近现代发展历程。第五章介绍了经济特区、沿海开放城市、"一国两制"、CEPA 和粤港澳大湾区在制度创新方面先行先试的历程。第二章至第五章总体而言,解释了粤港澳大湾区如何拥有先行先试的基因。第六章以"制度先行"为主题,重点介绍了粤港澳三地在《粤港澳大湾区发展规划纲要》框架下的创新性制度衔接,深圳在《深圳市建设中国特色社会主义先行示范区的行动方案(2019—2025 年)》的制度创新以及在《中国(广东)自由贸易试验区建设实施方案》政策性文件下的制度创新为粤港澳大湾区作为中国重要经济极核提供制度支持。第七章从科技创新基础环境、科技创新投入与转化、高科技企业发展现状及新兴产业的崛起介绍了粤港澳大湾区国际科技创新中心引领地位。第八章从都市农业、先进制造业及现代服务业3个角度阐述了粤港澳大湾区现代产业体系的构建,并介绍了产业协同发展路径。第九章着重从对外开放的角度分析粤港澳三地的互补性、对外贸易基础设施以及香港澳门两地的独特地位,指出了粤港澳大湾区从"世界工厂"到"世界市场"的开放引领作用。第十章介绍了粤港澳大湾区活跃的民营经济与开放的投资环境如何表现出其先行先试的实践。第十一章从高等教育资源、人口结构、人才政策、生活成本与生活质量、各市薪酬与福利水平、就业环境6个方面详尽介绍了粤港澳大湾区丰富的人力资源与优越的人才环境。引擎动力部分所研究的内容具体且翔实地展示了粤港澳大湾区的六大引擎优势,突出表明粤港澳大湾区作为我国经济引擎的现实基础,使读者对粤港澳大湾区的优势及地位有了更加清晰的认识。第十二章是对粤港澳大湾区未来发展的展望,在分析《中华人民共和国国民经济和社会发展第十四个五年规划和2035 年远景目标纲要》对粤港澳大湾区的建设新要求的基础上,全面展望粤港澳大湾区未来如何通过继续先行先试,实现对内辐射带动、对接"一带一路"倡议建设、与海南自由贸易港联动、"双循环"新发展格局样板建设的战略目标,有利于读者把握粤港澳大湾区未来的发展方向。

本书由广东外语外贸大学广东国际战略研究院李青教授和韩永辉教授主持撰写。具体章节分工:第一章由李青、罗晓斐撰写,第二章由罗晓斐、韩素璇撰写,第三章由韩素璇、罗晓斐撰写,第四章由何珽鋆、罗晓斐撰写,第五章由韩永辉、陈长文撰写,第六章由韩永辉、雷超丽撰写,第七章和第九章由李青、韩永辉、李嘉杰撰写,第八章由李青、彭嘉成撰写,第十章、第十一章由张双钰、罗晓斐撰写,第十二章由罗晓斐、杨妙新、谭舒婷、张双钰撰写,成昊、孙慧卿参与了全书的校对。全书由李青教授、韩永辉教授和罗晓斐统稿定稿。

特别感谢国家社会科学基金重大项目"粤港澳大湾区构建具有国际竞争力的现代产业体系研究"(20&ZD085)、国家自然科学基金项目(71573058;71873041;71603060;72073037)、广东外语外贸大学科研创新团队项目"一带一路"与全球经济治理产业战略研究(TD1801)、广东省自然科学基金项目(2021A1515011814)和广东省软科学研究计划项目(2019A101002100)对本书研究提供的支持。

本书在编写过程中,我们参考了国内外相关研究文献和国家发展改革委、商务部、国家统计局、广东省统计局、中国海关数据库、Wind数据库以及各级政府和智库公布的最新资料,在此一并表示感谢。本书力求逻辑架构清晰、研究方法丰富、研究内容全面,希望具有较高的启发性,但由于笔者理论基础、实务经验以及研究水平有限,本书难免存在着诸多不足,囿于篇幅所限,未能尽善尽美,望业界前辈、同人及读者批评指正。

广东外语外贸大学教授

李　青

2021 年 1 月

目　录

第一章

1

导论

习近平总书记在十九大报告中指出,"要支持香港、澳门融入国家发展大局,以粤港澳大湾区建设、粤港澳合作、泛珠三角区域合作等为重点,全面推进内地同香港、澳门互利合作,制定完善便利香港、澳门居民在内地发展的政策措施"。2019 年 2 月,中共中央、国务院在全国两会即将召开之际,适时地发布了《粤港澳大湾区发展规划纲要》(以下简称《纲要》),为粤港澳大湾区发展勾勒出一幅壮阔蓝图。《纲要》在充分认识"一国两制"的制度优势基础上,坚持以新发展理念为指导,以创新为引领,积极发挥粤港澳大湾区的独特优势和先行先试优势,探索出一条世界级城市群协同发展之路,以期将粤港澳大湾区打造成为具有国际竞争力和全球影响力的新经济增长极。

2021 年是"十四五"开局之年,是全面建设社会主义现代化国家新征程的开局之年,更是向第二个百年奋斗目标进军的开局之年。2021 年 1 月 3 日,广东省委书记、省推进粤港澳大湾区建设领导小组组长李希在主持广东省推进粤港澳大湾区建设领导小组第六次全体会议中强调,"要切实增强新发展阶段推进粤港澳大湾区建设的责任感、使命感、紧迫感","要着力推进基础设施'硬联通'和规则机制'软联通'"。同时广东省省长马兴瑞也在会议中强调,全省各地各部门要"以更大的担当作为、更实的工作举措,努力推动粤港澳大湾区建设取得更大进展,引领带动全省加快高质量发展"。

在这一背景下,粤港澳大湾区建设应顺应我国"十四五"规划中的"四个全面"战略布局的要求,激活其先行先试基因,发挥其先行先试优势,强化其先行先试使命,在塑造创新发展新优势、强化国家战略科技力量、提升企业技术创新能力、加快完善现代化产业体系、优化区域产业空间布局和全面深化改革等方面走在全国前列,创造新的辉煌。为此,本书以"先行先试"作为分析粤港澳大湾区建设的主线,回顾过去、认清现在、展望未来,以期为大湾区建设进入全面推进阶段厘清思路。本章主要是对全书的内容进行全面梳理,在读者深入阅读全书之前,向读者呈现全书写作的逻辑框架,以便读者能更好地理解本书的写作思路。

第一节　粤港澳大湾区的先行先试基因

"粤港澳大湾区"概念自诞生以来,便以其庞大的人口和经济体量以及超量级的国际要素流量引起全球关注,被公认为继纽约湾区、旧金山湾区和东京湾区后的又一个世界级湾区。然而,和上述三大湾区不同的是,粤港澳大湾区是"一国两制"这一创新性构想实践下的产物。无论是其产生的历史背景,还是其建设中所面临的政治体制、经济制度和文化制度差异,均是全球绝无仅有的。在这样的独特环境之下,粤港澳大湾区的经济与社会不断融合、不断发展、不断壮大,特别是其经济正以雷霆之势向前迸发,势有成为世界经济新增长极之态,实属难得。深究其因,乃是粤港澳大湾区敢为人先的精神以及不断先行先试的成果。事实上,当我们突破时间和空间维度的局限纵横而窥,自然会发现粤港澳大湾区一直拥有着先行先试的基因。这先行先试的基因自先秦以来延续了2 000多年,在每一个历史阶段均成为粤港澳大湾区经济和社会发展的主要推动力,推动着这一地区一度成为中国乃至整个亚洲地区最具活力、最具魅力、最具影响力的城市群。

一、先天的先行先试自然基因

粤港澳大湾区包含"珠三角"9市和港澳2区,面积超过5.6万平方千米,面朝南海,拥有3 200余千米的超长海岸线,超九成海岸线宜建港口,是成就国际级要素集聚地的天然良地。这种以沃土为基、陆地为据、向海而生的自然馈赠,赋予了粤港澳大湾区不可多得的天然优势。在第二章中,我们将带领读者鸟瞰今天的粤港澳大湾区全景,一起发现粤港澳大湾区如何以珠江出海口为原点向八方展现出强大的空间张力,为粤港澳大湾区的先行先试发展布局提供坚实的自然地理基础,形成了以广、深、港、澳四大城市为核点,以广深双城联动为纽带,串联起广州都市圈、深圳都市圈和珠江口西岸都市圈三大都市圈的"点—轴—面"空间发展布局。这种空间发展布局能有效加速创新要素在区域内流动和转化的效率,为先行先试发展奠定物质基础。通过对第二章内容的呈现,不难发现粤港澳大湾区独特的自然地理环境,是其先行先试的先天基因所在。

二、后天的先行先试历史基因

第三章从历史的维度出发,古代的粤港澳关系可追溯至先秦时期的百越之地,经历了汉代的"南越国",魏晋南北朝时期的"广州",唐宋时期的"岭南五管",再到元明清时期的"广州府"。尽管经历了 2 000 多年的政权更替,但粤港澳地区却几乎一直保持着稳定的政局。这里的人民安居乐业,经济发展得到稳定政治的有力保障,生产力得到快速发展,从而形成了先进的农业和工业技术,并催生了极其发达的商业和对外贸易。加上明朝后期的"禁海令"使广州一度成为中国唯一对外通商口岸,形成了开放、包容、创新、进取的社会环境,在这样的后天环境影响下,粤港澳地区的人民自然形成了敢为人先的精神,无论是在发展经济、文化,还是在推动制度革新方面,均勇于先行先试。

三、世代传承的先行先试文化基因

先天的自然环境和后天的社会环境,共同造就了粤港澳大湾区先行先试基因,而这种基因通过文化传承,即使在近代经历了多次动荡之后,依然能够留存至今,并影响了今天的粤港澳大湾区,乃至全球整个华人圈的发展。这种文化便是贯穿于粤港澳三地的广府文化。尽管受到中原文化的影响,广府文化仍保留了其独特的文化特质。第四章将细数广府文化的成果,从中可以发现,我们今天常有所闻的南派功夫、舞狮、花街、粤菜点心等,无一不是广府文化盛名之所在。而经香港发展并发扬光大至影响全球华人世界的粤剧、粤语流行曲、粤语电影电视剧,更是粤语文化的经典成就。这些成就融入了包含广府商人、潮汕商人和客家商人所组成的粤商文化的务实创新之精粹,承载着敢为人先的先行先试基因,打破时间和空间的限制,传承所及的时间之久远、地域之广阔,为世人所惊叹。这恰恰是粤港澳大湾区先行先试文化基因得以传承的由来。

四、先行先试基因的制度表现

制度创新是生产力发展的关键,也是经济和社会发展的重要保障。从第五章对粤港澳大湾区制度演变的分析可以看到,自改革开放以来,粤港澳大湾区便因其天然地理优势以及独特的社会和人文环境,肩负起制度创新的使命,发挥其先行先试优势。无论是开拓创新的深圳经济特区和最具幸福感的珠海经济特区,还是"千年商都"沿海开放城市广州,都走在了制度创新的前沿。而《内地与香港关于建立更紧密经贸关系的安排》的提出,更是对三地制度衔接的创新尝试,是支撑着粤港澳大湾区制度创新的重要制度框架。粤港澳大湾区的制度演变,是其先行先试基因的制度表现,也是我国社会主义现代化建设压力测试的先行之路,正是这样的制度演变,才推动了粤港澳大湾区城市群概念的诞生,使粤港澳大湾区先行先试的基因得以激活。

第二节　粤港澳大湾区的先行先试优势

先行先试的基因,是驱动粤港澳大湾区不断向前发展的内生动力。经年累月的发展动力转化为发展成果,造就了今日粤港澳大湾区先行先试优势。根据《纲要》所述,粤港澳大湾区经过多年的先行先试,已经具备国际一流湾区和世界级城市群的基础条件。因此,本书第六章至第十一章,从制度先行、创新驱动、产业融合、开发引领、投资带动和人才决胜 6 个方面,为读者展现当前粤港澳大湾区的先行先试优势。

一、制度先行的优势

"一个国家、两种制度、三个关税区、三种法律体系和四个中心城市"的制度差异既是粤港澳大湾区多元发展的制度优势,也是粤港澳三地协同发展的障碍。第六章深入分析了在这一特殊的制度环境下,粤港澳大湾区如何以制度先行之势大胆创新,在创新驱动、协调发展、绿色发展、开放合作以及共享发展方面积极探索制度衔接并取得一定的实践经验。特别是分析了深圳在坚持"一国两制"、依法办事的原则基础上,建设中国特色社会主义先行示范区的制度创新和广东自贸区的压力测试与制度推广,不断深化粤港澳三地的制度衔接,增强了三地的包容性制度创新优势。

二、创新驱动的优势

无论是《纲要》还是《中华人民共和国国民经济和社会发展第十四个五年规划和2035年远景目标纲要》,均明确提出了粤港澳大湾区要建设成为国际科技创新中心。这一要求体现出了国家对粤港澳大湾区一直以来所具备的创新驱动优势的认可。第七章结合了粤港澳大湾区在我国科技发展中的使命和责任,从代表创新环境优势的建设基础、代表创新范围的跨界联动、代表创新主体的研发机构发展和代表创新重点的新兴产业发展4个视角,全面分析了粤港澳大湾区建设成为国际科技创新中心的地域优势、人才优势、科技优势和制度优势,试图为读者展开一幅粤港澳大湾区科技创新优势的卷轴。

三、产业融合的优势

《纲要》中明确提出粤港澳大湾区要构建具有国际竞争力的现代产业体系。具有国际竞争力的现代产业体系并非只是发展某些特定产业,更非仅仅优化产业结构,而是要通过着力培育发展新产业、新业态、新商业模式,促使各产业相互融合,产生共振效应。第八章对粤港澳大湾区从都市农业体系建设、先进制造业体系建设、现代服务业体系建设和产业协同发展4个视角,对传统产业、先进制造业、战略性新兴产业、现代服务业、海洋经济等不同部门的产业融合发展现状进行了分析,更深入地呈现了粤港澳大湾区现代产业体系提升国际竞争力的发展概况。

四、开放引领的优势

正如《纲要》中所述"珠三角9市是内地外向度最高的经济区域和对外开放的重要窗口,在全国加快构建开放型经济新体制中具有重要地位和作用",珠三角应携手港澳2区,扩大对外开放,共同进一步提升粤港澳大湾区在对外开放中的支撑引领作用。一方面,需要粤港澳三地发挥互补优势,共同引领开放,另一方面,需要发挥大湾区完备的对外贸易基础设施建设优势和其作为世界资本市场重要枢纽港的优势,强化其多元化发展的全球投资新焦点地位。第九章在梳理粤港澳三地对外经济发展历程的基础上,集中从对外贸易基础设施、国际枢纽中心功能和国际投资重点领域三方面,分析广州、深圳、香港和澳门等地在对外开放和对外经济发展中的特殊地位和优势,向读者勾画出一幅粤港澳大湾区作为我国对外开放先行阵地如何从"世界工厂"向"世界市场"发展的行军图。

五、投资带动的优势

作为经济增长的三驾马车之一,投资在粤港澳大湾区经济和社会发展中具有举足轻重的作用。事实上,"投资"一词在《纲要》中曾反复出现多达31次,既包括以资本流向分类的扩大对内投资、引进国际投资和鼓励对外投资,也包括以投资领域分类的固定资产投资、金融类投资、非金融类直接投资等,同时还对投资路径、投资方式和投资领域做了不同程度的要求。由此可见,《纲要》对粤港澳大湾区的投资带动发展极其重视。因此,第十章对多年来粤港澳大湾区在投资领域的先行先试成果进行全面梳理,突出呈现民营经济、龙头企业、外商投资企业与跨国公司作为粤港澳大湾区投资中坚力量为地区的投资发展做出贡献的同时,还从营商环境、固定投资和金融市场3个外在因素分析粤港澳大湾区投资带动的优势。

六、人才决胜的优势

人才是第一生产力,粤港澳大湾区作为我国人口红利最具优势的经济圈,拥有着丰富的人力资源与优越的人才环境。《纲要》中明确指出,粤港澳大湾区要建设宜居宜业宜游的优质生活圈,这一要求实质上是要进一步优化人才环境,提供更多、更优的就业、创业机会,加快国际优质人才集聚,打造国际人才高地。第十一章在结合《纲要》对粤港澳大湾区人才高地建设的指引基础上,分析了粤港澳大湾区如何通过先行先试,提升其在高等教育资源、人口结构、人才政策、生活成本、生活质量、薪酬及福利水平以及就业环境等方面的先决优势。

第三节 粤港澳大湾区未来的先行先试之路

展望未来,我国已转向高质量发展阶段,粤港澳大湾区作为国家重大发展战略,毫无疑问将成为中国经济和社会高质量发展的典范。从客观上来看,《中华人民共和国国民经济和社会发展第十四个五年规划和2035年远景目标纲要》从高站位、高标准对粤港澳大湾区建设提出了诸多新要求;从主观上来看,粤港澳大湾区是我国"双循环"新发展格局的战略支点,具备打造"双循环"新发展格局样板的条件和优势,符合我国高质量发展的要求。具体来看,粤港澳大湾区既有庞大的市场需求基础,又有齐全的产业链支撑,是中国经济发展的核心引擎,在国家推进"双循环"新发展格局中具有重要战略地位。构建双循环新发展格局在于坚持以供给侧结构性改革为主线,扩大和升级消费,释放内需潜力,推动构建充满活力的内需体系。在深谙构建"双循环"新发展格局的内外要求的基础上,第十二章先深入分析了"十四五"规划纲要对粤港澳大湾区建设的新要求,继而从积极发挥对内辐射带动作用、加快对接"一带一路"建设两个方面,对粤港澳大湾区未来的先行先试之路提出制度建议,并创新性地提出粤港澳大湾区与海南自由贸易港的联动发展之路,最后从消费升级、要素集聚、内外连通、科学布局、以人为本和制度衔接6个方面,展望粤港澳大湾区未来先行先试之路。

2

鸟瞰全境：
粤港澳大湾区的空间张力

"湾区"一词最早源于美国旧金山湾区(San Francisco Bay Area)①,归属于地理范畴。20世纪末期,新经济地理学研究在克鲁格曼(Krugman)等一批学者的带领下异军突起,为产业空间集聚的产生提供了清晰的理论依据②,随后学界结合新经济地理学的相关理论基础,对旧金山湾区、纽约都市圈(New York Metropolitan Area)和东京都市圈(Tokyo Metropolitan Area)等世界著名都市圈的城镇化进程、经济特征和产业布局等问题进行研究,"湾区"一词随即备受经济学界关注。尽管上述3个都市圈均以港口海湾城市作为发展核心,但由于国际上仅对旧金山湾区称为"Bay Area","湾区"概念大体上只是经历了从地理属性到经济属性的延伸演化③,尚未形成统一的一般性经济学解释。而国内"湾区"概念的提出,源于20世纪末,时任香港科技大学校长的吴家玮教授在论及粤港合作时提出的"香港湾区"(亦称"深港湾区")④。其后,随着粤港澳经济合作不断深化,学界开始提出"粤港澳发展湾区"的设想⑤,并将构思延伸至杭州湾及环渤海湾等发展湾区。据研究,官方对"湾区"的最早提出见于《珠江三角洲城镇群协调发展规划(2004—2020)》;然后,《大珠江三角洲城镇群协调发展规划研究》则对"湾区"展开进一步研究;接着,《珠江三角洲地区改革发展规划纲要(2008—2020年)》提出支持"湾区"的重点行动计划⑥,但这些"湾区"概念仅停留在地方层面。直至2015年,国家发展改革委、外交部、商务部联合发布《推动共建丝绸之路经济带和21世纪海上丝绸之路的愿景与行动》,粤港澳大湾区建设才被提升至国家战略布局层面。

① 伍凤兰,陶一桃,申勇.湾区经济演进的动力机制研究——国际案例与启示[J].科技进步与对策,2015,32(23):31-35.

② 陈柳钦.基于新经济地理学的产业集群理论综述[J].湖南科技大学学报(社会科学版),2007,10(3):42-48.

③ 张日新,谷卓桐.粤港澳大湾区的来龙去脉与下一步[J].改革,2017(5):64-73.

④ 刘艳霞.国内外湾区经济发展研究与启示[J].城市观察,2014(3):155-163.

⑤ 黄枝连.试论"C>2+2+1:珠江口—粤港澳发展湾区"——全球化区域协作时代的一个"东亚发展范式"[J].中国经济特区研究,2008(1):227-248.

⑥ 陈德宁,郑天祥,邓春英.粤港澳共建环珠江口"湾区"经济研究[J].经济地理,2010,30(10):1589-1594.

事实上，全球多个国家均存在湾区，且这些湾区对地区经济发展发挥着引擎作用。据世界银行的统计，截至 2010 年，全球 60% 的经济总量集中在港口海湾及其直接腹地，世界上 75% 的大城市、70% 的工业资本和人口集中在距离海岸 100 千米的海岸带地区，临海湾区已成为推动技术创新、带动全球经济发展的增长极，其增长模式的研究日益备受关注。

和"湾区"一词经历了从空间地理概念向经济地理概念演变一致，"粤港澳大湾区"也经历了从空间地理概念向经济地理甚至是行政地理概念的演变历程。作为被公认为正在崛起的全球第四大湾区，粤港澳大湾区因其长期以来在经济和社会发展中敢于先行先试，展现出了其在自然、经济和行政上的地理空间张力，辐射并牵引了周边更广阔的区域经济和社会协同发展。因此，本书开篇第一章将从粤港澳大湾区的地理概念切入，全面解析粤港澳大湾区的形成过程及其如何展现空间张力，向读者描绘一幅初步了解粤港澳大湾区的"鸟瞰图"。

第一节　粤港澳大湾区的地理概念

粤港澳大湾区的地理概念并非单纯指其地理位置的自然空间，而是包含广州、深圳、珠海、东莞、佛山、中山、惠州、江门和肇庆 9 个珠三角城市和香港、澳门两个特别行政区的城市群，既涵盖了由河沙冲积而成的珠江三角洲平原及出海口的自然地理概念，也涵盖了人类经济活动向珠江出海口聚集而形成的经济地理概念，还衍生出了因创新性制度层面的区域性聚集而上升为国家战略的行政地理概念。因此，为全面解析粤港澳大湾区地理概念的形成，本节将分别从自然地理、经济地理以及行政地理这 3 个角度来分析粤港澳大湾区的演进过程。

一、自然地理概念——珠江出海口

粤港澳大湾区地处广东省中部、珠江流域下游、珠江入海口附近，南临南海，背靠广阔的中国内地，中部以今广州南部及其以南、江门以东、东莞以西的广袤平原曾是中国重要围垦区域之一。大湾区内江海相连、水系贯通、河网密布，珠江水系由西江、北江以及东江三条江流组成，与谭江、绥江和增江这三条支流的合计年均输沙量超过 8 000 万吨[1][2]。大量泥沙向珠江出海口排出并堆积成如今陆域面积约 5.6 万平方千米，"三面环山、一面临海，三江汇合、八口分流"[3]的珠江三角洲，并拥有长达 3 201 千米的大陆与岛屿海岸线[4]，海岸线犬牙交错，海岛星罗棋布，天然良港众多。

珠江水系中冲击泥沙量较大，并在其入海口处发生交汇、对流，入海口的水路界面的变化趋势相对不稳定，长期来看具有较为明显的海岸线变化特征，导致这一地区的人类活动相对于其他一些典型海湾所具有的稳定性而言，具有更强的变动性和适应性，表现得更为活跃。

纵观珠江三角洲自然地理形态的演变，不难发现珠江入海口地形的频繁演变是其主要原因。人们在考察珠江三角洲的地理位置时，会因其海岸线变化对其地理认知而有所不同。珠三角平原最早是由西江、东江夹集的平原遇到北江冲积而形成的平原地带，并被称为"粤江平原"，而后经过珠江水系的泥沙堆积逐渐形成今天的地形地貌，继而被称为珠江三角洲平原。1915 年，有关专家学者认为广州至澳门一带平原是因泥沙堆积而成的河口三角洲，并将其命名为"广州三角洲"。但在 1930 年，时任中山大学地质系主任的瑞士籍教授哈安姆

---

[1] 陈晓翔,丁晓英.用 FY-1D 数据估算珠江口海域悬浮泥沙含量[J].中山大学学报(自然科学版),2004,43(s1):194-196.

[2] 1 吨=1 000 千克,余同。

[3] "三江"是指广东的西江、北江以及绥江；"八口"是指"八大口门"，即东莞的虎门，江门的崖门，珠海的磨刀门、虎跳门和鸡啼门，广州的蕉门和洪奇沥以及中山的横门 8 个珠江入海口。

[4] 中国地质调查局.粤港澳大湾区自然资源与环境图集[M].北京:科学出版社,2019.

在考察此地时,却认为此前所说的"广州三角洲"并不存在①。直到 1947 年,"珠江三角洲"在地理上的地位才被正式确立,可见珠江入海口地形变迁之频繁和快速。

地形的变迁使珠江三角洲从平原地带演变为临海三角洲,其社会经济活动也由农业经济逐步转为临海经济,"湾区"的经济地理概念也因此应运而生。如今,粤港澳大湾区已经成为一个总面积 5.6 万平方千米,人口数量超过 7 200 万,经济总量高达 11.6 万亿元的特大型城市群(表 2.1)。在这一城市群中的人们,由于长久以来在经济、文化和社会各方面交往紧密,逐步形成对粤港澳大湾区这一地理概念的空间认知和心理认同,粤港澳大湾区也渐渐从一个自然地理概念向经济地理概念转变。

表 2.1　2019 年年末粤港澳大湾区各市常住人口、面积及 GDP 情况

地区	面积 /平方千米	GDP 总额 /亿元	常住人口 /万人	占大湾区总人口 的比例/%
深圳	1 997	26 972.1	1 343.88	18.50
香港	1 106	25 250.7	750.07	10.32
广州	7 249	23 628.6	1 530.59	21.07
佛山	3 798	10 751.0	815.86	11.23
东莞	2 460	9 482.5	846.45	11.65
惠州	11 347	4 177.4	488.00	6.72
澳门	31	3 715.5	67.96	0.94
珠海	1 736	3 435.9	202.37	2.79
江门	9 505	3 146.6	463.03	6.37
中山	1 784	3 101.1	338.00	4.65

① 毛帅.溯源珠江三角洲的形成历史[N].中国社会科学报,2018-05-04(5).

续表

地区	面积 /平方千米	GDP总额 /亿元	常住人口 /万人	占大湾区总人口 的比例/%
肇庆	14 891	2 248.8	418.71	5.76
珠三角9市	54 767	86 944	6 446.89	88.74
粤港澳大湾区	55 904	115 910.32	7 264.92	100

资料来源：根据2019年各城市发布的国民经济和社会发展统计公报以及香港特别行政区政府统计处、澳门特别行政区政府统计暨普查局发布的数据整理所得。

二、经济地理概念——"9+2"城市群

相对于自然地理概念，粤港澳大湾区更多的是以经济地理概念为主要视角。换言之，粤港澳大湾区建设要充分发挥"9+2"城市自身优势，推动大湾区经济发展。粤港澳大湾区建设旨在"一国两制"的框架下，实现"全方位共同发展"，以海湾这 自然环境为依托，以华南地区既有城市群为发展基础，打造出"宜居宜业宜游"的优质生活圈。作为粤港澳大湾区的组成部分，粤港澳三地应抢抓此次发展机遇，积极融入大湾区的建设，在推动自身发展的同时也能够实现大湾区融合发展，肩负起相应使命。接下来，在介绍自然地理概念的基础上，我们将对大湾区的经济地理概念进行进一步阐述。

"湾区经济"已经成为推动全球经济发展的重要引擎。和东京湾区、纽约湾区以及旧金山湾区等世界典型湾区一样，粤港澳大湾区勇于创新，先行先试，利用得天独厚的地理优势，已经发展为当今综合竞争力最强的城市群之一。综合经济实力与上述三大湾区几乎可比肩（表2.2）。粤港澳大湾区已从单纯的自然地理概念向经济地理概念延伸。

表 2.2　2018 年粤港澳大湾区与世界三大湾区各项数据比较

指标	粤港澳大湾区	纽约湾区	旧金山湾区	东京湾区
面积/万平方千米	5.59	2.15	1.8	3.69
常住人口/万人	7 116	2 300	777	4 532
GDP/万亿美元	1.6	1.8	0.8	1.9
每平方千米 GDP 产出/万美元	2 937	8 000	4 611	5 190
人均 GDP/万美元	2.36	8.46	10.52	4.11
世界 500 强企业数量/家	20	22	11	39
国际港口/个	5	5	4	6
港口吞吐量/万吨	6 520	465	227	766
机场旅客吞吐量/亿人次	2.15	1.38	0.72	1.12
第三产业比重/%	62.2	89.4	82.8	82.2

资料来源:根据保利投顾研究院等发布的《2019 粤港澳大湾区经济发展蓝皮书》、21 世纪经济研究院与阿里研究院共同发布的《2020 粤港澳数字大湾区融合创新发展报告》等公开资料整理所得。

　　粤港澳大湾区这一城市群除了珠三角城市还包括香港和澳门两个特别行政区①。其中,珠三角城市群也是中国人口聚集最多的三大城市群之一,其以不到广东省 1/3 的国土面积,聚集了超过广东省一半的人口,却贡献了接近 80% 的经济总量②。2019 年,粤港澳大湾区经济总量突破 11.6 万亿元,在投资、消费、金融等方面发展相对稳健,展现了其作为我国经济发展的重要引擎的角色,更是成为辐射带动周边经济发展,乃至全球经济发展的新增长极。这一地位的

① 2017 年 3 月 5 日召开的十二届全国人大五次会议上,国务院总理李克强在政府工作报告中指出,要推动内地与港澳深化合作,研究制定粤港澳大湾区城市群发展规划,发挥港澳独特优势,提升在国家经济发展和对外开放中的地位与功能。

② 中华人民共和国国家发展和改革委员会.珠江三角洲地区改革发展规划纲要(2008—2020 年)[EB/OL].(2009-01-08)[2021-01-10].中华人民共和国国家发展和改革委员会官网.

提升对大湾区内各大城市的发展赋予了新动能,带来了发展的利好消息,同时也意味着一种新的使命与责任。根据中共中央、国务院印发的《粤港澳大湾区发展规划纲要》,粤港澳大湾区的经济地理概念可概括为:包括珠三角9市和香港、澳门在内,"充满活力的世界级城市群、国际科技创新中心、'一带一路'建设的重要支撑、内地与港澳深度合作示范区以及宜居宜业宜游的优质生活圈,是中国高质量发展的典范"。

三、行政地理概念——从"珠三角"到"大湾区"

粤港澳大湾区以"一国两制"为背景,突破了粤港澳三地在政治体制、法律体系等制度方面的障碍,形成了区域性融合发展。经济特区、沿海开放城市、自由贸易试验区以及社会主义先行示范区中创新性的体制机制高度集聚于此,促使城市之间的行政障碍逐渐模糊,政策复制和政府间的协调愈加频繁,从而使粤港澳大湾区从经济地理概念延伸到了具有整体性的行政地理概念,丰富了粤港澳大湾区的内涵。以下将从时间维度分析粤港澳大湾区从"珠三角"到"大湾区"整体行政地理概念的演进过程。

1994年,广东省委首次正式提出了"珠江三角洲"的概念,即主要由广州、深圳、珠海、佛山、惠州、东莞、中山、江门和肇庆这9个城市组成。迄今为止,珠三角已经成为中国创新能力最强的三大城市群之一,是广东省乃至全国主要的高新技术产业研发基地,甚至发展成为世界范围内高新技术产业生产基地,在中国改革开放大局中发挥着不可磨灭的重要作用,其对整个华南地区乃至全国的经济发展来说,是重要的发展引擎。珠江三角洲在全国发展蓝图中占据着举足轻重的地位,其影响力和重要性与日俱增,"珠三角"的概念也有所扩展,包含港、澳的"大珠三角"概念开始进入公众视野。

在推动珠江三角洲城市群发展的历史长河中,可以从政府出台的一系列规划中看出政府为了应对珠江三角洲地区的城镇化进程所做出的努力,包括加快区域内基础设施的建设,改善由工业发展导致的耕地流失情况和环境污染情况等。20世纪90年代初,广东省以粗放型的发展方式为主,这带来了较为严重的耕地流失与环境污染问题,在政治方面则表现为各地区之间的"各自为政",缺乏城市群发展意识。1994 年,"珠三角经济区"概念被首次正式提出,方才赋予广州、深圳、佛山、东莞、中山、珠海、江门、肇庆、惠州 9 个城市作为一个城市群的经济圈概念。为了确保"珠三角经济区"的正常运行,广东省出台了《珠三角经济区现代化规划》,意在推动内部资源的优化整合,提升整个经济区的竞争实力,以期在面对外部挑战时能做到有效应对。

1996 年,在广东省建设委员会的主导下,《珠江三角洲经济区城镇群规划》正式出台,中国第一个城市群规划就此诞生。该项规划彰显了珠三角城市同香港、澳门的紧密联系[①]。《珠江三角洲经济区城镇群规划》提出了空间组织模式应该呈现出"三大都市区"的特征,而空间开发控制模式则应包括"都会区、市镇密集区、开敞区、生态敏感区"四类,这种空间布局模式是后来对各区域进行政策管制分区时的雏形。

随着加入 WTO,中国积极融入全球化发展的浪潮当中,内地和港澳地区的经贸关系也不断发展,粤港经济的联动发展就成了不可缺少的重要一环。2003 年,内地同香港签署的《内地与香港关于建立更紧密经贸关系的安排》(*Closer Economic Partnership Arrangement*, CEPA)促进了内地与香港之间的经贸联系。CEPA 的签署在粤港澳大湾区行政地理概念的形成中写下了浓墨重彩的一笔。

而后 2005 年出台的《珠江三角洲城镇群协调发展规划(2004—2020)》、2006 年的《广东省珠江三角洲城镇群协调发展规划实施条例》和 2009 年的《珠江三角洲地区改革发展规划纲要(2008—2020 年)》,均强调通过加大对外开放力度、协同发展和改革力度,进一步优化区域空间布局,提出了"一脊三带五轴"的结构布局,以广州和香港带动和引领,发挥各城市间的互补优势,提升珠三角地区的整体核心竞争力,以期和港澳联手打造出具有国际竞争力的世界级城市群。特别是《广东省珠江三角洲城镇群协调发展规划实施条例》更是首次在其"八大行动计划"中提出"湾区"概念,但范围仅包括珠海、广州、东莞和深圳部

---

① 《珠江三角洲经济区城镇群规划》指出"香港与深圳一起构成了目前珠三角城市发展的另外一个极核"。

分临海区域。

各项规划的实施推动了珠三角区域一体化发展，之后在 2010 年被正式编制的《环珠江口宜居湾区建设重点行动计划》，在基础设施、产业布局、基本公共服务、城乡规划以及环境保护 5 个方面加快了一体化发展进程，从多个领域打破行政藩篱，为打造具有国际竞争力的世界级城市群奠定了政治基础。

然而，与纽约湾区、旧金山湾区和东京湾区这些世界级湾区相比，粤港澳大湾区最大的不同之处在于其处于"一国两制三法系三关税区"，即使在粤港澳三地联系越发紧密的情况下，粤港澳三地的行政藩篱依然难以逾越。为了解决上述问题，2019 年中共中央、国务院出台《粤港澳大湾区发展规划纲要》，提出在大湾区内部存在体制机制不同、法律体系各异、市场开放度和自由度存在差异的情况下，通过加强内地同港澳地区的交流与合作，突破制度隔阂，为实现共赢局面而进行协同发展，争取大湾区发展的利益最大化。自此，粤港澳大湾区的官方行政地理概念正式形成。《纲要》中一改粤港澳大湾区原来的行政地理布局，指出粤港澳大湾区不再是由广州进行单一领导珠三角发展的单极体系，并通过"四个中心城市"（港、澳、深、穗）对粤港澳大湾区内部分步骤、分层次、分点、分批进行体制创新和机制衔接，形成多元化发展格局，以期由四个核心引擎发挥辐射带动作用，进一步促进粤港澳大湾区协同发展和推进三地市场一体化发展，使粤港澳大湾区继续成为中国未来发展的先行之地、先试之田，从而成为推动世界经济发展的重要增长极。

第二节　四大核心城市的空间张力

在 2019 年发布的《纲要》中，我们可以看到港、澳、深、穗作为大湾区中心城市的地位多次被提到，这四大城市应该作为大湾区经济发展的核心引擎，在发挥各自的优势、做到优势互补的同时，勇立潮头，带动周边城市协同发展。

一、广州

广州作为广东省省会,是首批沿海开放城市,也是广东省的行政中心和国家中心城市之一,一直以来都是中国通往世界的南大门。广州地处广东省心脏位置,背靠清远市,南接东莞市和佛山市,东接惠州市,是珠三角和粤港澳大湾区的中心城市,发达的交通基础设施联通大湾区形成"一小时生活圈"的中心。广州拥有发达的海运、空运和陆运交通设施,交通网络通达全球,是国家物流枢纽以及"一带一路"的枢纽城市。

截至 2019 年,广州整体总面积为 7 434 平方千米,下辖 11 区,是拥有超过 1 500 万人口①的庞大消费市场,同时拥有发达的制造业和商贸服务业,经济总量和城市发展指数位居全国一线城市之列。广州素有"千年商都"之称,一直是中国最重要的商业中心。悠久的对外通商历史和深厚活跃的商业文化与老牌的工业城市相得益彰,使广州成为华南地区产业门类最全、经济基础扎实的超大城市,对周边城市乃至广东经济形成较好的辐射带动作用。

丰富的医疗和教育资源,是广州突破地理空间限制,形成人才吸引张力的关键。在医疗卫生方面,广州是全国三大医疗中心之一,综合医疗水平仅次于北京和上海,拥有多家全国先进医疗单位以及中山大学肿瘤防治中心和中山大学眼科医院等一批在全国具有影响力的专科单位,更有钟南山等一批学界泰斗坐镇,中医药事业不断迈向国际化,在生物医药产业的医疗器械方面更是领先全国。在教育方面,广州仅一市便拥有 82 所高校,集结了全省 97% 的重点学科和 80% 的高校,在校大学生人数超过 100 万,居全国第一,是名副其实的教育强市,也是华南地区的科教中心。丰富的医疗和教育资源,在形成溢出效应的同时,也成为广州吸引科技和人才资源的重要因素,有效支撑广州成为粤港澳大湾区的核心引擎。

---

① 数据来源:广州市统计局。

此外，广州作为粤府文化发源地，对以粤语文化为主流文化的粤港澳大湾区的建设发挥着重要的引领作用；而丰富的历史人文资源、独特的华侨文化以及众多的外籍人员，使广州同时具备历史沉淀和国际化发展特色，在推动粤港澳大湾区"软联通"、打破区域人文藩篱中做出了巨大贡献。广州已然成为粤港澳大湾区文化交流传播的中心。

二、深圳

从当初的小渔村发展到现在的特大型都市，从经济特区到中国特色社会主义先行示范区，深圳是中国经济发展最具活力的城市，也是粤港澳大湾区最年轻的城市。深圳南隔深圳河与香港相连，在总面积仅有 1 997 平方千米的土地上生活着 1 300 多万人，是人口密度最大、平均人口年龄最低的大型城市。与此同时，作为粤港澳大湾区四大中心城市之一，深圳也是中国拥有最多的出入境口岸、出入境人员和出入境车流的口岸城市。

由于毗邻香港，深圳具有内地城市所不具备的先天地理优势。凭借此优势，深圳在过去 40 多年里充分利用改革开放和经济特区给予的政策红利，在扎实推进基础设施建设的同时，大力发展金融服务业和高科技产业，推动资本与科技产业的深度融合，一举成为全国五大经济特区中发展最成功的城市，成为全球最具竞争力的城市之一。在吸引外资方面，深圳因其区位优势和优良的营商环境，一度成为外商投资的热土，众多跨国公司分支机构甚至其总部和大中华区总部纷纷在深圳扎根。这些外资企业带动了当地乃至周边城市的企业通过转型升级深度融入产业创新体系，提升了深圳国际化发展水平，产生了良好的辐射作用，带动了大湾区内的国际要素流动，实现了资源的优化配置。在科技方面，深圳一直坚持走自主创新道路，孕育出华为、腾讯、大疆等一批世界级科技明星企业，成为中国科技公司的摇篮，是粤港澳大湾区打造的"中国硅谷"。

三、香港

香港位于珠江口东端,与位于珠江口西端的中国澳门隔海相望,北接深圳,西眺海南岛,南向中国南海,区域范围由北至南包括新界、九龙、香港岛和周边262个离岛,陆地总面积超过1 100平方千米,海域面积约1 650平方千米,海岸线约360千米,拥有世界三大天然良港之一的维多利亚港,地理位置优越,是享誉全球的国际金融中心、国际贸易中心以及国际航运中心,更是粤港澳大湾区的核心引擎之一,在推动粤港澳大湾区建设的过程中发挥着至关重要的引领和带头作用。

高度发达的高端服务业以及充裕的科技创新资源,使香港能够为粤港澳大湾区提供源源不断的技术支持和服务,继而发挥其辐射作用,带动整个大湾区的协同发展。一方面,香港作为四大中心城市之首,能够在充分发挥其作为国际金融中心地位,为大湾区经济发展提供完善的金融服务的同时,积极与内地产业进行融合,利用内地产业发展及社会发展对金融市场的广阔需求空间,进一步巩固自身的国际金融中心地位,形成良性发展。另一方面,香港利用自身对国际先进科技资源的强大吸引力,形成了粤港澳大湾区科技创新资源配置平台,成为内地与国际接轨的高水平创新平台和科研基地,并联合广州、深圳和澳门打造"广州—深圳—香港—澳门"科技创新走廊,进一步把自身建设成为国际科创中心。

此外,香港还要巩固和提升其作为国际航运中心和国际贸易中心的国际地位,更好地推动大湾区内交通的便利化,带动大湾区城市群海外贸易的交流与合作,继续发挥其在金融、物流、科技等方面的国际化优势,当好大湾区同海外市场联通的"超级联系人"。

四、澳门

澳门位于珠江出海口西端，北接珠海市拱北区，西望珠海市的湾仔和横琴，东与香港、深圳隔海相望，由澳门半岛和凼仔、路环二岛组成。澳门总体面积较小，陆地面积仅约 33 平方千米，人口仅 67.96 万人。但澳门却是大引擎、大平台。自回归以来，澳门在充分利用自身区域优势和产业优势的基础上，经济和社会得到飞跃式发展。据统计，2019 年澳门的人均 GDP 达 92 492 美元，成为全球经济增长速度最快的地区之一，是我国人均收入最高的城市，在全球排名也仅次于以色列位居第二。澳门拥有发达的博彩业和旅游服务业，是世界旅游休闲中心，享有"亚洲拉斯维加斯"之美誉，为当地经济做出了巨大贡献。澳门又拥有丰富的葡语文化资源，是中国与葡语国家商贸合作的重要平台，积极推动着中葡双方之间的经贸合作与文化交流，促进了粤港澳大湾区实现多元化发展。与此同时，澳门还积极深入推进在科技创新方面的研究，与广州、深圳、香港联合打造"广州—深圳—香港—澳门"科技创新走廊，推动大湾区科技创新发展。

第三节 穗深双城联动的空间张力

广州和深圳同为粤港澳大湾区建设中的中心城市，一个是省会城市，一个是经济特区。前者拥有雄厚的先进制造业基础和完善的产业链，是与"一带一路"沿线国家进行贸易合作的重要窗口，而后者则是国家创新型城市的典范，是中国改革开放的"探路者"。在推动粤港澳大湾区建设的过程中，要支持老城市广州焕发新活力，要给予深圳成为中国特色社会主义先行示范区最大的支持。同时，要推动穗深双城联动，做到优势互补、协同发展，充分发挥双城联动在大湾区建设中的空间张力。

一、制度创新合作"打头阵"

在加强穗深合作的过程中,应该朝着更"深"的方向发展,推动双方的制度创新,以"共建、共享、共创"为基本原则,发挥穗深合作发展的正面效应。在穗深合作中,前海自贸区和广州开发区之间的合作是一个重要板块。随着《改革创新协同发展示范区合作框架协议》的签订,双方将重点开展在制度创新、区域协同、产业以及全方位开放等方面的合作①。

双城合作要把制度创新作为穗深合作的依托,为推动穗深合作提供强有力的支持和坚强的后盾,以此实现长效合作机制,使双方合作更加深入。以前海为例,前海作为深圳经济特区发展的重中之重,承担着"智力库"的职责,为南沙新区的建设献言献策,推动着前海同南沙新区的创新合作。据统计,截至2020年5月,前海在广州投资所设立的企业数量达2 491家,注册资本超过2 000亿元,投资总金额达1 133.10亿元之多;而广州对前海企业进行投资的数量达1 380家,注册资本超过3 000亿元,投资总金额1 722.22元②。可见,双方的双向投资规模较大。

二、科技创新合作

穗深双城在科技创新方面的合作具有极强的张力效应,对带动大湾区内城市乃至周边区域的发展具有很强的引领作用。正如《广州市深圳市深化战略合作框架协议》中所提到的,"双子城""核心引擎"是穗深的代名词,二者之间的高质量合作所带来的协同效应是巨大的。

---

① 2019年10月29日,前海(前海蛇口自贸片区)与广州开发区签署《改革创新协同发展示范区合作框架协议》,将围绕"共同推进制度创新""加强区域协同发展""深化产业互利合作""构建全面立体开放新格局"4个板块开展合作。

② 温柔.广深"双城联动"记[EB/OL].(2020-7-20)[2021-01-10].南方杂志官网.

第一，推动穗深之间"两点布局"模式的开展。作为人工智能与数字经济实验区，广州琶洲核心片区积极寻求同深圳的合作机会，通过开展科技创新方面的交流合作，推动琶洲核心区迈入新的阶段，实现更深层次的发展。在广州和深圳合作的推进下，琶洲核心片区以"两点布局"的模式建成，在这里，可以看到广州因素和深圳因素的融合，如微信的广州总部就建立于此。

第二，推动穗深两城科技创新的优势互补。广州拥有中山大学、华南理工大学等一批国家一流大学，以及一批国家重点实验室、省实验室，拥有较为强劲的基础研究能力和丰富的研究资源。而深圳则是拥有良好的科创环境和较为发达的高科技产业。这两座城市所拥有的资源和优势都是科技创新不可或缺的因素，二者的强强合作促进了科技创新，增强了穗深双城的科技创新能力。同时，从地理位置上来看，穗深都与港澳邻近，凭借这一地缘优势，两地的合作将加固港澳在科技方面开展的合作，扩大港澳科技研发成果的转化市场，提升成果与产业对接的接触面。

三、交通互联互通

推动穗深两城的互联互通，不仅要以制度创新为先导，加深科技创新领域的合作，更为重要的是要实现交通网络上的互联互通。从公路交通来看，广深高速、广深沿江高速是穗深两地公路交通主动脉，其中已建设超过 20 年的广深高速依然是全国最为繁忙的高速公路之一；从轨道交通来看，两地市民可以通过穗深城际铁路、广深港高铁等多条轨道线路往返出行，其中，穗深城际铁路广州东站到深圳机场站仅需 1 小时 11 分钟；从水上交通来看，深圳机场码头到广州南沙航线开通水上高速客运航线，形成便捷的水上"穗深通道"。因此，无论是陆路交通还是水上交通，往返于穗深之间的交通路线都不断提速，交通的便利性逐渐攀升。穗深交通通道的交织与建成，有助于实现粤港澳大湾区内的交通一体化，促进人员、货物等各类要素高效便捷流动。

第四节　三大都市圈的空间张力

《广东省开发区总体发展规划(2020—2035年)》中重点提到了要推动广州都市圈、深圳都市圈和珠江口西岸都市圈的融合发展。虽然此前已划分了广佛肇、深莞惠和珠中江都市圈,但是此次三大都市圈将扩宽至大湾区和粤东西北城市的交叉地带,这意味着都市圈的全新升级和各地区之间的融合发展,增强了粤港澳大湾区的空间张力。

一、广州都市圈

广州都市圈以珠三角的广州、佛山、肇庆三座城市为中心区域,延伸至粤北生态圈中的清远、云浮和韶关,旨在发挥广佛协同效应,利用发达的交通网络,在都市圈中心形成资源集聚,增强辐射能力,带动粤北生态圈发展,实现广州都市圈发展的空间张力。

(一)发挥广佛协同效应

作为都市圈的中心城市,广州应该主动发挥自身的带动作用,充分利用自身优势,通过发展成果共享,将影响力辐射至整个广州都市圈。首先,广州在基础设施建设、产业结构、公共服务等方面都较为完善,能有效推动资源的自由流动。例如,广州拥有先进的制造业,对于那些低增加值的产业,可以将其转移至清远、肇庆一带进行生产。由此,既做到了对广州空间的合理利用,又实现了资源的优化配置。其次,广佛两城通过"1+4"广佛高质量融合发展试验区和广佛荟项目的建设,在产业方面加强了两城合作的紧密度。而后,通过打通交通网络,实现广州同周边城市来往的便利化。如广佛两地地铁线路的开通,既方便人员的自由往来,又给货物运输带来方便,通过人流、物流来往的便利推动了区域经济的协调发展。而佛山作为2019年经济总量突破万亿元的地级市,其经济实力，特别是制造业规模不容小觑。2019 年，佛山规模以上的工业增加值为 4 859.48 亿元，增长率达 7%[①]。通过重点打造制造业，佛山在逐渐增强自身"硬实力"的同时，还不断提高生产性服务业水平，带动周边城市实现更好的发展。

（二）高效利用铁路资源

完善的基础设施、便利化的交通是推动一个城市实现又快、又好发展的基础。广州作为华南地区铁路交通最发达的城市，截至 2020 年拥有 5 个火车站，并计划在未来新增 5 个铁路枢纽站，形成"五主三辅"[②]，再加增城站和白云机场站共计 10 个火车站，形成总规模超过 1 800 千米，以广州为中心，向珠三角联通一小时城际交通圈，向内地辐射至湖南、广西、贵州等泛珠三角地区的南方铁路主枢纽，实现资源的自由流动和优化配置，带动广州都市圈其他城市乃至泛珠三角经济区的经济发展。

二、深圳都市圈

深圳都市圈以粤港澳大湾区的深圳、东莞、惠州三市为核心，辐射汕尾和河源形成五城都市圈。相较于其他都市圈，深圳都市圈的实力更为雄厚，可以说在都市圈中有着引领的作用。数据显示，深圳都市圈中五城 2019 年的地区生产总值（GDP）达 42 747 亿元，接近广东省经济总量的 40%[③]。其中，深圳表现惊人，仅战略性新兴产业的增加值在 2019 年就超过了 1 万亿元，同比增长8.8%。新一代信息技术、高端装备制造业、数字网络、绿色环保以及生物医药等产业均呈现出增长态势。深圳持续加大力度发展其战略性新兴产业，在巩固和扩大自身战略性新兴产业规模的同时，提升了深圳都市圈战略性新兴产业的整体水平。

与深圳、东莞、惠州相比，汕尾和河源这两座城市在经济实力方面存在一定

---

① 佛山市人民政府办公室.2020 年佛山市政府工作报告［R/OL］.（2020-06-24）［2021-01-10］.佛山市人民政府官网.
② "五主"为广州站、广州南站、广州东站、佛山西站、棠溪站，"三辅"为广州北站、新塘站、南沙站。
③ 深圳发布."深圳都市圈"来了！［EB/OL］.（2020-06-11）［2021-01-10］.搜狐网.

的差距,其科技水平、先进制造业水平较低。将深圳、东莞、惠州、汕尾和河源这五座城市的资源进行深度整合,能更好地发挥深圳作为超级大城市的辐射带动作用,实现资源和利益的共生与共享。

都市圈的建设,并不是"杂糅",而是以各个城市的行政划分为依据,通过体制机制的改革,将各个城市之间的壁垒降到最低,以实现资源的自由流动和优化配置。早在政府规划深圳都市圈之前,依靠市场的力量,"隐形"的深圳都市圈就已经存在了。

首先通过产业融合,深圳实现了同都市圈内其他城市的良性互动,并且带动其他城市的发展。这种融合实际上是深圳在充分利用自身技术与管理经验的基础上,逐步向东莞和惠州等地转移传统制造业,推动城市间的经济要素流动,从而形成了以深圳为总部、其他城市分工协作的产业合作模式。例如,华为的设计和销售环节在深圳,制造环节在东莞,而零配件供应商在惠州,形成了横跨三地的产业链。

其次通过"集合城市"的创新合作模式,实施协同治理,推进深圳都市圈内的城市突破城市行政藩篱,进一步向区域一体化发展。"集合城市"的合作模式主要有托管型、帮扶型和共建型3种模式。"深汕合作区"是托管型合作模式的典型代表,是由汕头出地、深圳主导管理的合作区域。深圳(河源)产业城转移工业园是帮扶型合作模式的典型代表。与深圳相比,河源的技术落后、产业结构不完善,而深圳则拥有强大的高新技术研发能力和较为完善的产业体系。因此,深圳与河源合作的过程就是深圳对河源的帮扶过程。在该产业园的建设过程中,深圳扮演着"指挥者"的角色,帮助解决河源在产业园区的建设和产业转移过程中所遭遇的难题,从而形成一种新型的"集合城市"。而深圳、东莞、惠州的区域协同发展试验区则是共建型合作模式的典型代表。

三、珠江口西岸都市圈

珠江口西岸都市圈包含珠海、中山、江门以及阳江四座城市。为了推动珠江口西岸都市圈内的城市实现融合发展，各市正从建设珠江口西岸综合交通网络和打造区域产业链体系两个领域谋划，实现协同发展，增强珠江口西岸各市经济发展的空间张力。

在建设珠江口西岸综合交通网络方面，随着中开高速、黄茅海通道以及珠江肇高铁等多个重大交通设施建设项目的推进，珠江口西岸综合交通大动脉将被打通，都市圈内城市间将实现互联互通。珠江口西岸江门站的建设，将构建起集高铁、城轨交通为一体的交通枢纽，向东直通广深，向西连接粤西地区，以加大生产要素、创新要素在区域内外自由流动，进一步促进都市圈一体化格局的形成。

在打造区域产业链体系方面，珠江口西岸都市圈既可通过整合丰富的旅游资源打通全域旅游廊道，打造粤港澳乐游都市圈，也可通过四市联动，做好区域产业布局，打造先进装备制造产业带。

第五节 珠江口东西岸融合

珠江口东岸汇聚了超大城市深圳和经济实力较为雄厚的东莞和惠州，同时还拥有一批创新型企业，其科技创新能力得到长足的发展，被誉为全国的"IT产业走廊"，整体经济发展实力较强。而珠江口西岸则以制造业为产业发展核心，并正在向先进制造业转型，但在高新技术发展和高新技术产业集聚等方面与珠江口东岸仍然存在着一定的差距。推动珠江口东西岸融合发展，是进一步增强粤港澳大湾区空间张力的重要一环。

一、打造珠江口东西两岸战略性通道

要想实现珠江口东西两岸融合发展，首要任务就是加快两地往来交通的便利化。珠江口东西两岸目前正在建设的深中通道预计在2024年建成通车后，将与虎门大桥、港珠澳大桥、南沙大桥共同构成横跨珠江口的四大交通主动脉，以弥补港珠澳大桥的不足,进一步缩短珠江口东西两岸城市之间的时空距离,加快广州、深圳、香港等地的科技、人才、资本等要素向珠江口西岸的自由流动,推动两岸经济协同发展。

二、推动珠江口东岸的科创产业同西岸的制造业融合

珠江口东岸拥有较为强劲的科技创新能力、珠江口西岸则拥有一定基础的先进装备制造业和丰富的土地资源。通过珠江口东西两岸的交流合作,创新"总部+基地"产业合作模式,有利于实现珠江口两岸的资源对接和要素禀赋的合理配置,提高要素的利用率和经济效益,推动经济发展。珠江口东西两岸在发展过程中,应充分利用各自的优势,紧抓"双区驱动"战略和"双城"联动所带来的发展机遇,主动寻求和广州、深圳等特大城市的合作,全面推动产业、科技、金融等领域的对接协作,在更大的平台上去培育和发展自己的产业,构筑更加完备扎实的产业链,形成优势互补的产业融合式发展。以"广州—深圳—香港—澳门"科技创新走廊与珠江口西岸先进装备制造产业的交流融合为例,通过创新要素向西流动,与制造业融合并集聚,形成从"廊带"分布迈向"环状"分布的创新集聚新格局,既可以通过科技创新促进先进装备制造业的发展,又可以使先进装备制造业成为科技创新的支撑,形成错位互补,从而提高整体产业发展水平。

总之,在促进珠江口东西两岸融合的过程中,要注重对深圳、香港、广州等地科技创新资源的承接,同时也要注重发展珠江口西岸的先进装备制造业,将珠江口两岸打造成先进装备制造业、新一代信息技术和移动通信技术等产业的产业集聚地,通过增强自身实力来吸引重大项目的落户,使其产业体系具有高水准的世界级竞争力。珠江口东西岸实现交通融合和产业融合发展,必将进一步推动整个大湾区产业链、供应链的优化升级和大湾区内的产业集聚,更好地发挥产业集聚效应,更好地实现大湾区全方位一体化的融合式发展。

3

纵观千年：
粤港澳关系的历史变迁

从南越王国到如今的粤港澳大湾区,粤港澳关系经历了千年的磨砺与锤炼,在分分合合之后,最终迎来了"一国两制"下的粤港澳大湾区的建设,成为推动中国经济发展的重要引擎,可谓历尽沧桑,千帆过尽。为更好地理解粤港澳大湾区的前世今生及其先行先试基因的形成,本章将从政治关系、经济关系以及社会关系这 3 个方面来讲述千年来粤港澳关系的历史变迁。

第一节　粤港澳政治关系的历史变迁

作为具有千年历史的岭南地区,政权更迭、时有分合,在不同历史时期,粤港澳政治关系呈现出不同的形态。本节主要将历史演变期划分为古代时期(秦至清朝)、民国时期、新中国成立后以及港澳回归以来 4 个历史时期,以清晰地阐述粤港澳政治关系的历史变迁。

一、古代时期

古代时期粤港澳之间政治关系的历史变迁主要经历了秦汉时期、魏晋南北朝、唐宋时期以及元明清 4 个时期。在这一段时间里,广东省政府的演变以及行政区域的划分是粤港澳政治关系演变的主线。

(一)秦汉朝时期的南越国

公元前 221 年秦始皇统一六国之后,即下令率兵南下平定岭南。随后,在公元前 219 年,屠睢奉秦始皇之名攻占岭南,并于公元前 214 年基本占领岭南。现存史料记载,秦始皇对岭南地区进行了有记录的第一次行政区域的划分,将岭南地区划分为"桂林""象"和"南海"3 个郡①(今广西、贵州南部及广东大部分地区)。当时香港、澳门均属南海郡番禺县的管辖范围。

---

① 南海郡辖境是东南濒南海,西到今广西贺州,北连南岭,包括今粤东、粤北、粤中和粤西的一部分,辖番禺、龙川、博罗、四会 4 个县,郡治番禺。近广东省的大部分地区属南海郡。此外,湛江等地属象郡,粤西有一部分属桂林郡,粤北部分地区属长沙郡。

公元前208年,南海郡尉赵佗举兵向西,并于三年后将秦王划分的三郡进行合并,统一岭南,最终于公元前204年正式建立南越国,封号"南越武王",国都为番禺(今广州)。

随后,汉朝于公元前111年平定南越国,并将南越国进行区域划分,岭南共分为9个郡,分设"十三部",即13个常驻监察机构,以此来对各郡的官员行为进行监督和管理。东汉末期,管理方面又进行了一次改革,把"十三部"中的交趾部更改为交州,管辖今广东、广西及越南北部和中部,拥有监察权和军政大权,并下设郡、县。此时期的香港和澳门同属南海郡的博罗县管理。

三国时期,吴国孙权任命步骘为交州刺史,把南海、苍梧、郁林以及高梁4个郡从交州划至广州管辖,并将位于广信的交州州治迁移至番禺(相当于今天的广州市),设为广州州治,这是广州得名之始。在这一时期,广州管治范围不仅包括上述4个郡,还有荆州始兴郡以及海南岛。

(二)魏晋南北朝的"广州"

西晋时期的广东腹地仍然沿袭三国时期,北部归属荆州,雷州半岛和海南岛则分属交州进行管理。到了南北朝时期,由于粤中、西、北部的经济与交通相比于粤东更发达,因此增设的州、郡、县大多集中在粤中。更细化的行政管辖又进一步促进了粤中、西、北部的经济发展。到了隋朝,广州和循州(今惠州)成了分别统领粤中、西、北部和粤东两地的总管府。随后,隋炀帝又将州改为郡,形成郡、县两个等级,将广东省分成了10郡和74县。此时,香港位于东莞郡宝安县,澳门则位于新会郡封乐县。

(三)唐宋时期的"岭南五管"

到了唐代,地方又开始设立州,形成了州、县两级,并设立广州、桂州、邕州、容州和交州共5个都督府合称"岭南五管",分设五府节度使分管岭南地区星罗棋布的各州及都督府,地域相当于今两广、海南与越南北部地区。其后,五管名号屡变,但总体而言,五管所辖地区变化不大。到了唐懿宗咸通三年,即公元

862 年①，岭南开始以东、西两道分治，广州隶属东道，广东也归属东道，广东的"东"由此而来。由于唐朝时期宝安县被撤销，归属东莞县，澳门此时便与香港一样，归属于东莞县。

五代十国时期，南汉王刘氏统领岭南地区，在行政区域划分方面，未有太大的变动，此时期都城为兴王府，即今广州。

宋朝的地方行政制度与此前相比有所不同，等级划分为路、州、县三级，在唐代岭南道的基础上设立广南路，并同样将广南路划分为东、西两路。其中广南东路大体与岭南东道相近。宋朝时期的澳门归香山县管辖，香港依然归属东莞县。

（四）元明清时期的广州府

元朝将行政区域划分得更细致，具体为省、路、府（州、军）、县四级，其中在"省"和"路"之间还有"道"这一层级，属于承转机构，处于"道"这一层级的为广东道（道治在广州）和海北海南道（道治在现在的雷州市）。此时，澳门归属广州路。

到了明朝，中央政府撤"道"，把广东道改为广东等处行中书省，是十三行省之一，海北海南道则隶属广东。同时，雷州半岛、海南岛归属广东。至此，明朝末年，广东省区域划分更为清晰，现今广东轮廓基本形成。在此次行政区域划分中，澳门归属广州府。

清朝年间，行政区域也划分为四级，分别为省、道、府（州）、县，与明朝行政区域相比没有实质变化，但将布政使司更名为"省"，"广东省"一称自此开始使用。当时，广东所辖范围南至南海诸岛的曾母暗沙，而西沙群岛和南沙群岛则隶属广东省琼州府的万州。此时期的香港被纳入广州府新安县管理，而澳门则隶属广肇罗道广州府，肇庆为道治，广州为府治。

1842 年，在第一次鸦片战争中惨败的清政府，被迫与英政府签订了《南京条约》，将香港割让给英国，而后又在 1887 年和葡萄牙签订了《中葡会议草约》和《中葡和好通商条约》等不平等条约，将澳门割让给葡萄牙，直到 20 世纪 90 年代，香港和澳门才回归到祖国的怀抱。

---

① 有学者认为是咸通二年，即公元 861 年，此处以广东省人民政府地方志办公室公布资料为准。

二、民国时期

民国时期的广东省除了在内部行政区域划分上出现过多次调整外，在管辖范围内并未有重大变化，而被割让租借的香港、澳门也因国民政府对西方列强的"宽容"政策，迟迟没能回归祖国的怀抱。

民国时期，广东省的称谓与管辖范围与清朝时期相比大体上并无二致，仅在行政区域的划分上出现了些许的差别。民国时期的行政级别制度将清朝的四级制改为省、县二级制，同时设立绥靖区，其等级处于省、县之间。到了1925年，广州迎来了中华民国国民政府的设立，此时的地方行政分为省、行政区、市和县，并实行委员制，这也是"广州市"的名称首次出现在公众的视野。此时的广东被划分为广州、东江、西江、北江、南路和海南6个行政区，而这6个行政区的事务由各区的行政委员代为管理。1938年，日军侵占广东，广东省府被迫北迁至粤北，也就是今天的连州市。

为了适应抗日战争战时的需要，广东省行政划分的变更相对以往更为频繁，从最初的4个行署到1940年的9个区（其中也包括沦陷区），再到1941年的9个行政督察区。1945年抗日战争胜利后，民国政府再次调整广东省行政区域的划分，行政督察区被一分为二：一类是省府直接督察区，包括南海、番禺在内的12个市县；另一类则是专署行政督察区，包括88个县在内的11个区。

三、新中国成立后

新中国成立后，广东省行政区域进行了重新划分。广东省总共分为9个专区（包括珠江、东江、西江、北江、南路、粤中、兴梅、潮汕和琼崖）、7个市和98个县，广州由中央直辖。

1952年，中南行政委员会开始领导广东省和广州市，此前一直由广东省管辖的北海市和钦州专区改由广西管辖，而归属于广西的怀集县则划分到广东省的管辖区域。1979年，广东省辖区内共有14个市、9个县和3个自治县，其中宝安县升级为深圳市,珠海县升级为珠海市,这两市由广东省直接管辖。1981年,广东省开始设立办事处,分设在西沙、南沙以及中沙群岛,并由海南行政区统一管理。到了1983年以后,管理体制进一步细化,形成了县由市直接领导、村由乡镇直接领导的管理新模式。1988年,海南行政区从广东省划出,建立了海南省。也是在这一年,广东省所实行的县由地级市管理、村由乡镇管理的模式一直沿用至今。

四、港澳回归以来

"一国两制"方针的提出,对于解决港澳问题、推动港澳的回归进程具有重要的战略意义。自香港、澳门先后于1997年7月1日和1999年12月20日回归后,在"一国两制"的背景下,粤港澳之间的关系也迎来全新的变革。从政治关系的角度来看,在香港、澳门回归之前,粤港澳三地之间的关系属于一种外部联系,而在香港、澳门回归之后,三地的关系就变成了一种带有中国特色的"一国两制"的内部联系。这在一定程度上消除了广东同香港、澳门之间的交往障碍与政治隔阂。尽管粤港澳之间在生活习惯、制度以及思想方式等方面仍然存在一定的差异,但在祖国统一的格局下,这些差异可以通过不断的沟通和合作逐步缩窄,从而推动粤港澳之间的融合发展。

第二节　粤港澳经济关系的历史变迁

粤港澳大湾区要打造世界级城市群,并非只是简单地从地缘角度考虑城市群间的联系,而是要突出三地间的经济联系。事实上,粤港澳三地已有超千年的发展历史并延续至今,经济联系密不可分,且一直是粤港澳作为中国经济引擎的坚实基础。本节同样从时间维度梳理远至古代以广州为中心的珠江口经济,近至粤港澳大湾区概念被提出后三地在不同领域的经济关系变迁,展现粤港澳大湾区先行先试基因的形成之路。

一、秦至隋唐时期——偏居一隅的后起之秀

秦至隋唐时期，岭南地区以南越为主体，此时粤港澳三地为一整体，经济关系建立在多部族融合的基础上，是以南越王府所在地番禺（今广州）为中心的经济整体。

（一）秦朝

秦始皇南平百越后，岭南地区被纳入秦朝的版图之中，数十万平定岭南的大军大部分都留在了岭南地区，促进了岭南与岭北的经济和人文交流，也给岭南地区的经济发展带去了当时相对先进的技术，加速了广东地区的开放和建设。同时，随着中原文化的传播，中原地区相对完善的制度体系也在这一地区创新性地建立起来，加上赵佗采取放任政策，在尊重各部文化风俗的基础上促进了各部间的文化融合，消除了文化冲突，这不仅巩固了南越诸多部族的统一和融合，更使南越地区免受战争蹂躏而日渐富庶，为日后广东社会经济的发展奠定了重要基石。

（二）两汉时期

广东因其临海位置的优越性，自汉代起就是东方同西方进行交流的重要窗口，广东自身的对外贸易也得到迅猛发展。

汉高祖刘邦推翻秦朝后，对赵佗政权采取怀柔政策，于公元196年派陆贾奉诏书和印绶给赵佗，承认赵佗为"南越王"，继而使南越在接受汉朝约束的前提下加强了与中原的经济联系。汉代是对外开放的大发展时期，张骞出使西域开辟了中国陆上丝绸之路，而受中原对外开放思潮的影响，赵佗亦开辟了海外通商贸易之路。《淮南子》《史记》《汉书》等记载，秦汉时期，番禺（今广州）是犀牛、象牙等舶来品的集散地，且有可能经海上运输流入。而南越王墓出土的满具希腊风情的银器皿和银盒也是舶来品，据考究是通过"海上丝绸之路"的运输从南欧和波斯帝国来到东方的。南越国建筑中的希腊式石制梁柱，可以认为早

在秦末汉初,海上丝绸之路就已经存在,而徐闻古港(位于广东湛江)在西汉年间因对外贸易而开创了自己的繁荣历史,成为海上丝绸之路的始发港①。由此可见,早在秦末汉初时期,往返于番禺与东南亚等地的船只便开始较为频繁地出现在海上航道上,满载着珠宝、香料以及丝绸等货物的商船在广州与罗马之间往返,推动着中国同世界其他国家和地区的贸易往来,同时奠定了广州作为千年商都的地位以及粤港澳大湾区一直作为中国对外开放窗口的历史基础。位于广州市的西汉南越王博物馆内陈列了于 20 世纪 80 年代出土的南越王墓内葬品,诉说了两汉时期南越国的历史(图 3.1)。

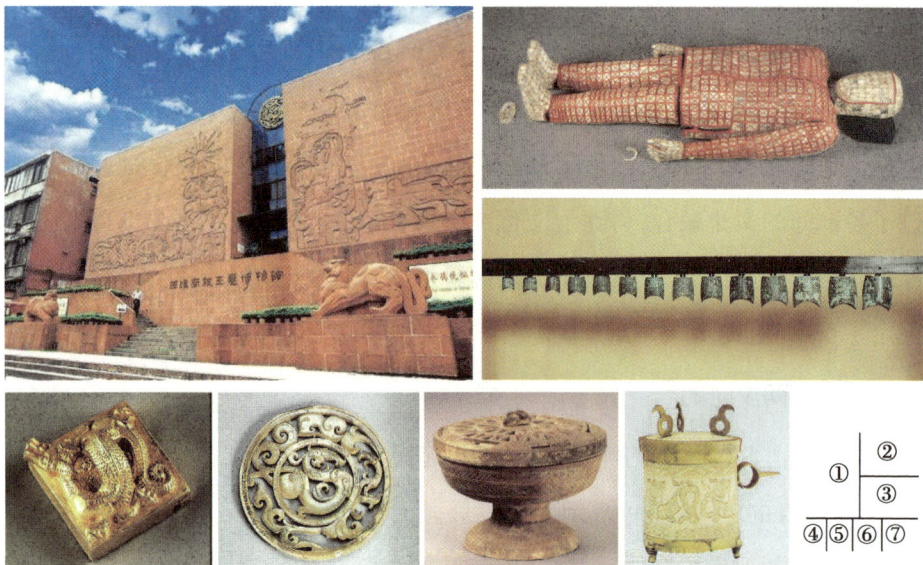

图 3.1 西汉南越王博物馆及部分陈列品

注:①西汉南越王博物馆正门;②丝缕玉衣;③铜钮钟;④"文帝行玺"金印;⑤龙凤纹重环玉佩;⑥陶熏炉;⑦象牙卮。

资料来源:西汉南越王博物馆。

---

① 徐闻古港从西汉开始就凭借它优越的地理位置、便利的交通条件,在中外贸易中发挥着重要作用。汉武帝灭南越国后凭借海陆拓宽了海贸规模,从徐闻、合浦通沿海各国,到达已程不国(也就是今天的斯里兰卡)。

（三）魏晋南北朝时期

魏晋南北朝时期战火纷飞，民不聊生，在中原地区生活的人民由于无法忍受战争所带来的流离失所、动荡不安，纷纷南下。这一人潮的南移，不仅给广东地区的经济发展带来了大量的劳动人口，整个社会发展的经济中心也向珠江南方转移，广东经济的发展进程也进入了一个更为繁荣的阶段。这一时期，在海上丝绸之路的推动下，广东地区进一步加强了同其他地区的贸易往来，同样也带动了广东当地造船业和航海业的发展。此时的船舶制造技术以及航海技术已达到跨越大洋彼岸的水平，越来越多的货物也从广州经珠江口运到远在阿拉伯半岛的亚丁港。丰富的劳动力资源、稳定的政局以及对外开放政策，使这一时期的粤港澳地区经济高速发展，社会富庶无比，广州也一度成为中国的一大都会、海外贸易的重要枢纽，甚至成为全国商品的重要集散地，连四川等内陆地区的土特产都要经广州再转卖至世界各地。

（四）唐朝

到了唐朝，随着广东贸易行业的繁荣发展，广州已发展成为对外贸易的东方大港，每年到广州的商船多达4 000余艘。在对外贸易的带动下，广东境内商业和造船业取得长足发展。在商业方面，广州因对外贸易吸引了越来越多的商户前来定居和发展，货栈、商店林立，街上的小贩、居民摩肩接踵，运输货物的来往马车、推车络绎不绝。"蕃坊""蕃市"[1]的设立便反映了这一时期广东对外贸易的极盛之势。由于贸易的高速发展，唐朝时期的广州地区人口增长迅猛。为了解决交通拥挤的问题，这一时期广州地区便开始拓宽马路，以方便来往的运输车辆，交通运输业也由此兴盛一时。

不仅如此，到了唐朝后期，广东的造船业也有所成就[2]。从结构上看，广州

---

[1]　"蕃坊"，又称为"番坊""蕃巷"，是中国唐宋时期在广州等地区规划的阿拉伯、波斯穆斯林侨民在华聚居区。因这一时期中国居民称呼阿拉伯（大食）、波斯商贾为"蕃商""蕃客"而得名，"蕃坊"内进行蕃货交易的场所称为"蕃市"。今广州市光塔路的怀圣寺便是唐朝时期广州蕃坊的中心遗址。

[2]　《新唐书》记载，仅广州一地一次"能造海船五百艘"，其中，苍船长二十丈（约66.6 米），能载六七百人，木兰舟能载1 000人。

所造之船十分坚固,用的多是热带硬木、荔枝木和樟木等,并且用铁钉连接,能够抵御较强风力。同时,由于南方海域水位深度较深、岛屿较多,其所造船只为适应这一环境,船型呈现出船头较尖、船身较长的特征,从而吃水较深,也展现了很好的航海性能。也正因其高质量的造船技术,往返广州的船只已到达了亚、非、欧各大洲,广州港的名声一时大噪,成为当时中国名副其实的第一大港,并带动了整个珠江口乃至东南沿海地区海上贸易的发展。

二、宋朝——广东经济发展跃升期

在唐宋之前,广东地区由于相对于中原地区来说,地理位置较为偏僻,在中原人的眼中,广东地区似乎是人烟稀少的蛮荒之地。到了宋朝,大量中原人民南下,推动了广东经济、文化等各方面的发展,宋朝也成了广东历史上发展的重要转折期。此时的广东无论是农业还是工业都发展迅猛,商业及对外贸易更是全国领先。而此时,粤港澳三地经济关系依然是一个整体,统一归属于广州都督府,且通商贸易以及外商事务均由市舶司统一管理。下面主要介绍宋朝时期的广东农业、工业和商业及对外贸易的发展。

(一)农业

在宋朝,广东的农业发展较快,逐渐形成商品化模式。一是,木棉种植业集中化。在广南东路,木棉产量巨大,形成了木棉生产基地,带动了织造木棉的手工业发展。二是,水果种植业多样化。宋朝时期,广东地区的荔枝、柑橘和杨梅等果树的种植久负盛名,水果种植已远超过农业生产种植的范围,而独立成为一个生产部门。苏轼在其多部作品中对广东水果特别是荔枝极尽赞美,体现了岭南荔枝等水果在普通百姓乃至文人墨客心中的地位之高。三是,花卉培植产业化。受海外贸易的影响,宋朝的广州通过海外运输获得了许多海外珍稀的花卉品种,并且其适宜的天气情况也使许多花草树木得以存活,养花的产业化也由此形成,因此有"花城"的美称。四是,茶叶贸易国际化。广州作为重要的茶叶种植基地，又是中国第一大港，其茶叶运输到海外的历史在宋朝就已开始展开。五是，蔬菜种植业专门化。广州经济实力的增长，吸引了越来越多的人慕名而来，因此基本生活供给必须得到保障，广州的蔬菜种植业必须满足普通人的需求。菜圃、葑田①等种植形式出现在了广州。六是，水产捕捞规模化。一方面，广东的气候条件适宜鱼类存活，另一方面，其临海的自然地理位置便于渔民捕捞海鱼。基于上述两点，广东的鱼类众多，渔业得到了很好的发展。

总体而言，宋朝时广东的农业发展迅猛，尤其是在自然资源优势和海外贸易的共同推动下，广东农业商品化规模发展迅速。

（二）工业

宋朝是中国手工业发展的一个关键时期。这一时期，广东工业发展以矿冶、陶瓷、造船和纺织最为发达，居于全国先进行列，是广东工业生产力发展水平的代表。以造船业为例，1975 年在广州发现了秦汉时期造船工厂遗址，说明早在南越国时期，广东就具备生产大型船只的能力。特别是在遗址中还发现了多件铁制造船工具，且《岭南科学技术史》记载，广州造船匠已掌握制造"水密舱"技术，整整比西方国家早了 500 年，说明广州造船技术已相当先进。到了宋朝，广东造船业发展登峰造极，已可以造出大型货船。在广东阳江水域发现的"南海一号"古沉船便是例证。据推测，"南海一号"船长 41.8 米，船宽 11 米，排水量估计可达 828 吨，是现今世界上发现年代最久远、船体最大、保存最完整的海上古沉船，是中国作为全球造船工业和航海业之最的佐证。尽管"南海一号"未能被证实是广州所产，但按照当时广州作为全国造船业最先进的地区，其应该具备生产与"南海一号"水平相当的货船的能力。以造船业为代表的工业发展在促进广东地区经济发展的同时也加速了广东商业及对外贸易的发展。

（三）商业及对外贸易

北宋时期罗盘被应用于航海技术，加上政府采取了一系列发展对外贸易的

---

① 葑田由多年腐败的杂草淤积而成，用木架将其绑缚在水面上可以浮动，可用来种植蔬菜等。

措施,大大促进了这一时期的对外贸易。在政府的鼓励下,中国的对外贸易在延续了唐朝蓬勃发展的基础上更前进了一步。广州作为当时中国最重要的通商口岸,外国来华商船络绎不绝,商队到广州的外邦人员不断增多,外国人的聚居地范围不断扩大,广州商业及对外贸易发展极其活跃。为了对日渐繁茂的对外贸易进行有序管理,宋朝政府在广州设立"市舶司",并保留唐朝"蕃坊"外国人讼事管理制,对外国商事及外国人进行统一管理,实行出入境登记制、发放护照和货物出入境许可、征收关税,甚至每年还举办大型聚会宴请在广州的外国商人。宋朝时期由于对外贸易极度繁盛,广州经济文化发展对亚洲影响极大。史料记载,南宋时期广州设有专门招待外国人的驿馆,许多国家的商人来了广州就留而不去甚至在当地娶妻生子,需要其国王前往领回方肯离去。由此可见,宋朝时期广州因商业及对外贸易极其发达而闻名于世,已然成为亚洲商业中心。

三、明清时期—— 一港通商下的粤港澳联动

明朝时期,政府厉行禁海之策,只保留广州作为"朝贡贸易"的唯一港口与南洋地区通商,主要为朝廷向各个藩属国进口朝贡品,每年来往广州的船只多达30余艘。垄断通商口岸使广州成为当时全国唯一的国际贸易中心,辐射带动了广州周边地区,特别是珠江口沿岸地区的经济发展。各大商船会选择在不同的泊口靠岸并接受检查或接驳后方可进入珠江口,再溯江而上到广州进行交易。当时的泊口主要分布在江门、珠海、澳门、东莞等地。与此同时,明万历年间,东莞是莞香的主要产地,有着集种植、收集、加工、贸易于一体的著名莞香交易市场。莞香商人在东莞进行交易后,从香港出海,再分销到东南亚各国乃至世界各地,香港因此成为莞香这种珍贵香料的集散港,"香港"之名便由此而来。

然而,16世纪初期,葡萄牙殖民者多次进犯广东沿海,明朝政府实施了更为严厉的禁海政策,直至嘉庆年间方才恢复广州的贡舶贸易。在此期间,明政府

加大了广州对番船的审查力度,导致很多商船放弃前往广州,而明政府却允许有朝贡许可的船只临时停泊在澳门,使澳门渐渐发展成为小有规模的贸易港,即使广州在恢复贡舶贸易之后,一些商船仍然习惯性地集聚在澳门。

到了清朝初期,清政府继续沿袭明政府的禁海令,甚至硬性要求除了广州以外其他诸如东莞、顺德、番禺、珠海等泊口居民内迁远离港口,使这些地方无法为番船停泊提供服务,广州因此成了名副其实的唯一的通商口岸,贸易中心的地位得到进一步巩固。后至康熙二十四年(1685年),清政府才开放广州、泉州、宁波、松江4个贸易口岸,但广州仍然是中国对外贸易第一大港,而禁海令的放松,带动了前述的泊口以及香港等外海港口的逐步发展,经济互动也不断加强。如康熙二十七年,粤海关在澳门设立关部行台,并配套设有旗员防御,由广州选派人员前往驻扎。

鸦片战争后,香港和澳门相继被英国和葡萄牙占领,此时广州贸易中心的地位在遭受列强陆续进犯后受到严重冲击,逐渐被列入西方经贸体系的香港和澳门超越,成为依附于香港的次级贸易市场。

四、民国时期

(一)香港与广州的华商联号

虽然企业家联号经营在中外经济史上不足为奇,但在民国时期,尚被英国占领的香港与广州的华商联号①,可谓是跨区域性的一种合作,是香港和内地建立的一种特殊的联系,也构成了近代历史上粤港澳经济联系中不可缺少的一部分。

港穗华商联号产生的原因主要包括以下几点:一是,在当时英国统治下的香港作为自由贸易港,是中国内地同世界各国贸易往来的重要窗口。越来越多

---

① 对于"联号",其概念较宽泛,我国商界和学术界缺乏明确的定义。现代国际经济界有一个名词叫"联号企业"(Associated Enterprises),在我国一般称联合企业。

的粤商为了能加入海外贸易大军,纷纷前往香港,把香港作为他们进行国际活动的基地。二是,民国时期的政局动荡,为了寻求较为稳定的投资环境,粤商开始寻求同香港地区的合作,联号的数量和规模也由此扩大。三是,从香港方面来看,同广州的合作也成了越来越多的香港人、粤籍华侨进军内地的绝佳通道。

纵观香港同广州的华商联号,在中华民国成立后直到抗日战争爆发之前,其处于两城联号发展的鼎盛时期。而这幕后推手就是民族经济得到了长足的发展,同时两地对国货的热情又进一步带动了联号的发展。在华商资本的推动下,在金融、百货、制造、食品、运输、制药、餐饮等行业中,均可看到港穗联号的身影。如康年人寿保险、先施百货、嘉顿糖果饼干公司、陈李济、莲香楼等著名企业均为港商驻穗或广州企业驻港联号。

港穗联号推动了广州和香港两地之间的经贸合作,成为加强粤港之间联系的桥梁,发挥了内部加强联系、外部加强联动的作用。

(二)港澳与广东的贸易发展

在民国时期,港澳人民生活所需的基本用品、工业生产所需的原材料等很多都依靠广东的供给,而广东地区所生产的产品也需要通过港澳运往世界各地。因此,粤港澳在民国时期乃至今天的经济发展都是相辅相成的,三者是相互依存的关系,在相互促进中实现经济的共同繁荣发展。

民国期间,广东与港澳贸易频繁,特别是与香港之间的贸易往来在广东贸易总额中占据着较高比例,这一情况一直延续至今。从广东向香港的出口来看,1912 年,广州出口到香港的货物价值占广州出口到港澳货物总价值的99.26%,到了 1930 年,占比也仍保持在 98.77% 的水平,澳门的占比依然不足1%。从出口的商品结构来看,广东出口到港澳地区的货物以生产原料和日常生活用品为主,所占比例都较高。鲜活产品几乎是 100% 对港澳出口,菜蔬类出口到港澳的比例也接近 90%①。

（三）香港的买办经济

关于"买办"的真实含义，最早可以追溯到明朝时期，当时"买办"是一种职务，主要负责为当地的衙门从市集上购买日常用品。到了鸦片战争爆发的前期，"买办"多见于广州，主要是一种仆役，是当时的广州十三行行商②为了来华的商人所安排的。而要深究买办经济真正得到发展的时期，应以香港开埠和上海通商作为买办开始具有现代意义的起点。从香港被英国占领，出现买办制度开始，到 20 世纪 60 年代为止，香港是中国买办经济发展历史最久的城市。

随着香港被占领并且 5 个通商口岸被迫开通之后，大量外商开始踏上中国的土地，其中最为活跃的当属英商。这些西方商人均把香港这座小岛当作自己在东亚市场的基地，并以香港为中心，逐步扩大自己在东南亚及东亚的市场。这些外籍商人在华进行贸易活动依赖于买办制度，这都在一定程度上促进了香港乃至整个广东地区买办制度的发展。在当时，香港买办网络的形成离不开人脉网络。香港的广东买办业的巨头——何东、韦光、罗伯常以及莫仕杨等，都把"世袭制"或者互相举荐的方式引入香港买办的发展中，这些人往往可以垄断一家洋行的经营。因此，随着人际网络的扩展，香港的买办网络也得到进一步的扩张。

香港开埠以后，买办发展初期阶段的主要服务对象为兵船、商船和洋行业的艇户，以及同洋商交情较深的商人和此前在广州十三行工作的公行人员。随着香港地区的外贸活动日渐频繁，香港的买办经济业得到了快速发展，到了1891 年，香港外资洋行雇用的买办就从 1851 年的 6 人增至 126 人。

---

① 欧阳湘.民国时期广东对港澳市场的出口供应述论[J].当代港澳研究,2017(4):67-96.
② 广州十三行是指清代专做对外贸易的十三家牙行,类似今天的商业组织,是由清政府批准指定专营对外贸易的垄断机构。十三行对今天的珠三角经济发展影响深远,详见第四章第三节。

五、新中国成立初期

新中国成立后,粤港澳之间的经济交往只有边境的一些零星小额贸易,尽管如此,中央政府对粤港澳边境的小额贸易活动还是进行了规范化的管理,让这些小额贸易活动能够在组织的管理下有计划地进行,从而更好地形成独具粤港澳边境特色的有规模的小额贸易活动。

提到粤港澳边境的小额贸易,代表着"一街两制"的"中英街"在这样一种小额贸易的历史长河中必然占据着一席之地。在香港被迫割让给英国之后,为了分清各自的管辖区域,当时的清政府同英国政府进行了界限划分,"英界"和"华界"就构成了沙头角的两个部分。在两地居民日常生活、贸易活动的往来中,界限两边的人们开始摆摊做起了自己的买卖,划分中英管辖的界限就逐渐形成了中英街。新中国成立之后,虽然为防止跨境走私犯罪活动,广东省与香港地区开始封锁边界,但中英街的贸易往来依然频繁。深圳的农户将自己种植的蔬菜、大米等农产品销售给新界的居民,而新界的居民则把香港地区的外贸商品卖给深圳居民,如火柴、药品以及布匹等舶来品。在两地人们贸易往来的推动下,新中国成立初期的中英街依然有着生命力与活力。

1949 年 12 月《港澳边缘区小额肩挑贸易临时办法》出台,对不同种类、不同价值的农副产品在进行交易时做出了相应的规定,而且还规定了相应货物在交换时应满足的条件。由此,港澳边缘区的居民在进行农副产品、手工业品同生活用品交换时会更具便利性,更加规范化。虽然在 1954 年,相继出台的政策旨在缩小小额贸易的活动范围,但粤港澳边境的小额交易仍然在有序进行。正是在相关政策的出台下,粤港澳边境的小额贸易活动才能够在制度化的体系下有序进行,而非杂乱无章。

六、改革开放以来

改革开放对于粤港澳之间的经济关系发展来说是一个关键节点,也是粤港澳大湾区先行先试丰富实践的重要开端。改革开放后,广东乃至全国各地都需要参考和借鉴香港在进行对外贸易时所积累的经验,同样也需要借助香港这个国际化平台,增加同外界的交流与合作。广东作为港澳的邻省,面向东南亚市场的同时,背靠中国广阔的腹地,拥有在地理位置上其他一些省份所不具备的优势与条件。因此,改革开放以来,广东进一步地加强了同港澳之间的经济联系,推动自身的改革开放进程朝着更远、更深的方向行进。改革开放 40 多年来粤港澳经济关系的演变,从最初的"前店后厂"模式,到 CEPA 签订之后的服务贸易自由化的阶段,再到粤港澳大湾区的建设阶段,一直延续至今,粤港澳城市群所取得的经济成效得到了世界各国的广泛关注。

（一）"前店后厂"阶段（1978—2003 年）

1978 年,改革开放政策正式实施。港澳地区借着此次改革的春风吹遍祖国大江南北之际,抓住此次发展机遇,借助自身体制机制的特殊性以及市场相对自由的开放度,开始将自己低增加值和劳动密集型行业转出,在珠三角和其他地区投资建厂,开启了粤港澳地区的"前店后厂"模式——港澳进行生产性服务,广东进行生产。具体来看,所谓的"前店后厂"模式就是港澳地区将自己制造业的加工或生产环节转移到珠三角地区,而自己则主要负责产品的设计、研发、销售等一系列的环节。相对于中国内地而言,港澳地区的发展水平和生活消费水平都相对较高,这意味着港澳地区的劳动力成本高于中国内地。通过"前店后厂"模式,港澳地区不仅能够顺应全球产业链分布的趋势和发展,而且可以通过雇用中国内地的劳动工人来有效降低自己的生产成本,从而增加自身产品在市场上的竞争力。

在这样一种模式中,"直接投资"就是最为核心的投资方式,推动了港澳同广东地区的贸易往来。不仅如此,在此基础上,香港充分发挥自己作为自由贸易港的优势,逐步提升自己在国际金融、国际贸易以及国际航运等领域的地位。而珠三角地区在借助毗邻港澳这一地理优势的同时,大力发展自己的制造业,努力将自己打造成为国家制造业的"领军人物"以及国际贸易进出口的重要基地。由此,广东逐渐成为制造业强省,而香港则巩固和提升了自己在第三产业的中心地位,粤港澳开始发挥自身的优势,通力协作,各司其职①。

总体来说,"前店后厂"模式的特点就是投入和产出表现为"两头在外""大进大出"。该模式的成功运行主要在于港澳地区能充分发挥自身的体制优势,并且充分利用自身雄厚的资金和市场开放度;而珠三角地区则实现了该区域所拥有的土地和劳动力的利用率最大化。

(二)服务贸易自由化阶段(2003—2015 年)

2003 年,中国商务部与香港财政司签署了 CEPA,以此来加强内地与香港的经贸合作关系,共促两地经济的繁荣发展。CEPA 签订后,双方的贸易往来更加自由化、制度更加透明化、贸易投资更加便利化,最终使粤港澳地区的服务贸易进入自由化发展的阶段。

进入 21 世纪以来,珠三角地区在改革开放后经过 20 多年的沉淀,无论是工业实力还是经济实力都得到了迅猛发展,珠三角地区已不再局限于传统工业的发展,正逐步过渡到现代化工业经济的发展阶段,并成功跨入工业后期的发展阶段。此时,"前店后厂"模式似乎遇到了瓶颈,港澳同广东地区在产业转移、资源自由流动方面都在一定程度上受到了制约。因此,为了应对时代的变化,推动港澳同内地之间的货物和服务贸易自由化,以及推动两地之间的投资便利化就成了 21 世纪初港澳同内地开展合作的时代主题,CEPA 应运而生。

CEPA 的签订可以说是当时推动区域经济一体化发展的重要新举措,旨在促进香港同内地之间实现更为紧密的经贸合作关系,具有重要的战略意义。首先,在货物贸易自由化方面:一是香港和内地进口的货物,原产地若属于对方,则实行零关税;二是非关税措施按照 WTO 的规定执行;三是反倾销和反补贴的相关政策被取消。其次,在服务贸易自由化方面:一是扩大了内地市场对香港服务业的市场准入范围;二是降低了内地市场对香港服务业在最低注册资本、

---

① 任思儒,李郇,陈婷婷.改革开放以来粤港澳经济关系的回顾与展望[J].国际城市规划,2017,32(3):21-27.

营业年限等方面的要求,以此降低准入门槛。最后,在贸易投资便利化方面:主要通过政府间的合作机制来进一步提高相关制度的透明度、加强两地的信息交流以及推动相关标准在制度方面的统一。

CEPA 的签订旨在消除粤港澳地区相互往来与合作的贸易壁垒,希望能在"一国两制"的背景下,降低贸易壁垒,推动区域协调发展。同时,随着时代的发展,单单靠香港的辐射来带动粤港澳地区的发展是不够的,而需要加快推动深圳、广州的国际化都市的建设,共同发挥带动作用。这也为今后粤港澳城市群建设 4 个中心城市奠定了基础。

(三)粤港澳大湾区建设阶段(2016 年至今)

粤港澳大湾区建设的落地生根,进一步推动了粤港澳地区的区域经济一体化发展进程,推动区域经济在金融、科技、信息、物流等多个方面的协同发展。不仅如此,自由贸易区的设立将大湾区建设落到实处,开始将制度层面的创新落实到实践当中,这对增强大湾区的影响力和扩大辐射范围具有重要作用。

在合作模式上,粤港澳大湾区建设不局限于经济合作,而是扩展到改善民生福利的层次,为了将粤港澳大湾区改造成"宜居宜业宜游"的优质生活圈而共同努力,其合作模式将从"前店后厂"和"服务贸易自由化"跨越到"全方位融合发展"。在合作内容上,粤港澳大湾区主要的合作重心放在了具有引领创新特性的产业体系上,有别于此前的在制造业和服务业方面的合作。粤港澳大湾区将致力于将大湾区打造成国际性的创新型平台,通过创新来引领发展。在合作机制上,从市场引领,到政府引领再到如今在共同利益引领下的"自发性合作"。粤港澳大湾区的一大特点就是"互联互通",即打破了体制的隔阂,为信息、技术、人才等资源的自由流动创造了一个更为自由的空间①。

随着 CEPA 的不断扩充,大湾区的建设进一步降低了粤港澳城市群间经济

---

① 陈广汉,刘洋.从"前店后厂"到粤港澳大湾区[J].国际经贸探索,2018,34(11):19-24.

合作的壁垒,减少了制度差异给经济合作所带来的阻碍。随着粤港澳大湾区建设的深入推进,有利于资源在大湾区实现优化配置、有效整合,与此同时,可以更好地改变此前香港的单极化发展格局。近年来,深圳、广州发展迅猛,在经济体量上正逐步缩小与香港的差距。把港、澳、深、穗作为大湾区的 4 个中心城市,可以有效缩短经济实力强劲城市之间的发展差距,做到优势互补、协同发展,共同发挥自身的带动作用,辐射周边,逐步从当初的"大分散、小集聚"向"大集聚、小分散"的目标迈进。

第三节　粤港澳社会关系的历史变迁

根据前面两节的分析,可以看到在政治和经济方面粤港澳之间的互动关系源远流长,随着历史的变迁而不断演进。粤港澳大湾区不仅是一个经济地理概念,作为岭南文化孕育下的城市,湾区城市间有着属于它们的文化联系。粤港澳大湾区的人们同根同源,有着割舍不断的民族历史和文化思想,而这些方面也在随着时间的推移不断变迁演化。下面,我们将从民族交往、文化演变以及教育交流这 3 个方面来阐述粤港澳社会关系的历史变迁。

一、民族交往

鸦片战争以前,粤港澳三地同属一郡,民族交往与一般国内城市间交往无异。虽然鸦片战争爆发后,香港和澳门陆续被别国占领,但是当时粤港澳人民之间的往来并没有就此隔断,例如,广东第一批留学生也是中国第一批留学生都曾在澳门学堂接受过教育。被英国占领后的香港仍然允许粤澳居民维持此前的正常往来。接受了英国先进教育理念和科学技术的香港,吸引了越来越多的广东人前去求学、经商和学习先进技术,两地人员往来较以往更为频繁和密切。当时的港澳拥有相对自由的思想交流与文化碰撞的环境,并且因接受了西方先进思想的熏陶,不仅为当时的中国内地带来了更为自由民主的思想,还成为当时的思想家和革命家进行革命活动的基地。

民国时期,时局的动荡不安反而增加了粤港的人员往来。香港居民担心第一次世界大战爆发会危及香港的安全,于是纷纷前往广东;抗日战争爆发后,人们又对广东的紧张局势感到不安,从而又撤离到香港;国共内战的爆发也促使一批广东居民"逃离"广东、奔赴香港。在这段时期里,港澳之间经常联合举办体育赛事。在战争爆发后,不少香港企业家对广东进行资助。同时,受战争影响,许多广东的作家、戏剧家等来到香港,由此促进了粤港之间的文化交流。在抗日战争这段时期里,历史见证了粤港澳三地的中华儿女割舍不断的那份血浓于水的亲情。当抗日战争爆发之时,港澳同胞秉持着"有钱出钱,有力出力"的原则,帮助内地同胞渡过难关。当日本侵略香港导致香港沦陷时,广东人民也义无反顾地参与到突袭日军、抓捕"卖国贼"、破坏日军在香港布置的交通路线等解救香港的活动队伍当中。由此看来,粤港澳三地的人民一直都在相互依偎、相互支持。

在新中国成立之后,受到政治因素的影响,粤港澳二地的社会交往受到限制,但仍有广东学子赴港澳求学,诸如戏剧、乐团等团体也会进行相应的交流合作。不仅如此,当港澳遭遇困难时,也都会得到来自广东地区的帮助。例如,当香港出现了供水短缺、人民用水困难的问题时,在广东的支持和帮助下,东江—深圳—香港供水工程解决了香港人民的用水之忧。这彰显了两地人民浓厚的情谊。

在改革开放政策出台后,粤港澳三地之间的联系越发紧密。内地赴港澳旅行的游客数量风发泉涌,三地学术交流的机会越来越多,三地的高校也开始建立起密切的合作关系;影视行业、文学等方面的相互交流合作均有所增加,香港的著名演员、歌手成了内地家喻户晓的"大人物"。在改革开放政策的推动之下,港澳地区同广东的民间往来日益频繁。港澳知名人士和富商,如霍英东、何鸿燊、田家炳等一批爱国商人纷纷捐款捐资来推动自己家乡广东的发展,大批学校、图书馆、医院等在他们的帮助之下得以建成。此外,粤港澳三地的探亲往来与之前相比也更为频繁,三地之间的旅游业也在相互促进中发展。不仅如此,三地之间的通婚现象也在改革开放之后成为民族往来的一个重要组成部分。

二、文化演变

粤港澳大湾区根植于岭南地区,受岭南文化的熏陶,在文化方面有着千丝万缕的联系。为了更好地阐述粤港澳之间的文化演变,下面将从岭南侨乡文化和粤港澳文化交流进行具体分析。

(一)岭南侨乡文化

岭南侨乡文化以中华民族的传统文化作为基础和核心,兼容华侨带回来的外国文化的精髓,颇有"取其精华,弃其糟粕"之意。因而岭南侨乡文化是本土文化、外来文化、华侨文化以及港澳文化的多元混合体。

岭南侨乡文化的根本是岭南文化,发源于先秦时期,经过秦汉、魏晋南北朝、唐宋以及元明清时期的洗礼,兼具中原文化的本根性和本土文化的灵动性的岭南文化就此诞生。而华侨文化是华侨带回来的外国文化,当时的澳门和香港充当着"中转站"的职责,华侨文化因此和港澳文化有所兼容。多元交融的岭南侨乡文化帮助大湾区人民回答了"我们从哪来"的问题。粤港澳拥有着同样的文化起源,侨乡文化的起点是中原文化,兼有外来文化和港澳文化的精髓。

(二)粤港澳文化交流

1.粤港文化交流

自清末以来,粤剧作为地方剧种的一种形式就深受粤港两地人们的欢迎,粤剧团队也经常往返于两地之间进行公开演出。到了民国时期,受治安政策的约束,粤剧的相关演出主要在广州和香港两地展开。而粤剧的鼎盛时期当属 20 世纪 20—30 年代,这一时期涌现了一批优秀的粤剧演员,薛觉先和马师曾等就是其中的代表人物。20 世纪 50 年代,香港粤剧界更是在广东八和粤剧职业工会(今广东八和会馆)香港分会的基础上,注册成立了香港八和会馆,并与广东八和会保持着联系与交流。

在新闻界,粤港两地的报社来往也在逐渐增加。1935 年,广东省政府就曾热烈欢迎香港《循环日报》《工商日报》以及《华字日报》等报社人员的到访。

1937 年之后,一批内地从事文化事业的工作者来到香港,同香港文化人展开合作,推动了香港文化事业的发展,使香港成为当时华南地区的文化中心。而在 1939 年成立的香港文艺协会,则在日后的抗日战争中为集结大批富有爱国情怀、敢于斗争的仁人志士发挥了巨大的作用。

新中国成立后,受粤港社会制度差异的影响,粤港的文化交流虽然受到一定程度的阻碍,但仍有不少的文艺团体往返于两地之间,开展文化活动,其中就有 1951 年于广州举办的"香港中英交响乐团演奏会"、香港电影界剧团于 1956 年在广州上演的话剧《雷雨》《日出》等,以及 1957 年港穗两城的京剧团同台上演的《林冲夜奔》《白水滩》等传统京剧。

2.粤澳文化交流

澳门文艺活动的发展以抗日战争为契机,通过话剧《烙痕》《布袋队》《大刀王五》以及《明末遗恨》等的演出,在起到抗日宣传作用的同时也推动了澳门剧坛的发展。此外,在抗日战争时期,澳门的清平戏院还特意邀请广州的戏班赴澳演出,这些戏班上演的粤剧深受当时澳门人民的喜爱。

20 世纪 50—70 年代,受中葡关系的影响,粤澳之间的文化交流活动有所减少,但两地的文化交流并没有就此隔绝。1959 年,广东杂技团赴澳门演出;1961 年,澳门业余音乐曲艺团在何贤和崔德琪的带领下,在广州登台表演。粤澳之间的文化交流依然丰富。

三、教育交流

粤港澳的教育交流始于 19 世纪,至今发展日益频繁。随着粤港澳大湾区建设的不断深入,三地间的教育交流成为推进粤港澳大湾区社会关系进一步发展的重要路径。

（一）粤港教育交流

香港的教育事业在 19 世纪得到长足发展,其所拥有的官立学校从 1848 年的 3 所增加到 1900 年的 110 所。虽然香港和英国建立联合学校是为了培养职员和买办,但是许多中国学子,如孙中山、何启以及胡礼垣等,他们都是在接受了西方的教育之后,更关切自己祖国的命运,更加希望自己能为祖国未来的发展做出贡献。不仅如此,越来越多的学子在赴港求学之后,继续赴海外深造,待学成归国后,来推动当时中国教育、医疗、卫生、文学等方面的发展。例如,朱光潜在香港大学毕业之后,又赴爱丁堡大学继续求学。归国后,他一直致力于中国的文学事业。在五四运动之后,他放弃文言文,选择以白话文的方式继续自己的文学生涯。他一生潜心研究西方美学和中国传统美学,是中国美学史上不可磨灭的功勋人物。

20 世纪 30 年代,香港和广东地区的交流更为频繁。不仅有广东学生赴港求学,也有香港学生来广东学习,两地相互学习和交流的机会日益增多。在教师方面,香港的许多中文教师来自广东,也有越来越多的像广州大学这样的广东高校在香港设立校址。由此,粤港两地的科研交流开始发展,继而推动了两地教育事业的蓬勃发展。

20 世纪 50 年代,由于香港实施"精英教育",因此在高等学校的办学理念中"宁缺毋滥"似乎就成了他们的宗旨。当时,香港的高等学府只有香港大学一所,但其招生人数不多,导致许多想要继续深造的香港学子无书可读。针对这一现象,广东省和广州市都创新性地出台了相应的优惠政策,欢迎和支持港澳学生来粤求学,当时的中山大学、华南理工学院以及广州医学院等广东高校都招收了许多来自港澳的学生。不仅如此,中央政府还恢复了新中国成立初期停办的暨南大学的招生资格,用以专门招收华侨和港澳学生。自此,港澳学生赴粤求学的人数也逐年攀升。

（二）粤澳教育交流

澳门最早的教学方式就是以中国传统私塾为主的教育模式。1874 年，澳门最大的中文学校——镜湖义学设立。而后在陈子褒兄弟的推动下，白话文教育逐渐在澳门普及。两兄弟所创立的子褒和子韶学塾就是以浅近白话文的方式进行教学。

抗日战争爆发后，许多内地居民为躲避战争的威胁来澳避难，澳门的中文教育也从那时开始得到了发展的机遇。在此期间，许多广东学校也迁往澳门，在澳门复课的广东学校就有 20 所，也有很多教育人士在澳门地区开设学校，像张瑞权和谭维汉等富有丰富的办学经验的教育人士均为澳门教育事业的发展出了一份力。因此，澳门的学校如雨后春笋般涌现。

到了今天，在粤港澳大湾区建设的时代背景下，粤港澳三地之间的教育合作得到进一步强化，以深圳同港澳的教育交流合作为例。截至 2018 年 12 月，深圳已有 249 所学校与香港的学校建立了姊妹关系[1]，这一数量为全省之最。近年来，深圳加强与港澳的教育联系，合作范围从教育人士、学生交流扩展到课程、活动甚至是家长之间的交流与联系，深受好评。并且，深港产学研基地的设立以及深港高校的合作（如大湾区国际创新学院就是在香港理工大学同深圳大学的合作之下创立的），都在一定程度上推动了粤港澳大湾区在教育科研、教育创新的合作进程。此外，粤港澳三地在本科生、研究生的招生方面以及三地之间教师的交流方面都有了实质性的进展。

----

① 深圳市教育局社会力量办学管理处.深圳再增 10 所学校与香港学校缔结姊妹学校［EB/OL］.（2018-12-04）［2021-01-10］.深圳市教育局官网.

4

横览万里：
粤港澳大湾区的文化血脉

粤港澳地区有着一脉相承的广府文化，共同受中原文化和外来文化的多重影响，形成了内涵丰富的独特的多元文化体系，无论是在海内还是在海外，都可通过精彩的功夫文化、古老的传统节日和经典的粤菜美食唤起根植于粤港澳人民心中对家乡文化的眷恋；而广为流传的粤语流行曲、充满熠熠星光的粤语电影和电视剧，更是将粤语文化传播到粤港澳每一个角落乃至世界各地，影响着世世代代的粤港澳人民。这些文化印记深深地烙刻在粤港澳人民的血脉中，并随着开放务实的粤商文化不断向海外发展，又进一步深化了粤港澳大湾区的文化影响力。

在广府文化、粤语文化和粤商文化的共同化学作用下，粤港澳三地的近现代文化产业规模不断壮大，在粤港澳乃至全球中各领风骚又相互交融，在推动粤港澳文化经济发展的同时，也为粤港澳三地的合作打下了坚实的文化基础。

第一节　源远流长的广府文化

广府文化发源于广州府，随后流行于香港、澳门等岭南地区。在香港和澳门地区，当地居民有绝大一部分是广府人或者广府人的后裔。虽然港澳被别国占领的时间较长，但是其现有的文化依然是在广府文化的基础上同外来文化相互交融所形成的。因此，粤港澳地区对广府文化的认同度极高，广府文化自然也就成了粤港澳地区的主流文化。广府文化源远流长，代表了一种华人的身份认同感和民族自豪感，无论是令人心生崇拜之情的中国功夫，还是拥有悠久历史传统的节日，抑或是因地制宜的粤菜美食，都能唤起华人心中的民族凝聚力和自信心。

一、令人膜拜的南派功夫

中国功夫作为一种传承千年的运动项目，继承了中华传统优秀文化，种类丰富、招式绚烂,套路繁多的少林功夫、以柔克刚的太极等,都深受海内外人们的喜爱。中国功夫随着经济的发展得到了推广,形成了与中国功夫相关的市场化产业,知名度提高的同时也为总体经济做出了贡献。而广东南派功夫衍生出了蔡李佛拳、虎鹤双形拳、咏春拳等南派武术,对中国武术文化输出起着举足轻重的作用,是广府文化的重要组成部分。其中,咏春拳受近年来以武术为主题的电影宣传的影响,在全球范围内尤为著名。

南派功夫的传播离不开商业电影的发展,商业电影通过拍摄制作销售商业功夫片,形成了电影产业的新分支——武打片。中国功夫,特别是以南派功夫为主题的武打片畅销国内外,不仅带来可观的收入,传播了中国传统文化,还使更多海内外人士爱上了中国功夫,开发扩大了商业功夫片的市场。自20世纪60年代开始,中国功夫开始在东南亚传播。1973年,香港功夫片开始进入海外市场,引起一股外国人争相学习中国功夫的潮流,其中李小龙作为第一批传播中国功夫到海外的影星,为南派功夫的宣传做出了巨大贡献。20世纪70年代,第四、第五代华裔开始融入美国的主流社会,也将中华文化带进了美国社会。随着商业功夫片销往国外,李小龙主演的中国功夫片在美国等国家上映,祖籍广东顺德的他因打败欧美搏击拳手而一炮而红,其以截道拳、双节棍、"李三脚"和无敌寸拳等享誉全球,并凭借《精武门》《猛龙过江》《龙争虎斗》等电影传播了中国功夫,使不少年轻人膜拜其精湛的武术和华丽的招式,对中国功夫这个神秘的东方武术产生向往之情,纷纷开始学习中国功夫,一瞬间带动了功夫经济的发展。1996年,美国《时代》周刊评价李小龙为"20世纪最有影响力的100人"之"世纪英雄和偶像"。李小龙作为第一批将中国功夫的影响力逐渐扩大到海外的华人,他的功夫片一直传达着"我是中国人"的强烈爱国主义思想,凝聚了中华优良传统美德,同时也塑造了一个天下兴亡、匹夫有责、维护正义的中国人形象。

20世纪80—90年代,香港掀起了武打片的热潮,并造就了诸如成龙、李连杰、洪金宝等一批走向好莱坞的武打明星,他们一度成为中国功夫的标志性人物,在为中国的文化输出做出重大贡献的同时,也为粤港澳大湾区的海外宣传提供了重要载体,而以南派功夫为主题的武打电影更是在随后的电影发展中大放异彩。

21世纪以来,《叶问》《一代宗师》等电影激起了新一波学习中国武术的浪潮,佛山咏春三雄——阮奇山、姚才、叶问的故事也开始进入人们的视野。李小龙祖籍佛山,曾拜叶问学习咏春拳,很多学校甚至将咏春拳列为课程内容,也有很多外国友人前往佛山学习咏春拳,市场上的咏春拳课程极为火爆,武术逐渐形成了一种商业运作模式,南派功夫声名大噪,已在100多个国家中传播,在海内外都有极高的影响力和声望。武术市场兼具体育和文娱性质,以商业的方式发展壮大,不仅传播了南派功夫内含的内外兼修的中国哲学思想,还带动了特色产业的发展,为发展当地特色产业经济添砖加瓦。

二、传承千年的传统节日

春节作为中华文化中最为重要的节日,已流传千年。为了庆祝春节,在海内外华人圈中都有各种丰富多彩的活动,如祭祀、贴对联、吃团年饭、拜年、醒狮、逛庙会、"行花街"①等,其中逛花市作为广东地方性的庆祝活动,在广东文化中占据重要地位,一批广东人移居海外后,也将"行花街"传到了海外。广州历来有"花城"的美誉,种花业有长达1000多年的历史,且广州向来是贸易港口,商业繁荣,花卉贸易在1000多年前已经开展。在旧时代,"三十喜团年,行花街,接财神"是广州春节的年俗。如今的迎春花市更是兼具多重功能,既是广东花卉贸易的大平台,也是展现广东风土民俗的大展厅,带动了广东花卉贸易、旅游业等产业的发展。

除了"行花街",醒狮也是粤港澳地区广府文化的特色表现。醒狮又分为"南狮"和"北狮",其中"南狮"在广东地区至今仍颇受民众欢迎,常常在民间节

---

① "行花街"是广州方言中逛花市的俗称。

庆中作为重要表演节目。"南狮"是国家级非物质文化遗产和著名民间体育艺术，佛山作为"南狮"发源地，把"南狮"与当地兴旺的武术文化相融合，使"南狮"表演发扬光大。"南狮"不但保留了以往戏曲的技艺和步法，还加入了武术元素，创新性地发展出上肩、叠罗汉、上杆、过梅花桩等超高难度动作，加上鼓乐节奏和剧情设计，赋予了狮子"喜、怒、哀、乐、动、静、惊、疑"8 种神态，极大地丰富了"南狮"表演的艺术效果，使醒狮活动在广东地区发扬光大。每逢春节、五一节和国庆节等重要节日，粤港澳地区都会举办各种"狮王争霸赛"，在促进三地间的文化交流的同时，还带动了举办地的经济发展。

三、享有盛名的粤菜美食

中华美食博大精深，粤菜作为中国四大菜系之一，发展出了丰富的次级菜系，是中华美食的代表。粤菜包括广府菜、潮汕菜和客家菜，因为珠三角自古以来是广东的政治、经济、文化中心，因此源自珠三角的广府菜是粤菜的主流。从古至今，粤菜享有盛名，在唐代，广州的"南烹""南味"闻名全国。广州作为经商口岸，一直秉承开放包容的态度，而粤菜通过吸收国内外菜式精华和不断发展，在民国前后已达到"食在广州"的高度。20 世纪 30 年代以后，粤菜开始在国际舞台上崭露锋芒，粤菜厨师梁贤在巴拿马国际烹饪比赛大会上获得金质奖章，当时报刊称他为"世界厨王"。随着一批广东人出外经商、定居，粤菜进入了海外地区的日常生活中，上了绝大部分海外中国餐馆的菜单，在 20 世纪 80 年代，日本的中华料理有近八成是粤菜。如今的粤菜深入全国家家户户，每年有不少海内外游客前往广东品尝绝世美味，带动了广东餐饮、旅游经济的发展。

粤菜的发展和广泛传播离不开经济的推动。广州因为面向大海，自古以来就是重要的对外贸易窗口，在唐代，广州就是中外贸易的中心，当时世界上最长的国际航线——"广州通海夷道"，自广州出发，途经亚洲、欧洲、非洲等 100 多个国家。在清代，广州成了中国唯一的对外贸易窗口，经济达到了空前繁荣，全球商人和商品齐聚广州，广州的经商活动对当时中国的 GDP 起到了重要的贡献作用。广州强大的经济实力支撑起了餐饮业的发展，频繁的人员流动促使广州的餐饮消费市场日益强大。

持续的中外贸易交流除了带来巨大的粤菜消费市场，还使广州人增长了见闻，他们对外来事物保持开放包容的态度，善于吸收学习各国的饮食文化，选料多样、博采众长、敢于创新。粤菜烹调方法是中国各大菜系中最丰富多样的菜系，包括煎、炒、煮、炸、焖、炖、焗等超过 20 种烹调方法，种类之多为世人所惊叹。粤菜选材也是中国各大菜系中最广泛的，自古以来就有记载中原人和外国人不愿意吃的食物，在广东却变成了美食。在粤菜中，蛇是上等食材，有滋补的功效，至今在广东有近 50 多种的蛇馔，几乎在广东的每个城市都能找到以人工养殖蛇为基本菜式的餐馆，吸引众多国内外游客前往品尝。"生猛海鲜"更是粤菜中最为出彩的菜品之一。粤菜因食材品种之多、烹调手法之齐全成为中国各大菜系之首。

除了选材丰富、手法多样，粤菜还有一股创新精神。因为拥有发达的商业文化，广东人更加不拘泥于传统，对各地的原料、菜式保持极大的灵活性和兼容性。以广式茶点为例，小小的点心品种繁多、款式新颖、精巧美味，细数之下可超过 100 款，已然成为中华美食的重要代表。而得益于开放的经商环境，海内外的美食随着贸易口岸传到了广东，粤菜师傅在学习西餐做法后开创了不同类型的菜肴，使粤菜一直保持活力。

粤菜在广东这个经济强省的基础上，不断推陈出新，绽放光芒，同时也带动了经济发展。每年有众多海内外游客为了一句"食在广州"前往广州一探究竟，《舌尖上的中国》开播后慕名前往顺德旅游、品尝正宗顺德美食的游客也越来越多，从而带动了当地餐饮业和旅游业的发展。以广式点心为卖点的陶陶居、点都德更是将分店开往了上海、成都等地，生意异常火爆。

在海外的粤菜餐厅也成了海外广东人发家致富的首选。早期唐人街移民的共同语言是粤语，而粤菜的粤语名称也丰富了英文词汇。比如点心、云吞、白菜、炒锅的英语，基本沿袭了这些词汇的粤语发音。中文名词被翻译成英语后，更易被本地人接受,从而可以更好地推广中华文化。以广式茶楼为代表的粤式餐饮业在唐人街逐渐发展壮大,吸引了大批外国人慕名而来,也带动了广东餐饮业的发展,扩大了全球知名度。

第二节　大众流行的粤语文化

粤语作为粤港澳地区的通用语言,随着粤语地区特别是香港地区的经济腾飞,文娱产业开始发展,衍生出朗朗上口的粤语流行歌曲,并穿插在香港电影和粤语电视剧中,三者环环相扣、紧密相连,共同代表了三地的本土文化。粤港澳经济的快速发展推动了这三类衍生品的产生和壮大,将粤语文化推向了全国甚至国际舞台,形成了粤语浪潮。

一、劲歌金曲——粤语流行歌曲

20 世纪 70 年代,香港的经济飞速发展,人们的生活水平得到了极大的提高,对大批从广东移居到香港的人来说,他们的思想和角色开始发生大转变,从原本的过客变成了当地居民,对香港产生了强烈的优越感和认同感。20 世纪 70 年代以后,新一批移居过去的人们的后代开始成长,他们在香港土生土长,与上一代因为躲避战乱等客居香港相比,对香港的归属感更加强烈,同时因生于当时经济繁荣的香港,对本土文化有着自然而然的自豪感,认为本土文化是最优秀并且最值得尊重的。粤语作为香港文化中最具代表性的一环,香港人认可粤语流行歌曲所反映的香港生活,并由此产生地区自信,因此非常乐意去推动粤语歌曲的发展,推动香港本土文化的传播,这同时带动了相关文娱产业,特别是粤语流行歌曲的蓬勃发展。

关于粤语流行歌曲的定义,《新格罗夫音乐与音乐家辞典》是这样说的:"粤语流行音乐,是具有流行风格的商业娱乐音乐,20 世纪 70 年代末起源于香港,旋律受当代日本音乐影响,但仍保留中国特色。"香港作为粤语流行歌曲的发源地,在20世纪70、80年代的代表人物是许冠杰、罗文、徐小凤、汪明荃等,歌曲内容关注的是市井人物或电视剧主题曲,代表歌曲有《铁塔凌云》《万水千山总是情》《铁血丹心》等。20世纪90年代,粤语流行歌曲达到巅峰,风靡亚洲,当时的亚洲街头随处可以听到谭咏麟、张国荣、陈百强、梅艳芳以及"四大天王"等歌手演唱的粤语歌曲,曲风融入了大量日本和欧美元素,旋律更加丰富多彩,歌曲内容除了延续电视剧主题曲风格外,还开始关注香港社会和家国情怀,掀起了一股粤语歌曲的风潮。粤语歌曲无论在中国内地,还是在以非粤语为母语的海外都非常流行。

著名学者史文鸿曾说:"20世纪70年代,是香港家庭电器化的重要时期。"20世纪70年代,经济高速发展使人们的生活质量大幅度提高,电视机在香港得以普及,有色有声电影逐渐兴起,广播电台得到创新发展,唱片市场需求剧增,大量随身听进入香港市场,在硬件设备丰富且充足的情况下,人们可以选择的娱乐项目也越来越多,粤语歌曲出现在众多香港电视剧、电影、电台、电视综艺节目中,推动了其更广泛的传播。1980年,电视剧《上海滩》的同名主题曲随着电视剧在全球播出传播到了世界各地,并通过唱片发行销售形成一个涵盖亚洲、欧洲、美洲等地区的全球唱片销售网络。同时,随着商业文化的发展,大型粤语颁奖典礼也助推了粤语歌曲的发展,自1978年起由香港电台主办的"十大中文金曲"和自1984年起由香港电视广播有限公司主办的"十大劲歌金曲颁奖典礼"通过现场直播、录播等方式让优秀的粤语歌曲传遍全球各地的华人地区,促使粤语歌曲的商业运作体系更加完善。

除此之外,因经济发展而出现的大量劳动力,也成了粤语歌曲的重要受众。20世纪60年代,大部分从内地移居香港的人们的子女已成为重要的青少年劳动力,当时香港经济处于黄金时期,急需纺织、制衣等轻工业行业的劳动力。这些轻工业行业聚集了文化水平相对较低,喜欢在闲暇期间观看粤语电影、电视剧,收听粤语歌曲的年轻女工,这些人推动了电视剧和电影收视率的迅猛增长,并且使唱片销售额也得到极大提升,这种现象被称为"工厂妹"文化浪潮,可以说香港经济的黄金时期催生了粤语歌曲达到巅峰。

香港经济的腾飞助推了粤语歌曲的发展,同时粤语歌曲也反哺了香港经济。粤语歌曲在全球范围内的大流行,其朗朗上口的曲调,内涵深意的歌词,描述了一个欣欣向荣的香港,无一不让海内外人士对香港产生向往之情,香港也被列为中国内地、韩国、日本游客旅游的首选地之一,香港的旅游业也随之发展壮大。

二、星光熠熠的香港电影

香港向来有着"东方好莱坞"的美誉。截至 1994 年,中国香港的电影产量仅次于印度、美国和日本,居世界第四位,人均电影产量居世界首位。随着经济的发展,自从 1896 年电影在香港出现,香港电影经历了黄金时期、转型期、繁荣期 3 个重要时期。

20 世纪 40 年代末—50 年代初,香港电影处于黄金时期。华人资本的积累,以及中国内地一些私人资本向香港转移,推动香港走出了朝鲜战争的阴影,由转口贸易港转变为加工贸易型工业城市,为香港制造业奠定了基础。当时的香港社会处于战后的安定繁荣阶段,经济开始发展,香港电影所表现出来的也多为乐观、活泼、向上的基调。同时作为一个开放包容的自由港口,中外文化激烈碰撞,擦出了新的火花,香港电影在当时受西方好莱坞电影的影响,出现了中外结合和模仿西方流行文化的电影,如 1966 年的《彩色青春》等。

20 世纪 60—70 年代,香港电影处于转型期。一方面,随着华人资本财团的崛起和大量国际资本的汇入,香港经济变得越来越多元化,同时香港从原本带有农业社会影子的出口港变为集工业、金融、贸易、旅游等为一体的多元化经济体,繁荣的经济推动了香港电影的转型发展。另一方面,教育水平较高且西化的年轻人占据了香港的主要人口比例,中产阶级兴起,香港电影的受众也发生了转变。在此期间,产量众多且持续盛产的武侠功夫片,成了香港商业电影的主流,以功夫片为突破口的香港电影真正走向了国际舞台。20 世纪 70 年代的功夫巨星李小龙,通过《精武门》等电影树立了一个中国英雄形象,并成功打开了国际市场。

20 世纪 80 年代,香港电影处于繁荣发展期。此时的香港经济摆脱了 20 世纪 80 年代初期由世界经济衰退导致的经济不景气,得到更多元的发展,形成了多元化、全球化的国际市场经济,香港经济处于迅猛发展阶段。此时的香港电影产量极高,富有本土化、高度商业化等特点。消费主义兴起,这一代的年轻人出生于富庶的香港,生活压力小,更加注重及时行乐,因此原本主打乡土功夫的成龙和洪金宝转为拍摄功夫喜剧,这类电影占据了香港电影的主要市场。香港电影的高度商业化一方面体现在拍摄电影对于大片厂来说已成为一种流水作业生产方式,并且一批在西方高级学府学成归来的人才已投入到商业电影的制作中,以其绚丽的技巧提高了商业片的质量。同时香港电影拍摄前会立足于市场调研,根据香港人的需要拍摄所需电影,在一定程度上保证了票房,比如 1992 年的香港电影获得了数 10 亿港元的票房收入。另一方面也体现在香港电影公司比起传播人文思想,更倾向于降低成本,获得更高的收益,因此　大批低成本商业片也在此时出现,提高了香港电影产量。各种因素使此时的香港电影百花齐放,无论是数量还是经典影片的质量又或者是传播度都达到了以往无法比拟的高度。

香港电影的成功也带动了相关产业和周边经济的发展。香港电影作为一个有色有声的娱乐项目载体,它的制作需要演员、配乐、布景等的支持,因此电影发展的同时会带动相关产业的进步。比如香港电影的发展造就了多位国际知名影星和导演,如李小龙、成龙、梁朝伟、刘德华、周星驰等男明星和林青霞、张曼玉、钟楚红、王祖贤等女明星,还有吴宇森、徐克等著名导演,这些影星和名导又产生了巨大的商业价值,推动了香港文娱产业的蓬勃发展。电影所需的配乐也促进了粤语歌曲的流行,起到了相辅相成的作用。电影院作为电影放送的载体,伴随着香港电影的春风,得以维系生存并且发展壮大。除此以外,电影的衍生周边也得到了快速发展。20 世纪,星光熠熠的香港电影一方面呈现了香港经济繁荣的影子,另一方面推动了香港电影在本土和国际上大放异彩。

三、老少皆宜的粤语电视剧

港剧和广东本土粤语电视剧作为粤语电视剧的主流,占据了绝大部分的粤语电视剧市场份额。自 20 世纪 60、70 年代开始兴起的港剧和 80 年代开始发展的广东本土粤语电视剧,它们的成功都离不开基于经济发展,根植于本土创造,同时又开放包容,敢于创新,以成熟的商业化模式维持高质量、高产量的制作。

在 1966 年的香港,只有 15% 的家庭拥有电视机,而到了 1970 年达 40%,1975 年更是达 90%。这个转变的背后隐藏着两个因素,一是随着经济发展成果的积累,人们的生活水平得到了质的飞跃,消费得到了升级,二是于 1967 年创办的电视广播公司(TVB,俗称"无线电视")以完全免费的方式,打开了香港电视行业的平民化大门。一开始的香港电视台都是引进欧美、日本等电视剧,并没有本土自制剧。然而到了 20 世纪 70 年代,经济的高速发展和城市的转型,使香港人的本土认同感和自信感得到了提升,他们更加需要能代表香港的电视剧来维持自身的认同感,因此电视台开始尝试自制电视剧,香港首部自制的长篇剧集——《隋唐风云》出现了,获得大量观众的追捧。在香港商业文化环境的影响下,香港电视剧呈现出很高的娱乐性。电视剧的题材既有改编自通俗武侠小说的,也有重视挖掘普通民众日常生活的;电视剧的类型既有古风历史剧,也有都市时尚剧;摄影制作既有写实风格,也有加入丰富的艺术或科技元素。在深受儒家文化影响的东亚地区,香港电视剧的人物设定和剧情贴近人民生活,容易被人们接受,因此香港作为世界上最大的华人电视剧生产基地,香港电视剧不仅在本土播出,还销往东亚、南亚、欧洲和北美等华人社区,在东亚乃至全球华人地区广泛传播,对整个亚洲地区的大众文化产生了深远影响。

电视剧的可持续发展离不开成熟的商业模式支撑,它追求最高的收益和最低的成本,因此要在最短的时间内以最高的效率制造出电视剧产品,获取利益。同时企业化管理也使香港电视剧的生产呈现工业化模式,高效率地被制作并传播。电视剧制作方和广告商的合作,使电视剧制作方获得资金支持,广告商提高了知名度,从而形成一个良性的商业循环,共同推动了香港文娱产业等各个领域的产业发展,并引领了粤港澳大湾区乃至整个亚洲地区电视剧商业化的发展。

第三节　务实创新的粤商文化

自唐代起,广东作为中国对外贸易的中心地区,车水马龙的广州十三行见证了清代广东的经济繁荣。由广府商人、潮汕商人、客家商人组成的众多广东商人从事对外贸易,在港澳、全国各地乃至全球的奔波中,建立起一座座温暖人心的广东会馆,带着他们独有个性的经商文化获得了巨大的成就。

一、清代繁荣的广州十三行

广州地处中国南端,面向南海,优越的地理位置造就了广州辉煌的对外贸易史,自秦代以来广州的对外贸易一直延续了2 000多年从未停歇,并在清代实施一口通商后,广州的对外贸易达到巅峰。1996年,粤港澳三地的博物馆曾共同举办了"南海海上交通贸易二千年"文物大展,汇集三地博物馆从秦代到清代关于海上贸易的文物,生动展示了2 000多年来粤港澳三地对外贸易的盛景。

清代是广州乃至广东对外贸易最繁荣的时期。在1685年(康熙二十四年)清政府为了发展经济决定废除海禁措施,开放海上贸易,在广东、福建、江南和浙江开设粤、闽、江、浙4个海关。粤海关设立在一直是对外贸易港口的广州,自海关设立以后,中国的对外贸易形势发生了很大的变化。为了适应现状,在

1686 年(康熙二十五年),清政府设立了中国最初的海关制度,清代的广东洋货行和洋行制度亦从此产生①。广东洋货行和洋行制度区分了经营对外贸易的商人和经营国内商业的商人,分别称为洋货行商和金丝行商,并鼓励家境殷实的人从事对外贸易"承充洋货行商"。当时的广州洋货行作为专门负责对外贸易的机构,称为"十三行"。"十三行"并不代表只有 13 家洋货行,据专家考证,明清时期的十三行的洋货行数量在繁荣时期超过 20 家。

1757 年(乾隆二十二年)清政府决定关闭闽、江、浙 3 个海关,广州因此成为中国唯一一个对外贸易的窗口,其经济发展得到更进一步提升。在一口通商后,外商云集广州,广州十三行的对外贸易日渐繁荣。十三行为了适应新形势,经清政府批准后建立了一个名为"公行"的组织。公行肩负外交和商业两个功能,负责传达清政府的政令,代替清政府征收关税、管理对外贸易和外商等。公行旗下拥有各司其职的三行,分别是管理潮州和福建贸易的福潮行、管理外商来粤贸易的外洋行和管理暹罗贡使和夷客贸易的本港行。1760 年清政府曾发布四条谕令,对广州十三行的对外贸易制定了严格的规定,明确外商只能与公行交易,使公行的垄断性合法化。此外,谕令还规定外商必须在澳门启程回国,外商不能将贷款借给内地行栈商人,外商不能雇佣中国仆人②。十三行作为一个严密的组织,通过制定严格的制度,管理在粤的外商和对外贸易,保证了行商们在广州一口通商的垄断背景下也能公平竞争,维持了稳定的经营秩序,使行商利益最大化,有利于广州的对外贸易的辐射范围涵盖粤港澳甚至全球。因此十三行在当时中国乃至全球的国际贸易市场中享有极其重要的地位。

广州十三行作为清代唯一的外贸窗口,在当时商业和外交活动都非常活跃,是一个多国商人齐聚、贸易范围广阔、交易总量巨大的国际大市场。当时的十三行拥有多条贸易航线,清政府除了继续沿用明代已开通的日本、南洋、印度洋、拉丁和欧洲航线,还新开通了好望角与北美洲、俄罗斯、大洋洲三条航线。

① 彭泽益.清代广东洋行制度的起源[J].历史研究,1957(1):1-24.
② 徐礼媛,郑重.广州十三行的商业文化特质[J].商业文化,2019(31):9-19.

相对密集的交通网络促进了世界上大部分国家与广州十三行进行贸易、外交、文化等往来，多国商船来往十三行港口。据统计，1759—1833 年，一共有 5 072 艘各国船只来往十三行，平均每年就有 67.6 艘[①]，同时有超过 50 个国家和地区在十三行开设商馆。早期和十三行有较多商贸往来的国家有泰国、荷兰、英国等东南亚与西欧国家，18 世纪中期，英国、美国等欧美国家与十三行的联系也较为紧密。

广州十三行繁荣的对外贸易使中国在全球经济贸易中独树一帜，不仅贡献了清政府的大部分税收，而且帮助了中国在国际贸易中处于有利的顺差地位，使当时的中国影响力辐射全球。十三行的贡献和影响是多方面的。在国际方面，十三行出口的产品种类丰富，高达 80 多种，主要以丝绸、茶叶、陶瓷、糖等产品为主。十三行鼎盛时期，中国国际贸易额极为庞大。据统计，1818 年中国出口美国货物占美国进口量的 1/3，占英国进口量的 3/4[②]；而 1833 年东印度公司的听证会记载了当时每年中国与日本和东南亚的帆船贸易总额为 7 000 万~8 000 万美元，与英属殖民地印度的贸易总额为 3 200 万美元，与英国的贸易总额为 1 100 万美元[③]。在国内方面，广州十三行繁荣的国际贸易给清政府带来了巨额的税收。17—19 世纪，十三行为中国成为世界经济格局排名第一的贡献功不可没。1776 年，有 39 艘外国船只抵达粤海关，海关税收达 588 679 两白银。19 世纪，每年有 200 余艘外国船只抵达十三行，海关税收总量超过 180 万两白银，约占当时清政府每年关税收入的 40%。1820 年，中国 GDP 占世界 GDP 总量的 33%，相当于西欧国家 GDP 的 1.5 倍，广州作为唯一的对外通商口岸，大大推动了当时还处于农耕经济时期的中国 GDP 增长[④]。岭南油画家陈铿的作品《远航之梦——广州十三行》重现了广州十三行的耀世繁华。

1822 年的一场大火间接证明了当时广州十三行的繁荣。1822 年位于广州

① 梁廷枏.粤海关志[M].广州：广东人民出版社，2014.
② 严中平，等.中国近代经济史统计资料选辑[M].北京：中国社会科学出版社，2012.
③ 穆素洁.全球扩张时代中国海上贸易的新网络（1750—1850）[J].广东社会科学，2001(6)：79-83.
④ 徐礼媛，郑重.广州十三行的商业文化特质[J].商业文化，2019(31)：9-19.

十三行的饼店着火，顺着风势，点燃了巷子里堆积的木柴，十三行陷入一片火海当中，持续了 7 个昼夜才得以结束。据记载，"焚烧一万五千余户，洋行十一家，以及各洋夷馆与夷人货物，约计值银四千余万两"，"洋银融入水沟，长至一二里"①，烧毁的价值相当于清政府国库一年的收入，可以修建 3 座圆明园。由此可见，当时的广州十三行经济实力十分雄厚。广州十三行除了推动广州和中国的经济发展，还诞生了当时的世界首富。在十三行经商并享有极高地位的伍秉鉴，拥有 2 600 万两白银，《华尔街日报》称他为世界首富。以伍秉鉴为代表的广东豪商已将自己置身于国际市场中，在贸易、金融等领域大放异彩，并直接投资欧美等地，形成一个广大的国际贸易金融网络，影响了全球经济的发展。

一口通商之后，十三行在促进中西方商业文化、教育和医学交流上做出了巨大贡献。国际贸易给中国带来了新型的商业经营理念，如理性主义，还带来了西方较为先进的商业管理模式，如"有限负债责任"理念和复式会计记账法。西方商业观念的传入，商业贸易的发展，培养了一批新的商业人才，促进了中国经济的近代化发展。在十三行的国际贸易不只有西方文化的流入，还有中国文化的流出。十三行的豪商伍怡和、卢观恒等捐款创办了书院和书堂，印刻描写中国的图书销往西方各地。同时不少外国人也在十三行学习中国的传统文化，中国的瓷器、书籍等流传到全球各地。十三行兴旺的国际贸易带动了中西方文化的交流和传播，与此同时，先进的近代西方思想传入中国进一步影响了中国商业的发展，优秀的中国传统文化传到国外也促进了与之有关的优秀中国商品在国外的流行，并进一步加深了中西方贸易和文化的交往。

二、遍布全球的广东会馆

广东会馆是明清时期随着经济活动的扩散、人员的流动，由广东商人在客居地建立的社会组织。其给广东商人提供了在外乡的落脚之处和情感寄托之

---

① 钱泳.履园丛话[M].北京:中华书局,1979.

处，并通过举办演戏、祭祀等社会文化活动向外传播岭南文化，提升了广东商帮的影响力，提高了广东商人在外的知名度。

广东会馆有三类，分别是试馆、移民会馆和工商会馆。试馆是指为参加科举考试的人提供的居住场所。北京作为清朝的政治文化中心与商业繁荣地区，颇受广东举人、仕宦和商人重视，在北京修建了数量众多的广东会馆。根据北京学者王灿炽先生的调查，在北京的广东会馆多达 40 余所，大部分是为服务在北京的广东举人、仕宦的试馆，同时兼具商业化倾向。移民会馆顾名思义是同乡人移民到某个地区为了更好地保护自身利益、共同发展建立的会馆。清代出现了"湖广填四川"的移民浪潮，有超 10 万人移民到四川。因此在清代建立在四川、重庆的多为移民会馆，为同乡人移民到外地提供便利，刘正刚学者统计约有 300 所广东会馆设立在四川和重庆①。刘正刚在《广东会馆论稿》中认为在明清时期广西也是广东移民的重要选择之地，不能完全排除此时在广西的广东会馆有着移民会馆的非工商业性质。工商会馆是指同乡商人在客居地建立的地缘性组织，主要服务于工商业活动，以团聚同乡同业，降低成本，建立垄断工商业。广东作为清朝商品经济最为发达的地区，工商业活动非常活跃，在天津、江苏多地成立了广东会馆，招纳广东商人，壮大会馆的财力和影响力，扩大会馆的社会关系网，除此以外还有参与关乎国计民生的社会活动，如支持辛亥革命、抗日救亡等。三类广东会馆虽然在针对科举考试、移民和工商业领域各有其着重点，但是也有共通之处，广东会馆的成立通过团结在外的广东人，形成了一种特殊的地缘性凝聚力，在为同乡人提供便利和归属感的同时，通过集中力量办大事的方式，扩大了广东人在外经商或在仕途上的优势，并逐渐形成垄断，增强了广东人在外的影响力。

广东会馆不只设立在中国国内，还随着广东商人的步伐遍布全球各地，广东人通过互帮互助，以广东会馆为据点、以乡土情结为凝聚点形成了具有地方

---

① 刘正刚.广东会馆论稿[M].上海：上海古籍出版社，2006.

影响力的广东商帮。在广东省内,明清时期广东商人建立起的地缘性会馆有90余所,其中有超过37所的广州会馆,超过22所的潮州会馆,两类会馆占广东省内地缘性会馆的70%[①]。在中国国内,大部分广东会馆分布在北京、江苏、上海、四川和广西,其余遍布福建、江西、东北、山东、湖北、河南、陕西等地。在海外,广东会馆主要分布在亚洲和美洲,欧洲、非洲、大洋洲等地也有分布。其中新加坡和马来西亚有70余所广东会馆,在美国旧金山一地,就有8所[②]。遍布全球、数量众多的广东会馆作为发达的广东商帮代表之一,显示了广东对外贸易的蓬勃发展,以及广东商人开放、进取、勇敢、团结的精神。广东会馆促进了广东商帮的形成和壮大,广州帮和潮州帮作为广东商帮的重要组成部分,它们在商业上的广泛影响力帮助广东商帮成为清代全国十大商帮之一。在国外进行商业活动的广东商人,通过广东会馆的方式凝聚其力量和资源,利用这一优势经营特色产业,逐步由默默无闻的外乡人成为在当地独当一面的大商人,提高了广东商帮的全球地位。同时,遍布全球的广东会馆,也促进了中国文化的广泛传播,将特色风土民俗带进了当地生活,如粤语、春节等中国传统文化,已成为当地社会文化中不可或缺的一部分。

三、务实精明的广府商人

粤港澳大湾区以珠江三角洲为中心,位于肥沃的三角洲平原,处于珠江入海口的顶端,海域较为平静,成为历史悠久的港口城市,因此广府人既有来自从北方迁移而来的中原文化,同时也有外来的西方文化,形成了多元的文化——粤文化。广府人以粤语为母语,有着自己独特的广府文化、广府饮食,从而也形成了独特的广府商人文化。商业氛围浓厚、视野开阔、主动学习西方文化、务实精明等都是广府商人的特点。

---

① 刘正刚.广东会馆论稿[M].上海:上海古籍出版社,2006.
② 谭建光.粤商发展历史简论[J].广东商学院学报,2007(6):42-45.

广府地区在先秦时期已有开展对外贸易的记录，到了明清时期，广府地区的对外贸易达到了有史以来的巅峰，广府商人逐渐形成了一个体系，并在全国乃至全球绽放光芒。明清时期广州"西关""十三行"的粤商是早期广府商人的典型代表和当代广府商人的前身。明代时期的贡舶、市舶贸易由牙行商人即行商负责，到了清代一度开放广东等4个海关，后又关闭其余3个海关，仅保留广东作为唯一一个通商港口。广东牙行逐渐成为负责进口国外商品和出口国内本土商品的垄断性官方外贸机构，开设了广利、怡和、东兴、兴泰等多家洋行，在这些洋行中从事外贸行业的牙行商人即为初期的广府商人。

清朝时期，广府商人足迹已遍布全国，无论是在北方的天津，还是南端的海南，又或是远在西边的甘肃，还是东边沿海的江浙沪地区，都是广府商人的经商范围，并且在多地势力庞大，在某些重要商贸领域处于垄断地位。广府商人在四川的土特产、药业和外国商品贸易经营中占据核心地位。近现代的广府商人分布地域更加广阔，不仅在中国，而且在国外都有其经商足迹，并成为当地经济社会发展不可或缺的一员。

受位于珠江三角洲独特的地理位置影响，广府商人具有兼容开放、精明务实的个性特征。他们乐于学习新理念，对外来事物保持包容开放的态度，同时注重利用政策，讲求务实。早期的广府商人通过利用一口通商的政策，一边将本土的丝绸、茶叶、陶瓷等国内产品出口到欧美各地，一边将欧美的挂表、香水等国外产品销往国内市场，在国际贸易和零售批发行业积累了大量财富，成就了多个富可敌国的商人。到了改革开放初期，广东承接了港澳和国外的产业转移，广府商人投身于实业发展，促使广东制造业得到快速提升，纺织业、制茶业、制瓷业发展迅猛。如今全球化和智能化时代来临，广府商人既保留了老一代刻苦耐劳的精神，又不断学习新的管理理念、生产方式，带领众多企业走在行业的前端，如家电行业的美的集团、餐饮行业的美心集团。

四、有勇有谋的潮汕商人

潮汕商人在狭义上源于汕头、潮州和揭阳三地,广义上源于包括汕尾的韩江流域地区,虽然他们地处平原地区,但是经常受台风海啸和地震的威胁,生活不易,因此形成了独特的海洋文化性格,敢于冒险且非常团结。潮汕商人是西行的闽人和居住在福建、潮汕地带讲闽南方言的汉族人的融合,因而闽南方言是潮汕商人的文化之根,同时受汉族儒家文化的影响,潮汕商人富有儒家思想,拥有浓厚的宗族观念。

潮汕商人的起源可以追溯到明清时期从事私人海上贸易的海商。从明代的海上贸易开始,潮州沿海地区的居民开始了私人海上贸易,并且发展成明末实力强劲的海商武装集团。大批潮汕商人私自制造大型商船出海前往日本、暹罗和欧美等地区进行贸易。到了清代,潮汕商人乘坐的船被刷成朱红色的"红头船",远渡重洋,前往东南亚一带地区进行贸易活动。同时也有大批潮汕商人沿着海路向北到江苏、上海一带从事海上贸易。随着潮商的海上贸易范围逐渐扩大,贸易来往逐渐增多,从事海上贸易的商人成了早期潮汕商人的代表,"红头船"成了潮汕商人的文化标志。

潮汕商人遍布五湖四海,潮汕地区有大批前往海外的移民,大部分集中在东南亚地区,被誉为"东方犹太人",其中不乏富商巨贾。在国内,广东的潮汕地区、广州、深圳、北京、上海等都有潮汕商人的祖辈。在海外,潮汕商人分布在世界五大洲中,其中东南亚地区的潮汕商人分布最多,美洲、欧洲和大洋洲也有数量不一的潮汕商人。据统计,截至2006年位于泰国的潮汕人最多,约有500万人,印度尼西亚和马来西亚各有约80万人,其他东南亚国家也有10万~50万人,美国约有30万人,法国约有15万人,澳大利亚约有10万人。港澳地区也有众多潮汕人的踪迹,香港约有150万人,澳门约有4万人[①]。潮汕商人经常位居

---

① 张志.有潮水的地方就有潮商[J].潮商,2006(1):34-35.

东南亚富豪排行榜的前列。2020 年泰国首富谢氏兄弟，排名第五的苏旭明，2020 年新加坡首富吴清亮都是潮汕商人，柬埔寨排名前十的富商里有 5 个是潮汕商人。

潮汕商人早期以海洋贸易起家，多为平民商人从事被控制的贸易活动或被取缔的走私活动，这种发展历程使潮汕商人在融合传统的儒家文化的同时，也有了敢为天下先的海洋文化精神。在改革开放时期，潮汕地区成了经济特区，潮汕商人多从海上贸易转为陆地贸易，形成了具有潮汕特色的家族式制造业和贸易行业。潮汕商人中有 18% 从事零食批发行业，19% 从事纺织、皮革行业，18% 从事电子电工行业，大多处于供应商和渠道价值链之上[①]。到了 21 世纪，潮汕商人迎着产业转型升级的浪潮，更新管理理念，重视资本运营，整合资源，形成了极具代表性的国际化大企业并产生了极具影响力的富商，如腾讯公司的创始人马化腾和著名爱国金融家庄世平等。

五、吃苦耐劳的客家商人

客家人常指从中原南下的汉人，他们沿江迁入粤北和粤东地区，因为是外地移民所以被称为"客家人"。客家商人主要指集中在粤东的梅县、兴宁等地讲客家话的商人。早期的客家商人居住在岭南山区和海边，地理环境较为恶劣，农业生产条件较差，因此只用海洋产品来换取农产品，用农产品来换取手工业产品，包括贩卖土特产和特色手工业产品。

客家商人的踪迹同样遍布全球，吴炳奎等人在《梅州客家简说》中记载，广东、福建、广西等 9 个省的 250 多个县市都有客家人分布，有 43 个县都是客家人的纯客县，208 个非纯客县。海外的客家人也遍布全球五大洲的各个国家和地区，1982 年 4 月的香港《地平线》和《客家人的逃亡与迁徙》等资料记载，越南等多个国家都有客家商人的身影。1921 年客家商人建立了世界性组织"崇正

[①] 王先庆.广府商人、潮汕商人与客家商人的比较研究[J].广东商学院学报,2008(5):49-53.

总会"。

客家商人既有农民的淳朴,也继承了儒家思想。由于地理条件恶劣,早期的客家商人为了生存,从务农转为从商,贩卖当地的土特产。后来因发现闽西地区的物资更为紧缺,客家商人就成了贸易里的中间商,他们以自己生产的粮食和食盐交换闽西地区的土特产,并将换来的土特产销往广州、佛山等更为富裕的地区,一步步积累起了财富。同时客家商人崇尚儒家文化,经商时较为诚实守信,以"以德为本,以义致利"为指导思想,会较为主动地去回报社会,这都是"儒商"的典型表现。早期的客家商人代表有中国葡萄酒业奠基人张振勋,现代有"化工大王"田家炳、"领带大王"曾宪梓等,他们在中国及东南亚地区享有盛誉。

5

洞察势情：
粤港澳大湾区的制度演变

推进粤港澳大湾区建设有助于我国丰富"一国两制"的伟大实践,使港澳融入国家发展大局,有助于创新对外开放合作,构筑"南联西进"①双向开放格局,有助于发挥湾区轴带协同作用,打造国际一流湾区和世界级城市群。

改革开放 40 多年以来,中央通过制度创新进行大胆探索,提出了一个又一个伟大战略构想:从经济特区到沿海开放城市,从"一国两制"方针到 CEPA,从珠三角到粤港澳大湾区,一系列的制度创新不仅推动了粤港澳地区的经济发展,还促使该地区成为中国经济发展引擎,带动了整个中国的经济建设。

本章将考察自改革开放以来,粤港澳大湾区从设立经济特区、开放第一批沿海开放城市和落实 CEPA 这三项重大改革举措的制度演变,分析其对粤港澳大湾区经济发展的纵深影响。

第一节　经济特区:肩负制度创新的历史使命

20 世纪 70 年代末,中国经济面临新的国内外发展机遇。国际上,世界经济迎来新一轮发展,发展中国家成为发达国家的生产基地;而国内,"文化大革命"结束后,抓经济建设,大力搞好全国生产成为改变中国落后面貌的迫切需求。在此背景下,1978 年上半年,中国高级代表团分别赴南斯拉夫和西欧五国考察;同年 4 月,考察组又赴港澳进行实地考察。同年 5 月,《港澳经济考察报告》完成,广东省委提议借鉴港澳经验,逐步对外开放,这一提议获得了中央领导的积极肯定。此后,创办经济特区,加快跟紧国际发展潮流,推进中国改革开放的步伐以促进中国经济发展成为中央的主要工作重心。

---

① "南联西进":对外以"21 世纪海上丝绸之路"为纽带,依托粤港澳大湾区发达的港口航运基础和国际贸易网络,进一步加强与南太平洋、印度洋沿岸国家的商贸与文化交流,努力成为我国面向南方国际市场的主枢纽与重要门户。对内以珠江—西江经济带、粤桂黔高铁经济带、武广高铁经济带、京九铁路及赣深高铁经济为纽带,主动联合泛珠三角共同融入"丝绸之路经济带",对接亚欧板块新兴市场,依托基础设施建设与跨区域合作,拓展泛珠三角内陆腹地,提升区域一体化水平。推进佛山粤桂黔高铁经济带合作试验区(广东园)建设,培育强化江门、肇庆等城市的门户功能,将珠江西岸地区打造成为支撑"丝绸之路经济带"的现代装备制造业基地和新型城镇化的示范地区。

深圳、珠海毗邻港澳，具有地理和人文上的独特优势，因此可以作为对外开放的前沿阵地。1979 年 7 月，深圳、珠海被中央确立为出口特区；1980 年 5 月，深圳、珠海改名为经济特区，施行社会主义市场经济体制，地方拥有较大的自主权。回顾改革开放的 40 多年历程，深圳和珠海先行先试，根据现实情况大胆进行制度变革，从而实现了经济飞速发展。当前我国改革开放已进入深水区，继续发挥经济特区的关键性作用，将有利于进一步推进具有中国特色社会主义市场经济建设。在"改革开放的重要窗口""改革开放的实验平台""改革开放的开拓者"以及"改革开放的实干家"4 个战略定位的驱动下，经济特区将继续创新发展路径，推进我国改革开放纵向发展。

一、开拓创新的深圳经济特区

深圳经济特区于 1980 年 8 月 26 日设立，其前身为宝安县，是中国改革开放的前沿阵地。在确立为经济特区之前，深圳只是一个拥有 3 万人口的小渔村，经济发展步伐缓慢。改革开放后，中国第一个对外开放的工业区——蛇口工业区正式成立。此后，深圳秉着先行先试、开拓创新的深圳精神，在"时间就是金钱，效率就是生命"的口号引领下创造了"深圳速度"，地区生产总值由 1979 年的 1.96 亿元增长到 2019 年的 26 927.09 亿元，人均地区生产总值由 1979 年的 606 元提升至 2019 年的 203 489 元[①]，不仅为中国其他地区经济发展提供了借鉴经验，也对粤港澳大湾区建设发挥了核心引擎作用。

40 多年的经济飞速发展离不开有力的制度环境与政策支持，具体而言，深圳经济特区的制度演变大致分为 5 个阶段。第一阶段为局部改革阶段（1980—1985 年），第二阶段为全面改革阶段（1986—1992 年），第三阶段为转型发展阶段（1993—2002 年），第四阶段为开放发展阶段（2003—2012 年），第五阶段为创新发展阶段（2013 年至今）。下面将分别展开论述。

---

① 数据来源：深圳市统计局。

（一）第一阶段：局部改革阶段（1980—1985 年）

第一阶段的制度主要侧重于局部改革，以蛇口工业区为起点，单项突破，逐渐放开对市场的限制，打破计划经济体制的枷锁。一方面，在体制改革上，企业管理体制、劳动用工与保险机制、土地使用和住房机制、工资与价格体制、基建体制协同推进。1982 年，深圳首先进行价格体制改革，并提出"以调为主，调放结合，分步理顺价格体系和价格体制"的改革思路。1984 年，为解决食品供应不足的问题，深圳放开食品价格，取消票证和商品补贴，同时，施行新工资制度，将工资与物价直接挂钩，以消除传统改革弊端。另一方面，在扩大对外开放上，以蛇口工业区为核心，逐步扩散到周边，开放沙头角，扩大地方和企业自主权，放宽外资投资限制，引进境外银行，鼓励出口，充分利用"外汇"优势突破国内计划经济体制的限制。

（二）第二阶段：全面改革阶段（1986—1992 年）

第二阶段深圳由局部改革转为全面改革，由表层推进转为系统发展，逐步加快发展外向型经济，市场经济迹象凸显。这一时期，深圳着力于率先推进国有企业股份制改革，加快创新国有资产管理体制，不断完善产权转让和破产机制，并实施了创办招商股份制银行、引入市场竞争机制、建立证券交易所、成立地方性保险公司、开办外汇调剂公开市场等一系列优化市内投资环境的措施，同时还积极引进外资，改革金融体制。1987 年，第一家全国性股份制商业银行——深圳发展银行成立；1988 年，第一家股份制保险公司——中国平安保险（集团）股份有限公司成立；1990 年，深圳证券交易所成立并正式营业。同时，深圳率先推出土地公开拍卖，规定国有土地有偿使用，逐步推进住房商品化，实行商品房制度，提出住房供求"双轨三类"，建立住房基金以进行住房机制转换。与此同时，深圳还继续优化劳工体制，率先实行全员合同制，保障劳工权利，确立劳工市场主体地位。

（三）第三阶段：转型发展阶段（1993—2002 年）

1992 年，邓小平在视察深圳、珠海等地时指出，特区姓"社"不姓"资"，改革开放胆子要大一点，要先富带后富，为推进全国的改革开放提供经验。同年 10 月，中国共产党第十四次全国代表大会召开，正式提出建立社会主义市场经济体制，深圳经济特区的制度创新转型进入到一个新的发展阶段。在该阶段，深圳建立现代企业制度，完善市场经济体系，加强服务型政府建设，健全社会保障制度，多措并举。实行企业经营者年薪制，实行按劳分配和按生产要素分配相结合的分配制度。建立 3 个层次的资产监管运营机制，完善国有资产所有制结构；加快改革商贸体制，促进民营企业与国有企业协同发展。优化投融资担保体系，推进分配制度改革，大力推进创业投资市场建设。简化审批程序，推进财政体制以及政府采购机制改革，促进政府职能转变。

（四）第四阶段：开放发展阶段（2003—2012 年）

2001 年中国加入世贸组织，标志着中国特色社会主义进入新的开放发展阶段，也是中国深入参与经济全球化的重要拐点，有利于推进我国的市场经济体制建设，加快我国经济体制改革。对此，深圳不断调整现有政策制度，深化经济、行政、社会及文化体制改革。在经济方面，对能源、燃气、公交、税务以及食品等国有企业进行部分股权转让，继续深化国有企业改革，实行国有企业产权多元化制度。继续完善劳动用工、人员任免以及工资分配制度，开展医疗、服务、土地管理以及低碳城市多项试点工作，制定出台创新型城市总体规划，加快深圳创新型城市发展。在行政方面，2003 年提出"行政三分制"①方案，大刀阔斧改革行政机构，鼓励网上办公，推进电子政务，提高政府办事效率，促进职能型政府向现代服务型政府转变。2009 年，推行"大部制"改革，精简政府部门，共减少 15 个政府部门，取消调整了近 1/3 的行政审批事项。在社会方面，继续完善城市交通网络，加大基础设施建设力度，加快城市化进程，先后成立光明、坪山、龙华、大鹏新区等行政区，不断加强与周边市区的合作。在文化方面，举办文博会，新增城市图书馆，促进文化产业发展。

---

① "行政三分制"是指将决策权、执行权和监管权分开。

（五）第五阶段：创新发展阶段（2013年至今）

党的十八大召开以来，党中央不断全面深化改革，全面深化改革主体框架由此全面确立。在随后的几年中，习近平总书记在肯定深圳的快速发展时指出，深圳应继续大胆改革、勇于创新、增强创新优势，引领我国经济发展迈上新台阶。2019年8月18日，《中共中央 国务院关于支持深圳建设中国特色社会主义先行示范区的意见》出台，自此，深圳成为中国首个先行示范区，深圳的制度创新向纵深发展。

于是，深圳在这一阶段以世界先进城市为标杆，进一步在商事登记制度、公务员选拔与任用管理、国资国企体制、社会管理体制改革方面取得重大突破。在深化商事登记制度上，《深圳市商事登记若干规定》正式实施，"采取认缴制""放松办厂地址限制"等诸多措施为企业松绑减负，投资创业者的热情被极大激发。在金融创新方面，2014年，《深圳市人民政府关于充分发挥市场决定性作用全面深化金融改革创新的若干意见》明确了未来深圳金融体制的改革方向与目标。在深化国有体制改革上，对标世界一流企业，加快创新国资监管体制，加快改革混合所有制、市场化选人用人机制、企业薪资与激励制度等工作。2016年年底，深圳制定实施"1+12"①改革系列文件，全面推进国有企业改革，推动国企市场化改革纵向发展。在社会保障方面，施行公立医院管办分开，医药分开；全面开展积分入户政策，完善多层次住房保障体系建设。

作为中国最成功的经济特区，深圳以其40多年的发展成就证明了中国施行特色社会主义市场经济体制是完全正确的选择（图5.1），其改革的成功经验对中国其他城市的发展具有一定的借鉴意义。未来，深圳经济特区应继续发挥先行先试的引领带动作用，在体制创新与合作方面推进粤港澳大湾区城市间的对接与创新，促进各城市间的优势互补，探索协同发展模式，促进粤港澳大湾区现代服务业、高技术制造业、新兴数字经济等领域的创新与发展，进而以区域带

---

① "1"即《关于深化市属国有企业改革促进发展的实施方案》，"12"即12项配套制度，涉及5个范畴。

动整体经济发展。

图 5.1　深圳改革开放前后对比图

二、最具幸福感的珠海经济特区

珠海经济特区区位优势明显,东邻香港,南与澳门陆路相接,华侨、港澳同胞众多,是一个宜居宜游的现代化城市。但在成为经济特区前,珠海是一个偏远、不知名的小渔村。1978 年改革开放时,珠海的农村人均年收入也只有 149元,与海陆相连的港澳之间存在巨大差距,附近居民偷渡到港澳的事件常有发生。1980 年 6 月,珠海经济特区正式成立,由此开启了珠海体制改革的新征程。从香洲毛纺厂、石景山酒店到格力、金山、丽珠等一批重点企业的发展壮大,珠海始终沿着科学发展的道路,推动城市化、工业化、现代化建设,经济总量不断增加。数据显示,珠海地区生产总值从 1979 年的 2.1 亿元增加到 2019 年的 3 435.9 亿元,按可比价计算,经济总量增长 611 倍,年均增速达 12.7%。三次产业结构由1979 年的 38.6∶30.6∶30.8 到 2019 年的 1.7∶44.5∶53.8[①],初步形成了以先进制

———————————
① 数据来源:国家统计局珠海调查队。

造业、高技术产业、现代服务业为主体的产业结构,产业聚集效应逐渐增强,经济高质量发展的新动能不断涌现。改革开放的伟大成就不仅使珠海经济特区成为中国其他城市改革的典范,更让珠海成为粤港澳大湾区建设的重要门户枢纽,推动了粤港澳大湾区成为世界一流湾区的进程。

我国经济特区的改革模式多为从局部改革到全面深化,从渐进式改革到加速发展,珠海也不例外,其在不同的发展阶段改革的侧重点也有所不同,具体可分为以下 5 个阶段。第一阶段:以旅游业为核心,其他产业综合发展的探索阶段(1980—1983 年)。第二阶段:以工业为主,其他产业协同推进的起飞阶段(1984—1990 年)。第三阶段:以高新技术为主,农业与三产相结合的超前发展阶段(1991—1994 年)。第四阶段:大港口、大工业及高技术的协同发展阶段(1995—2010 年)。第五阶段:建设现代产业体系的创新发展阶段(2011 年至今)。

(一)第一阶段:以旅游业为核心,其他产业综合发展的探索阶段(1980—1983 年)

初设经济特区时,原以渔业为主的珠海,截至 1985 年底,仅有 140 家工业企业[①],工业基础相当薄弱,商业也相当落后,农业占据国民生产总值的绝大部分。因此,珠海初期的发展模式经历了一个艰难的探索过程。

在招商引资以及工业发展方面,1980 年批准通过的《广东省经济特区条例》涉及大多数优惠政策,如特区企业所得税率为 15%,对投资期限长、投资金额大、技术性较高等企业给予特殊优惠;对特区客商用地可根据不同行业和用途在使用期限以及缴纳租金上给予优惠。这些政策吸引了许多外国资金进入,极大地促进了特区的产业发展,如当时电子工业的典型——湾仔华声磁带厂,其通过自筹资金、银行贷款来引进先进生产设备发展加工贸易而成功升级。但在产业发展上,主要还是以旅游业为核心,预期通过旅游业积累资金以带动其他各业发展。具体可表现为将有限的资金投资于宾馆饭店、旅游度假村、游乐

[①] 数据来源:广东省珠海市香洲区新闻中心。

园等休闲场所的建设,而在其他工业的投入上较少。例如,当时最具盛名的石景山旅游中心,通过引进外资来修建各种基础设施,占地 8 万多平方米,设 115 间豪华宾馆客房。

（二）第二阶段：以工业为主,其他产业协同推进的起飞阶段（1984—1990 年）

经过三年的初步探索,珠海在基础设施建设、经济市场开放以及管理体制改革上已经初见成效,"以工业为主,农、牧、渔、旅、商协同发展"仍是这一时期的总体产业布局。其主要内容为:在招商引资方面,通过内外联动吸引资金进入,大力兴办"三资企业";在工业发展方面,主要侧重于电子化工、食品纺织、医疗器械等产业的发展,同时促进农业和旅游业的发展;在基础设施建设方面,大力兴建港口、公路、机场等水陆交通运输网,同时加强涉及居民安全的水电厂以及通信站的建设。采取以工业为主导,其他产业协同发展的战略使经济得以快速发展。

以工业为主的方针,使珠海的工业得以快速发展。到 1989 年,珠海工业企业数量增加至 765 家,市区工业总产值达 247 亿元,较 1979 年增长了 40 倍[①],形成了"电子、食品、纺织、轻化工、轻型机械、建筑"等较齐全的工业体系,初步形成了以外向型经济为主的工业结构。同时,在外资引进方面,珠海通过外引内联模式允分吸收外国资金进入,或投资于本国企业,或直接设立"三资"企业,进一步推动外向型经济发展。到 1990 年,珠海从外国引进设备 4 万多台,先进项目 133 项,兴办外资企业 500 多家,内联企业 380 多家,投资额近 6 亿元人民币[②],珠海经济发展进入起飞阶段。在农业发展上,原有的农渔业也逐渐向高效及外向型发展。1990 年,全市农业总产值 1.55 亿元,较 1979 年增长 1 倍;农渔民人均年收入 229 元,较 1979 年增长 3.8 倍[③]。至此,一个以工业为主导、各业综合发展的外向型经济格局基本形成。

---

① 数据来源:国家统计局。
② 数据来源:世界工商发展论坛。
③ 同①。

（三）第三阶段：以高新技术为主，农业与三产相结合的超前发展阶段（1991—1994 年）

1990 年之后，珠海在经济发展上做出了重大调整，主张紧跟世界潮流，提出了重点发展高新技术产业、外向型农业与三产综合发展的战略。为推进这一战略，珠海相继颁布了一些促进政策，如 1991 年颁布的《中共广东省委、广东省人民政府关于依靠科技进步推动经济发展的决定》旨在促进科研与生产相结合，充分调动科技人员的积极性和创造性，创新人才培养，更好地改革和完善科技管理体制。

至 1994 年，珠海工业企业数量已达 1 152 家，比 1989 年增长了 50.6%。其中中外合资、中外合作、外商独资"三资企业"数量增长 3.6 倍，达 601 家。1992 年，珠海工业总产值累计达 754.9 亿元，出口占 48.4%，而高科技产业产值达 35% 左右①。同时，农业、渔业及牧业也向以高质优产为主的结构转型，旅游和商业表现出良好的发展势头。1993 年，全国共有 24 个城市基本达到小康水平，而珠海位列第 4。而在经济发展以及城市化水平中则排名第 2，充分显示了珠海以高技术产业为主、农业与三产相结合战略的前瞻性和正确性。

（四）第四阶段：大港口、大工业及高技术的协同发展阶段（1995—2010 年）

"大港口—大工业—大经济"的轴带发展方针是这一阶段珠海发展的主要指导思路，旨在通过完善市内交通基础设施建设，建造港口促进对外贸易，实现江海联运。20 世纪 90 年代末期，珠海又提议将建设重点向西推进，以珠海港的建设为龙头，加强西部地区的工业基础，重点扶持大工业和高新技术产业发展②。1998 年，珠海调整工业园区和高新区在发展实体经济的同时又大办大学园区和科技创新海岸，以期实现实业、科技与环境的大发展。随后的 2001 年和

---

① 孟子敏.珠海经济特区的发展历程及路径分析[J].城市观察,2020(4):36-44.
② 同①。

2006 年,珠海先后提出巩固农业、优化工业、推进三产发展的战略方针,进一步向现代化城市发展。

2010 年,珠海全市实现工业总产值 3 053.37 亿元,同比增长 16.3%;工业增加值 616.04 亿元,同比增长 18.1%,对全市经济增长的贡献率达 72.1%,拉动经济增长 9.2%;规模以上工业增加值 615.38 亿元,同比增长 18.2%[①]。工业产业结构更加优化,工业经济运行的速度、质量、效益都得到较大提升。工业技术含量更加突出,电子信息、石油化工、生物医药、精密器械、家电电气、电力能源六大优势逐渐形成。同时,2009 年国家发展改革委发布的《珠江三角洲地区改革发展规划纲要(2008—2020 年)》指出,要在 2020 年之前把珠江打造成珠江口西岸核心城市。同年 8 月,横琴新区正式成立,其目标为推进与港澳之间的密切联系,逐步带动港澳与珠三角合作示范区的发展。

(五)第五阶段：建设现代产业体系的创新发展阶段(2011 年至今)

《珠海市"三高一特"现代产业体系规划》在 2013 年 1 月的颁布实施,标志着珠海进入建设现代产业体系的创新发展阶段。随后,中国(广东)自由贸易试验区珠海横琴新区片区在 2015 年 4 月 23 日正式挂牌成立。秉着打造成"国际商务服务基地"和"国际金融创新区"的发展目标,珠海横琴自贸试验区以信息资讯、商务外包、专业咨询、会议展览等服务业以及中医保健服务业等各类高端服务产业作为重点发展产业,鼓励金融业务创新,为广东现代产业体系的建立提供借鉴与指导。2019 年 2 月《粤港澳大湾区发展规划纲要》的出台更为珠海的经济发展提供了指引,文件指出要深化内地与港澳之间的合作,发挥港澳综合优势,把粤港澳大湾区建设成世界一流湾区。"澳门—珠海"要强强联合,发挥引领带动作用,珠海将配合澳门建设世界旅游休闲中心。随后,《珠海市工业园区产业布局规划(2016—2025 年)》出台,指出珠海将被建设成区域性产业服务中心、世界级海洋工程装备制造基地、国际先进通用航空产业基地、全球领先

---

① 数据来源:深圳市统计局。

家用电器基地和国际商务休闲旅游度假区。

截至 2019 年,珠海市实现地区生产总值 3 435.89 亿元,较 2011 年地区生产总值 1 403.24 亿元增长了 144.85%。其中第一、第二、第三产业增加值分别为 57.36 亿元、1 528.73 亿元、1 849.79 亿元,较 2011 年分别增长了 52.2%、94.39%、219.42%,三次产业的比例调整为 1.7∶44.5∶53.8,服务业所占比重越来越大[①]。

作为中国最早的四大经济特区之一,珠海经济特区与深圳经济特区一样经历了 40 多年的改革发展历程。珠海从一个欠发达的落后小镇发展成现在的最具幸福感的现代化城市,离不开孜孜不倦地改革探索与制度创新,这也给中国其他城市建设做出了先进典范。新时期,珠海将确立新的城市定位,进行新的产业升级以推动新发展战略的实施,继续深化改革,大胆创新,发挥门户枢纽作用,扩大湾区开放水平。一方面以高标准建设粤澳合作产业园,另一方面做好珠澳共同开发横琴自贸区,推动粤港澳三地无缝对接,助力粤港澳大湾区成为世界一流湾区。图 5.2 展现了珠海改革开放前后的对比。

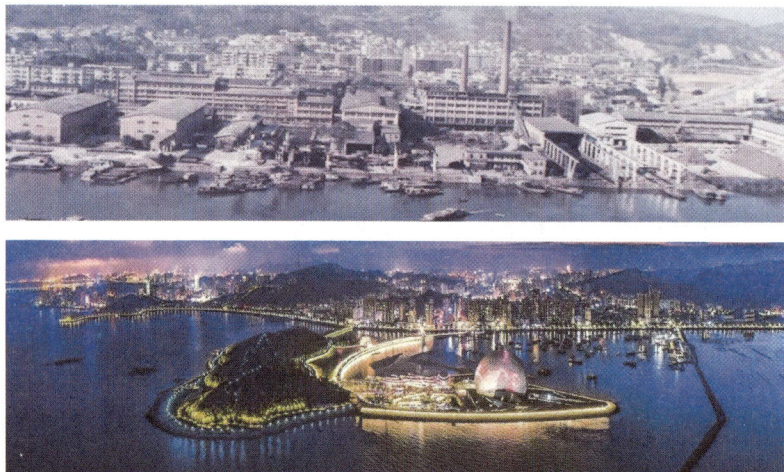

图 5.2　珠海改革开放前后的对比

---

① 数据来源:珠海市统计局。

三、经济特区未来的制度创新

从 4 个经济特区到海南岛经济特区的成立,我国的经济特区一直发挥着对外开放和社会主义现代化建设的窗口和试验作用。2018 年 4 月,习近平总书记在庆祝海南省经济特区成立 30 周年大会上指出,新形势下,经济特区要继续在"四个伟大"中继续前进,把握方向、找准定位,使经济特区成为改革开放的重要窗口、实验平台、开拓者以及实干家,这开启了经济特区新时代建设的伟大篇章。但经济特区当下最重要的并不是经济增长,而是制度创新,要继续发挥全国深化改革、扩大开放的领头羊作用,加快产业升级、促进服务业开放。总体而言,经济特区应向着更深层次、更高水平的方向发展;应积极融入国家发展战略,发挥各自优势,促进国家整体发展;应加快融入国际循环,参与新一轮经济全球化浪潮。实体经济是一国经济发展的立国之本,也是新一轮产业变革的核心关注点;而新兴服务业是现代经济发展的先导,是社会运转的主要载体,两者的重要性不言而喻。因此,新形势下经济特区未来的制度创新应致力于促进先进制造业、新兴服务业等现代产业发展,不断深化体制改革,为经济特区新一轮发展提供保障。

（一）加快制造业转型升级，促进经济高质量发展

制造业是实体经济的核心,是一国的立国之本和强国之基,影响着经济发展的全局。但目前我国制造业发展在新旧动能转换方面仍存在着困难,因此加快新旧动能转换、促进制造业转型升级是推动经济高质量发展的重要举措。而经济特区是我国对外开放后优先发展制造业的重要地区,促成制造业转型升级在这些地区面临着更迫切的需求。

对此,要继续发扬先行先试要求,在企业税负减让、营商环境建设上实现重点突破。在企业税负减让上,要加快税制改革,借鉴国内外优秀经验,逐步减轻企业税负。在改善营商环境上,要提高产权保护的力度,加强企业管理法规建

设,完善制造业基础设施建设,为制造业发展营造一个健康稳定的营商环境。

(二)加强服务业对外开放,促进外向型经济发展

扩大服务业对外开放是我国市场经济发展的要求,也是适应国际外部环境变化的要求。因此,推动我国服务业的开放,有利于我国深入参与经济全球化。经济特区作为我国对外开放的窗口,理应在扩大服务业对外开放上先行先试。一是要放宽服务业市场准入,破除现有垄断机制。同时也可适量增加服务产品进口以倒逼国内服务体系改革。二是提高服务业的透明度,推行负面清单模式,促进外向型服务经济的发展。

(三)加强制度创新,加快促进体制改革

40多年来,经济特区在体制改革上发挥着实干家的作用。然而现有体制在许多方面仍具有上升完善的空间,因此需要经济特区发扬特区精神,在体制改革上走在全国前列。例如,扩大市场在资源配置中的决定作用,促进要素自由流动,协调政府与企业的关系以改革经济体制;加快乡村振兴与城乡融合发展,健全农村社会保障机制,打破城乡二元化结构以改革城乡体制。同时,经济特区也要充分发挥联系国内与国外的桥梁作用,加强国际合作,引进先进技术和经验助推我国的改革开放;充分发挥中国对外开放的"窗口"作用,扩大我国商品出口,通过出口创汇来带动国内企业转型升级,更好地参与国际贸易。

第二节　沿海开放城市:对外开放的又一战略决策

广州是我国第一批开放的沿海港口城市,其特殊地位的产生是适应我国社会主义市场经济发展要求的必然结果,是应对国际环境变化的举措,也是我国社会所处特定发展阶段的产物,更是我国扩大对外开放的又一重要战略。改革开放40多年来,广州积极探索、大胆改革,致力于市场、交通、产业、技术等方面的改革,从一个具有千年历史的商业城市转变为一个走在全国前列的现代化城

市,在经济发展方面成绩斐然。然而广州却并没有止步于现有成就,而是紧跟国家发展步伐,以"做好国家改革开放的先行区、打造国家科技产业创新中心、形成粤港澳金融合作区"为战略定位,不断向创新型的现代化城市迈进。

一、第一批沿海开放城市设立的背景

沿海开放城市是经济特区的进一步延伸,中央赋予某些沿海地区的港口城市特殊优惠政策,以作为中国对外开放的"窗口"和"试验田"。1984 年 5 月,继深圳、珠海、汕头、厦门 4 个城市设立为经济特区后,中共中央决定进一步开放沿海 14 个城市[①],并在这些地方实行优惠政策,以鼓励其开展招商引资等对外经济合作活动,先富带后富,从而促进中国整个经济的发展。作为我国对外开放整体布局的第二大战略,开放 14 个沿海城市,并不是凭空产生的,而是结合我国当时的实际情况以及现实要求做出的战略举措。具体而言,它是我国社会主义市场经济发展的需要,是应对国际经济环境变化的举措,更是满足我国社会所处阶段的需要。

（一）我国社会主义市场经济的发展要求

14 个沿海开放城市地处我国的沿海地区,水陆交通便利,拥有较完善的港口基础设施,同时也拥有较完善的陆路运输网络,是国内国际交流的重要枢纽,对外贸易经验丰富;同时这些地区市场体系较为健全,有较好的工业基础,经济实力强。而 20 世纪 80 年代的中国,刚刚处于改革开放的初期,党和国家的重心转向经济建设,当时中国的经济现状是计划经济逐步向市场经济转型,而建立以市场为导向的市场经济在客观上必然要求对外开放。

14 个沿海开放城市因其优越的地理位置以及独特的港口优势,成为连接国际市场的桥梁。它们是中国对外贸易的门户,承担着联系国内外市场的重要作

---

① 　第一批沿海开放城市:大连、秦皇岛、天津、烟台、青岛、连云港、南通、上海、宁波、温州、福州、广州、湛江、北海。

用,每年有90%以上货物是通过沿海城市的港口转运的。因此,开放沿海港口城市来扩大对外贸易,通过外引内联,推行"前店后厂"的模式,一方面利用中部地区丰富的劳动力资源进行加工以降低成本,另一方面将货物通过港口运往国际市场,进而推动中国的经济发展。

(二)国际经济环境变化的客观要求

20世纪70年代,两次石油危机使快速发展的全球经济受到重创,经济陷入"停滞"状态,而新自由主义经济学家将其归咎于政府的过度干预,主张实行自由竞争的市场体制,反对政府干预。于是,以里根为代表的"供给学派"和以撒切尔夫人为代表的"新右派"逐渐成为美、英两国的主流经济学派。与此同时,以苏联为首的社会主义国家和发展中国家在实行计划经济体制中出现了各种问题,供需不平衡等矛盾越加突出,经济发展速度逐渐减慢。而一些以出口为导向的外向型经济体则得到了迅速发展。在此背景下,进一步扩大我国对外开放,加强我国与他国经济合作与技术交流,将有利于我国适应全球经济形势变化,促进经济发展。

(三)大力发展我国生产力的现实要求

改革开放后,我国工作的重心转为经济建设,经济建设的核心就是大力发展生产力。而"文化大革命"后的中国经济发展现状是资金不足、技术落后以及管理经验缺乏。在坚持独立自主、自力更生的基础上,充分利用国内国际的资源,开拓国内国际两个市场,是解决我国现存问题的重要路径选择。开放沿海港口城市有利于缓解我国资金不足、技术落后等尴尬局面,可通过优惠政策吸引外国投资办厂,学习其先进经验,以此带动我国工业发展。同时,沿海开放城市人才集聚,工业基础较好,具有较强的消化吸收能力,可通过由点带面的发展方式辐射到其他地区进而推动整个中国的发展,也可通过发挥沿海开放城市的技术优势,带动内地企业参与国际分工,加强与国外地区的联系,增强经济发展的外向度,从而不断调整我国的工业结构。

在上述背景下,1984 年 5 月,国务院将沿海 14 个港口城市设立为开放城市,并在地方权限以及外商投资方面给予优惠政策①,自此,我国改革开放的步伐又向前迈进一步。

二、"千年商都"摇身一变为国际大都市

秦汉至明清时期,广州因其优越的地理位置,一直是中国开展对外贸易的重要港口城市。即使在前清闭关锁国时期,广州也是唯一一个对外通商的合法外贸特区,写下了独揽长达 85 年的中国外贸历史。新中国成立后,广州"千年商都"的地位有所改变,转变为计划经济时期的工业立市体制。一直到改革开放前期,广州都十分注重重工业的发展,但长期实行计划经济体制制约了其发展。改革开放后,广州进行了一系列改革,在市场、产业、交通、技术等方面多措并举,从一个"千年商都"摇身变为走在全国前列的现代化城市。

（一）明清时期唯一对外开放港口——广州十三行

广州是中国对外贸易的重要窗口,从秦汉时期一直保持着出口大港的优势,至清朝时期,政府依然沿袭着明朝时期的海禁政策,限制商人出海,只允许开放粤海关一处。洪任辉事件②的出现,推动了"多港口贸易"向"一口通商"政策的转变,也开启了十三行独揽中外贸易的大门,形成十三行通商体制的开端。

---

① 例如:①放宽利用外资建设项目的审批权限。对生产性项目,凡属建设和生产条件不需要国家综合平衡、产品不需要国家包销、出口不涉及配额,又能自己偿还贷款的项目,均放宽审批权限。②积极支持利用外资、引进先进技术改造老企业。在关税、进口工商统一税、企业所得税、上缴利润、生产计划等方面实行扶植政策。③对中外合资、合作经营及外商独资企业,给予优惠待遇。④兴办经济技术开发区。大力引进中国急需的先进技术,集中举办三资企业和中外合作的科研机构。在开发区内,放宽外资项目的审批权限,产品出口、内销执行经济特区的政策,税收政策更加优惠。⑤增加外汇使用额度和外汇贷款。

② 洪任辉事件:英国人洪任辉原是东印度公司的一名翻译,在乾隆时期,他代表英商来宁波试航,并希望扩大中国的贸易市场。此次试航,他发现宁波港不仅关税比粤海关低,各种杂费也较广州方面少,于是此后两年,英商避开粤海关转而通过宁波港对华输入产品,致使粤海关关税收入锐减。两广总督上奏,希望限制英商在宁波进行贸易。乾隆先提高了宁波港的进口关税,后于 1757 年关闭宁波港而只允许广州一口通商。东印度公司对此表示不满并提出一系列抵制措施。未得到清政府重开宁波贸易的许可后,洪任辉控告粤海关贪赃枉法,行商亏欠商款,由此引发了"洪任辉事件"。

"一口通商"使广州十三行独揽中国对外贸易,由此使广州经济进入迅速发展阶段。在 2001 年《亚洲华尔街日报》统计的全球 1 000 年间最富裕的五十人中,十三行行商伍秉鉴①入选,可见独揽对外贸易的十三行利润之高。

"一口通商"时期,每年进出广州港口船只的数量不断增加,船只数量由 1757—1766 年的 180 只增加至 1831—1838 年的 1 002 只②,对外贸易的繁荣使广州的关税收入剧增,关税征银数由 1757 年的 370 037 两增至 1837 年的 1 242 044 两③。在进出口商品种类中,进口商品主要是香料、金属制品等奇珍异宝,出口商品主要是茶叶、瓷器以及丝织品等大宗商品,如此繁荣的对外贸易,使广州一直保持着"千年商都"的盛誉,这从图 5.3 对广州港地区早期风貌的呈现可窥一斑。

图 5.3　广州港地区早期风貌

资料来源:潘刚儿、黄启臣、陈国栋. 广州十三行之一:潘同文(孚)行[M].广州:华南理工大学出版社, 2006.

---

① 当时十三行四大家族分别为潘家、伍家、卢家、叶家,伍秉鉴属于四大家族之一的伍家。
② 梁廷枏.粤海关志[M].广州:广东人民出版社,2014.
③ 同②。

（二）改革开放初期广州的探索路径

改革开放初期,为加快广州经济发展,广州大胆探索,并对市场经济体制进行了全方位的改革,使"千年商都"的面貌焕然一新。

1.充分发挥市场资源配置作用

首先,放开物价——鱼价。改革开放前期,计划经济体制下农副产品由国家统一配置,生产者没有足够的自主权,生产积极性以及产出水平不高,导致出现了养鱼者没有鱼吃的现象。1978年年底,广州率先在全省放开了部分水产品市场,建立鲜鱼交易市场,成为全国第一家水产品交易市场,开创了我国价格体制改革的先例。随后几年,广州市委开始放开其他商品的价格,并逐步取消按票购买的供应机制,短期内商品价格虽有所上涨,但随着时间推移,市场这只"无形的手"逐渐发挥作用,农副产品价格逐步全面放开,物价渐趋稳定,人民生活水平开始提高。

其次,畅通商品流通领域。1979年始,广州开始允许农民进城经商,吸引外来企业进入广州开办企业,同时鼓励私营企业以及个体工商户与国有商店进行竞争。鼓励采用集体、个体私营、中外合资等商业形式,允许企业根据市场需求自产自销。放开农副产品市场,鼓励农民进城开办商店,多渠道畅通商品流通。同时,一方面充分发挥广州传统商业优势,新增服务基础设施,建立农贸、服装、原材料等生产生活资料市场。另一方面大力培育资金、技术、劳务、人才、地产等生产要素市场,不断畅通广州商品流通,推动广州经济发展。截至1984年,广州市的外地工商贸易机构达170多家,农工商公司设点约150家,有46个贸易货栈①。

最后,鼓励个体和私营企业发展。1979年10月,广州市决定待业人员可自筹资金、自由组合开办企业,从事生产经营活动。1980年8月,广州市召开劳动就业工作会议,提出促进就业的多项举措②以实现多渠道就业。1984年3月,

① 广州市人民政府地方志办公室.广州地方志事业志(1984—2014)[M].广州:广东人民出版社,2015.
② 例如:劳动部门介绍就业、自愿组织就业和自谋职业等。

选举并产生了广州市个体劳动者协会委员会,通过《个体劳动者协会章程》。随后《关于加快个体和私营经济发展的决定》出台,不仅促进了广州市的就业,而且推动了个体和私营经济的发展。

2.多渠道吸引外商投资

广州毗邻港澳,与海外有着密切关系,华侨资源丰富,同时外向型经济发达,地理位置优越。对此,广州大力完善市内投资环境和旅游基础设施,吸引华侨回国投资。一方面,广州对回国投资的华侨给予特殊照顾,改变以往对侨眷的粗暴做法,归还其没收财产,并对其精细补偿以吸引华侨重回内地投资。另一方面,广州大力完善旅游基础设施,通过良好的市内环境吸引华侨投资。例如,每年举办广交会,在广交会展厅附近修建宾馆,扩建附近火车站,增加计程车数量解决游客出行问题,同时也兴建办公楼、展览馆以及游客服务中心等配套基础设施。

3.商业与工业协同发展

自1979年广州开始允许农民进城经商到鼓励私营与个体企业与国有商店进行竞争,广州的商业发展现状有了明显改善。个体私营业的发展给国有商店带来了巨大的竞争压力。为解决国有商店的低效率经营,政府一方面将一小部分国有商店承包给个体户,充分发挥其销售的灵活性促进商业发展;另一方面给予国有商店更大的经营自主权,除定期向国家上缴一定利润外,其余盈余归国有商店所用,这极大地激发了商店管理的积极性,从而尽可能提供更优质的服务以及多样化的产品吸引顾客。同时,通过竞争机制引入个体私营企业,激发国有商店改革,从而促进商业发展。

在工业发展上,优先发展轻工业以解决资金与原料不足的问题。20世纪80年代以来,广州一直致力于基础设施建设,大规模新建道路、住宅,引进现代通信网络,为工业发展提供保障。但由于重工业发展基础薄弱,且前期需投入大量资本,因此广州转变了发展思路,通过优先发展轻工业来积累资金,此后逐步过渡到重工业。

（三）广州的经济建设成果

经过改革开放 40 多年的发展，广州大胆探索，敢闯敢干，经济建设取得了丰硕成果，经济实力不断增强，产业结构更加优化，创新能力逐渐增强，正向一个国际化大都市的方向迈进。

1.经济总量不断扩大，经济实力显著增强

作为第一批沿海开放城市，广州经过改革开放 40 多年的建设，经济实现了高速发展，地区生产总值不断增加，且连续实现正增长。从图 5.4 可知，1978年，广州的地区生产总值只有 43.09 亿元，1998 年已突破 1 000 亿元大关，地区生产总值达 1 900.41 亿元；2006 年地区生产总值实现 6 124.20 亿元，已突破5 000 亿元；至 2010 年突破 1 万亿元大关，达 10 859.29 亿元。2019 年，地区生产总值达 23 628.6 亿元，同比增长 6.8%，经济实力不断增强。

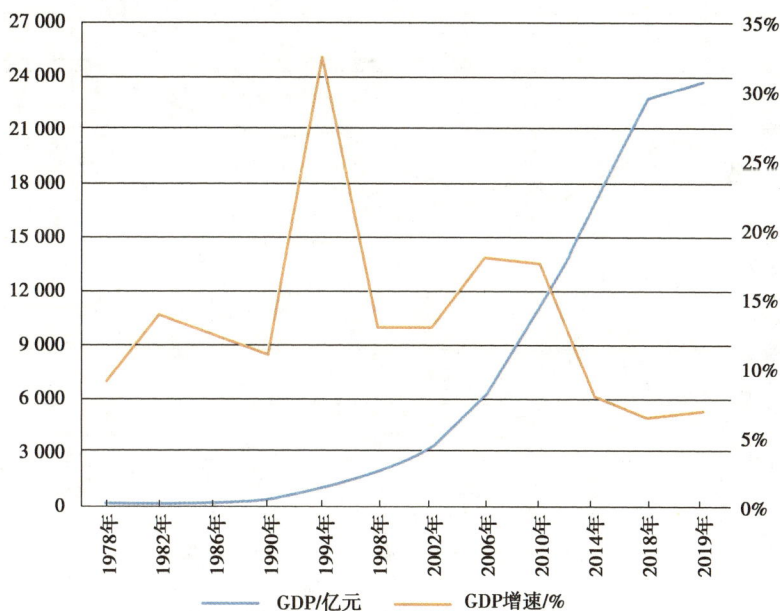

图 5.4　1978—2019 年广州地区生产总值及增速

资料来源：根据 1978—2019 年《广州统计年鉴》的数据整理所得。

总体而言,从 GDP 增长速度来看,1978—2019 年,广州 GDP 增长呈现较大波动。1978—1994 年,波动上升,并在 1994 年 GDP 波动幅度达到最大值 32.37%,随后剧烈下降,1998 年之后又回升,2006 年后又逐渐下降至 2019 年的 6.8%,与我国近几年经济增长趋势一致。

2.三产比重逐渐增加,产业结构更加优化

随着广州经济的不断发展,广州市的产业结构也在不断发生变化。由图5.5 可知,随着经济的发展,广州的第三产业比重逐渐上升,2019 年占比已超过 70%,达 71.62%。第一产业和第二产业占比逐渐下降,第一产业增加值占地区总比重由 1978 年的 11.67%下降至 2019 年的 1.06%;第二产业则从 1978 年的 58.59%下降至 2019 年的 27.32%。三产比重对经济增长的贡献率由 1978 年的 11.67:58.59:29.74 调整为 2019 年的 1.06:27.32:71.62。产业结构不断优化。

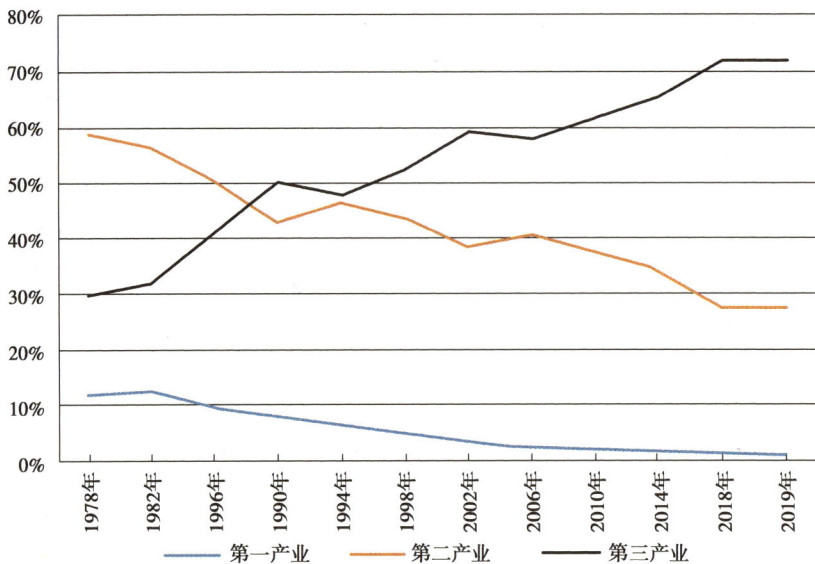

图 5.5　1978—2019 年广州产业结构变化

资料来源:根据 1978—2019 年《广州统计年鉴》的数据整理所得。

3.科技实力日益提高,创新驱动成效显著

改革开放初期,广州面临研发基础设备短缺、研发投入不足等问题。为加快本市科技发展,广州大力引进国外先进技术与设备,加大科研投入,增强企业的研发能力与创新水平。经过不断深化科技体制改革,采用产学研相结合的发展模式,广州积极探索自主创新道路,建立一批又一批国家级创新平台与基地,加快广州知识城、科学城、国际生物岛等自主创新核心载体的建设与功能开发,全面实施创新驱动发展战略。广州市统计局统计,截至 2019 年,广州县级及以上国有研究与开发机构、科技情报和文献机构共有 186 家。国家级、省级、市级重点实验室分别为 20 家、237 家、165 家。国家级孵化器 36 家。全市累计高新技术企业 12 174 家,国家级、省级大学科技园 8 个,创新驱动成效显著。

第三节　CEPA：制度性合作的新路径

新世纪全球经济发展的重要表现是区域经济发展,20—21 世纪初,区域经济整合不断发展,整合的数量不断增加,整合的深度与涵盖的范围都不断扩大。而有效的区域整合不仅可以减少国家与地区之间的各种壁垒,降低区域间的交易成本,优化资源配置,还有利于促进区域间各国家或地区经济合作,实现优势互补。

面对如此复杂的国际环境,一方面,中国既要加快参与国际市场和区域经济合作的步伐,同时也要加快畅通国内各区域之间的封闭阻隔,实现区域间的优势互补和经济增长。另一方面,21 世纪以来,随着全球化的加速推进,香港、澳门经济受到的冲击也越来越大,如何进一步开拓市场,改变原有的经济结构,是香港、澳门特区政府的核心关注点。而加强内地与香港、澳门的经济合作,减少三地之间的贸易投资障碍,将显著促进三地的经济发展。在此背景下,CEPA 应运而生。作为内地与港澳制度性合作的新路径,CEPA 给港澳及广东均带来

了巨大红利,本节将从 CEPA 出台的背景、CEPA 的具体内容、CEPA 的落实、CEPA 对粤港澳的影响以及 CEPA 的创新发展做出阐述。

一、CEPA 出台的背景

CEPA 指《内地与香港关于建立更紧密经贸关系的安排》和《内地与澳门关于建立更紧密经贸关系的安排》,标志着内地与香港、澳门之间的经济合作进入了更深层次。CEPA 的出台,有内部原因,也有外部因素的影响,是两方面因素综合作用的结果。

(一)内部原因:推动内地与香港经济合作的需要

内地与香港两地的经济合作自 20 世纪 80 年代起逐渐增强。如中国的改革开放、推出社会主义市场经济体制、加入世界贸易组织等重大举措使两地的经贸往来越加频繁,不仅带动了两地的经济发展,也使中国更加开放地走向世界,国际竞争力和影响力不断提升。但中国加入 WTO 后,加强了与其他国家的经贸往来,使内地与香港的经济合作产值在中国的出口与吸引外资总额中的比重逐渐下降。以内地与香港之间的双向投资为例,一直以来,香港都是内地的重要外资来源地,且其对内投资的数额截至 2003 年累计达 2 226 亿美元。但香港对内投资占内地实际利用外资的比重却不断下降。由 20 世纪 80 年代的 60% 以上下降至 20 世纪 90 年代的 50% 以下,到 21 世纪,这一比例甚至下降至 30% 以上。

从图 5.6 可以看出,1986—1992 年,香港对内地实际投资占中国内地实际利用外资的比重呈波动上涨,1986—1987 年显著上升,随后下降,到 1992 年到达峰顶,自此之后逐年下降。出现上述这种现象,既是资本全球配置的结果,也是国际经济竞争加剧的表现。在这种情况下,如何加强内地与香港的经济合作,改善两国投资现状,是中央政府与香港特区政府关注的重点。

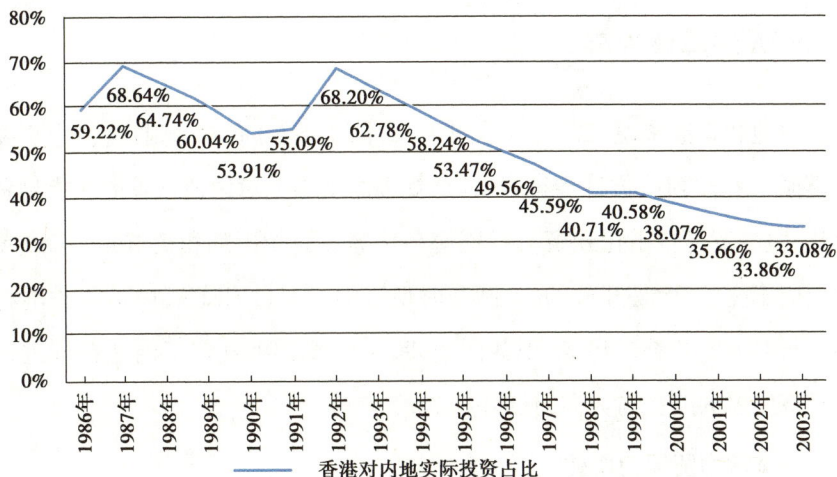

图 5.6　1986—2003 年香港对内地实际投资占比图

资料来源：王跃生，张德修，李树甘.CEPA 与新世纪的内地香港经济关系［M］.北京：中国发展出版社，2005.

（二）外部因素：全球区域经济集团扩张的启示

区域经济集团自 20 世纪以来就不断发展，20 世纪 50 年代，一些国家已组成区域经济组织或集团。20 世纪 90 年代，全球区域经济集团已有 100 多个，且呈现出迅猛发展的态势。进入 20 世纪以来，国际竞争进一步加剧，贸易保护主义逐渐抬头，WTO 贸易谈判屡屡受阻。在此背景下，双边及多边自由贸易协定（Free Trade Agreement，FTA）迅猛发展。WTO 的数据显示，截至 2014 年 1 月，全球累计共签署了 583 个区域贸易协定，其中超过 60% 是双边自由贸易协定。区域贸易协定有利于促进成员之间的自由贸易，但因其具有排他性，不利于非成员之间进行自由贸易。在此启示下，我国更应积极拓展双边或多边经贸合作，参加或组建新的 FTA。对此，进一步加强内地与香港地区的经济合作，是我国进一步对外开放的最佳选择。

二、CEPA 的具体内容

对内地和香港来说,CEPA 正文共 6 章计 23 条,并有 6 个附件,内容主要包括在遵循"一国两制"方针和符合 WTO 规则的基础上对内地与香港在货物贸易自由化、服务贸易自由化和贸易投资便利化等方面做出的相关规定。CEPA 并不是一成不变的,而是开放的、不断与时俱进的。通过 CEPA,内地与香港将发挥各自与对方的互补优势,实现共同繁荣。CEPA 详细规定了两地在推进未来双方经济发展的路径与方向,具体内容如下。

(一)货物贸易自由化

货物贸易自由化是指缔约国之间放开市场,削减关税并取消配额。在加入 WTO 之前,两地的关税政策存在较大差异,内地出口香港无须课税,而香港出口内地则照章征税。中国加入 WTO 后,税率有所下降,但仍存在着关税不对称的问题,为解决这一问题,CEPA 在其第二章做出了推进货物贸易自由化的具体规定:①内地分两批对原产于香港的进口产品取消关税,第一批为自 2004 年 1 月 1 日起取消对 273 个税目产品征税,第二批则不迟于 2006 年 1 月 1 日对剩余产品征税。②内地对原产于香港的进口货物取消配额。③禁止双方对原产于两地的进口货物实行反倾销。④禁止双方对原产于两地的进口货物实行反补贴。⑤当出口商品对对方同类商品生产造成严重损害或严重损害威胁时,进口方可在书面通知出口方后暂时中止该项产品的进口优惠,并尽快磋商。⑥制定与实施严格的原产地证签发程序和核查监管机制。

(二)服务贸易自由化

服务贸易是全球贸易的重要组成部分,在 CEPA 中,内地与香港之间的服务业分为包括法律服务、审计服务、管理咨询服务、金融类服务、商贸物流服务、医疗类服务等 21 类。在 CEPA 签订前,内地与香港之间的服务产业发展差距很大。1980—2002 年,香港的服务业产值在 GDP 中的比重由 67%增至 86.3%,

其中食品、金融保险以及社区服务所占比重均超过 20%[①]，充分体现了香港服务业之发达。然而，内地服务业在该阶段 GDP 中所占的比重只有 30% 左右。CEPA 的出台无疑会促进内地的制造业与香港的服务业进行融合，同时为内地的服务业发展带来宝贵学习机会，推动内地的服务业较快发展，两地服务业合作的空间巨大。

（三）贸易投资便利化

贸易投资便利化是指通过简化程序、完善规范、统一标准来增强贸易与投资的透明度，降低贸易往来的交易成本进而促进货物和服务快速流动。CEPA 在第 16 条中就促进贸易和投资便利化做出了具体规定，具体内容可分为 7 个方面：①贸易投资促进。②通关便利化。③商品检验检疫、食品安全、质量标准。④中医药产业合作。⑤中小企业合作。⑥电子商务。⑦法律法规透明度。

为确保该项条款的顺利实施，CEPA 的附件 6 中对上述 7 个方面分别规定了相关合作机制和合作内容。例如，在贸易投资促进方面的合作机制主要是通过发挥联合指导委员会的作用来促进两地贸易投资合作的开展。合作内容则涉及对贸易投资领域中存在的问题进行协商，在多方面加强沟通与合作，努力推进两地合作。

三、CEPA 的落实

CEPA 的磋商活动自 2002 年在北京启动，经历了 1 年零 8 个月，终于在 2003 年 9 月完成签署。条款规定，内地分两批对原产于香港的进口产品取消关税，其中第二批的实施时间不迟于 2006 年 1 月 1 日，这意味着从签署到实施，大约要花费两年半的时间。

CEPA 签署后，内地与港澳分别成立了专门机构——"联合指导委员会"

---

① 王跃生，张德修，李树甘.CEPA 与新世纪的内地香港经济关系［M］.北京：中国发展出版社，2005.

（以下简称"委员会"），以推动 CEPA 的相关条款落实。委员会内召集人由商务部、香港财政司和澳门经济财政司派出。委员会的职能主要包括研究并促进港澳扩大开放的方案与对策；全面落实 CEPA 的各项措施，解决 CEPA 落实过程中的问题，为 CEPA 的顺利实施保驾护航；推动内地与港澳在经贸领域的全面合作和产业互动协调发展。此外，还支持内地多个省市与港澳之间建立经贸交流平台。如在 CEPA 框架下的京港、沪港、粤港、闽澳经贸合作机制。粤港澳大湾区建设中关于三地合作机制的建设便是在 CEPA 扩大开放措施的基础上进行的创新与发展。通过在 CEPA 框架下积极推进与港澳的经贸往来，充分发挥各自的区位优势，有利于促进三地之间的多领域合作，推动各地区与港澳经济的共同发展。

四、CEPA 对粤港澳的影响

由前文可知，CEPA 签署的时代背景是经济全球化向纵深发展、区域经济集团加速涌现、国际竞争形势越加严峻。为促进三地更好地参与经济全球化的浪潮，促进三地经济持续健康发展，CEPA 应运而生。总体而言，CEPA 降低了内地与港澳在经贸交流中的体制性壁垒，加速了三地间人员、货物、资本等要素的自由流动，进一步发挥了内地与港澳的合作优势，对三地经济发展均起到积极的促进作用。CEPA 的实施有利于调整三地的经济结构，促进三地的产业升级；有利于扩大双方贸易，促进共同发展；促进局部带动整体，进而带动整个珠三角地区的快速发展，是中国"一国两制"的成功实践。下面分别从 CEPA 对香港、澳门和广东带来的影响进行阐述。

（一）对香港的影响

CEPA 的实施为香港的经济发展注入新的动力，由于 CEPA 多涉及第二、第三产业的合作，因此下面将从制造业、服务业和金融业加以分析。

1.对制造业的影响

CEPA 对香港制造业的影响主要体现在两个方面。一是，零关税措施将显著降低香港进入内地市场的关税成本。19世纪50年代,香港制造业迎来快速发展的黄金期。得益于当时相对稳定的经济政治环境,香港吸引了大批国内外的资本家和企业家来港投资生产。改革开放后,香港的劳动力成本逐渐上升,加之欧美国家对香港实施商品配额,香港的制造业生产逐渐失去成本优势。于是香港商人逐渐向内地转移生产,形成了"前店后厂"的生产销售模式。CEPA规定内地对香港实行零关税措施,显著降低甚至消除了香港商品进出内地的关税成本。

二是,零关税将使香港的制造业产品获得价格优势。香港的制造业企业多生产附加值较高的产品,如珠宝、钟表、化妆品等高档产品,同时也生产电子通信、生物科技等高科技产品。该类产品的售价通常较高,若某地市场实施高额关税税率,则该类产品进入某地市场的竞争优势将大大降低。以香港黄金珠宝商周大福为例,在CEPA实施之前,其一半以上产品销往美国和欧洲,只有10%在内地销售。而CEPA实施之后,由于零关税,平均税率降低11%,一些产品税率下降甚至达35%[1]以上,香港制造业得以进一步开拓内地市场,从而促进了产业升级发展。

2.对服务业的影响

CEPA对香港服务业的影响也主要集中在两个方面。一是,充分发挥了香港服务业的优势。服务业是香港的核心产业,2002年其总产值占GDP的比重已高达80%。作为香港的优势产业,服务业虽然发展较快,但受其自身市场空间狭小的约束,优势未能完全发挥。而CEPA的实施为香港开拓了内地市场,零关税的措施必将刺激两地的货物往来,大量香港产品可涌入内地销售,同时进入内地市场的产品也可在香港进行加工,进而促进香港加工企业以及仓储物流的发展。二是,CEPA有利于促进香港服务业的转型升级。一般服务业的转型升级需要较好的农业以及工业基础,但香港的农业和工业产值占比只占香港

---

[1] 王跃生,张德修,李树甘.CEPA与新世纪的内地香港经济关系[M].北京:中国发展出版社,2005.

GDP 中很小的一部分,香港仅靠自身来实现服务业的转型升级难度较大。CEPA 的实施为香港提供了巨大的内地市场,广阔的市场空间以及庞大的产业基础降低了其服务业转型升级的难度。

3.对金融业的影响

由于金融体系间的差异,香港与内地金融市场在市场需求、产业内和产业间、自由和开放度等方面都存在很强的互补性。强大的互补性不仅降低了香港金融机构进入内地市场的门槛,也为其金融机构吸引了更多的资金,香港金融市场迎来较好的发展机遇。

一是,有利于银行率先在内地金融市场确立优势。相较于其他外资银行,CEPA 给予了香港银行许多优惠政策:较宽松的开业年限设定、资金营运要求以及较低的设立分行的资本要求。这些政策都有利于促进香港银行率先进入内地金融市场,占领市场份额。例如,在设立分行的资本要求上,WTO 要求外资银行在内地设立外国独资银行或财务公司总资本应不少于 100 亿美元,而 CEPA 则规定不得少于 60 亿美元。在业务开放时间上,WTO 下的外资银行进入内地 5 年后才可办理人民币相关业务,而 CEPA 则规定符合要求即可。如此宽松的资本限制以及业务权限有利于香港银行确立先发优势,以优质的服务与便利的网络吸引顾客,留住顾客。

二是,有利于吸引内地投资。2004 年,内地对港直接投资 26 亿美元[1],2008 年其投资额已上升至 386 亿美元,增长了 13.85 倍[2]。2009 年虽受全球金融的影响投资额出现下降,但从 2010 年逐渐开始回升,2012 年内地对港直接投资额已升至 512.38 亿美元。此后,内地对港直接投资不断上升,且中国的对外投资一直主要通过香港进行[3]。

(二)对澳门的影响

澳门回归祖国怀抱已有 20 多年的时光,在这 20 多年里,随着内地与澳门

---

[1][2][3] 数据来源:中华人民共和国商务部,国家统计局。

CEPA 的实施，两地在贸易、投资与工程合作方面成绩斐然。对澳门来说，CEPA 带动了澳门制造业、服务业的发展，优化了澳门的产业结构，有利于澳门打造国际经贸合作平台。

1.对澳门制造业的影响

一直以来，中国内地、香港和台湾都是澳门的三大重要出口地。1999—2002 年，澳门对三地的出口额占总出口额的比重保持在 63% 左右。2001 年，内地与澳门的贸易总额为 8.63 亿美元，其中澳门出口 1.20 亿美元，进口 7.43 亿美元。到 2019 年，澳门输往中国内地货值 15.8 亿元。此后，双方的进出口总额均有所增加。由于零关税的优惠政策，澳门商品进入内地市场可免缴税款，不仅可以缩小成本，也有利于吸引内地资本进入澳门市场，并在澳门投资设厂，优化产业结构。统计数据显示，1999—2018 年，澳门的地区生产总值增长近 8 倍，人均地区生产总值从 1.5 万美元提高到 8.3 万美元[①]，教育、医疗、文化体育以及社会保障均实现了较快增长。

2.对澳门服务业的影响

一是，促进了澳门博彩旅游业的发展。长期以来，博彩旅游业的发展都受到澳门特区政府的极大重视，澳门博彩旅游业也带动了澳门整体经济的发展。但近年来随着周边国家陆续开设赌场，其市场地位受到了威胁，面临较大的竞争压力。而 CEPA 的实施为澳门带来了更大的客源。据统计，2002 年 11 月，内地客源量首次超过香港成为澳门入境游客榜首。在 CEPA 下，澳门企业中那些外资持股比例较大的合资企业的设立也不再受地域限制，且澳门服务业提供者可以以独资形式开设餐馆、经营饭店以及兴建公寓，这些举措为澳门博彩旅游业增添了新的活力，带动了整个博彩旅游业的发展。

二是，优化了澳门服务业产业结构。CEPA 的实施带动了制造业的发展，并将推动服务业更趋多元化。较低的生产成本，相对充足的劳动力资源，使澳门

---

① 数据来源：根据 1999—2018 年《澳门统计年鉴》的数据整理所得。

的劳动服务业发展比其他产业更好。而 CEPA 的优惠政策促进了外资来澳门投资这些产业,带动了其他产业的发展,如金融、运输、电信以及建筑服务,进而优化澳门整体的服务业产业结构。

(三)对广东的影响

香港是集金融、运输、信息、商贸等服务业于一体的国际化大都市。香港的第三产业相当发达,其占 GDP 的比重也高达 80% 以上。而早期的广东第三产业的发展却相当落后,具体表现在传统服务业饱和,新兴服务业发展滞后,缺乏资本、技术以及管理等生产要素,国际竞争力不强,与同一时期的香港之间存在巨大差距。例如,就金融保险和商贸服务业占 GDP 中的比重而言,香港地区所占的比重已达 30% 左右,而广东则不足 10%;在个人、社会以及政府生产者行业服务方面,香港地区比广东高出 12.1%[①],充分显示了两地之间的发展差距。CEPA 实施后,香港服务业进入内地的限制减少,广东学习香港第三产业的机会增多,并通过借鉴香港第三产业的发展模式,从香港引进资本、技术、管理人才,促进其第三产业的发展。同时,广东也可承接香港地区的部分产业转移,充分发挥"前店后厂"的经营模式,通过香港地区加快走出去的步伐,积极开拓国际市场,增强国际竞争力。此外,香港服务业的输入有利于广东服务业的转型升级,淘汰广东低效率服务业,开发诸如管理咨询、银行证券保险、物流运输、会展等新兴服务业,提高广东服务业的效益和质量。

五、CEPA 的创新发展

自 2003 年 CEPA 签署以来,粤港澳三地的经济合作不断深入,经济结构不断调整,双边贸易不断扩大,各项产业优势不断互补,真正实现了互利共赢的目标。作为粤港澳大湾区的制度性创新成果,十几年来,CEPA 不断优化升级,协议内容更加完整和完善,影响范围也越来越大,CEPA 主要的发展如下。

---

① 李江帆.CEPA 对广东第三产业的影响[J].广东经济,2004(6):38-40.

2003 年,内地与香港、澳门分别签订 CEPA,协议内容主要为扩大在货物贸易、服务贸易及贸易投资三方面的自由化程度。

2004 年,签署 CEPA 补充协议,内地对第二批进口原产于香港、澳门的货物实施零关税。内地向澳门开放服务贸易的具体承诺进行了补充与修正。

2005—2013 年,内地与香港、澳门分别 9 次签署补充协议。协议内容渐趋完善,优惠政策逐步增多,开放力度不断增大。

2014 年,内地与香港、澳门签订《〈内地与香港关于建立更紧密经贸关系的安排〉关于内地在广东与香港基本实现服务贸易自由化的协议》《〈内地与澳门关于建立更紧密经贸关系的安排〉关于内地在广东与澳门基本实现服务贸易自由化的协议》,旨在广东与香港、澳门基本实现服务贸易自由化。

2015 年,内地与香港、澳门签署了《相互开放服务贸易领域的具体承诺》,同时对"服务提供者"的定义及相关内容做了具体规定。

2017—2019 年,内地与香港、澳门又分别签订了《CEPA 投资协议》《CEPA 经济技术合作协议》《CEPA 货物贸易协议》以及修订协议。自此,内地与香港、澳门在货物贸易、服务贸易、贸易投资、经济技术合作等领域基本实现了全覆盖。

6

制度先行：
粤港澳大湾区建设的制度创新

粤港澳大湾区建设既是新时代整合地区发展优势、深化区域经济合作的需要，又是国家扩大对外开放水平、提升国际竞争力的重大举措。但由于存在"一个国家、两种制度、三个关税区、三种法律体系和四个中心城市"的制度差异，因此自"粤港澳大湾区"概念提出以来，该区域就一直致力于体制和机制创新，力求破除区内潜在障碍、推动要素自由流动、推动三地政策协调，以实现规则无缝对接，发挥三地独特优势，促进区域协调发展。CEPA、《珠三角地区改革发展规划纲要（2008—2020 年）》以及《粤港澳大湾区发展规划纲要》等系列文件的出台与落实不仅对粤港澳大湾区建设及区域协调发展提供了制度保障，更对其未来发展提出了明确要求①。其中，2019 年 2 月颁布的《粤港澳大湾区发展规划纲要》作为新时代粤港澳大湾区建设的制度创新成果，通过契合党的十八大以来提出的五大新发展理念，明确了新时期粤港澳大湾区体制改革的具体方向：一是创新驱动，改革引领；二是协调发展，统筹兼顾；三是绿色发展，保护生态；四是开放合作，互利共赢；五是共享发展，改善民生。通过这 5 个方面协同发力，探索区域经济合作新模式。

同时，《纲要》也对粤港澳大湾区的未来发展产生了积极影响。一是，丰富"一国两制"伟大实践，促进港澳繁荣稳定发展。《纲要》指出，未来内地要深化与港澳地区的交流与合作，加强三地政策协同，破除政策体制差异；同时也要加强三地的区域协同，通过公共资源再配置以及搭建人才交流平台来缩小三地发展差异，从而保持港澳与内地的长期繁荣稳定发展。二是，推进粤港澳供给侧结构性改革，加快建设现代产业体系。粤港澳各地区之间的经济发展模式以及产业发展水平不一，应统筹协调各地区的独特优势，创新湾区产业分工机制，促成现代化产业体系的构建。具体而言，应强化以深圳、广州为代表的珠三角地区在科技产业、先进制造业以及服务业的中心地位，巩固香港国际金融中心、商

---

① 在《粤港澳大湾区发展规划纲要》中，中央明确指出要把粤港澳大湾区建设成充满活力的世界级城市群、具有全球影响力的国际科技创新中心、"一带一路"建设的重要支撑区、内地与港澳深度合作示范区以及宜居宜业宜游的优质生活圈。

贸中心以及物流中心的竞争优势,提升澳门在国际旅游城市中的竞争地位,多措并举,倡导三地产业协同发展,使粤港澳大湾区成为现代产业集聚的创新地。三是,扩大粤港澳对外开放水平,打造国际合作新平台。通过香港、澳门以及经济特区的开放平台作用,带动其他城市的开放;推动前海、南沙、横琴等自贸区建设,不断推动更高水平的贸易与投资自由化、便利化;借鉴世界一流湾区建设经验,不断创新区内发展模式;积极推动"一带一路"建设,促进更多国际合作新平台的搭建。

制度创新是激发创新原动力的关键,更是推动创新建设的重要保障。改革开放不停步,创新发展不止步,在全面深化改革、构建更高水平开放格局的背景下,粤港澳大湾区的体制和机制正在不断创新以适应新时期的发展要求,粤港澳大湾区已然成为我国制度创新先行先试之地:"一国两制"作为一项开创性的政治体系创新享誉全球,使广东与港澳特区通过制度创新推进制度衔接,打造出不同体制下市场一体化发展的典范;广东自由贸易试验区是我国对外开放的制度创新试验田,通过密集的制度创新试验,在推动对外贸易便利化上迈出重要一步;深圳从中国最成功的经济特区成长为中国特色社会主义建设先行示范区,秉承以制度创新为核心来增强其引擎功能,以创建社会主义现代化强国的城市范例。当前,粤港澳大湾区通过创新的制度安排,为三地协调发展和社会资源的优化配置提供了制度保障,显著推进区域协同发展,引领我国经济由高速增长阶段向高质量发展阶段转变。本章主要以《纲要》《深圳市建设中国特色社会主义先行示范区的行动方案(2019—2025 年)》和《中国(广东)自由贸易试验区方案》3个制度先行典型作为切入点,分别介绍粤港澳大湾区的制度创新之路。

第一节　粤港澳三地制度衔接的创新性实践

《纲要》把粤港澳的区域合作上升为国家战略,是我国建设中国特色社会主义的伟大制度创新。《纲要》的出台对粤港澳大湾区的战略定位、发展目标、空间布局等做出了全面规划,本节主要从创新驱动、改革引领,协调发展、统筹兼顾,绿色发展、保护生态,开放合作、互利共赢,共享发展、改善民生,"一国两制"、依法办事6个方面阐述《纲要》中的制度创新与粤港澳三地的制度衔接。

一、创新驱动，改革引领

《纲要》在"基本原则""战略定位""发展目标"中都突出了创新发展在粤港澳大湾区建设中的核心地位,强调了创新驱动发展战略的重要性,提出通过制度创新和先行先试,打造具有全球影响力的国际科技创新中心。

（一）科技创新驱动

随着科技革命和产业变革加速演进,科技创新对经济社会发展的支撑和引领作用日益增强。目前被公认为最成熟完善的三大世界级湾区——旧金山湾区、纽约湾区和东京湾区,均将科技创新作为推动区域经济的重要引擎。创新发展对打造国际一流湾区具有重大的现实意义,粤港澳大湾区应集中力量推进科技创新,促使创新要素加快向大湾区集聚,建设具有全球影响力的国际科技创新中心,促使科技创新推动全国经济高质量发展。《纲要》提出通过"优化创新制度和政策环境,着力提升科技成果转化能力,建设全球科技创新高地和新兴产业重要策源地"。

一是,构建开放型区域协同创新共同体。2019年1月,广东省政府印发《关于进一步促进科技创新的若干政策措施》,设立广东财政科研经费跨境使用机制,促使港澳的科技创新力量和广东的科技创新主体形成协同效应。政策的落地实施推动了一大批带有"湾区基金"的科研院落地广东,如香港中文大学(深圳)、深港脑科学创新研究院等,加快了大湾区的要素流动。二是,打造高水平科技创新载体和平台。粤港澳大湾区通过加快科技基础设施平台的建设,提升基础研究水平。2019年8月,《粤港创新及科技协作合作备忘录》(以下简称《备忘录》)由广东省科学院与香港特区政府机电工程署签订,双方在密切合作搭建创新与科技平台上达成共识。自签署《备忘录》以来,双方在人工智能、机器人和工业声学等方面取得丰硕的成果,积极推动了科研成果在香港的转化应用。三是,优化区域创新环境。珠三角9市建设了一批面向港澳的科技企业孵化器,以促进港澳地区的先进技术成果转移、转化。例如,位于南沙的高新技术产业区,不仅拥有将技术创新转化为生产力的区域性基础平台——南沙科技创新中心,还有可将技术转移转化的高端枢纽平台——华南技术转移中心,这两者相呼应,聚焦重点技术,助推广东与港澳全方位融合发展。

(二)产业创新发展

创新是推动现代产业体系发展的原动力。加快推进粤港澳大湾区产业创新发展,着力产业新旧动能转换和产业升级,完善珠三角制造业创新发展生态体系,需要在优化产业布局、提升产业创新研发能力、搭建产业创新平台和加快金融服务创新方面提供制度保障。

一是,优化产业布局。《纲要》强调要创新优化大湾区的制造业布局,以提升国家新型工业化产业示范基地发展水平为抓手。粤港澳大湾区以珠江分界,东岸主要以深圳、东莞为核心促进电子信息等产业的跨越式发展,打造先进制造业产业集群;西岸则利用珠海、佛山深厚的制造业优势发展先进装备制造业产业带。广东省工业和信息化厅牵头起草了《广东省培育电子信息等五大世界级先进制造业集群实施方案(2019—2022年)》,探索大湾区制造业高质量发展新模式,加快优化完善产业布局。二是,提升产业创新研发能力。《纲要》指出推动实体经济与人工智能、大数据等高新技术融合发展,推进传统制造业向高端制造业转型优化升级,成为拉动大湾区经济发展的重要动力。通过粤港澳大湾区三地的科技创新合作带动高端制造业的发展,促进珠三角地区向先进制造业、现代服务业的创新驱动发展模式转变。三是,搭建产业创新平台。为了加速创新创业要素集聚以推动新兴产业发展,2019年广州增城区政府印发《关于打造侨梦苑成为"粤港澳大湾区创新产业集聚区"的实施方案》,通过打造国家级创新创业平台,为粤港澳青年创新创业提供基地,致力于将侨梦苑打造成为

"粤港澳大湾区创新产业集聚区"。四是,加快金融服务创新。金融产业是现代经济的核心,是决定城市综合影响力的关键因素之一。《纲要》提出把香港打造为"一带一路"投资和融资枢纽;广州加快建设大湾区国际金融创新功能的承载区;深圳大力发展深圳证券交易所,发挥创新资本的融资优势;澳门搭建中国与葡语国家金融服务平台。粤港澳大湾区的9个城市与香港、澳门两个特别行政区在金融产业上互补长短,共同打造国际金融枢纽。

二、协调发展，统筹兼顾

《纲要》提出要深入实施大湾区的协调发展战略,对"9+2"城市内部进行规划,优化大湾区内部城市功能布局,不断增强发展的整体性,避免各城市重复建设和恶性竞争;促进城乡融合发展,推动珠三角地区城乡一体化发展,改善城乡人居环境。

（一）优化区域功能布局

粤港澳大湾区的9市2区的经济和社会发展历程各不相同,发展优势也各不相同。对内部城市制定差异化的发展规划,加强政策协调和规划衔接,方能充分发挥各地区优势,使各城市之间形成分工合理、功能互补的城市群发展格局。针对粤港澳大湾区各城市间经济社会发展水平差距较大的问题,《纲要》提出通过优化区域功能布局,促使周边区域协调发展。

一是,通过极点带动、轴带支撑的网络化空间格局促进湾区内部的协调发展。《纲要》提出发挥香港、澳门、深圳、广州四大中心城市的辐射带动作用;设立深圳与香港、广州与佛山、珠海与澳门三组城市,以发挥引领带动作用。深圳与香港发挥创新发展优势;广州与佛山强化同城化发展;珠海与澳门推进产业发展,形成主要城市间高效连接的网络化空间格局。二是,形成功能互补的城市群发展格局。香港向高增加值的航运服务业转型,构建成熟的国际金融体系为湾区内部发展提供金融服务;澳门与葡语国家进行密切商贸合作,打造世界旅游休闲中心;深圳在建设中国特色社会主义先行示范区的战略支持下,打造国际科技、产业创新中心;东莞建设成为具有全球影响力的国际先进制造中心与战略性新兴产业研发基地;惠州建设成为绿色化现代生态城市,打造宜居宜业宜游的优质生活圈;广州发挥国家中心城市和综合性门户城市引领作用;佛山打造粤港澳大湾区制造业创新中心;肇庆作为连接大西南枢纽,重点承接广佛产业转移;珠海全面推进产业交通城市建设,打造国际创新资源进入内地的"中转站";中山努力打造珠江口西岸区域科技创新中心和创新创业高地;江门积极推进全球华侨华人的创新创业基地建设,凸显当地特色。

(二)区域城乡协调发展

粤港澳大湾区的建设不能只针对城市,乡村同样不能缺位。城市为大湾区发展提供强劲动力,乡村是激活城市活力的重要资源。应进一步推动珠三角地区城乡一体化发展。2020 年 5 月,广东省委和省政府印发《广东省建立健全城乡融合发展体制机制和政策体系的若干措施》,推动形成落实由珠三角核心区、沿海经济带、北部生态发展区组成的"一核一带一区"区域发展新格局的差异化城乡融合发展机制。珠三角核心区加快建设世界级城市群的步伐,加快融合经济发达镇、城中村的发展;沿海经济带(东西两翼地区)打造新的增长极,提升城市化发展质量;北部生态发展区合理引导常住人口向城镇转移,依托生态资源优势发展生态产业。同时,制定广州、深圳、珠江口西岸、汕潮揭、湛茂五大都市圈发展规划,率先实现城乡融合发展的机制,增强都市圈的综合承载能力,发挥都市圈的辐射带动作用,促进都市圈内中心城市与周边城乡同城化发展。

三、绿色发展,保护生态

生态文明建设被党中央纳入"五位一体"总体布局与"四个全面"战略布局中,《纲要》通过构建大湾区的绿色低碳模式以及生态防护屏障,提升生态环境质量,促进大湾区绿色可持续发展。

（一）发展绿色低碳模式

为了贯彻落实大湾区可持续发展目标,发展绿色低碳模式。一是要构建全区域绿色生态水网。2021 年 1 月《粤港澳大湾区水安全保障规划》正式印发,指出通过科学划定涉水空间,强化涉水空间的管控与保护;打造三江生态廊道,构建大湾区清水通道;加强水源涵养,打造河口水域岸线保护带,构建大湾区绿色生态屏障等。二是要发展清洁低碳能源。《纲要》提出构建清洁低碳、安全高效的能源体系。通过优化区内电源结构和布局,推进核电基地建设与海上风电等可再生能源的利用;建设世界一流智能电网,优化电网的资源配置。三是要推动形成绿色低碳生产生活方式。打造城市绿道慢行系统,推行城市慢行系统的建设,鼓励居民使用步行、自行车、公交车等低碳出行方式,实现绿色低碳循环发展。

（二）构建生态防护屏障

粤港澳大湾区发展践行"绿水青山就是金山银山"的理念,打造生态防护屏障,提升大湾区的生态环境质量。一是,《纲要》提出通过构建生态廊道,建设优质的湿地生态系统。建设主、次、支三级共 19 条粤港澳大湾区水鸟生态廊道,保护水鸟栖息地、培育水鸟品种,把粤港澳大湾区打造成"亲鸟湾区",推动高品质大湾区的建设。二是,《纲要》提出强化对自然生态空间用途的管制。划定并严守生态保护红线,杜绝不合理开发建设活动破坏生态保护红线。构建监管平台以及实施严格管控,维护区域生态安全。建设森林生态屏障,森林城市群的绿心位于珠三角地区,粤东西北地区则是森林城市的生态屏障的两翼。打造以森林、绿地、湿地为主体的立体绿化,丰富森林城市建设层次。

四、开放合作，互利共赢

粤港澳大湾区的开放合作中的制度创新主要表现在,依靠"一带一路"打造全球交通枢纽,构建海陆空立体发展的交通新格局,打造高水平开放平台,促进国际国内两个市场、两种资源有效对接。深化内地与港澳开放发展、互利合作，把内地所需和港澳所长有机结合起来，充分发挥广东、香港和澳门的优势互补的潜力，完善开放合作体制机制，加快内地国际化进程。

（一）构建海陆空立体发展的交通新格局

为了构建海陆空立体发展的交通新格局，《纲要》在港口、陆地基础设施、航空方面做出了规划。一是，在港口方面，加强粤港澳港口的合作。把港口建设成大湾区对外开放的门户枢纽，打造成具有国际竞争力的世界级港口群。香港港口重点发展高端航运服务；广州、深圳港口增强国际航运综合服务功能。二是，在陆地基础设施方面，畅通对外综合运输通道及构建大湾区快速交通网络。借助"一带一路"契机加速推进沿线国家基础设施的互联互通，打造中亚、欧洲、东盟等国际物流通道，集聚全球优质资源，成为"一带一路"资金流、人流、信息流的枢纽。推进广深港高铁、港珠澳大桥、广珠澳高铁、广州—中山—珠海—澳门城际铁路等基础设施建设进程，实现大湾区"一小时生活圈"目标。三是，在航空方面，推进大湾区机场错位发展。香港国际机场凭借金融和物流的优势，发展飞机租赁和融资业务等；深圳、广州改建机场，提升航空国际枢纽的竞争力；澳门重点发展区域公务机业务，优化空域结构。

（二）深化内地与港澳开放发展互利合作

《纲要》明确落实 CEPA 框架下内地对港澳的开放措施，不断提升内地与港澳服务贸易自由化水平，促进要素高效便捷流动，实现粤港澳服务贸易一体化。港澳是成熟发达的市场经济体，在经济运行、社会治理、规则标准、政府管理等方面与国际接轨。通过加强港澳与内地合作，有利于创新完善大湾区的开放合作体制机制。同时，巨大的内需潜力是粤港澳大湾区建设的突出优势。在港澳消费市场基本饱和的情况下，依托广东作为港澳的重要经济腹地和进入内地的重要桥梁，有利于港澳分享内地消费大市场，释放内需潜力。

五、共享发展，改善民生

"共享发展，改善民生"是建设粤港澳大湾区的基本原则之一。坚持以人民为中心，是习近平新时代中国特色社会主义思想的重要内容。粤港澳大湾区通过各种制度创新，切实保障大湾区内人民群众各方面的权益，分享改革的成果，促进社会的公平正义。

《纲要》对粤港澳大湾区的定位是打造优质公共服务，宜居、宜业、宜游的优质生活圈，探索有效解决教育、医疗卫生等民生议题的创新路径。在教育方面，大力推进粤港澳各大高校共同合作办学，打造教育高地与建设国际教育示范区，促进粤港澳大湾区教育融合发展。目前，多所港澳知名高校达成来粤办学意向，香港科技大学、澳门科技大学等大学正加快推进落户大湾区内地城市的进程。在医疗方面，大湾区的互补优势明显，促使各地区医疗健康协作。2018年粤港澳大湾区医疗协作平台在香港成立，主要采用"互联网+医疗"模式，运用人工智能、大数据等互联网科技，为大湾区居民提供线上与线下的诊疗、全科及专科结合的优质便利的医疗健康服务。该平台通过连接大湾区内 70 家医院与 1 万多名医生，为 9 个城市居民提供完善的健康管理及医疗服务；组织大湾区的医疗学术交流，联合培养医学人才，对医疗服务进行改革，具体表现为打造"三个平台"、实施"六个项目"（表 6.1），促进大湾区内部医疗健康服务的融合与创新。

表 6.1　医疗服务改革——"三个平台"和"六个项目"

三个平台	医疗服务改革创新平台——实行所有权与运营权分离
	医学科技创新发展平台——成立深圳北京大学香港科技大学医学中心、生命信息与生物医药广东省实验室
	国际化医学教育品平台——香港中文大学（深圳）医学院及其附属医院的合作协议的签署

续表

六个项目	"医疗卫生三名工程"——引进和培育名医(名科)、举办名医院、聚焦名诊所(门诊部)
	实施跨境医疗便民惠民项目——港人跨境转诊"绿色通道"开通
	公共卫生联防联控项目——大湾区举行专题会议
	医学人才研修项目——由全科医生到专科医生转变
	中医药联动发展项目——建设中医药国际标准
	学术交流合作项目——举办国际性学术会议

资料来源:根据公开资料整理所得。

六、"一国两制",依法办事

粤港澳大湾区最大的特色是在"一国"框架内实行"两制",涉及三个关税区、三种货币、三种法律制度。"一国"是国家处理香港和澳门问题的底线,不允许、不容忍做出任何对"一国"挑战的行为。"两制"主要是指政治上实行两种制度,在一个国家的大前提下,中央允许港澳地区实行与内地不同的资本主义制度,赋予香港、澳门两个特别行政区自治的权利,实现"港人治港""澳人治澳"。港澳回归20多年来,取得了举世瞩目的成就。

"一国两制、依法办事",通过构建一个好的外部经济环境,确保大湾区内政治、社会稳定,促使其能享受到中国经济崛起的市场红利与发展成果。《纲要》指出要充分利用"两制"制度差异的优势,把内地所需和港澳所长有机结合起来,彼此间紧密合作,产生巨大的协同效应。打破香港、澳门与其他9个城市间的隔离,使人流、物流、资金流等各种要素自由流动到最畅通、最活跃的地区,使各种生产要素在大湾区实现最有效的配置。

香港、澳门回归取得的成就,证明"一国两制"实践是成功的,但由于是前无古人的开创性制度,未来的实践不会一帆风顺。"一国两制"还有很长的路要走,在实践过程中可能会面临各种问题、矛盾和挑战。如港澳保持着原有的资本主义制度和生活方式，多年不变，但由于港澳居民的价值观念与中国内地存在差异，因此在具体问题上会出现分歧和矛盾，还有可能产生冲突。在推进粤港澳大湾区的建设中，应妥善应对"一国两制"实践中存在的各种困难和挑战。随着中国特色社会主义进入新时代，习近平总书记对新时代发展"一国两制"方针做出了新的理论分析和政策指导。"一国两制"的实践不能故步自封，墨守成规，需要妥善处理出现的新情况、新问题，牢牢把握新机遇，同时探索出新时代的新方案。

第二节　中国特色社会主义先行示范区的制度创新

2019 年 8 月，《中共中央 国务院关于支持深圳建设中国特色社会主义先行示范区的意见》正式发布，全面支持深圳建设中国特色社会主义先行示范区，打造成为社会主义现代化强国的城市范例。"先行示范区"这一新时代新使命的提出，是对作为全国改革开放排头兵的深圳既往 40 多年改革开放所取得成绩的充分肯定，更是进一步实施粤港澳大湾区战略、丰富"一国两制"方针的新实践。本节将对深圳建设"先行示范区"与创新、创业、创意之都的内容进行阐释。

一、新时代背景下的"先行"和"示范"

在改革开放 40 多年里，深圳取得了举世瞩目的成就，从边陲的小渔村发展成为国际化创新型城市。随着国内外形势发生重大而深刻的变化，党中央对深圳再次寄予厚望，赋予深圳建设先行示范区的使命。深圳从 40 多年前的"先行先试"到如今"先行示范区"的新定位，掀起一波在广度和深度上都超越以往的改革浪潮。先行先试重在"敢闯敢干"，符合深圳实际就可探索实施；而先行示范则体现了更高的标准，即在先行先试的基础上，将有关经验制度化、法治化，对其他地区起到探路示范、辐射带动作用,为中国特色社会主义打造一个可借鉴、可复制的样本。《深圳市建设中国特色社会主义先行示范区的行动方案(2019—2025 年)》围绕深圳市建设的战略定位、发展目标和重点任务,画出了"施工图",制订了"任务书"。深圳既要"先行"也要"示范",对七大重大政策进行"先行"改革,对经济、政治、文化、社会、生态五大方面进行"示范"。

(一)打造高质量高标准的先行区

"先行"意味着没有现成的经验可以照搬,没有相同的模式可以借鉴,而要另辟蹊径,探索新的做法、新的路径。

1.全面深化前海改革开放

在新时代改革开放再出发的背景下,深圳力争将前海蛇口自贸片区和前海深港现代服务业合作区实现"双扩区",构建与国际接轨的开放型经济体系,打造不断探索跨越式发展的前海模式。在营商环境上,前海推进"数字政府"改革建设,率先开展"秒批"改革、首创"秒报"模式,设立前海 e 站通服务中心等,以释放企业的活力;在贸易自由化改革上,推行高效集约、便利化的贸易监管模式,首创实施"进口商品'1+4 全球溯源核放'""全球中心仓""国际海运中转分拨集拼中心"等 36 项制度;在金融开放改革上,打造前海国际金融城。支持建设大湾区债券平台,探索实现湾区债券互联互通;大力引进国际金融机构,推动金融业集聚发展。港资控股证券公司如汇丰前海证券、外商独资私募证券投资基金管理公司如东亚联丰等知名企业纷纷进驻前海。

2.加快构建深圳综合性国家科学中心

深圳全力争取众多重大科技资源布局,建设世界一流的重大科技基础设施集群。以光明科学城、西丽湖国际科教城、深港科技创新合作区、"两城一区"三大战略平台为载体,以鹏城实验室、深圳湾实验室、杰曼诺夫数学中心等高水平实验室建设为引领,聚焦基础研究和应用基础研究,实现更多"从 0 到 1"的原创性突破。其中,光明科学城聚焦基础研究,开展关键技术攻关;西丽湖国际科教城推进深港科技合作,充分发挥产学研用深度融合的创新优势,加快具有实用性的标志性成果落地；深港科技创新合作区对接高标准的国际规则，构建国际化的科技创新体制机制。

3.加快建设深港科技创新合作区

深港科技创新合作区促使香港、深圳两个园区协同发展，把香港基础研究能力的优势与深圳高新技术产业较发达的优势紧密联合起来，合力打造国际开放的创新中心。合作区的建设促使深港资源要素便捷流动和优化配置，加快大湾区进入全方位、全领域、全链条深度融合的新阶段。2020年《深圳市人民政府关于支持深港科技创新合作区深圳园区建设国际开放创新中心的若干意见》颁布实施，指出在管理模式、项目准入、经费管理、人才决策权和评价机制等方面全面对接国际科研管理体制机制，通过营造良好的科技创新生态环境，吸引国际一流科研机构与人才入驻合作区；重点支持符合深圳园区重点科研领域和方向以及面向未来的前沿科技探索等。充分利用好香港国际化科研资源和人才优势，争取成为深圳国际化创新先导区。

4.实施综合授权改革试点

中央赋权地方改革是要让地方获得更多改革自主权，走在制度创新的前沿。综合授权改革试点是《深圳市建设中国特色社会主义先行示范区的行动方案（2019—2025年）》中七大重大牵引性工作的一项，也是2020年《深圳市政府工作报告》的首要任务。综合授权改革试点针对制约深圳改革发展的制度性障碍，提出如推进要素市场化配置，打造一流的国际化营商环境，提升城市空间统筹利用水平等重点领域的改革，梳理形成授权改革的事项清单，实施一批先行先试的政策，形成全面深化改革可复制、可推广的经验。深圳要用好综合授权改革试点的优势，打破制度的瓶颈，进行制度的创新，打造高质量发展高地。

5.用足用好经济特区立法权

经济特区立法是指对很多国家层面的法律尚未做出规范的领域，结合经济特区当地的实际情况，进行试验性和先行性立法，这是中国特色社会主义法律体系中独具特色的组成部分。《深圳建设中国特色社会主义先行示范区综合改革试点实施方案（2020—2025年）》要求深圳推进改革与法治双轮驱动,支持扩宽深圳经济特区立法空间。用足用好经济特区立法权是深圳改革发展的重大优势,按照法定程序,在制定、修改、废止法规文件上根据深圳改革创新实践的具体实际做相应的创新和变通,及时梳理立法需求项目清单,为深圳经济特区的各项事业顺利进行的重要法治支撑。深圳通过制定适度超前性、相对突破性、接轨国际惯例的立法,形成制度创新的优势,为经济社会的发展发挥重要作用。如2020年8月,深圳市人大常委会表决通过《深圳经济特区个人破产条例》,在全国率先建立个人破产制度。

6.开展国际人才管理改革

人才引进是创新驱动极其重要的组成部分,为城市的发展提供强大的智力支撑。吸纳和培养国际人才对深圳打造成为现代化国际化创新型城市具有重要的战略意义。深圳积极推动实施更加开放便利的境外人才引进管理制度,建立与国际接轨的高层次人才管理制度,放宽国际人才在深创办企业的条件,使具备永久居留资格的境外人才享有创办科技型企业、担任科研机构法人代表的资格。例如,深圳对外籍人士办理赡家款项的跨境汇款,简化了单证要求,缩短了业务时间;外籍人士可使用境外资金为随行子女代办境内就读国际学校学费结汇。深圳积极推进港澳金融、建筑、规划、卫生、专利代理等专业服务人才来深圳就业,并率先推出社会保险公共服务,解决了港澳居民无法在内地享受社保待遇的问题。

7.创造条件推动注册制改革

企业在创业板上市的核准制偏向于高标准的财务标准,把很多不满足盈利标准但具有高成长性的科技公司拒之门外,如百度、腾讯、京东等科技巨头以及高速成长的拼多多与哔哩哔哩等企业,无一不在A股上市。2020年6月,深交所发布《创业板股票上市规则》《创业板上市公司规范运作指引》,推进创业板基础性制度改革,强化以信息披露为核心的监管理念,推动提高上市公司质量。注册制改革包括制定以信息披露为核心的股票发行机制;设置多元化上市标准,提高创业板注册制的包容性和覆盖面;加强信息披露的要求和范围,增加各类违法行为的成本;放宽涨跌幅比例、实施盘后定价交易、完善"两融"制度等交易机制;健全强制退市和主动退市制度。注册制能以更包容的制度来接纳创新型成长企业,为现阶段成长性良好但无法盈利的高科技公司带来机遇。

（二）创建可复制可推广的示范区

"示范"意味着做榜样,引领中国特色社会主义的发展。深圳对高质量发展、法治城市、城市文明、民生幸福、可持续发展这五方面进行了示范,依次对应经济、政治、文化、社会、生态文明。

1.高质量发展示范

高质量发展首先要改变以劳动力、土地、原材料等传统要素为基础的增长方式,转向以技术进步、人力资本等现代要素为基础的创新驱动型增长方式。深圳全面贯彻新发展理念,加快完善"基础研究+技术攻关+成果产业化+科技金融+人才支撑"的创新生态链,在高质量发展上走出新路。2020年上半年,深圳地区生产总值为1.26万亿元[①],是北上广深4个一线城市中唯一一个实现经济正增长的城市,高于全省平均水平。

2.法治城市示范

法治环境的建设需要深圳在制度建设、法治环境、治理体系与治理能力现代化等方面进行探索。从特区立法到依法治市,深圳在法治建设上一直走在全国前列。截至2019年,深圳市人民代表大会及其常委会共制定法规231项,现行有效法规169项;深圳市人民政府制定规章319项,现行有效规章162项[②]。深圳在法治方面做出新探索、创出新经验、做出新示范。在立法方面,深圳正式实施《深圳经济特区知识产权保护条例》,这是全国首部综合类知识产权保护条例;在司法方面,全国首个破产法庭在深圳诞生;在法治社会建设方面,建立覆

---

① 数据来源:深圳市统计局。
② 广东省高级人民法院.法治护航深圳特区全周期发展[EB/OL].(2020-08-28)[2021-01-10].网易网.

盖市、区、街道、社区的法治地图。

3.城市文明示范

经济高质量发展离不开一个城市的文明建设,深圳提出"文化立市"战略,通过价值引领提升城市人文内涵。《深圳加快建设区域文化中心城市和彰显国家文化软实力的现代文明之城实施方案》的制定出台,旨在通过构建精神文明建设典范、国际时尚创意之都、文化创意产业先锋、公共文化服务标杆、国际文化交流中心、世界级旅游目的地这六大体系来打造城市文明典范。当前,深圳在文化建设方面取得喜人的成绩,深圳有四部作品获第十五届精神文明建设"五个一工程"奖;"新时代十大文化设施"——深圳歌剧院、深圳改革开放展览馆等项目建设进展顺利。

4.民生幸福示范

深圳把人民对美好生活的向往作为奋斗目标,让人民共享改革红利带来的福祉。深圳在教育、医疗、养老、居住领域颁布一系列的政策推进民生项目的落实。在教育领域,深圳加大对教育的财政投入及学位供应,2017—2019 年,对基础教育投入 1 434.8 亿元,年递增 29.35%;2019 年基础教育投入占全市财政性教育经费的 67%[①]。在医疗领域,深圳通过"医疗卫生三名工程"引进 20 个高层次医学团队,创立"区域医疗中心+基层医疗集团"体系;在养老领域,深圳先后被列为"国家安宁疗护试点""居家和社区养老服务改革试点",形成以养老机构、日间照料中心、星光老年之家为支撑的养老服务设施网络。《深圳市构建高水平"1336"养老服务体系实施方案(2020—2025 年)》的出台,旨在凝聚政府、社会、家庭的力量,搭建一个以科技创新为支撑的养老服务平台,为社会提供政府保障基本、居家社区联动、机构专业照护三种服务。在居住方面,颁布实施《深圳市落实住房制度改革加快住房用地供应的暂行规定》等政策,加快推动住房制度改革。2020 年深圳实行二次房改新政,建立起一套住房供应保障的长

---

①   数据来源:深圳市统计局。

效机制,构建针对各类不同群体的全覆盖住房供应与保障体系。深圳在"十三五"期间累计筹建 40 万套公共住房,其中 2019 年筹集建设 8.8 万套①。

5.可持续发展示范

深圳以创新引领超大型城市可持续发展为主题,打造绿色低碳先锋城市,稳步推进示范区可持续发展建设的各项工作。在绿色交通方面,轨道交通线网规模进入全球前十,2019 年推广使用的新能源汽车与充电桩数量位居全球城市前列。在污水治理方面,水污染治理决战取得决定性进展。深圳市近 4 年累计投入超 1 200 亿元用于推进水污染治理②,创新推出一系列聚焦水污染治理的技术,基本实现全市雨污分流改造和污水管网全覆盖,五大河流考核断面水质已达地表水 V 类标准,黑臭水体全面消失。在城市环境品质提升方面,深圳对 1 547 个城中村进行综合整治,新建香蜜公园、深圳湾滨海西段休闲带等一批精品公园。

二、具有全球影响力的创新创业创意之都

《纲要》对深圳的定位是具有世界影响力的创新创业之都,《意见》在此基础上添加了"创意",即具有全球影响力的创新、创业、创意之都,由"两创"变"三创",对深圳提出更高的发展要求。本文从创新、创业、创意 3 个方面对深圳的制度创新进行分析。

(一)创新之都

1.引领创新发展方向

创新是引领发展的第一动力,为高质量发展提供强劲动力源。《深圳市建设中国特色社会主义先行示范区的行动方案(2019—2025 年)》对深圳创新提出了具体要求,实施新一轮的创新驱动发展战略,打造具有国际竞争力的现代

---

① 崔霞.人民至上,打造民生幸福标杆[N].深圳特区报,2020-08-20(A01).
② 深圳市水务局.深圳出台水污染治理决战年工作方案　今年计划完成水污染治理投资近 500 亿元[EB/OL].(2019-02-19)[2021-01-10].深圳市政府官网.

创新产业体系。一是,在实施创新驱动发展战略方面,深圳加快推进光明科学城、西丽湖国际科教城等重大科技创新平台的建设。光明科学城以基础研究为重点,实现核心技术的自主化;西丽湖国际科教城的发展定位是建成世界一流的大学城,为创新发展提供有力支撑。二是,推进高水平、高层次的国际化实验室与科研平台在深圳集聚,聚焦国际科技的前沿、突出原始创新、强化科技成果转化,为建成全国领先的创新型城市发挥重要作用。设立科技悬赏奖,通过招纳人才来解决某一领域的难题,设立相关科技创新成果专利评估、保护制度。三是,创建制造业创新中心,引领行业的创新发展,推动制造业加速迈向中高端。打造数字经济创新发展试验区,激发数字产业化的内生动力,培育数字经济的增长点;设立生命健康创新试验区,将其打造成为生物医药产业的集聚地。

2.提供创新支持

深圳深入实施创新驱动发展战略,对科技创新的政策提供大力支持,打造具有全球影响力的创新之都,主要表现在以下两个方面:一是,对基础研究提供政策支持。在全国率先用立法形式规定基础研究的最低投入力度,2020 年《深圳经济特区科技创新条例》规定每年用于基础研究领域的财政科技专项资金投入不低于 30%;政府率先设立“深圳市自然科学基金”,通过聚焦创新链薄弱环节,集中优势力量加大攻关力度,充分发挥企业创新主体作用和政府导向作用,促进自然科技创新和发展;政府出资设立政策性母基金,截至 2020 年 10 月,已融资社会资本近 70 亿元,扶持投资 70 多个初创高科技企业天使项目,解决了初创企业金融支持不足的问题。二是,持续深化科技体制机制改革,推行项目指南的编制、评审全过程与国际接轨。实行项目“悬赏制”,最大限度调动社会各界的潜能,以最快速度找到迫切科研难题的可行解决方法。例如,深圳对“新冠肺炎疫情应急防治科研攻关项目”运用“悬赏制”制度,加快推进对病毒检测、疫苗、药物以及呼吸机关键技术和核心零部件的研发;评审专家的“邀请制”通过邀请、自荐和推荐等方式,集聚一批国际和港澳著名学者担任评审专家,确保评审的专业权威性;项目经费“包干制”赋予科研人员更大的人财物支配权,简化科研人员的项目申报程序,省去项目申报过程中的烦琐程序且不设科目比例限制等;项目评审"主审制"通过建立重大项目评审专家库,加强对评审专家的管理和履职评价,建立评审结果反馈公示制度及评审可申诉、可查询、可追溯机制。

3.发挥科技创新优势

深圳提升科技创新优势,引领经济高质量发展。在高新产业上,2019年深圳市高新技术产业产值同比增长10.08%,国家级高新技术企业数量居全国第二①;在专利数量上,专利申请量、授权量、PCT国际专利申请量、有效发明专利5年以上维持率等多项专利指标位居全国首位。2019年,发明专利申请、授权量依次同比增长14.39%、18.83%。在有效发明专利5年以上维持率上,深圳位于历年全国大中城市首位占比达85.2%;在PCT国际专利申请量上,深圳连续16年位居全国大中城市首位。

（二）创业之都

《中共中央 国务院关于支持深圳建设中国特色社会主义先行示范区的意见》对深圳在创业领域做出了高层次的发展规划,明确要大力发展战略性新兴产业,发展智能经济、健康产业等新产业新业态,推动创业板的注册制改革,提高优质创新科技企业融资的能力等,这为深圳的创业公司提供了重大的发展机遇。一方面,深圳相继出台了多项关于优化国际营商环境的政策,降低民营经济成本,激发企业活力和创造力。另一方面,深圳加强与香港之间的合作,吸引香港居民来深圳创业。

1.大力支持中小企业发展

在营商环境上,深圳出台一系列政策支持中小企业的发展成长。一是对中小企业营商环境进行优化,出台《深圳市中小微企业银行贷款风险补偿资金池工作方案》《深圳市中小微企业银行贷款风险补偿资金池管理实施细则(试

---

① 杨阳腾,温济聪.从跟跑到领跑的高质量发展之路[N].经济日报,2020-08-26(1).

行)》等政策,设立资金规模为20亿元的资金池,对银行给中小微企业的不良贷款给予一定的风险补偿,推动银行对中小微企业放贷,有效缓解深圳中小微企业融资难问题。《关于以更大力度支持民营经济发展的若干措施》提出"四个千亿""四个计划""三个机制""两个平台"措施(表6.2),助力民营企业的发展。二是推动小微企业走"专精特新"企业培育资助的发展之路。鼓励中小企业走创新发展道路,推动中小企业的转型升级,增强核心竞争力。对通过国家、省、市认定的专项特新"小巨人"企业、"专精特新"企业与"创客中国"创新创业大赛获奖企业给予奖励,企业最高可获60万元。

表6.2 "四个千亿""四个计划""三个机制""两个平台"措施内容

四个千亿	减负降成本1 000亿元以上
	实现新增银行信贷规模1 000亿元以上
	实现新增民营企业发债1 000亿元以上
	设立总规模1 000亿元的深圳市民营企业平稳发展基金
四个计划	"百千万"人才培育计划
	百强企业稳增长行动计划
	优质企业扎根行动计划
	中小微企业上云计划
三个机制	建立民营企业重大危机预警救助机制
	建立民营企业家市外纠纷应急协调处理机制
	建立民营企业应对国际贸易摩擦工作服务机制
两个平台	开通企业投诉受理平台
	设立企业综合服务平台

2.助力香港居民在深创业

香港、深圳两地优势互补,通过密切合作有利于促进两地资源要素高效流动。深圳通过制定相关政策加大与香港合作力度,吸引香港企业、居民来深圳创业。一是使在深圳工作和生活的香港居民在民生方面享有"市民待遇",给他们在居住、交通、教育等方面带来便利。在住房方面,符合条件来深圳创业的香港居民可以申请人才租房,在缴纳、提取公积金上享受市民同等待遇。在交通方面,加强深港轨道交通的建设,进一步缩短两地的通勤时间,并且提供一定的交通费用补贴。在教育方面,完善港籍学生的义务教育政策,在深圳读书的香港毕业生可与非深户籍初中毕业生获得同等情况的中考录取。二是深圳市出台《加强港澳青年创新创业基地建设工作方案》,对香港青年来深圳创业提供了创新创业的平台。对来深圳创办企业的香港居民实施场租补贴、初创企业补贴等各项扶持政策。对香港的高端人才、紧缺人才实行社保补贴政策,提升香港居民来深圳创业的吸引力。

3.集聚创业成果

深圳的创业氛围浓厚,取得了显著成就。根据《深圳市 2018 年中小企业发展情况的专项工作报告》,2018 年深圳的创业密度位居全国第一,全年中小企业占全市生产总值的 47.8%。中小企业授权专利数占全市的 68.4%。《2019 胡润中国 500 强民营企业》按照企业市值或估值对总部在中国(不包括港、澳、台)的非公有制企业进行排名,深圳有 63 家民企上榜,在全国排名第三位。在前十名上榜的企业中,深圳市占据 3 席(广东省共 4 席),分别为腾讯控股、中国平安保险、华为投资控股。同时,在深港合作上,双方正迈向更深层次、更宽领域的合作。深圳前海在 2020 年第一季度新增 130 家香港企业,注册港资企业数量从 2015 年的 2 172 家增至 12 232 家,注册资本达 1.3 万亿元。深圳前海深港青年梦工场为香港青年来深圳就业创造条件,截至 2020 年第一季度,已累计孵化创业团队 446 家,为深圳多个青年创新创业基地引进了 200 多个港资企业和创业团队①。

（三）创意之都

深圳在由世界工厂到创新之都快速发展的过程中,设计也得到快速的发

---

① 　詹奕嘉.深圳前海注册港企数量今一季度增至 12 232 家［EB/OL］.(2020-05-30)［2021-01-10］.新华网.

展。2008年深圳成功加入联合国教科文组织全球创意城市网络,成为全国首个、全球第六个"设计之都",是发展中国家中首个获得这一殊荣的城市。《深圳市建设中国特色社会主义先行示范区的行动方案(2019—2025年)》指出要率先塑造展现社会主义文化繁荣兴盛的现代城市文明,大力发展创意文化产业,建设创新创意设计学院,设立面向全球的创意设计大奖,加快时尚创意小镇的建设。2019年7月,中共深圳市委办公厅、深圳市人民政府办公厅印发了《关于推动深圳创意设计高质量发展的若干意见》(以下简称《若干意见》),对深圳建成具有国际辐射力的创新创意之都进行了进一步规划。

《若干意见》指出,通过培育一批具有核心竞争力的创意型领军企业与创意丰富的设计人才,打造具有国际竞争力的创意设计品牌,切实提高深圳创意设计的整体质量水平。《若干意见》对与创意设计相关的产业、基础设施、人才、美誉度等方面进行创新。一是,在创新设计产业中,主要是工业、时尚、建筑、工程设计等领域,在优化营商环境的同时,还对创意设计企业分类提供资金支持和政策服务;建设前海国际文化创意基地、深圳米兰国际时尚创意设计产业园,形成产业集聚区;发挥深圳设计的优势,促进深圳品牌的建设,形成具有自主知识产权与核心竞争力的时尚品牌企业,积极引进国际知名时尚企业落户深圳等。二是,在夯实深圳创意设计基础设施方面,对城市空间进行设计规划,优化建筑与城市空间的关系,优化创意设计发展环境与载体建设等。三是,在引进与培养创意设计人才上,提升创意设计理论与研究水平,扶持创意设计专业人才的发展。四是,在提升深圳创意设计全球美誉度上,与伦敦设计节、米兰设计周、巴黎设计周等国际创意设计活动进行互动,加强与国际的合作和接轨。

第三节　广东自贸区的压力测试与制度推广

随着全球贸易竞争加剧,国务院在2014年正式批准设立广东自由贸易试验区。广东自贸区通过促进投资、贸易、金融等领域进行制度创新,构建开放型经济新体制,致力于建设成为全国新一轮的改革开放先行地、海上丝绸之路的重要枢纽和粤港澳深度合作的示范区。广东自贸区涵盖广州南沙新区片区、深圳前海蛇口片区和珠海横琴新区片区3个片区,每个片区的规划都各有特色,以下将分别对这3个片区进行介绍。

一、广州南沙新区片区

（一）粤港澳全面合作示范区

广州南沙新区位于粤港澳大湾区地理几何中心,是承载门户枢纽功能的广州城市的副中心、广深城市合作交流的枢纽中心、粤港澳全面合作的示范区。广州南沙新区片区的设立有着重大战略意义:通过构建国际化、市场化、法治化的营商环境,以新一轮高水平的对外开放,建设更高水平的开放型经济体制。

（二）特色经济功能区

广州南沙新区片区自成立自贸试验区以来,始终坚持"大胆试、大胆闯、自主改",以制度创新为核心引领高质量发展,打造具有国际市场影响力和竞争力的特色经济功能区。广州南沙新区片区为进一步激发制度创新浓厚氛围,颁布相关制度以创新地方规范性文件,如《广州南沙开发区(自贸区南沙片区)制度创新促进试行办法》《中国(广东)自由贸易试验区广州南沙新区片区突破性改革创新先行先试程序规定》等。在商事制度上,南沙对标国际营商规则,营造市场化、法治化、国际化的营商环境;在金融投资上,构建有竞争力的金融产业体系,打造金融业对外开放试验示范窗口;在贸易物流上,推动建设世界服务贸易重要基地与国际性枢纽港;在人才交流上,打造吸引人才、集聚人才的平台载体,全面激发人才创新创业活力。

（三）深层次、宽领域的制度创新

广州南沙新区片区以制度创新为核心,在商事制度、人才交流、金融投资、贸易物流等方面推动制度创新,构建了基本制度框架,各项创新成效显著。根据《南沙区 2019 年度营商环境评价报告》,南沙的制度创新成果从 2015 年的 142 项增加至 2019 年的 658 项,在这 658 项制度中,有 42 项向全国复制推广,104 项在全省复制推广,196 项在全市推广实施(图 6.1)。南沙对标世界银行营商环境评价体系,全球评估排名从 2017 年的第 51 名提升至 2019 年的第 24 名,处于世界中上水平,其中开办企业的指标排名进入全球前列(第 6 位)。

图 6.1 2015—2019 年广州南沙新区片区制度创新成果

资料来源:根据广州市人民政府发布的数据整理所得。

在商事制度上,南沙率先走在全国的改革前列,主要从办事效率、服务质量、智能登记这三方面进行改革。在办事效率上,压缩开办企业的环节,速度可比肩世界上开办企业速度最快的新西兰,最快半天办结。推行一窗口实现"6+X"证照联办,将营业执照、印章备案、银行基本户开户、税务初领发票、公积金单位开户登记、社保缴费登记险种核定等拥有 400 多项申请信息的多个环节优化整合为一个环节。对于后续涉及的准营许可、备案事项实行"一口受理",企业可在一个窗口一次性领取相关证章。在服务质量上,将绝大部分的商事登记事项下放到各区,且鼓励商业银行开办个性化"管家服务"的代办商事登记业务,优化延伸窗口服务质量。在智能登记上,通过人脸识别签名、智能地址比对技术,实现"免预约""零见面""全天候""无纸化"无人智能审批模式。2019 年,南沙新增企业 45 523 户,同比增长 22.3%;截至 2019 年,企业总数达 12.4 万户,较 2018 年底增长 44.8%①。

在金融投资上,南沙打造"境内资产抵押、境外资产保理"跨境融资新模式,拓宽境内外资产流通渠道,解决跨境审批上中小企业融资难的问题。广州南沙区不动产登记中心为南沙一民营企业办理了全国第一例中资银行境外分行跨境融资项下不动产抵押登记。在尚无中资银行境外分支机构办理跨境抵押业务的政策出台时,交通银行南沙分区支行利用南沙自贸区"先行先试"的平台优势,获批跨境不动产抵押业务银行试点,民营企业将其在南沙的不动产抵押给交通银行香港分行,以获取境外 4 000 万元低成本融资金额。南沙区首创境外船舶资产跨境直接保理业务,改变传统的内保外贷的模式,境内银行直接对境外公司授信,开启了船舶租赁行业企业的境外业务融资新通道。南沙稳步推进投资金融领域开放创新,2014—2019 年,南沙实际利用外资金额平均增长 10.4%,金融类相关企业落户有 6 526 家,比自贸区挂牌前增加 52 倍。广州市超 70%的融资租赁、商业保理的企业都汇聚在南沙②。

在贸易物流上,南沙依托自贸区优势,在货物通关和溯源上进行制度创新。在货物通关上,采取新型通关模式,企业提前申报、缴税等措施,采用审单放行的通关方式,使货物的通关效率提升。在货物溯源上,率先制定首个全球商品溯源标准体系——《全球溯源体系标准体系框架》,且进一步出台系列配套文件,如《全球溯源体系服务通则》《全球溯源体系共建方通则》《全球溯源中心建设指南》,搭建全球首个商品溯源标准体系,形成"好货走南沙"和"放心消费"的新格局。从南沙仓发货的商品,使用 CIQ 溯源 App 扫描商品包装上的"真知码",即可获得境外商品的起源地、生产制造及检验信息,App 还会对商品的特

---

① 何涛.广州办企速度世界领先[N].广州日报,2020-05-15(A8).
② 耽旭静.广州南沙:致力打造金融业对外开放试验示范窗口[EB/OL].(2019-09-18)[2021-01-10].凤凰网广东.

殊状态进行提醒,如商品已过期、检验检疫未放行等。软件的"一键投诉"功能还可立刻向检验检疫部门反映商品质量问题。南沙的全球溯源体系已涵盖了全品类贸易方式,对 14 932 家企业的 8 716 个商品品牌赋码 9 780 万个,商品价值达 605 亿元。

在人才交流方面,《广州南沙新区(自贸片区)集聚人才创新发展若干措施实施细则》全面激发人才创新创业活力,为南沙汇聚智慧力量。制度创新主要包括以下几个方面:一是放宽区内重点产业发展人才认定标准。南沙区将各领域知名奖项——中国政府友谊奖、中国 IT 年度人物奖、中国青年科技奖等的获奖者纳入认定范围,国家自然科学基金项目、国际著名金融机构首席类负责人也被纳入其中。同时,南沙为优秀人才的引荐开辟绿色通道,经南沙区人才举荐委员会举荐的人选可直接被认定为高端领军人才。二是加大对人才的引进力度。境外高校排名前 150 名的优秀毕业生,申请的安家补贴可达 200 万元,教育卫生高层次人才可获最低 60 万元补贴。三是加大对基础性、技能型人才的支持。南沙降低人才公寓的申请条件,缩小区域范围,由"市内无房"放宽到"区内无房",租金由不高于市场价的 70% 调整为 50%。自 2014—2019 年人才政策实施以来,对人才引进的奖励已累计发放 7.19 亿元,奖励 1.6 万余人,包括 47 名国家级高层次人才和 980 余名高层次与创新人才,人才增长数量是 2016年的 5.5 倍[1]。

(四)众多制度创新红利

广州南沙新区片区自挂牌成立 5 年以来,制度创新的红利逐渐显现,辐射带动效应后劲十足。2014—2019 年,南沙地区生产总值年均增长 10.4%;固定资产投资年均增长 13.3%;税收总额年均增长 13.2%;南沙港区集装箱吞吐量年均增长 8.4%;进出口总额年均增长 10.4%;实际利用外资金额年均增长 13.2%;

---

① 南沙区融媒体中心.创新不止步! 南沙打造大湾区国际科创中心重要承载区[EB/OL].(2020-04-30)[2021-01-10].广州市南沙区人民政府官网.

注册企业年均增长 71.4%；累计引进 172 个世界 500 强企业投资项目①。南沙取得的成效显著，不仅为广州注入强大的活力，还为国家和其他省市提供了一大批可复制推广的新经验。

二、深圳前海蛇口片区

（一）打造中国对外开放新标杆

深圳前海蛇口片区于 2015 年挂牌成立，包含前海和蛇口两个区块，分为三大功能区：一是将前海区块除去保税港区外的区域规划为前海金融商务区，打造成为中国金融业对外开放试验示范窗口；二是把以保税港区为核心的深圳西部湾区打造成国际性枢纽港；三是将蛇口区块（除西部湾区）规划建设为蛇口商务区，重点发展文化创意、科技服务等新兴服务业。前海蛇口片区的战略定位是通过构建开放型经济新体制，实现深港澳深度协同发展，构建新的发展格局，培育国际合作和竞争的新优势，全力打造投资贸易便利、辐射带动效应明显的中国对外开放新标杆。

（二）致力成为新一轮改革开放桥头堡

2020 年，深圳出台《深圳经济特区前海蛇口自由贸易试验片区条例》《深圳经济特区前海深港现代服务业合作区条例》，赋予前海蛇口片区更多先行先试权利。前海蛇口片区借助深圳市场化、国际化的优势，聚焦国际高端要素，不断推动体制机制创新，致力成为新一轮改革开放的桥头堡。在投资便利上，为国内外投资企业提供高标准的营商环境，吸引优质企业加速进驻；在贸易便利上，发挥前海的区位优势，努力建设成为国际性枢纽港；在金融开放上，加快金融开放"试验田"建设，打造国家金融业对外开放试验示范窗口；在人才管理上，构建与国际接轨的人才管理机制，吸引更多高端人才参与前海开发建设。

---

① 数据来源：广州市人民政府。

（三）构建全球活力制度创新之城

前海蛇口片区坚持以制度创新为核心，以"先行先试、边行边试、合作共试"为基本路径，逐渐形成制度创新的"前海模式"。"前海模式"制度创新主要以投资便利化、贸易便利化、金融开放、人才管理四大板块为核心。数据显示，2020 年广东省发布的四批自贸区创新案例中，在 202 项制度创新案例中，有 96 项属于前海蛇口片区，占比高达 48%①。在这种创新模式的引领下，前海蛇口片区成为国内最具代表性的自贸区之一，以质量最高、效益最好、发展最快著称，凸显了自贸区制度创新的"核心引擎"功能。

在投资便利化方面，前海蛇口片区提供高标准国际投资贸易规则的营商环境，为片区经济发展注入了新的血液。在全国率先升级优化外商投资"一口受理"程序，极大缩短了企业登记及备案时间，由最初的 20 天缩短至如今的 2 天；前海税务局推出全国首个 VR 办税厅，实现税收咨询、纳税辅导"7×24 小时"服务；"深港通注册易"为前往片区开办企业的香港投资者提供一站式注册深圳企业服务，当地合作的商业银行可办理营业执照、账户等业务；提供园区智慧化综合交通一站式服务，打造多元化、智能化的纯电动交通服务产品研发及应用体系。前海蛇口片区率先实现全国自贸区 5G 网络覆盖全区域，为企业开展创新应用提供重要的基础环境，助力企业创新发展。

在贸易便利化方面，前海蛇口片区推行贸易收支便利化首批试点，包括优化贸易外汇收支单证审核、合法的贸易外汇收入可直接进行结汇、特殊的退汇可在银行办理、合法的贸易付汇业务可不办理核验手续 4 个方面。在跨境物流方面，加强跨境协作打造粤港澳大湾区"新物流"，创新推进"海运国际中转分拨集拼中心"建设、推进"离港空运服务中心"建设和打造"保税+社区新零售"模式三项改革举措。海运国际中转分拨集拼中心通过打造全球中心仓、加快跨境通关速度等措施，使分拨集拼业务发展迅速。离港空运服务中心是"深港陆空联运"的升级版，企业在前海蛇口片区完成出口货物全部业务流程后，及时运达香港、广州、深圳三大机场。"保税+社区新零售"实现跨境电子商务、社区实

---

① 数据来源：深圳市前海管理局。

体店、物流到家的优势互补、叠加创新，以"新零售"助推消费升级。在前海蛇口片区打造粤港澳大湾区"新物流"的创新制度中，进出口质量已累计达 980 余吨，货物价值超 30 亿元，绿色通道制度已为 178 艘超大型邮轮及集装箱船进出港提供便利服务，节省费用超 4 000 万元。

在金融开放方面，前海蛇口片区一是实行代理见证开立内地个人银行账户业务，这是金融支持粤港澳大湾区建设的重要举措之一，首笔代理见证是为香港居民在本地银行开设内地个人银行账号。二是鼓励境外资管机构开展离岸现金管理合作新模式，推行"三个允许、两个放宽、一个下放"外汇管理改革（表 6.3）。三是推出全国首个供应链资产评级体系，通过将全球领先的评级模型方法与本地供应链的实际情况相结合，从六大风险维度制定评价标准体系，为供应链资金方提供准确的投资决策依据。

表 6.3　"三个允许、两个放宽、一个下放"外汇管理政策

三个允许	区内资本项目外汇收入支付便利化
	境内股权投资对区内普通外商投资企业授权
	区内"投注差"模式借用外债的企业可选择跨境融资宏观审慎管理模式
两个放宽	放宽区内企业境内直接投资外汇登记区域限制
	放宽区内企业跨境融资币种一致性要求，只需提款与偿还币种一致
一个下放	银行可办理区内企业外债注销登记

资料来源：根据深圳市前海管理局发布的数据整理所得。

在人才管理方面，前海蛇口片区高度重视人才发展，创新人才管理体制，制定实施《前海人才发展引导专项资金实施细则》，以人才市场需求为导向，设立先进的人才认定与评价标准。在全国率先实现港澳居民免办就业证和缴纳住房公积金，颁发实行技术人才积分"绿卡"等，加快粤港澳大湾区人才要素流动；进一步细化国际高层次人才的积分评估认定标准，达到分值的外籍高层次人才可申请永久居留；对境外人才实行税收优惠，对其缴纳个税超过 15% 的部分给予财政补贴；建设高效便捷的政策宣传和受理服务的线上平台，为人才提供优

质的一站式、菜单式服务等。前海境外高端人才和紧缺人才四批次共认定 453
人,累计发放个税补贴 1.73 亿元①。

(四)助推经济高质量发展

深圳前海蛇口片区自挂牌成立以来,经济增长质量和效益不断提升,制度
创新成果显著。截至 2020 年 9 月,累计推出 573 项制度创新成果,有 58 项在全
国复制推广②;高端金融业、人工智能、数字经济等新兴前沿产业高速发展,前海
产业的核心竞争力大大提升;经济密度居全球前列,每平方千米产出税收 18.61
亿元③。

三、珠海横琴新区片区

(一)打造促进澳门经济适度多元发展新载体

珠海横琴新区片区位置优势凸显,位于珠海市南部,毗邻港澳。随着港珠
澳大桥的正式通车,横琴成为唯一陆桥连接港澳的区域。横琴新区片区实行
"比经济特区更加特殊的优惠政策",通过与港澳紧密合作,打造粤港澳共同发
展的平台;同时掀开珠澳深度合作的崭新篇章,使澳门经济适度多元发展有了
全新的载体和发展平台。横琴新区片区重点打造休闲旅游基地,发展以高端服
务业为主导的现代产业。

(二)激发开放新活力新动能

横琴新区片区坚持以制度创新为核心,通过深化改革,激发新活力、新动
能。在商事环境上,拓展商事制度改革的深度与广度,营造宜商宜业的国际营
商环境。在人才交流上,对高端人才的吸引进行不断探索和创新,为开发珠海
横琴和建设粤港澳大湾区提供人才支撑;在金融投资上,经过多年的大胆开拓、
先行先试,创新金融发展模式,使金融业近年来实现跨越式发展;在贸易物流

---

① 马培贵.前海修订境外人才个税补贴政策[N].深圳特区报,2019-05-17(A13).
② 数据来源:深圳市政府。
③ 数据来源:中国(广东)自由贸易试验区。

上，深化通关管理模式改革，提升贸易便利化水平。

（三）打造制度创新示范高地

珠海横琴新区片区在商事环境、人才交流、金融投资、贸易物流4个方面进行制度创新，旨在为中国构建与国际接轨的开放型经济新体制做好示范作用。

在商事环境方面，横琴持续深化营商环境整治，不断创新商事环境制度建设，为建设粤港澳深度合作区市场监管提供了有力的保障。一是推动"互联网+政府服务"改革，打通政务服务最后一公里。采用税政企大数据智慧共享应用新模式，主要包括税务信息共享联办平台和"税源地图"两个数据应用平台，以打通与横琴多个政府部门的数据传输。一方面，税务信息共享联办平台的建立使政府相关部门可通过"税务云"数据平台查看并办理纳税人的办税信息业务，实现纳税人"零跑动"。另一方面，"税源地图"运用高科技技术把横琴区6万纳税户的信息储存到电子地图上，点击地图就可快速准确查找到相关纳税户的基本信息，并观察到企业的状态及变动情况，倾听企业的诉求并给予相应的政策扶持，更好地为企业提供服务。二是创建跨境办公新模式。简化港澳企业在横琴办理工商登记注册和税务登记手续，采用备案制和合同签署便可入驻办公场所的办公新模式，创建跨境办公新试点。多渠道减低澳企入驻横琴成本，促进澳门经济适度多元发展。

在人才交流方面，横琴创新粤港澳人才合作交流的政策。2020年6月，珠海首个人力资源服务产业园区——横琴新区人力资源服务产业园暨横琴新区人才交流服务中心正式成立。该园区重点打造"三平台+N基地"服务体系，提升人才招聘、培训、测评等全过程的人力资源服务。同时，2020年发布《横琴新区特殊人才奖励办法》，政府采用财政补贴的方式，把横琴财政预算中的专项资金用于奖励特殊人才，并实行专项管理、专款专用。发放人才资助奖金约12亿元，设立3个人才集体专户，为人才入户提供便利。具体相关人才政策见表6.4。

表 6.4　横琴新区片区人才服务类相关政策

政策分类	政策颁布目的	政策名称	颁布年份
人才补贴服务类	特殊人才奖励申请依据	《横琴新区特殊人才奖励办法》	2020 年
	引进人才租房与生活补贴申请依据	《横琴新区管委会办公室关于印发〈横琴新区引进人才租房和生活补贴暂行办法〉的通知》	2019 年
		《横琴新区引进博士人才紧缺专业目录（2019—2020）》	2019 年
		《横琴新区引进技能人才紧缺工种目录（2019—2020）》	2019 年
	企业新引进人才住房（租房和生活）补贴申请依据	《珠海市企业新引进中高级专业技术人才、高技能人才、青年人才住房（租房和生活）补贴实施办法》	2019 年
	境外人才个税补贴申请依据	《关于落实粤港澳大湾区个人所得税优惠政策的通知》	2019 年
		《财政部 税务总局关于粤港澳大湾区个人所得税优惠政策的通知》	2019 年
		《珠海市实施粤港澳大湾区个人所得税优惠政策人才认定及财政补贴暂行办法》	2019 年
	博士后奖励申请依据	《横琴新区博士后管理办法》	2019 年
		《关于印发横琴新区博士后管理办法操作指南的通知》	2020 年
	高层次人才补贴申请依据	《横琴新区管委会办公室关于印发〈横琴新区加快创新驱动企业及团队引进培育扶持办法〉的通知》	2020 年

续表

政策分类	政策颁布目的	政策名称	颁布年份
人才配套服务类	子女就学服务依据	《珠海市横琴新区随迁子女积分入学办法》	2021 年拟颁布
	人才落户依据	《珠海市人才引进核准服务事项办事指南》	2020 年
		《本科毕业生三年内"先落户后就业"办事指南》	2018 年
	就业服务依据	《毕业五年内双一流大学（含原985、211 大学）、世界排名前 500 名大学的全日制本科以上学历"先落户后就业"办事指南》	2018 年
		《关于实施"珠海英才计划"加快集聚新时代创业人才的若干措施（试行）》	2018 年

在金融投资方面，一是政府提供大量的资金扶持金融机构发展。2019 年《横琴新区进一步促进私募投资基金业发展扶持办法》印发，对私募投资基金拓宽扶持范围，对达到 100 亿的企业，政府一次性给予 800 万元的专项资金扶持；对在横琴新区租赁自用办公用房的私募基金企业，给予 3 年的房租补贴。二是大力发展珠海横琴智慧金融产业园。发展金融科技产业基地、学术科研教育平台、横琴新区新兴金融产业基地三大平台，促进先进信息技术产业、高效金融资本流动、产融结合服务三者有机融合发展。三是大力促进供应链金融发展。2019 年《横琴新区关于促进供应链金融发展的扶持办法》出台，对区内从事供应链金融服务的公司按实缴资本的 1% 给予奖励，最高可达 1 000 万元，此举旨在构建完善的供应链金融业务和吸引供应链金融人才。

在贸易物流方面，横琴精简口岸核验的监管证件、减少单证的制度创新，降低粤港澳物流通关壁垒，提高货物交易时效，使跨境贸易更加快捷便利。一是提升横琴口岸通关效率。在通关流程、通关设置、资讯化建设等方面采用智能创新技术,同时联合海关其他口岸部门推出大数据平台,汇集生产、贸易、物流、税务、工商、外汇等各方数据,使横琴口岸通关智能高效。二是推进建设粤港澳物流园,助力横琴承接港澳物流产业的外溢和转移。构建以口岸物流、冷链物流和保税物流为主的现代物流产业体系,建设区域性国际物流枢纽和供应链外包基地,打造区域性国际贸易分拨中心,如横琴新区片区企业可以在区内开展日用品等消费类货物保税仓储物流配送。

(四)促使经济跨越式发展

珠海横琴新区片区在挂牌成立的 5 年时间里,通过分阶段、分步骤地推动改革创新工作向开放型规则制度转变,创新体系由点到面不断深入,推进横琴的经济实现跨越式发展。2015—2019 年,横琴新区片区生产总值从 126.8 亿元增长到 401.24 亿元,年均增长 26.40%;固定资产投资从 289.83 亿元增长到 471.99 亿元,年均增长 15.48%[①]。

---

① 数据来源:珠海市统计局。

7

创新驱动：
国际科技创新中心建设

《纲要》将大湾区定位为具有全球影响力的科创中心,确定了创新是粤港澳大湾区的核心驱动力。粤港澳大湾区的未来由创新引领,粤港澳能否比肩世界一流湾区,其关键也在于创新。粤港澳大湾区具有雄厚的产业基础、优越的地理位置、优良的创新环境,可作为全球创新网络中的枢纽节点,在吸引人才、资源等创新要素的同时向外辐射其影响力,进而产生全球性的影响①。本章将从日益稳扎的科技创新基础环境、持续深入的科技创新跨界联动、不断壮大的高科技研发主体以及加速崛起的新兴产业 4 个方面全面阐述粤港澳大湾区在创新方面的引擎作用。

第一节 日益稳扎的科技创新基础环境

粤港澳大湾区人才辈出,经济基础雄厚,加上其独特的战略定位,在人才培养和科研环境等方面都有良好的科技创新基础环境,这是大湾区国际科技创新中心建设的基础。本节将从国际高端科技汇集地、全球数字经济生成地、高校林立的科技人才集聚地、自由创造的区域创新环境、体量庞大的科技产业化基础、"双轮驱动"的绝佳试验田 7 个方面来阐述粤港澳大湾区的科技创新基础环境。

一、国际高端科技汇集地

粤港澳大湾区集聚各种高科技资源,享受着政策带来的创新红利,是国际一流科技资源的集聚中心,在《未来湾区领军企业 500 强》报告中,大湾区机器人、人工智能、生物科技等尖端科技领域公司数量庞大(表 7.1),这是粤港澳大湾区在科技领域的先锋形象的充分展现。据统计,2019 年粤港澳大湾区上榜公司申请专利数近万件,最高单个公司专利高达 815 项。

---

① 杜德斌.全球科技创新中心:世界趋势与中国的实践[J].科学,2018,70(6):15-18.

表 7.1　2019 年粤港澳大湾区未来领军企业 500 强平均冠军专利数量最高的行业 TOP6

行业名称	平均每家企业专利总数量/件	企业数量/家
家居	50	7
机器人	47	35
汽车/出行	44	25
硬件/电子	40	44
VR/AR	34	10

资料来源：王峰.南方财经报道、计录科技联合发布"湾区未来领军企业 500 强"[EB/OL].(2019-12-25)
[2021-03-10].科学中国网.

粤港澳大湾区成为国际高端科技汇聚地，与其创新型科技企业的快速发展以及近年来的政策支持密切相关。

在科创企业方面，近年来粤港澳大湾区内涌现出越来越多像华为、腾讯、大疆创新等源头创新型的科技企业，且这些科创企业创新能力逐年加强，彰显着大湾区内的国际高端科技水平。华为方面，在过去的 30 年中，其主要是针对客户需求的技术、工程以及解决方案的创新，可称为创新 1.0。未来华为的创新将是创新 2.0，将在突破基础理论以及基础技术发明上进行新的创新。腾讯方面，随着 5G 的逐渐普及，腾讯拟将创新焦点集中在 5G 和 AI 上，意图实现双轮驱动。大疆创新方面，其作为国际消费级无人机领军和龙头企业，一直坚持原始创新。大疆创新官方数据显示，截至 2019 年 4 月，其全球专利申请数量已超过 9 100 件，全球授权专利 3 100 余件，PCT 专利申请量则连续多年位于中国公司前十。此外，近 5 年来，粤港澳大湾区在金融科技、生物医药、信息技术等领域的独角兽企业数量逐年递增(图 7.1)。

图 7.1　2015—2019 年粤港澳大湾区独角兽企业情况

资料来源:国际风投调研机构 CB Insights。

在政策支持方面,广东颁布了一系列政策推动粤港澳大湾区创新发展,如《关于贯彻落实〈粤港澳大湾区发展规划纲要〉的实施意见》《广东省推进粤港澳大湾区建设三年行动计划(2018—2020 年)》,明确提出分"三步走"推进粤港澳大湾区的进一步建设,计划到 2035 年,意图将创新作为粤港澳大湾区经济体系和发展模式的支撑。2018 年,《广东省人民政府关于加强基础与应用基础研究的若干意见》出台,意图大力提升原始创新能力,支撑大湾区国际科技创新中心的建设。

此外,近年来举办的各种高端科技论坛和峰会也推动了粤港澳大湾区高端科技的发展。如 2019 年在广州举行的粤港澳大湾区高端科学仪器产业发展论坛上,大湾区高端科学仪器创新中心预计在未来 10 年每年实现 100 亿元的产值规模,或打造成为全球最具影响力的高端科学仪器创新中心。而在香港隆重召开的以"链接 5G·解码未来"为主题的 2019 年首届粤港澳尖端科技应用峰会上,汇聚了 5G 时代背景下在物联网、区块链、AI 智能等尖端科技领域的资深人士,由他们分享最新研发成果,预测新科技革命发展趋势。

相比世界其他湾区的定位,粤港澳大湾区的定位是科技和金融湾区(表 7.2),其在发展科技创新方面有着得天独厚的优势:第一,珠三角地区集中了中国高精尖技术和庞大的高端制造业产业基础,粤港澳大湾区可以利用这种由产业发展需求推动的高端科技资源的应用,助力科技发展再上新台阶。第二,香港拥有全球领先水平的金融业,加上澳门发达的服务业,粤港澳大湾区在金融和服务业方面的融合与创新,可为其科技创新发挥加速器的作用,加快产业融合和现代产业体系的构建,助力其经济高质量发展。

表7.2 四大湾区优势代表产业与发展定位

湾区名称	优势产业	具体优势	发展定位
粤港澳大湾区	金融、航运、制造、电子、互联网	创新型科技企业、多所世界级大学、港交所、深交所和一大批金融机构	科技和金融湾区
东京湾区	高端制造,造船、钢铁、汽车、精密仪器	产学研模式、索尼、丰田压阵,高端精密先进制造业	产业湾区
旧金山湾区	电子、互联网、生物	科技高校集聚地、斯坦福大学、硅谷、海湾大桥和金门大桥	科技湾区
纽约湾区	金融、航运、计算机	华尔街、纽约区域规划协会	金融湾区

资料来源:根据《财富》及相关公开信息整理所得。

二、全球数字经济生成地

数字经济是世界经济发展的新引擎,是当前全球主流经济形态的推动力量。当前全球经济正处于数字化转型阶段,而粤港澳大湾区在全球数字经济发展领域可以起到领头羊的作用。

近年来,粤港澳大湾区的数字经济发展速度迅猛,在大数据、人工智能、金融科技数字等多个数字经济领域持续发力,推动大湾区建设向纵深发展。根据联合国发布的《2019年数字经济报告》,2019年中国数字经济总体规模仅次于美国,位居世界第二。中国信息通信研究院发布的《全球数字经济新图景(2020年)》显示,中国网络零售、移动支付等交易规模持续多年位居世界首位,部分服务业数字化水平居于世界领先水平。而粤港澳大湾区信息产业的发展速度和传统产业的数字化程度,一直以来稳居全国前列。2018 年,珠三角的数字经济规模超 4 万亿元,占 GDP 比重为 44.3%①,数字经济化程度位居全国第一。同时,由于拥有世界上最齐全的产业集群和产业链体系,加上 5G 通信技术产业在全球处于领先地位,粤港澳大湾区无论是数字产业化还是产业数字化均已经达到世界先进水平。

广东一直致力于数字经济领域的发展,早在 2013 年便专门成立了广东省实施大数据战略专家委员会。2016 年,广东创建"珠江三角洲国家大数据综合试验区",以期打造"一区两核三带"大数据发展格局;同年,《广东省人民政府关于深化制造业与互联网融合发展的实施意见》发布,以期通过进一步促进全省制造业与互联网深度融合发展,落实"中国制造 2025",提升广东省制造业国际竞争力。2018 年,《广东省数字经济发展规划(2018—2025 年)》(征求意见稿)发布,为广东建设为国家数字经济发展先导区、数字丝绸之路战略枢纽和全球数字经济创新中心的定位给出了总体发展思路。2014—2019 年,广东对 3 万多家工业企业进行了信息化改革,全省已拥有 6 000 家工业企业应用工业互联网,超过 50 万家中小微企业"上云用云"。其中,深圳与广州在数字经济发展方面更是稳居全国第一方阵,这主要得益于近年来两个城市不断加大在政策上的支持力度。

深圳方面,2019 年,深圳数字经济发展规模位居全国大中城市首位。近年来,深圳发布了一系列有关数字经济的行动计划,如《深圳市促进大数据发展行动计划(2016—2018 年)》《深圳市"互联网+"行动计划》《深圳市工业互联网发展行动计划(2018—2020 年)》《〈中国制造〉2025 深圳行动计划》等。广州方面,2018 年,广州在黄埔区创建全国首个国家级区块链软件名城示范区,使广州区块链技术在多项场景中成功应用;在政府的积极推动下,广州在 2019 年的

---

① 数据来源:中商产业研究院。

《数字中国指数报告（2019）》中被评为全国数字医疗城市榜首。尽管直至 2020 年，广州才制定出台《广州市推动区块链产业创新发展的实施意见（2020—2022 年）》和《广州市加快打造数字经济创新引领型城市的若干措施》，但这两大纲领性文件均展现了广州对数字经济发展的重视以及要全力打造中国数字生态系统示范城市的决心。

同样地，香港和澳门对数字经济发展亦给予了足够的重视。香港近年来正不断致力于通过推动"互联网+"与产业融合来促进新型工业化发展，并试图融入大湾区数字经济建设中。例如，投入 100 亿港元以期打造"医疗科技创新平台"和"人工智能及机械人科技创新平台"两个科技创新平台。澳门则在数字经济领域呈现后发制人的趋势。2016 年，澳门发布了《澳门特别行政区五年发展规划（2016—2020 年）》，明确提出要建设智慧城市，并在《2018 年施政报告》中提出把人才作为其数字经济发展的重点。

对标国际大湾区，粤港澳大湾区数字经济方面的人才队伍更加年轻，具有更强的发展能力和更大的发展潜力。特别是在大湾区 ICT 行业中，数字人才占比接近 40%[①]，体现出粤港澳大湾区具有坚实的数字经济发展基础。数字经济的兴起为粤港澳大湾区的发展带来了新机遇，数字经济通过大数据和人工智能突破空间限制，促进大湾区各城市发挥自身优势，实现了大湾区内部的分工效应、集聚效应、协作效应和规模效应，为中国数字经济在世界经济发展中扮演关键角色提供了重要支撑。

三、高校林立的科技人才集聚地

粤港澳大湾区是中国高等教育集群地带和人才集聚地。相比世界其他湾区，粤港澳大湾区高校云集，层次分布均衡，科研能力和成果转化能力均具有较大的世界影响力，在科技创新方面则能集聚高端科技要素，可以说具备了很好

---

① 清华大学经济管理学院互联网发展与治理研究中心，LinkedIn（领英）中国.粤港澳大湾区数字经济与人才发展研究报告［R／OL］.（2019-02-23）［2021-01-10］.清华大学经济管理学院官网.

的建设国际科技创新中心的基础。香港拥有香港中文大学、香港大学等世界知名高校,具备雄厚的学科实力,香港的基础研究和原始能力创新方面也位居世界较高水平,其中有 6 所高校包含 16 家国家重点实验室伙伴实验室。此外,香港作为国际金融中心和贸易中心,能有效地吸引各类科研资金和科研设备入境,有利于香港高校的发展以及高端人才的培养。广州拥有华南理工大学、中山大学等在各个科技领域都具备较高研究水平的高校群。澳门拥有澳门大学和澳门科技大学等高等院校。其中澳门大学于 2014 年整体搬迁到珠海横琴办学,开始创新高等教育"新特区"发展模式。值得一提的是,澳门大学聚焦中医药、微电子和智慧城市物联网研究领域,是粤港澳大湾区西岸唯一一个有 3 个国家重点实验室的公立大学。

近年来,粤港澳大湾区内各城市除了迅速发展壮大当前已经存在的大学外,还纷纷启动一些新大学建设项目,以期为大湾区内科技人才培养夯实基础。广州方面,正在新建或筹建的学校有香港科技大学(广州校区)、中国科学院大学广州学院、广州交通大学、华南理工大学广州国际校区等。佛山方面,拟将佛山理工大学打造成高水平、国际化的理工大学。中山方面,积极提出申报争取启动与澳门科技大学合作的香山大学建设,努力筹备省市共建中山科技大学。东莞方面,在"湾区联合大学"的概念提出后,明确提出要建设"湾区大学"。深圳方面,2016 年出台了《关于加快高等教育发展的若干意见》,指出争取到 2025 年,深圳的高校达 20 所左右,全日制在校生约 20 万人。按照计划,深圳将加快推进与中科院的合作,共同建设中科院深圳理工大学,加快推进清华大学深圳国际研究生院的建设,推动与北京大学合作建设深圳校区的工作,加快推进天大佐治亚理工深圳学院和深圳墨尔本生命健康工程学院的建设进度。此外,深圳还将加快深圳创意设计学院、深圳师范大学等一批高校的筹建进度。届时,将有一大批质量高、有特色的高校在深圳崛起。粤港澳大湾区各高校除了建立校与校之间的合作,还会结合自身的科技优势,建立"校—政府""校—科研所"等模式的科技创新合作。例如,澳门大学与珠海开展成果应用及技术服务合作、珠海为澳门大学提供多元化职业发展平台；香港理工大学与中科院广州地球化学研究所共建粤港澳大湾区环境污染过程与控制联合实验室。这些科技合作将助力粤港澳大湾区区域创新向更大规模集成方向拓展，帮助产学研合作范围和成果取得突出进展。

高校林立能够向大湾区提供源源不断的创新型科技人才，同时给大湾区带来科技创新成果。粤港澳大湾区大学集群发展是关系粤港澳大湾区建设能否达到预期目标的关键，大湾区大学集群发展能够充分发挥"集聚—溢出"效应，有力支撑协同发展的产业体系。

四、自由创造的区域创新环境

粤港澳大湾区作为中国开放程度最高和经济活力最强的区域，拥有高度开放、自由的区域创新环境，既鼓励"引进来"，也鼓励"走出去"，既能引进国外先进技术，也能向国外输出自身优势产品。其中香港的国际化和市场化程度在大湾区内居于首位，是大湾区走向国际的先锋。澳门是中国最早的对外港口，是引进国外发达国家领先技术的枢纽。

近年来，粤港澳大湾区分别在企业、个人、政府三方面加速打造自由的创新环境，创新氛围越来越浓。

第一，粤港澳大湾区注重对人才政策的实施和引导，在出入境管理、海外高层次人才引进、拔尖青年人才培养、职称制度构建等方面给予制度性保障。例如，出台《关于粤港澳人才合作示范区人才管理改革的若干政策》，试图促进粤港澳大湾区人才发展体制机制改革；出台支撑广东自贸区建设和创新发展的16项出入境政策措施，引进国外高端人才在广东创新创业；出台《关于加快新时代博士和博士后人才创新发展的若干意见》，加速培育一批批青年优秀人才；出台《关于深化职称制度改革的实施意见》，构建广东特色职称制度；出台《关于进一步促进科技创新的若干政策措施》，鼓励港澳高校和科研机构承担省科技计划项目，以此推进创新人才高地建设。

第二,粤港澳大湾区注重政府职能的执行,通过加大财政金融支持力度,营造鼓励创新氛围。一方面,通过减税减费和财政补贴等措施,对认定的高新技术企业或入库培育企业进行普惠性支持;另一方面,通过出台《关于贯彻落实金融支持粤港澳大湾区建设意见的行动方案》,对加强科技创新金融服务和大力发展金融科技两个方面提出 11 条措施,对粤港澳大湾区科技创新以及金融科技发展提供制度支持。

粤港澳大湾区自由创造的创新环境,保证了在全球范围内生产要素进出这个区域的速度是最快的、成本是最低的、聚合创新能力是最强的,这将快速开启中国经济增长之路。

五、体量庞大的科技产业化基础

粤港澳大湾区被誉为"世界制造业基地",制造业是粤港澳大湾区的产业特色,而制造业优势是粤港澳大湾区产业体系的压舱石。粤港澳大湾区具有完备的产业体系,拥有 300 多个各具特色的产业集群以及世界上最完备的制造业产业链,并且拥有大量高新技术产业,其中高新技术产业在工业企业中占比为 18.0%,远高于同是国内城市群的京津冀的 8.5% 和长三角的 8.9%(表 7.3)。粤港澳大湾区还拥有具备一定根基的传统制造业,这为智能制造、人工智能、机器人等先进技术与传统工业结合奠定了基础。深圳以高新技术产业集群为主,有着完善的高新科技研发、制造产业链,电子信息产业、新能源、新材料、生物医药、军工、人工智能等产业在深圳已经具备一定的集聚规模。广州的产业布局则较为均衡,轻工业和重工业相得益彰,其中重大装备、汽车制造业、造船等高端产业发展较快。东莞则是全球最大的传统制造加工业基地之一。珠海的主导产业是精密机械和石油化工。中山的特色产业集群是电子电器和五金家电等。粤港澳大湾区高新技术产业布局规划情况见表 7.4。

表 7.3 2019 年三大城市群高新技术产业相关指标对比

省市及区域	高新技术产业的企业数量/家	占工业企业数量比重/%	高新技术产业的企业营收/亿元	占工业企业营收比重/%
北京	799	25.0	5 314	24.8
天津	452	10.5	2 667	15.2
河北	650	4.3	1 596	4.2
京津冀合计	1 901	8.5	9 577	12.5
上海	1 027	12.6	7 566	19.7
江苏	4 870	10.7	26 160	20.4
浙江	2 785	6.9	7 493	10.9
安徽	1 456	7.5	3 996	10.2
长三角合计	10 138	8.9	45 215	16.5
粤港澳大湾区合计	8 525	18.0	46 747	34.5
全国合计	33 573	8.9	157 001	15.4

资料来源：根据《中国科技统计年鉴 2019》、国家统计局及粤开证券研究院公布的数据整理所得。

表 7.4 粤港澳大湾区高科技产业布局规划情况

城市	高科技产业定位	高科技产业布局	代表性的高科技企业
香港	国际创新科技中心	科技服务、生物科技	华润、联想、港科院生物、香港国际生物科技
澳门	大湾区中医药高地	中医药科技	广药集团、白云山医药
广州	科技教育文化中心	先进装备制造、汽车、新一代信息技术、生物医药与健康	广汽集团、小鹏汽车、比亚迪、粤芯半导体
深圳	科研创新中心	新一代信息技术、生物医药、新材料、新能源	华为、正威、腾讯、大疆创新、华大基因、微芯生物

续表

城市	高科技产业定位	高科技产业布局	代表性的高科技企业
东莞	先进制造中心	新材料、新能源、高端装备制造、高端电子信息	光智通讯、华为系、步步高系
惠州	能源科技创新中心	新能源科技、电子信息	中广核、德赛电池、德赛西威（新能源车）、硕贝德（通信）、TCL、光弘科技（电子）
佛山	先进装备制造中心	智能制造、电子信息	广东北电、日丰建材、美的
珠海	先进装备制造业基地、全球生物医药资源新型配置中心	生物医药、新能源、智能制造	联邦制药、丽珠医药、优特电力、格力电器、金山软件、云洲智能、汤臣倍健、宝莱特
中山	世界先进制造业基地	先进制造与自动化、电子信息、新能源、生物医药	中山大洋电机、华帝、康方生物医药
江门	高端制造业基地	新材料、轨道交通、海洋装备	广东中车、富华重工、中兵集团、优美科长信、板桥电子
肇庆	先进制造业基地	机械制造	广东鸿图、风华高科

资料来源：根据《粤港澳大湾区发展规划纲要》《广深科技创新走廊规划》《2019粤港澳大湾区经济发展蓝皮书》等公开资料整理所得。

制造业是国民经济发展的脊梁，是一个国家社会国民经济的物质基础，也是富民强国的保障，粤港澳大湾区体量庞大的科技产业化基础将为中国未来经济的发展提供信心。

六、"双轮驱动"的绝佳试验田

粤港澳大湾区与世界其他湾区的不同在于其拥有9个城市和两个行政区，一个国家、两种制度、三个关税区、三种法律体系、三种流通货币、四个核心城市是其独特的格局，使其成为制度创新和扩大开放"双轮驱动"的绝佳试验田。

粤港澳大湾区是制度创新的试验田，拥有独特的"一国、两制、三个关税区"

制度差异以及香港和澳门两个特别行政区和自由港,大湾区内 3 个自由贸易试验区可作为推进科技创新和制度创新的平台。珠三角 9 市则拥有数不胜数的出口加工区、高新技术产业开发区、保税区以及珠海和深圳两个经济特区,加上深圳提出打造数字经济创新发展试验区,这些区域之间的协同整合会给大湾区的发展带来多重叠加效果。粤港澳大湾区是扩大开放的试验田。自中国实行改革开放以来,广东已经成为中国开放程度最高的省份,其中深圳作为经济特区,是中国对外开放的发源地,而英国智库组织列格坦研究所发布的"2019 全球经济开放指数"显示,香港是全球最为开放的经济体,此外,澳门作为中国最早对外开放的港口,其开放程度及国际化水平同样处于全球先进之列。当前,中国在与外国的交流中正学习西方较为先进的管理经验以及为社会服务的体系,需要有一个载体,需要有一个扩大开放的试验田,而粤港澳大湾区的对外开放条件显示,其正是中国扩大开放的较为完美的试验田。

通过制度创新和扩大开放"双轮驱动",粤港澳创新活动水平越发活跃。2014—2018 年,粤港澳大湾区的发明专利总量逐年递增,2014 年发明专利总量仅 10.36 万件,到 2019 年已高达 34.83 件。其中,2015 年增幅最大,同比增长 49.67%,总量增加超过 5 万件(图 7.2)。

图 7.2　2014—2018 年粤港澳大湾区发明专利总量

资料来源:广州日报数据和数字化研究院(GDI 智库)。

与其他三大湾区相比,2015—2019年,粤港澳大湾区的发明专利总量不断增加,且均大幅高于其他三大湾区,且逐年拉大差距,5年间,粤港澳大湾区发明专利总量累计128.76万件,分别是东京湾区、旧金山湾区和纽约湾区的2.38、5.72和8.16倍。但在施引方面,与三大湾区仍有较大距离,说明粤港澳大湾区创新转化空间巨大,发展潜力无限(图7.3)。

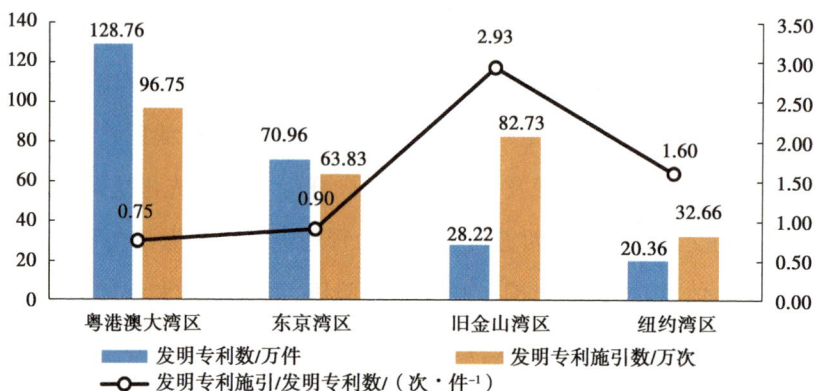

图7.3　2019年粤港澳大湾区与三大湾区发明专利及施引情况对比

资料来源:广州日报数据和数字化研究院(GDI智库)。

从粤港澳大湾区内部来看,《2020粤港澳数字大湾区融合创新发展报告》发布的数据显示,广东省发明专利数量为25.80万件,连续9年保持全国第一,其他三大湾区总和仅为23.31万件(表7.5),说明粤港澳大湾区的科技创新能力强劲。广东省PCT国际专利申请量连续17年领跑全国,占全国48.67%,说明粤港澳大湾区在国内具有很强的影响力。

表7.5　广东省知识创造能力

	数量	全国地位
有效发明专利	24.85万件	连续9年保持全国第一
PCT国际专利申请量	2.53万件	连续17年领跑全国;占全国48.67%
在《中国区域创新能力报告(2019)》中,2019年度广东区域创新能力位居全国第一,在5个一级指标中,广东创新环境、企业创新、创新绩效3个指标继续保持全国第一。		

资料来源:广东省科技厅。

综上所述，粤港澳大湾区作为绝佳试验田，既能为中国未来发展提供宝贵的经验，也能为中国经济发展铸就新引擎，通过"双轮驱动"，粤港澳大湾区科技创新活动水平正在被不断激发，这将不断助力推动中国科技创新发展。

第二节　持续深入的科技创新跨界联动

粤港澳大湾区一直在增加科研创新投入，同时也非常重视加强科创成果的转化，这也是给大湾区建设国际科技创新中心带来持续动能的基础。本节将从广深科技创新走廊形成、跨城科创联动优势互补、产学研联盟提升创新能级和科技创新链资源产业化迅猛四方面对粤港澳大湾区的科技创新联动进行阐述。

一、广深科技创新走廊形成

2017 年 12 月 25 日，广东省委省政府联合发布了《广深科技创新走廊规划》（以下简称《规划》），对打造覆盖广东全省的科技创新走廊相关重点工作做出了纲领性规划。《规划》以"一廊十核多节点"的战略布局为抓手，综合考察广东省各市的区域创新空间能力，确定了以广州、深圳和东莞三市作为科技创新走廊建设十大科技创新平台的主要阵地（图 7.4、表 7.6）。其中，广州市的四大核心平台建设主要侧重于依托高校教育基础，凭借科研创新要素优势，打造对接国际的世界级国家科技创新中心城市和关键枢纽。深圳市的四大核心平台建设主要侧重于依托企业集聚基础，凭借市场创新要素优势，打造具有全球竞争力和国际视野的科技创新先行示范区和国际产业创新中心城市。东莞市的两大核心平台建设主要侧重于依托工厂生产基础，凭借制造创新要素优势，打造具有全球影响力的先进制造业基地、华南科技成果转化中心和国家级粤港澳台创新创业基地。三市协同共建广深科技创新走廊为粤港澳大湾区打造国际科技创新中心提供了有力支撑，对提振广东乃至全国的科技创新水平具有积极推动作用。

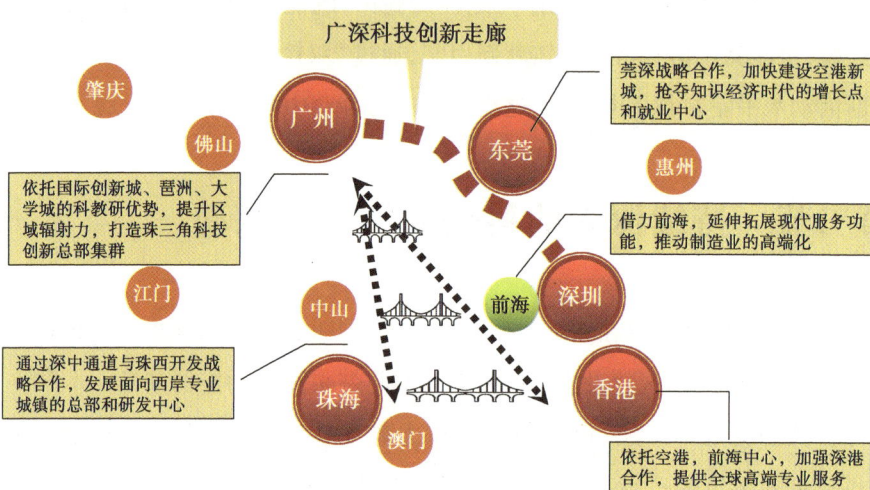

图 7.4　广深科技创新走廊示意图

表 7.6　十个核心科技创新平台

序号	平台名称	建设定位	创新平台
1	广州大学城—国际创新城	依托广州大学城高校教育集聚区,以科研创新资源为支撑,致力于抢占珠三角地区的科技创新制高点、开拓华南地区科技合作平台潜力和建设高科技人才创新创业新高地,以力促现代信息技术、战略性新兴材料、高端制造业、文化创业产业以及生命健康产业等领域的可持续发展	广州市四大核心平台
2	中新广州知识城	致力于打造知识经济产业集聚区,以先行先试的责任和担当加强国家知识产权的试点实践力度,综合推进知识产权保护方案的改革创新,着力设计和建设生物医药、电子信息、新兴材料等领域的知识经济全产业布局	

续表

序号	平台名称	建设定位	创新平台
3	广州科学城	以打造战略性新兴产业为着力点,加快提升创新创业生态建设水平,强化平台创新活力和创新能力,重点打造电子信息、新兴材料和生物医药等战略性产业的比较优势地位	广州市四大核心平台
4	广州琶洲互联网创新集聚区	以"互联网+产业"的战略设计为出发点,致力于打造广州经济增长新引擎,重点培育亚太地区互联网总部经济,加快推进全球互联网投资首选地建设,进一步提高对国际互联网高端人才的吸引力度	
5	深圳空港新城	打造会展贸易、空港新城和现代服务等未来产业发展集聚区	深圳市四大核心平台
6	深圳高新区	建设世界级一流高新科技园区和国家级知识产权示范区	
7	深圳坂雪岗科技城	打造对接国际标准的科技研发新高地	
8	深圳国际生物谷	培育生物科技创新中心和世界级生物产业集聚基地	
9	东莞松山湖	打造国际化创新科技产业区	东莞市两大核心平台
10	东莞滨海湾新区	重点培育海洋产业和先进制造业	

二、跨城科创联动优势互补

粤港澳大湾区与世界其他湾区不同,它是一个多中心格局。香港、澳门与内地9市之间存在着差异,而差异造就了合作互补的可能性,通过联动城市之间的科技创新力量可以促进城市之间的良性分工和优势互补。

粤港澳三地在创新功能上有很强的互补性。广东人多地广、产业链完备、制造业发达、科研实力雄厚、政府决策力和执行力强。香港不仅科研实力强,人才储备充足,而且与国际接轨紧密,港澳科研机构可申报广东省的科技计划项目,项目的科研经费可得到主管部门的直接跨境拨付;港澳的各大院校和研究机构如需要广东设备,也可申请使用。澳门通过依靠 4 个国家重点实验室,逐步增强与大湾区其他城市的合作。当前,"广州—深圳—香港—澳门"科技创新走廊建设在持续推进,粤港澳大湾区创新资源正在不断集聚。

通过分析粤港澳大湾区主要四大中心城市和其他城市的协同程度,能够透析大湾区跨城科创联动优势互补的本质,下面以《粤港澳大湾区协同创新发展报告(2019)》的数据为基础,以跨城市专利合作比率表示城市协调程度,剖析近年来大湾区的跨科创联动优势互补成效。

广州与深圳协同合作最为密切,两地间跨城市专利合作比率高达 7.02%(图 7.5)。广州不仅教育资源丰富,科研实力也极为强大,而深圳高新科技企业集中,产业创新能力强,因此广深协同创新发展成效显著。广州和佛山方面,两地协同程度达 4.12%。近年来两地合作强度不断提升,产业协同发展格局已初步形成,"广佛同城"正在持续深化落实。

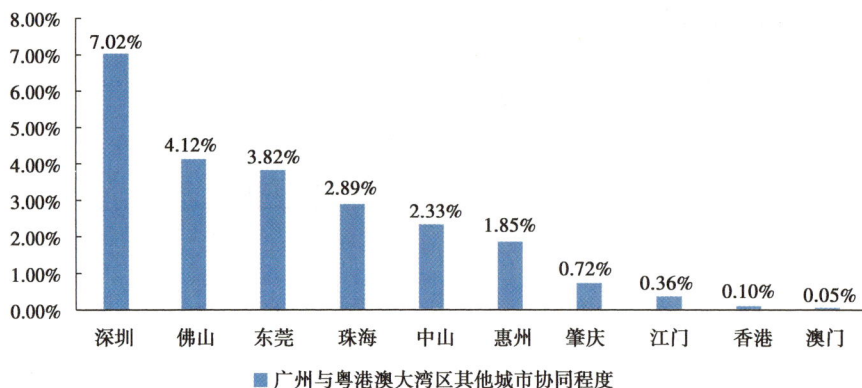

图 7.5　2018 年广州与粤港澳大湾区其他城市协同程度

资料来源:广州日报数据和数字化研究院(GDI 智库)。

深圳与东莞协同合作最为紧密,两地间跨城市专利合作比率达 5.83%(图 7.6)。深莞两地不仅地理距离较近,而且人文相近、产业互补,深莞融合在当前城市融合中起着模范作用,例如,在电子信息产业方面,深圳主要进行研发工作,东莞则负责制造环节,有望打造形成全球最完备高效的产业链。

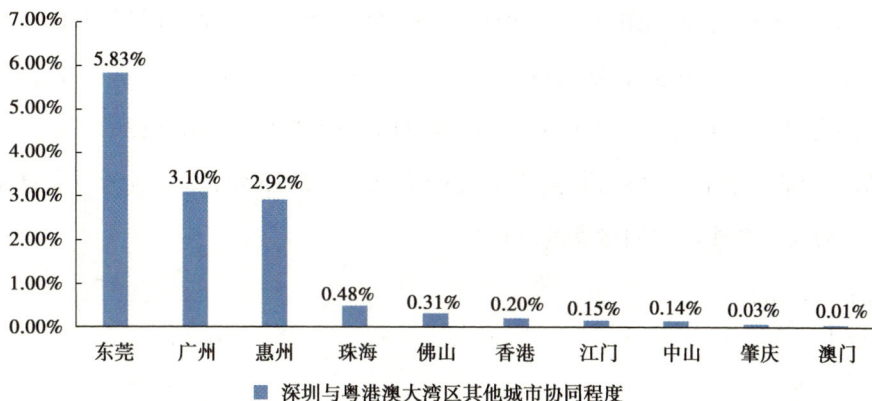

图 7.6　2018 年深圳与粤港澳大湾区其他城市协同程度

资料来源：广州日报数据和数字化研究院（GDI 智库）。

　　香港与深圳的跨城市专利合作比率高达 45.14%，远超其他城市（图 7.7）。香港科研资源丰富、国际化程度高，通过利用深圳的科技产业化优势，集聚全球创新资源。截至 2019 年，香港有 6 所高等院校在深圳建立了 72 个科研机构，转化成果及技术服务接近 300 项，粤港联合创新资助项目达 151 个①。

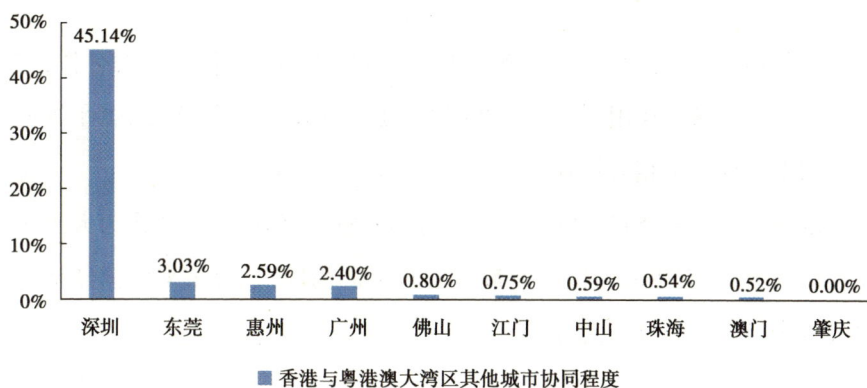

图 7.7　2018 年香港与粤港澳大湾区其他城市协同程度

资料来源：广州日报数据和数字化研究院（GDI 智库）。

① 数据来源：中国新闻网。

澳门与珠海的跨城市专利合作比率达 15%（图 7.8）。澳门和珠海由于地理、历史和文化等因素，长期保持着密切合作。澳门产业结构较为单一，以博彩业和旅游业为主的第三产业较发达，而珠海以现代制造业和高新技术产业为主的第二产业发展态势良好，与澳门形成产业互补。2015 年，珠海横琴自贸区成立，成为珠海和澳门协同发展的新窗口。

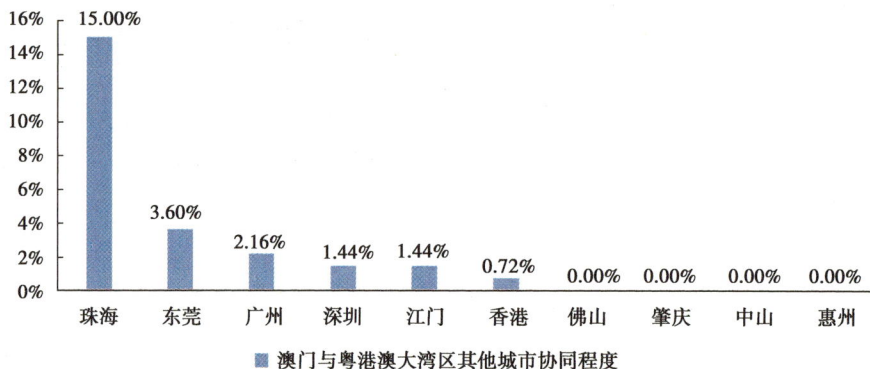

图 7.8　2018 年澳门与粤港澳大湾区其他城市协同程度

资料来源：广州日报数据和数字化研究院（GDI 智库）。

综上所述，广州、深圳与粤港澳大湾区所有城市均有不同程度的合作，广深在大湾区内中心城市作用明显。与此同时，澳门、佛山、香港、东莞、惠州等城市协同创新发展程度也相对较好。

粤港澳大湾区若能将各城市优势进行高效整合互补，并以此作为大湾区经济增长的动力，将有望成为世界上最有影响力的湾区，这对未来中国经济的高质量发展来说无疑具有重大意义。

三、产学研联盟提升创新能级

粤港澳大湾区充分利用院校在创新基础能力建设的支持作用，逐步推进产学研深度融合，对校企合作重大科技攻关平台建设进行重点加强。企业有多种创新合作对象，其中最主要的是和其他市场化机构进行创新合作，例如，与集团内其他企业,与产业链内的上游供应商、下游客户、同行业企业,以及第三方机构如咨询公司、风投机构等开展创新合作。其中最为常见的是与供应商、客户进行合作,三大城市群这一类合作占比均在30%以上。在三大城市群中,珠三角与这些市场化机构的合作比例最高。

在企业和高校、研发机构的合作(即产学研合作)方面,2018年京津冀、长三角、珠三角与高等学校合作的企业占合作创新企业的比重分别为30.9%、29.9%和25.4%,珠三角排名第二(表7.7)。

表 7.7　2018 年三大城市群创新合作开展情况对比

城市群		珠三角	京津冀	长三角
开展创新合作的机构数/个		21 778	9 604	50 664
合作机构类型及占比/%	集团内其他企业	27.6	36.6	26.5
	高等学校	25.4	30.9	29.9
	研究机构	13.6	20.1	16
	政府部门	8.2	12.4	9.4
	行业协会	20.7	18.4	19.4
	供应商	45.2	33.9	36.8
	客户	48.2	40	45.6
	同行业企业	18.1	15.4	15.3
	市场咨询机构	17	11.3	12.3
	风险投资机构	1.4	1	0.8
	其他	17	15	15.4

资料来源:《中国科技统计年鉴 2019》、粤开证券研究院。

此外,珠三角许多企业设立了研发机构,并将其作为自身技术研发和自主创新的平台,有利于集中创新资源,强化创新能力,也有助于科技成果的研发和转化。截至 2018 年,国内三大城市群规模以上工业企业创办的研发机构数量共 6.31 万家,占全国规上工业企业研发机构数量的 75.9%,其中京津冀、长三角、珠三角分别为 0.22、3.92、2.17 万家,广东、江苏的企业研发机构数量明显超过其他省市。

从世界其他三大湾区来看,东京湾区的产学研联盟效果最为显著,而与东京湾区相比,在教育资源的数量上,粤港澳大湾区高校分布密度虽然低于东京湾区,但粤港澳大湾区高校的质量高于东京湾区,世界排名前100的高校数量多于东京湾区。近年来,粤港澳大湾区内30余所高校整合资源,在深圳成立创业投资项目,服务大湾区内科技创新成果的落地转化。自2017年起,全国高校双创领军项目"南开好项目"携手北京大学深圳校友会、清华大学深圳校友会等30余所国内知名高校校友会,成立了"校友好项目"联盟,助力推动粤港澳大湾区产学研之间互联互通。

粤港澳大湾区产学研联盟以企业为主体、市场为导向、政产学研融合的技术创新体系,携手粤港澳企业、高校、科研院校共建协同创新和科技成果转化平台,将为建设粤港澳大湾区国际科技创新中心和创新型国家贡献科协力量。

四、科技创新链资源产业化迅猛

粤港澳大湾区产业链完整,产业齐全,科技创新链中端资源较为丰富。香港和广州的高等院校、科研院已在科技创新链前端积累了大量的技术和专利成果。通过测算2013—2018年粤港澳大湾区11个城市区域创新协同度(表7.8)[1],可以发现协同度总体呈现上升趋势。2018年,处于第一梯队的是广州、深圳、珠海、江门和香港,协同度在0.8以上;处于第二梯队的是惠州和澳门,协同度在0.5~0.75;处于第三梯队的是佛山、东莞、中山和肇庆,协同度在0.4以下。

---

① 吴泳成.技术创新链视角下粤港澳大湾区创新系统协同研究[J].山西农经,2020(10):26-27.

表 7.8　2013—2018 年粤港澳大湾区 11 个城市区域创新协同度

城市	2013 年	2014 年	2015 年	2016 年	2017 年	2018 年
广州	0.141	0.189	0.250	0.487	0.605	0.854
深圳	0.040	0.148	0.236	0.478	0.712	0.891
珠海	0.039	0.194	0.081	0.420	0.660	0.874
佛山	0.139	0.261	0.163	0.146	0.404	0.353
惠州	0.138	0.161	0.281	0.295	0.414	0.557
东莞	0.073	0.193	0.303	0.272	0.343	0.281
中山	0.065	0.137	0.276	0.394	0.595	0.391
江门	0.060	0.148	0.212	0.262	0.608	0.830
肇庆	0.169	0.120	0.238	0.358	0.283	0.258
香港	0.120	0.179	0.368	0.632	0.692	0.883
澳门	0.130	0.208	0.461	0.441	0.664	0.705

资料来源：广州日报数据和数字化研究院（GDI 智库）。

粤港澳大湾区区域创新协同度总体呈现上升趋势，侧面反映了其科技创新链资源产业化发展迅猛，链条式的发展能给大湾区带来翻倍的科技增长速度，中国经济快速发展未来可期。

第三节　不断壮大的高科技研发主体

支持企业提高创新能力是激发市场活力、增强发展后劲、推动高质量发展的重要抓手，而高新技术企业是大湾区引导科技创新和推动国际科技创新中心建设的主体。本节将从高端制造企业创新动能强大、金融科技企业赋能优势突出、智能信息企业发展快速、生物医疗企业集群优势明显 4 个方面阐述粤港澳大湾区高科技企业发展现状。

一、高端制造企业创新动能强大

粤港澳大湾区在高端制造领域的国际竞争力正逐步显现。在 2020 年财富中文网发布的"《财富》世界 500 强"榜单中,粤港澳大湾区有 21 家企业入围(表 7.9),比 2019 年增加 1 家,占比达中国入围企业的 15.79%,营业收入突破 1.33 万亿美元。其中深圳 8 家、广州 3 家、佛山 2 家、珠海 1 家;7 家企业总部位于香港。这 21 家大湾区企业相较 2019 年共有 14 家企业排名上升。其中中国平安保险、华为投资、华润、正威国际四家企业位列前 100 强;友邦保险上升最快,上升 138 位,位列第 250 名。新入榜的企业为深圳投资控股,位列第 442 名。

表 7.9　2020 年粤港澳大湾区入围世界 500 强企业

序号	企业名称	排名	序号	企业名称	排名
1	中国平安保险	21	12	联想集团	224
2	华为投资	49	13	招商局集团	235
3	华润	79	14	友邦保险	250
4	正威国际	91	15	雪松控股	296
5	南方电网	108	16	怡和集团	301
6	碧桂园	147	17	美的集团	307
7	恒大	152	18	长江和记	328
8	招商银行	189	19	太平保险	392
9	腾讯	197	20	格力电器	436
10	广汽集团	206	21	深圳投资控股	442
11	万科	208			

资料来源:2020 年《财富》世界 500 强排行榜。

整体来看,对比世界其他三大湾区,粤港澳大湾区入围企业排名提升幅度较大。粤港澳大湾区的世界 500 强企业在通信设备、计算机等高端领域的创新能力正逐步增强。与纽约湾区、旧金山湾区和东京湾区相比，粤港澳大湾区高端制造业增长表现较突出。根据《粤港澳大湾区人工智能与机器人产业发展报告》，粤港澳大湾区 AI 产业规模占全国总规模 30%以上。

当前，粤港澳大湾区入榜企业营业收入增长较快，战略性新兴产业占比较大，这说明大湾区在通信设备、计算机等高端制造领域的国际竞争力已经初步显现，将为中国促进科技创新、引领转型升级注入更强动力。

二、金融科技企业赋能优势突出

随着科技的不断进步，粤港澳大湾区在金融科技支持下，创新驱动发展迅猛。大湾区内聚集的高校也为金融提供了一定的人才支持，加上中国的互联网巨头 BATJ① 已经在深圳落户，金融科技引导的金融业态变革可能率先在粤港澳大湾区内发生。

在金融科技中心指数中，《2019 年大湾区金融科技报告：粤港澳大湾区金融科技分析与建议》显示，粤港澳大湾区位居第五；在 2018 年全球金融中心指数中，香港则排名第三，紧随纽约之后。近年来，香港、深圳等地的金融科技企业越来越多，表 7.10、表 7.11 和表 7.12 分别展现了部分香港、深圳以及粤港澳大湾区其他地区的精选金融科技企业，它们共同为大湾区的经济发展持续赋能。

表 7.10　香港部分代表性金融科技企业

名称	描述
Walab	为内地和香港小额消费提供在线移动贷款服务和信贷决策的服务提供商
8 证券	为亚洲零售客户提供 B2C 机器人理财和免费股票交易平台
BC 集团	旨在帮助客户利用区块链技术优势的区块链支付网络开发商

① BATJ 是指百度、阿里巴巴、腾讯、京东四大互联网巨头。

续表

名称	描述
Block.One	提供端到端解决方案,让企业享受区块链优势的开源软件发行商
CoverGo	为客户提供各种数字保险管理产品的应用程序开发商
亚盟金融 (FinEx Asia)	一个把亚洲投资者与高质量、低波动性资产类别(包括由机构投资者主导的美国消费贷款市场)联系起来的全球金融科技平台
FinFabrik	专助于为初创公司和成熟企业联系而提供资本市场金融科技解决方案的制造商
Miotech	为金融机构提供数据管理人工智能平台的金融科技企业
Neat	向亚洲未接受银行服务的人群和公司提供移动活期存款账户解决方案
Quantifeed	向亚洲金融机构提供网络理财解决方案的领先提供商

资料来源:香港金融科技协会。

表 7.11　深圳部分代表性金融科技企业

名称	描述
宜信	一家从事普惠金融和财富管理事业的中国领先金融科技企业
富途	为从事港股和美股交易的投资者提供各种服务
华为	向金融服务行业提供服务的企业,它提供一系列数字化解决方案,包括区块链、物联网、人工智能、大数据、移动货币、远程柜员机和开栈(Open Stack)软件定义基础架构和云计算,以支持开放式银行平台
慧择	与多家保险公司合作,在线提供广泛的保险产品
金斧子资本管理	为高净值人群提供服务的互联网财富管理公司
拎包游	向消费者提供网上预订国际旅游套餐,包括航班、酒店和观光游等,可按月分期付款
Linghui Technology	一家提供金融服务产品的公司,如共同基金、私募基金、股票、债券、货币基金和保险产品等
联易融 (Linklogis)	总部位于中国的供应链融资服务提供商

续表

名称	描述
你我金融	开发点对点(P2P)在线金融借贷移动应用的公司
平安	中国领先的保险公司,特别重视金融科技领域

资料来源:香港金融科技协会。

表 7.12　粤港澳大湾区其他地区金融科技企业

名称	地点	描述
团贷网	东莞	P2P 网贷平台运营商,向用户提供比传统储蓄率更高的投资回报率
超交易	广州	财务分析、投资工具、社交交易平台、TMT、交易平台
泛华	广州	O2O 金融服务提供商
广东网金	广州	为中国的银行和保险公司建立和运营在线金融平台
PPmoney	广州	在线理财平台开发商,旨在提供安全、高效、个性化的互联网金融服务
微信支付	广州	中国最大的移动即时通信网络——微信用户使用的在线支付网络
汇桔网	广州	侧重于知识产权的创业资源共享和交易平台开发商

资料来源:香港金融科技协会。

值得一提的是,香港作为国际金融中心,随着科技生态的逐步完善,其在带动粤港澳大湾区内其余城市的金融科技企业走向世界的过程中,发挥着更为重要的枢纽作用。粤港澳大湾区各城市金融科技企业得益于香港的融资优势,越来越视香港为最佳的融资场所。同时,粤港澳大湾区金融科技通过结合广深地区科创金融的发展与香港丰富的金融业态,有利于稳占亚太地区的领先地位,迎来更大的成长空间。深化粤港澳大湾区金融合作是中国参与和引领金融全球化的战略选择,粤港澳大湾区有条件成为促进中国与"一带一路"沿线国家经济共同发展的金融发动机，为中国建设世界金融强国、提高在国际金融体系中的战略地位做出更大的贡献。

三、智能信息企业发展快速

粤港澳大湾区是全球最有潜力的人工智能创新先行区，与其他湾区相比，粤港澳大湾区人工智能产业已经具备一定发展规模，其中广东省人工智能企业数量占中国的20.01%，排在全国第2位，有望引领智能产业革命，成为全球产业运营平台以及互联网时代先锋。2020年7月30日，中国移动香港有限公司联合大湾区5G产业联盟共同举办"5G技术新进展及应用"网上研讨会。多位业内人士指出，以5G通信基建、大数据中心、人工智能、工业互联网等为代表的新型基础设施建设日益崛起，5G作为"新基建"中一个重要领域，将在粤港澳大湾区信息化建设中发挥重要作用。大湾区5G产业联盟创会会长、中国移动香港有限公司董事兼行政总裁李帆风表示，粤港澳大湾区的制造业及第三产业产业链较为完整，加上大数据中心、人工智能等在该区域的蓬勃发展，使大湾区在发展自动驾驶、智慧工业、智慧港口、智慧金融等方面都具备了得天独厚的优势条件，十分适宜建构富有活力的5G产能生态链。

盘点大湾区的人工智能公司，既有华为、腾讯和华大基因这样的巨头，也集合了当前国内AI领域半数以上的"独角兽"，如商汤科技、大疆创新、优必选、碳云智能、云从科技、图普科技、小马智行、小鹏汽车等；技术领域覆盖了机器学习、计算机视觉、机器人、无人机、智能语音、生物识别、自动驾驶等。

粤港澳大湾区有6 000多万人口的庞大高价值数据库（人工智能应用的关键）、港深穗三城的强大金融实力、实力雄厚的企业和研究所输出的大量顶尖人工智能科学家、日趋完善的产业布局和供应链、极度活跃的科技创新环境，并且具有通过政府扶持和强大资金后盾来推动人工智能发展的切实意愿。正因为看好粤港澳大湾区的发展，创新工场才在深圳设立了办公室，并在广州落户智能投资基金。

深圳是中国的创新高地,全国有 1/10 的人工智能企业选择在深圳落户,越来越多的人工智能新技术在深圳得到应用。深圳市优特普技术有限公司成立于 2005 年,专注安防物联网传输,近年来,推出了"网电速联"新一代智能联网以及供电等解决方案。云天励飞作为深圳人工智能产业的积极建设者,目前已经拥有超过 1 300 项的自主知识产权,超 900 件专利(含申请中),其中发明专利占比超 80%。

粤港澳大湾区智能信息企业的快速发展,将加速大湾区产业升级,助力中国经济高质量发展。

四、生物医疗企业集群优势明显

近年来,粤港澳大湾区生物医药产业发展迅猛,《纲要》将生物医药写为重点培育产业之一。相关机构数据显示,2018 年深圳、广州生物医药产业经济实力分别排全国第 3 位和第 4 位,凸显了粤港澳大湾区在全国生物医药产业方面的经济实力①。

2019 年,超过一半的粤港澳大湾区医疗健康企业集聚在广深两地,其中位于深圳的企业共有 154 家,位于广州的有 128 家(表 7.13),且从近两年趋势来看,大湾区服务类医疗企业仍有巨大的发展空间。

表 7.13　2018 年 353 家粤港澳大湾区医疗健康企业分布情况

城市	深圳	广州	珠海	东莞	佛山	中山	香港	江门	惠州
医疗健康企业数量/家	154	128	20	17	11	8	7	6	2

资料来源:亿欧大健康。

粤港澳大湾区医疗企业数量整体呈上升趋势。2004 年、2010 年和 2015 年

---

① 数据来源:中国生物工程学会和火石研究院。

大湾区医疗健康企业出现井喷式增长(图 7.9),主要是因为中国处于产业改革的关键期,在这段时期发布了大量的产业政策,为医疗产业提出了许多指导性意见。

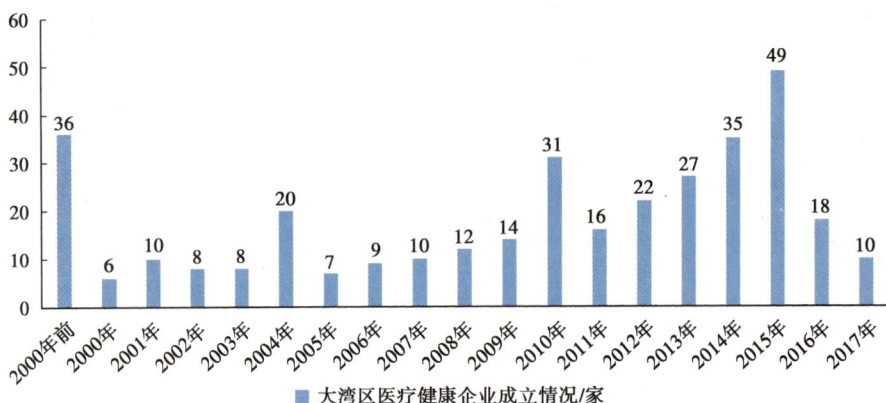

图 7.9　2000—2017 年粤港澳大湾区医疗健康企业成立情况

资料来源:亿欧大健康。

注:2018 年后统计不完全,故未纳入此范围。

　　当前,粤港澳大湾区广州、深圳等主要城市已在区域内形成了生物医药产业聚集。广州有科学城、广州国际生物岛等;珠海有金湾生物医药基地等;中山有中山国家健康科技产业基地等聚集群。其中,广州的产业聚集较为突出。近年来,广州在医药产业领域形成了"三中心多区域"的产业发展格局,其中三中心是指广州科学城、广州国际生物岛、中新广州知识城;辐射区则包括白云生物医药园区、番禺生物医药基地和从化生物医药基地等。"作为粤港澳地区生物医药产业园代表性项目之一,依靠大湾区的国际化窗口打造差异化服务的园区",中新国际智慧产业园总经理王苗介绍,中新广州知识城作为中国和新加坡国家级双边合作的标杆项目,不仅可为医药企业提供创新空间、专业的孵化器和技术平台,良好的营商环境和政策支持也将为医药企业在融资、市场拓展、国际合作等方面提供保障。

　　珠海则着力推进粤澳合作横琴中医药科技产业园、金湾生物医药产业园、富山生物医药产业园和唐家湾医疗器械研发产业基地的建设,努力打造区域性新药创制中心、全国一流的生物医药产业基地和全球生物医药资源新型配置中心。中山的生物医药企业目前主要集聚在中山国家健康科技产业基地、南朗镇华南现代中医药城和翠亨新区生物医药科技园三大园区。其中,中山国家健康科技产业基地是具有国际影响力的健康产业综合园区,于 1994 年由科技部、广东省政府和中山市政府联合创办,是中国首个按国际认可的 GLP、GMP 和 GSP 标准建设的国家级健康产业园区。

　　全国层面来看,粤港澳大湾区产业基础雄厚,创新能力突出,且坐拥广深等生物医药产业集聚城市,其生物医药产业在全国处于举足轻重的地位,创新能力方面,四项指标位于全国第一,两项指标位于全国第二(表 7.14)。

表 7.14　2018 年国内不同区域企业创新能力相关指标排名对比

	长三角地区	环渤海地区	珠三角 9 市	成渝地区
发明专利申请数量／件	2	1	3	4
药物临床试验数量／项	1	2	4	3
CDE 药品受理总数／项	1	2	4	3
上市药品数量／种	3	1	4	2
上市二、三类医疗器械数量／件	2	1	3	4
高层次人才数量／人	3	2	4	1

资料来源:火石创造数据库。

　　中国经济发展水平正在不断提高,医疗水平也在持续进步,人们对医疗水平提出了较高的要求,而粤港澳大湾区生物医药企业的迅速发展在推动中国经济发展的同时,能进一步满足中国人民的医疗需求。

第四节　加速崛起的新兴产业

创新是新兴产业崛起的内生动力,而新兴产业的崛起能够促进创新成果的生成,粤港澳大湾区新兴产业的崛起给其建设国际科技创新中心带来源源不断的动能。本节将从汽车产业、信息产业、生物医药产业、高端装备制造业和节能环保产业5个方面阐述粤港澳大湾区新兴产业的崛起。

一、汽车产业布局提速升级

粤港澳大湾区已建成中国规模最大的汽车产业集群,汽车产业在广东省占有十分重要的地位。广东省统计局数据显示,截至2018年,广东省规模以上汽车制造业企业有833家,同比增长7.4%,共生产了322.04万辆汽车,占全国汽车产量的11.5%。粤港澳大湾区内汽车产业链完整,品牌林立,如广州的广汽传祺、广汽本田、广汽丰田、东风日产等,深圳的比亚迪、长安标致雪铁龙,佛山的一汽大众等。近年来,随着经济发展方式转变,粤港澳大湾区正在加大力度支持传统汽车产业谋求自主转型升级,并加快抢占汽车产业创新高地,其中新能源汽车是其重点发展的新方向。广东省统计局数据显示,2019年上半年,广东新能源汽车产量同比增长184.2%,远超全国新能源汽车增幅。

同时,粤港澳大湾区汽车产业上下游产业链完备,呈现出较为完善的产业体系,涵盖电池、电机、电控、其他零部件以及关键材料等环节。粤港澳大湾区一直重视新能源汽车产业的布局,其产业集群在大湾区内初显规模优势,已形成以广州、深圳、佛山三地为核心的整车制造核心集聚区,以及以东莞、中山、惠州、肇庆等地区为支撑的关键零部件及配套生产基地,从而实现了区域间汽车产业协作发展的局面。《广东省人民政府关于培育发展战略性支柱产业集群和战略性新兴产业集群的意见》也明确提出,传统汽车和新能源汽车要共同发展,打造有全球影响力的产业集群。粤港澳大湾区汽车产业的提速升级，能够迅速形成产业集群效应，将实现大湾区创新、绿色、低碳的发展模式，助力先进制造业的高质量发展，有利于中国汽车产业发展迈上新征程。

二、信息产业发展驶入"快车道"

粤港澳大湾区内各城市电子信息产业门类齐全，城市间差异发展格局初步呈现。广东省统计局数据显示，广东电子信息产业产值 4.31 万亿元，增加值约 9 000 亿元，占全省工业的 29.4%，连续 29 年居全国第一，占全国电子信息制造业比例超过 1/3。在 2019 年公布的中国电子信息产业百强企业中，广东省以 24 家名列第一，远超第二名省份的 13 家，其中不乏华为、TCL、中兴通讯等全国领先企业。据统计，在大湾区珠三角 9 市中，有大数据产业园 20 个，主要集中在物联网、云计算、大数据等新一代信息技术产业（表 7.15）。近年来，粤港澳大湾区电子信息制造业为提高其核心竞争力，不断在研发创新等方面发力，逐步走向高质量发展。

表 7.15　珠三角 9 市省级大数据产业园（截至 2018 年）

广州（5）	广州开发区大数据产业园（首批）
	广东移动大数据创业创新孵化园（首批）
	广州增城大数据产业园（第二批）
	独角兽牧场
	天河大数据产业园（第二批）
深圳（2）	深圳特别合作区大数据产业园（首批）
	腾讯大数据众创空间项目
佛山（3）	广东省健康医疗大数据产业园（首批）
	佛山市南海区大数据产业园（首批）
	广东福能大数据产业园（首批）

续表

东莞(4)	中科云智大数据创业创新孵化园(首批)
	东莞市松山湖光大 We 谷产业园
	东莞市松山湖［省级生态园(第二批)］
	东莞市高盛科技园(第二批)
珠海(2)	欧比特地理信息产业大数据创业创新孵化园(第二批)
	珠海智慧产业园(第三批)
中山(3)	中山美居智能制造大数据产业园(首批)
	金通星海孵化园(首批)
	中山市火炬大数据产业园(首批)
惠州(1)	惠州潼湖生态智慧区大数据产业园(第二批)
江门(1)	江门市"珠西数谷"省级大数据产业园(首批)
肇庆(1)	肇庆大数据云服务产业园(首批)

资料来源:中商产业研究院。

粤港澳大湾区信息产业不仅具有规模优势,在人工智能、5G 等电子信息新兴领域更在全球具有领先地位。《2018 年全球创新指数报告》显示,深圳—香港地区在全球"最佳科技集群"中排第二,仅次于东京—横滨地区。

横琴新区国际互联网数据专用通道开通后,中国拥有了互联网国际出入口局的直连高速通道,粤港澳大湾区信息产业发展从此驶入了"快车道"。当前中国正面临产业转型,而信息化对于制造业转型升级的重要性不言而喻。信息化是提高企业研发、生产和经营管理水平的有效手段,也是中国经济发展动能从"旧动能"到"新动能"的转变。粤港澳大湾区的信息产业作为全国领先乃至世界领先的产业,正在快速发展驶入"快车道",这也意味着中国信息产业正在逐渐步入正轨,走向世界。

三、生物医药产业将迎来飞速发展时代

粤港澳大湾区是中国生物医药产业聚集的重要区域。为推进生物医药产

业发展,广东省依照《"十三五"生物产业发展规划》,出台了《广东省战略性新兴产业发展"十三五"规划》,旨在推动广东生物医药快速发展,加快创新技术发展步伐。粤港澳大湾区建设的不断推进,将使其生物医药产业迎来飞速发展时代。

深圳和广州生物医药产业快速发展,生物医药一直是广东省多个城市发展的重心。深圳和广州分别是第一批和第二批国家生物产业基地。一直以来,深圳非常重视对生物医药产业的培育。截至 2019 年,深圳医药制造业总产值达 337.81 亿元,增长 13.3%,在全国处于第一梯队。近年来出台的《深圳市促进生物医药产业集聚发展的指导意见》《深圳市生物医药产业集聚发展实施方案(2020—2025 年)》《深圳市生物医药产业发展行动计划(2020—2025 年)》以及《深圳市促进生物医药产业集聚发展的若干措施》等一系列前瞻性指导文件,更是为深圳生物医药产业未来的发展铺平了政策道路。而在生物医药产业同为全国第一梯队的广州,其医药制造业多年保持在 10% 左右的增速,在 2019 年其医药制造业产值更是高达约 346 亿元,与深圳共同成为大湾区医药制造业核心城市。另外珠海、佛山、中山的医药制造业产值均超 100 亿元。截至 2019 年,大湾区内在 A 股、新三板、港股上市的生物医药公司分别为 36 家、25 家和 53 家,涵盖医疗器械、化学制药以及中药等。

生物医药产业是如今世界上发展迅速的新兴高技术产业,具有先导性和战略性,且极富活力,粤港澳大湾区生物产业的飞速发展,给中国经济可持续发展带来了重大机遇。

四、高端装备制造业构筑高质量发展新支撑

制造业是粤港澳大湾区经济发展的压舱石,加上粤港澳大湾区"9+2"城市群分工明确,优势互补,这有助于建成具有国际竞争力的高端装备制造业基地。相比纽约湾区以金融、航运、计算机为主的产业经济,旧金山湾区以电子、互联

网、生物为主的产业经济,东京湾区以装备制造、钢铁、化工、物流精密仪器等为主的产业经济,粤港澳大湾区的产业经济以金融、航运、电子信息、互联网产业为主,同时推动高端装备制造、生物技术、新一代信息技术、新材料等发展壮大为新支柱产业。广东装备制造业有庞大的市场需求,涉及的领域众多,包括机器人、轨道交通等。珠江西岸是广东装备制造业的高度集聚区,随着粤港澳大湾区的建设,珠江西岸高端装备制造业将迎来更好的发展,同时这也为粤港澳大湾区的高质量发展提供重要支撑。其中,珠海和佛山是珠江西岸的先进装备制造产业带龙头,佛山深入开展制造业转型升级综合改革试点,深圳和东莞则拥有具有全球影响力的电子信息先进制造业产业集群。

五、节能环保产业铸就循环经济新引擎

粤港澳大湾区节能环保产业发展情况良好,其中,珠三角地区是中国的节能环保产业聚集区,其产值占广东环保产业的 90%,为大湾区生态文明建设起到了强有力的技术支撑作用。

近年来,中国发布了《"十三五"节能环保产业发展规划》《打赢蓝天保卫战三年行动计划》等一系列相关政策,多管齐下,为达标或高水平节能环保企业提供电价补贴、减费减税、政府采购等支持,促进了节能环保产业市场的进一步释放,为节能环保产业发展保驾护航。同时,粤港澳大湾区也对节能环保产业提供了多方面的政策支持,较为典型的政策有《广东省人民政府办公厅关于促进节能环保产业发展的意见》《深圳节能环保产业振兴发展规划(2014—2020年)》。同时,广东省还支持建设"广东省绿色技术科技协同创新中心""环保中小企业公共技术服务平台"等企业服务组织,从不同层面加大对节能环保产业的支持力度。得益于近几年国家和省出台的环保政策,广东节能环保产业发展态势良好。广东省环境保护产业协会调查显示,2018 年广东 223 家环保企业的

营业收入为 264 亿元,其中拥有新技术新产品的企业年营收增长率可高达约 20%①。

在粤港澳大湾区的建设中,随着经济的不断发展,资源能源约束趋紧,环境污染压力逐渐增大,人口红利逐步减退,大湾区内环保节能产业为循环经济铸就新引擎。

8

产业融合：
粤港澳大湾区现代产业体系构建

改革开放40多年来,粤港澳三地优势互补,广东借助港澳产业转移的契机,利用自身区位优势以及丰富的劳动、土地和资本等要素资源,在产业经济上取得了显著成就。但自2008年金融危机后,粤港澳三地面临着国际形势的巨大变化,承载着国内高质量发展的紧迫要求。具体地,由于发达国家的"再工业化"的实施以及发展中国家低成本优势彰显,珠三角地区产业发展优势相对减弱;在大湾区内部,珠三角地区劳动、土地和资本等要素价格也处于上升期,粗放式增长模式已不可持续。与此同时,深圳、广州等核心城市在先进制造业和现代服务业领域不断深入拓展,智能制造和新型生产方式也将给粤港澳大湾区的产业经济带来极大冲击,原有的产业分工模式与合作方式亟待转变。因此,《纲要》指出,要充分发挥大湾区不同城市产业优势,推进产业协同发展,粤港澳三地必须构建具有国际竞争力的现代产业体系。粤港澳三地目前已经在协调机制、互联互通、制度衔接等方面取得了重大突破,产业优势互补能力凸显,空间协作能力也在逐步增强。粤港澳大湾区正在努力通过构建现代产业体系,进行大湾区内各大城市的产业融合,加速向全球价值链高端迈进。本章将从都市农业体系建设、先进制造业体系建设、现代服务业体系建设、产业协同发展四方面阐述当前粤港澳大湾区在现代产业体系建设中先行先试所取得的成就。

第一节 都市农业体系建设

都市农业作为现代农业的一种,是城市可持续规划设计的重要策略,是在适应现代化都市生存与发展需要中形成的。由于其可以将不同阶层、不同性别、不同年龄的人聚合在一起,因此极具包容性。当今时代,农业功能呈现多样化趋势,不仅具有原始的食品生产与保障功能,还拥有农民就业与社会保障功能、社会稳定与社会调节功能、国家安全功能(不仅包括粮食安全,还包括食品安全与食物主权等)、生态环境功能、文化教育功能等。世界各大湾区的经验也表明,都市农业虽不是城市层面大宗消费的主要来源,却可以满足居民休闲和教育需求,是城市生态涵养、安全食品生产的重要渠道。例如,农业在日本东京被称为"后花园",都市居民可在"后花园"获得时令蔬菜以及欣赏花卉和苗木等。不仅如此,日本还建立了都市田园学校和学校农园等,这为学生、市民体验农业、了解农业、亲近自然提供了重要场所。可见,农业的发展对于城市的宜居宜业起着重要的作用。粤港澳大湾区拥有汇集全球各种先进要素的都市圈,都市农业在自身发展的同时能够为大湾区带来巨大活力,无论是在开展区域合作抑或是打造优质城市群生活圈方面都具有极其重要的作用[1],因此粤港澳大湾区的都市农业体系建设具有必要性,以下将从都市农业体系初步形成、乡村振兴战略成效显著和农业全要素生产率不断提升三方面对当前粤港澳大湾区都市农业发展状况进行一个较为全面的描述。

一、都市农业体系初步形成

都市农业是集生产性、生活性和生态性于一体的现代化高效益农业,是未来农业发展的重要方向。作为全方位开放、强竞争力的地区,粤港澳大湾区的都市农业是高融合、多功能、绝对安全的"母亲产业",可以在产品、技术、资金、人才、地域等方面与大湾区各个城市融为一体,对城市生态环境具有保育功能,是大湾区城市中不可或缺的部分,在大湾区的开放循环经济中可以与其他产业形成产业的互促与融合。粤港澳大湾区内的居民消费水平较高,且城市的城市化水平和工业化水平也达到了一定的水平,因此大湾区内现代都市农业体系的建设有着天然优势。

都市农业分为四种模式,分别为生产基地模式、休闲观光模式、农业科普模式和综合服务模式。生产基地模式以种养生产为主,为都市提供各类生鲜农副产品,满足人民的物质生活需求,例如,由广州农业农村局牵头建立的粤港澳大湾区"菜篮子"平台自 2019 年 9 月 28 日启用至 2020 年 6 月止,已聚集全国 86

---

① 周灿芳,梁俊芬,黄红星.粤港澳大湾区都市农业建设分析[J].科技管理研究,2020,40(6):121-127.

个地级以上城市加入合作共建行列,形成了规模化的农业生产链和流通体系,通过该平台认定的粤港澳"菜篮子"生产基地已多达702个,农产品加工企业有69家,其中大多数生产基地和产品加工企业都来自广东。休闲观光模式则主要利用农业资源、农业景观、农业生产活动,满足人民群众的观光、休闲、体验、旅游需求。为落实乡村振兴战略,近年来广东通过财政奖补、金融支持等方面给予倾斜扶持,大力发展"农业+"乡村休闲新业态,促进广东全域旅游高质量发展。2013—2019年,广东农业农村厅、省文化和旅游厅联合分七批检测并认定了合计347个"广东省休闲农业与乡村旅游示范点",以期通过发挥典型示范带动作用,培育都市农业新业态、新动能,推动粤港澳大湾区休闲观光农业与乡村旅游融合向高水平发展。农业科普模式则利用都市经济实力、科技基础、人才优势,进行农业研发、示范推广和科普教育。统计显示,截至2019年,在广东省科协和广东省科技厅认定的234个"省级科普教育基地"中,农业主题的占比较大,是广东科普教育中的一大亮点。这些基地,结合当地特色农业或农业科研单位的资源优势,打造了一批集农业生态旅游、科普教育、拓展训练、休闲养生于一体的国家或省级科普教育基地。综合服务模式是多功能的综合性发展模式。例如,广州市白云区人和镇的镇湖村集农耕体验、华侨文化和美食文化于一体,以"农耕文化+文旅产业融合"的方式,打造乡村旅游新名片。

　　综合以上四种发展模式,目前,珠三角地区的农业已经成为新鲜安全农产品供应、城市生态涵养、居民休闲教育的"城市之肺"。

　　香港同样可在都市农业建设中的现代金融方面发挥重要作用,粤港澳大湾区在深化金融合作的过程中,可充分利用香港国际金融中心的地位,用好广东省农业供给侧结构性改革基金,吸引全球资本投资,进一步拓宽农业融资渠道,推动农业经济稳步增长。澳门可在都市农业建设中的旅游方面(休闲观光)发挥重要作用。例如,港澳合作有利于广东打造"粤港澳世界级旅游休闲湾区"。"乡村旅游"被广东省视为发展全域旅游的重点,这与澳门世界旅游休闲中心的定位相符,粤港澳三地合作将给乡村振兴战略带来持续活力。开展休闲旅游业不仅可为大湾区提供高质量的生态、生活空间,更可以进一步共建大湾区优质生活圈。

二、乡村振兴战略成效显著

2017年10月18日,习近平同志在十九大报告中指出,"三农"问题是全党工作的重中之重,关乎国计民生,因此乡村振兴战略极为重要。在乡村振兴战略和粤港澳大湾区发展战略背景下,发展符合国际的一流湾区和世界级城市群的都市农业,不仅是乡村振兴的重要任务,也有利于粤港澳大湾区生态文明的建设,现代都市农业的发展新机遇也在粤港澳大湾区建设中有所显现。

与世界其他湾区相比,粤港澳大湾区农业基础较好,有4000多万的农村人口和广阔的农村腹地。同时,由于居民生活质量的提高,人们对农村原生态环境越来越感兴趣,休闲农业、乡村旅游正成为人们的消费热点,这为粤港澳大湾区建设宜居、宜业、宜游的优质生活圈提供了重要支撑。此外,由于粤港澳大湾区汇集了全球先进要素,大湾区都市农业将利用大湾区所特有的优势,在全球农业价值链"微笑曲线"两端享受附加值,推动广东的乡村振兴战略的实施,促进都市农业发展,服务大湾区的建设。

近年来,粤港澳大湾区乡村振兴战略发展战略正在持续实施。政策方面,珠三角各地乡村振兴政策陆续出炉,携手大湾区城乡融合发展。广东省人民政府办公厅印发《农业农村部 广东省人民政府共同推进广东乡村振兴战略实施2019年度工作要点》,主要包括创建广州国家现代农业产业科技创新中心、加快补齐基础设施和公共服务短板、推进粤港澳大湾区农业建设、推进农村人居环境整治、探索共同推进乡村振兴战略实施合作机制等,以推动形成区域协调发展、城乡融合的乡村振兴战略规划体系。产业方面,广东主要农业县基本都建设有省级现代农业产业园,并形成了国家、省、市现代农业产业园梯次发展格局,2018年、2019年和2020年连续3年,广东以75亿元财政资金,扶持粤东西北地区建设150个省级现代农业产业园,珠三角地区也自筹资金建设若干省级现代农业产业园①。

此外,粤港澳大湾区"菜篮子"建设是粤港澳大湾区和乡村振兴协同推进的典范,此次建设的定位是立足广州、辐射内地、服务湾区和联结泛珠,构建起以广州作为枢纽的"菜篮子"和流通服务体系,为粤港澳大湾区市场提供更多优质的农产品,使居民拥有获得感。自粤港澳大湾区"菜篮子"工程启动以来,大湾区"菜篮子"配送中心网络体系坚持"买全球、卖全球"的宗旨,这种消费升级为粤北冷链物流发展提供了新动力。截至 2020 年,共认定的粤港澳大湾区"菜篮子"生产基地(第七批)有 154 个,辐射遍布 14 个省和自治区(表 8.1),为中国现代农业注入新动力。其中广州作为"菜篮子"的枢纽城市,在广东省 2018 年度推进乡村振兴战略实绩考核工作情况中,在珠三角片区中排名第一。

表 8.1　粤港澳大湾区"菜篮子"生产基地(第七批)认定按区域分布

序号	省及自治区	认定生产基地数
1	湖南省	65
2	广东省	28
3	山东省	22
4	贵州省	7
5	广西壮族自治区	6
6	江西省	5
7	陕西省	5
8	四川省	4
9	新疆维吾尔自治区	3
10	云南省	3
11	甘肃省	2

① 数据来源:广东省农业农村厅。

续表

序号	省及自治区	认定生产基地数
12	湖北省	2
13	河北省	1
14	内蒙古自治区	1
合计		157

三、农业全要素生产率不断提升

改革开放40多年来,广东农业取得了巨大成就,为中国经济增长提供了重要因素来源。但新形势下中国农业发展面临新的挑战,人多地少且自然灾害频发,而前期的化肥、农药和农膜等过度使用也导致环境恶化,资源要素投入型增长变得越来越不可取,农业增长动能持续衰减,这对农业发展提出了高质量发展要求。党的十九大报告强调:"以供给侧结构性改革为主线,推动经济发展质量变革、效率变革、动力变革,提高全要素生产率。"2019年,中央一号文件也强调,要强化创新驱动发展,推动农业农村绿色发展,推进农业由增产导向转向提质导向,围绕"巩固、增强、提升、畅通"深化农业供给侧结构性改革。这些报告和文件都要求进一步提高农业全要素生产率从而促进农业增长。农业全要素生产率的提高,有利于提升市场使用农产品的供给质量,从而大幅减少化肥农药的使用,推动生态文明建设,拉动大湾区现代农业高质量发展,从而有利于推动粤港澳大湾区都市农业体系的建设。

广州和深圳在粤港澳大湾区都市农业体系建设中都起着很大的作用。广州具有农业种质资源优势,正在积极筹建广州国际种业中心。2016年,广州种业市场占全省种业市场份额的83%,种子种苗进出口贸易额占全国的六成以上[①]。位于广州的种业集聚中心和华南地区重要种子集散地在全国享有盛誉。深圳主要发展现代农业生物育种产业，在基础研究、技术研究等方面衔接紧密，逐步形成完整的产业链，正在逐渐形成一个"种业硅谷"，并取得较为突出的成果。香港方面，精耕细作是其本土农业发展方式，即生产小规模密集的蔬菜及禽畜生产。香港约有 2 400 个农场，其中有约 4 300 个农民和工人[②]。农业政策方面，香港奉行自由市场的政策原则。一般情况下，社会资源由市场决定，政府不做干预。政府的职责只是提供基础设施和技术支持服务，推进发展现代化、生产效率高以及安全环保的农业。澳门方面，澳门一直是广东农产品出口的良好平台。粤港澳三地持续进行稳定的农业经济贸易合作，对推动粤港澳三地的社会稳定和经济发展提供了极大的帮助。

四、海洋经济发展规模平稳增长

海洋经济因其具有天然的开放性和国际性特征，一直被认为是高度外向型的经济类型。这一特征对于拥有超长海岸线、面向宽阔的南海海域及东南亚区域、同样具有高度外向型的粤港澳大湾区经济极其契合。因此，促进海洋经济发展，特别是促进粤港澳三地海洋产业合作，对粤港澳大湾区发展具有重要战略意义。

1.广东的海洋经济发展

广东省拥有超长海岸线，全省海洋生产总值超过 80 010 亿元，比 2016 年的 64 669 亿元增长了 23.65%，年均增速 5.91%，连续 26 年居全国首位，占沿海地区生产总值的 14.9%。其中第一产业增加值为 3 896 亿元，占海洋生产总值的 4.9%；第二产业增加值为 26 741 亿元，占海洋生产总值的 33.4%；第三产业增加值为 49 373 亿元，占海洋生产总值的 61.7%（表 8.2）。

---

① 广州市社会科学院.广州农村发展报告（2017）［M］.北京:社会科学文献出版社,2017.
② 数据来源:香港特别行政区政府统计处。

表 8.2　2020 年主要海洋产业发展情况

海洋产业	总值/亿元	占海洋生产总值比例/%
海洋渔业	4 712	5.89
海洋油气业	1 494	1.87
海洋矿业	190	0.24
海洋盐业	33	0.04
海洋化工业	532	0.66
海洋生物医药业	451	0.56
海洋电力业	237	0.30
海水利用业	19	0.02
海洋船舶工业	1 147	1.43
海洋工程建筑业	1 190	1.49
海洋交通运输业	5 711	7.14
滨海旅游业	13 924	17.40
海洋科研教育管理服务业	23 313	29.14

资料来源:自然资源部海洋战略规划与经济司.2020 年中国海洋经济统计公报[R/OL].(2021-03-31)

[2021-04-05].中华人民共和国自然资源部官网.

从发展情况来看,广东省海洋经济已成为广东省经济发展的全新动力源泉。

2.香港的海洋经济发展

香港海洋经济以航运服务业为主。2014 年,香港在海上运输业货运总量达到历史峰值 197.3 百万吨,随后受全球经济萎缩及政局影响出现持续下降的态势。但整体而言,在现代的基础设施建设和先进的港口服务支撑下,香港的海上运输一直保持活跃,香港也一度是全球货物吞吐量最大的港口之一。

3.澳门的海洋经济发展

和香港类似,澳门的海上运输及仓储业是其海洋经济的主要产业,且以中转服务为主。但和香港以接收内地对外转口贸易而形成活跃的港口经济有所不同,澳门的转口运输以接收从香港转口到澳门的商品为主,且体量较少。2019 年,澳门港口货物吞吐量仅为 13.3 万个 TEU(标箱),不足广州港 2 283 万个 TEU 的 6‰。

第二节 先进制造业体系建设

《纲要》指出要加快发展先进制造业。粤港澳大湾区除具备大量高新技术产业外,还拥有诸多不同的传统制造业,这为人工智能、工业互联网、新一代信息技术等先进技术与传统制造业结合奠定了基础,为粤港澳大湾区先进制造业的发展提供了空间。促进传统制造业向先进制造业转型升级是当前大湾区产业发展的主要任务。电子信息产业或将成为粤港澳大湾区深化经贸、技术创新、投融资合作的产业高地,集成电路、物联网、平板显示、5G 等领域将率先突破关键技术,实现转型升级,本节将从粤港澳制造业发展概况、创新驱动制造业发展和先进制造业等战略性产业集群发展态势良好三方面,对目前粤港澳大湾区先进制造业做一个较为全面的描述。

一、粤港澳制造业发展概况

当前,粤港澳大湾区正逐步推进先进制造业的整体实力,先进制造业体系建设已经初见成效。近年来,粤港澳大湾区开办各种展览会,体现了先进制造业的持续发展,其中粤港澳先进制造业展览会的定位是"国际化、专业化、黑科技盛会",助力粤港澳先进制造业的发展。而在广州的广交会展馆,有国内外知名企业同场竞技,通过"会""展"及"系列活动",为全球先进制造产业相关行业国内外的知名专家、学者、企业家组织、企业搭建集产业盛会、前沿展示、交流研讨、先进制造体验于一体的交流合作平台,引领粤港澳大湾区先进制造业深度参与国际合作。

总体来看,粤港澳大湾区工业增加值年均增长率达 5.1%,2020 年(不含香港),粤港澳大湾区工业增加值比 2015 年(不含香港)高了 4 697.84 亿元,达28 377.95亿元。粤港澳大湾区工业主要集中在广东,其中,深圳占比最高,2020年其工业经济总量占大湾区(不含香港)的 31.47%,其次是佛山和广州,分别占大湾区的 17.35% 和 16.12%(表 8.3)。

表 8.3　2015—2020 年粤港澳大湾区分地区规上工业增加值

地区	2015 年	2016 年	2017 年	2018 年	2019 年	2020 年
广州	4 535.25	4 387.90	4 131.02	4 209.48	4 324.08	4 575.68
深圳	6 426.39	7 108.87	8 022.73	8 290.54	8 893.21	8 932.56
珠海	916.94	1 022.86	1 139.37	1 190.46	1 206.38	1 200.56
佛山	4 364.33	4 671.23	4 335.33	4 569.02	4 874.23	4 924.88
惠州	1 617.38	1 763.69	1 850.49	1 630.40	1 654.17	1 645.54
东莞	2 611.96	2 968.16	3 618.19	394.38	4 192.78	4 145.65
中山	1 281.05	1 319.96	1 073.72	1 127.44	1 140.09	1 176.19
江门	965.74	1 065.80	991.68	1 060.78	1 008.60	1 068.19
肇庆	961.07	921.14	605.68	656.83	668.90	708.70
香港	493.04	524.25	539.57	533.20	—	—
合计	24 173.15	25 753.86	26 307.78	28 202.49	27 962.44	28 377.95

资料来源:广东各年统计年鉴、香港特别行政区政府统计处。

注:本表数据工业增加值为规模以上工业增加值,其中,香港工业增加值总量采用香港地区生产总值(以基本价格计算)中的制造业、电力燃气和自来水供应业及废弃物管理行业的合计数,原始单位为港币,用年平均汇率折算成人民币,澳门工业产值非常小,这里忽略不计。

就粤港澳大湾区内部而言,各城市先进制造业的发展状况有所不同。香港方面,主要发展地产业和金融业之类的服务业,以此实现产业升级。2018 年,香港服务业增加值占 GDP 的比例为 88.8%,而制造业占 GDP 比例仅有 1.0%。澳门方面,随着本地劳动力等生产要素的价格优势不再,澳门也将劳动密集型制造业向内地转移,转向发展第三产业,如旅游业、博彩业、会展业等。服务业是澳门经济发展的支柱,澳门劳动密集型制造业向内地转移,推动了珠三角地区的制造业实现优化升级。广州方面,大力发展汽车制造、化学制品等技术密集型制造业;深圳方面,发展计算机和通信设备制造、电气制造等技术密集型制造业。2018 年珠三角地区工业增加值为 27 669 亿元,占 GDP 的比重为 34.1%,其中制造业增加值为 25 460 亿元,占 GDP 的比重为 31.4%。随着制造业转型升级,珠三角地区正逐渐从"中国制造"向"中国智造"转变,制造业也逐渐从重点发展传统制造业转向重点发展先进制造业。

二、创新驱动制造业发展

加快发展先进制造业是建设现代化经济体系的重要支撑,而创新是引领发展的第一动力,其不仅是粤港澳大湾区建设国际科技创新中心的战略支撑,也是大湾区高质量发展的必由路径,要建设自主可控的先进制造业体系,推动关键核心技术取得重大突破与创新势在必行。

粤港澳大湾区创新驱动发展能力持续提高。2020 年,珠三角地区规模以上工业企业 R&D(Research and Development)经费投入占规模以上工业增加值的 6.99%,其中有 R&D 活动的企业 R&D 经费投入为 2 618.48 亿元,占比高达 88.39%,说明企业是粤港澳大湾区创新的主要主体。按各市科研情况来看,深圳无论是在 R&D 经费投入还是科研产出方面均独占鳌头,居于 9 市之首,表现出强劲的创新驱动发展态势(表 8.4)。

表 8.4　2018 年珠三角 9 市工业经济创新主要指标

地区	R&D 经费投入/亿元	R&D 人员数/人	有 R&D 活动的企业经费投入/亿元	发明专利申请量/个	发明专利授权量/个
广州	677.74	99 979	433.38	46 643	12 221
深圳	1 328.28	302 042	1 267.99	82 852	26 051
珠海	108.31	34 234	104.74	14 251	3 327
佛山	287.41	92 022	276.68	16 887	4 582
惠州	109.35	56 291	104.35	4 852	1 592
东莞	289.96	124 459	275.17	20 290	8 006
中山	65.37	31 176	64.36	5 548	1 476
江门	71.06	33 170	67.86	3 055	647
肇庆	24.87	10 640	23.95	1 653	309
合计	2 962.35	784 013	2 618.48	196 031	58 211

资料来源:广东省统计局,国家统计局广东调查总队.广东统计年鉴 2018［M］.北京:中国统计出版社,2018.

注:本表数据为规模以上工业企业数据。

从新兴产业来看,粤港澳大湾区已经形成大规模的高技术制造业,高新技术制造产业产值不断增加,战略性新兴产业发展迅猛。2020 年,珠三角 9 市先进制造业增加值为 16 786.11 亿元,其中高技术制造业增加值为 9 937.51 亿元(表 8.5)。

表 8.5　2020 年粤港澳大湾区分地区高新技术发展情况

地区	先进制造业增加值/亿元	高技术制造业增加值/亿元
广州	2 733.59	710.46
深圳	6 475.65	5 904.84
珠海	698.99	370.47

续表

地区	先进制造业增加值/亿元	高技术制造业增加值/亿元
佛山	2 472.96	313.21
惠州	1 057.10	720.85
东莞	2 108.35	1 569.62
中山	579.43	185.56
江门	420.50	126.35
肇庆	239.54	66.15
珠三角合计	16 786.11	9 967.51

资料来源：广东省统计局，国家统计局广东调查总队.广东统计年鉴 2020［M］.北京：中国统计出版社，2020.

注：本表数据为规模以上工业企业数据。

根据广东省统计局发布的《粤港澳大湾区工业经济创新驱动发展研究》来观测珠三角创新驱动发展综合情况。通过 2013—2018 年珠三角各市的创新驱动发展指数，可以看出企业各部分发展情况对创新驱动的贡献度。整体来看，珠三角 2018 年的工业经济创新驱动发展指数为 56.09，其中企业研发机构贡献度较高，为 15.86 分；其次是企业研发，为 12.42 分。从各指标发展速度来看，2013—2018 年，珠三角工业经济创新驱动综合指数提高了 35.87 分；尤以企业研究机构情况指数上升程度最多，提高了 11.86 分（表 8.6）。

表 8.6 2013—2018 年珠三角工业经济创新驱动发展指数

年份	企业研发人员情况	企业研发投入情况	企业研发产出情况	企业研发机构情况	企业技术改造情况	企业创新环境	综合指数
2013	3.00	4.00	4.00	4.00	2.00	3.21	20.21
2014	3.32	4.43	4.31	4.44	2.78	3.16	22.45
2015	3.26	5.04	6.24	5.71	4.55	4.63	29.44

续表

年份	企业研发人员情况	企业研发投入情况	企业研发产出情况	企业研发机构情况	企业技术改造情况	企业创新环境	综合指数
2016	3.87	5.50	8.88	8.64	6.29	5.87	39.06
2017	5.57	7.29	10.54	13.46	7.83	6.51	51.19
2018	6.93	7.65	12.42	15.86	6.41	6.82	56.09
2018 年比2013 年提高的比例/%	3.93	3.65	8.42	11.86	4.41	3.61	35.87

资料来源:工业交通统计处.粤港澳大湾区工业经济创新驱动发展研究[R/OL].(2020-01-06)[2021-03-10].广东统计信息网.

分地区来看,珠三角各市工业经济创新驱动发展存在较大差异,从总体情况来看,2018 年,深圳综合指数为 89.55 分,发展情况最佳,东莞 2018 年比 2013 年提高了 30.54 分,增幅最大(表 8.7)。

表 8.7　2013—2018 年珠三角各市工业经济创新驱动发展综合指数

	2013 年	2014 年	2015 年	2016 年	2017 年	2018 年
广州	37.25	38.40	44.16	50.20	58.74	59.70
深圳	59.43	59.17	65.53	74.54	80.76	89.55
珠海	43.11	45.32	49.50	55.06	61.74	70.59
佛山	37.91	39.89	41.12	46.15	58.99	59.78
惠州	32.31	34.16	37.30	42.46	48.27	48.81
东莞	30.81	34.17	39.56	46.49	51.49	61.35
中山	38.65	40.15	42.43	46.97	58.19	50.52
江门	28.34	28.10	29.53	32.24	41.51	41.64
肇庆	21.44	21.85	23.73	27.12	31.43	31.54

资料来源:工业交通统计处.粤港澳大湾区工业经济创新驱动发展研究[R/OL].(2020-01-06)[2021-03-10].广东统计信息网.

粤港澳大湾区在科创技术、科创企业和创新载体等方面也具有创新驱动的持续动能。科创技术（专利）方面，2014—2018 年，粤港澳大湾区的发明专利总量（含香港）呈现逐年上升趋势，由 103 610 件增加至 330 832 件，增长 219.31%，年增幅呈现波动态势。从年均增长率来看，这 5 年来，粤港澳大湾区发明专利总量年均增幅高达 33.68%，整体呈稳步上升趋势（图 8.1）。

图 8.1　2014—2018 年粤港澳大湾区发明专利总量

资料来源：香港金融科技协会。

科创企业方面，国际科技创新中心是粤港澳大湾区重要的战略定位，其科创板储备企业较多，而中小企业是科技创新的重要主体。粤港澳大湾区 9 市的新三板公司近 1 500 家，超过全国新三板公司总数的 14%，是中小创新企业最为活跃的地区。粤港澳大湾区将科创板视作推动本地科技创新企业发展的重大平台，符合科创板上市条件的企业数量众多，它们将是科创板后备企业的生力军。随着《纲要》的出台及各级地方政府具体实施细则的落地，大湾区企业抓紧机遇，用科创板平台为企业发展助力。此外，无冕财经联合主办的 2020 年度GBA50（粤港澳大湾区最具创新力公司 50）于 2020 年发布，腾讯排名第一。"腾讯连接一切"的宗旨使腾讯坚定地自我进化，帮助其在社交、金融、娱乐、资讯、工具、平台等领域全面开花，腾讯市值超 5 万亿港元，企业实力雄厚。华为排名第二,其研发模式是研发推动创新、创新成就价值、创新成就华为。排名第三的比亚迪近十几年来致力转型,成功地搭上新能源交通发展的快车,利用自身的电池技术优势,将电池、电机优势巧妙应用在交通工具上。此外,中国科学技术部部长王志刚于 2020 年 10 月 21 日指出,科技部现在已经和香港、澳门、广东省、深圳市以及科技界、产业界等在一起,就科技创新形成一个顶层设计,并且会逐渐制定粤港澳大湾区科技创新规划,建设对科技人员集聚有益的平台,加强科技基础设施建设,为大湾区科技创新提供好的政策法律和文化社会环境,这将极大地推动中国深入实施创新驱动发展战略,加快建设创新型国家。

创新载体方面,2018 年,大湾区坐拥 43 个国家重点实验室,8 个国家级高新园区,16 个 863 基地,例如,港深创新及科技园、中新广州知识城等重大创新载体,可以有效利用吸收各种内外资,有利于大湾区创新型产业与技术的研究和开发。同时,粤港澳大湾区拥有 200 多所大学,包括香港大学、澳门大学、香港中文大学、中山大学等众多顶级高校,其中多家高校与制造业企业共同努力打造广深科技走廊上的十大创新平台,腾讯也将搭建政产学研用交流沟通合作平台,与大湾区的高校携手打造世界级高等教育集群,为大湾区科技创新资源集聚提供有力支持。

创新是粤港澳大湾区先进制造业体系建设重要支撑,也是中国经济高质量发展的必由路径,随着创新动能的逐渐加强,中国经济将迈上新的阶梯。

三、先进制造业等战略性产业集群发展态势良好

《纲要》指出,要在粤港澳大湾区打造电子信息等世界级先进制造业产业集群。粤港澳大湾区格外注重先进制造业产业的发展,制造业的创新升级和高端发展也是大湾区建设的关键。

近年来,粤港澳大湾区先进制造业稳步发展,工业经济逐渐走向高端化,其中以广东最为突出。数据显示,广东规模以上先进制造业企业数量从 2012 年的 13 378 家增加到 2019 年的 32 997 家,增长了 1.47 倍;由于企业数量的快速

增多,广东规模以上先进制造业工业增加值占比也在不断提高,从 2012 年的 48.1%提高到了 2019 年的 56.3%①,从侧面反映了粤港澳大湾区先进制造业产业集群的发展态势良好。广东各制造业强市也在建设先进制造业产业集群上不断发力。广州方面,有 7 个产业集群参与 2020 年中国先进制造业集群竞赛②;东莞方面,争取到 2022 年培育出 3~5 个产值超千亿和 1 个产值超万亿的世界级先进制造业产业集群③;深圳方面,协同东莞、惠州共同打造电子信息、人工智能等世界级先进制造业产业集群;江门方面,则加快培育千亿产业集群。

此外,粤港澳大湾区通过建立产业联盟、举行工博会和展览会、发布政策等方式促进先进制造业产业集群的发展。在产业联盟方面,2018 年,粤港澳先进制造业产业联盟由 20 余家行业协会联合发起成立,旨在提升大湾区先进制造业的国际影响力。在工博会、展览会方面,为加快培育粤港澳大湾区世界级先进制造业集群,2019 年,广东工博会、粤港澳先进制造业展览会如期举行,为全球先进制造产业的专家学者和企业家提供了交流的平台。展出期间,近 100 个成功案例和解决方案以及 1 000 多种展品第一次在广东亮相④,为粤港澳大湾区先进制造业产业集群的发展提供了思路。在政策方面,2020 年 5 月 20 日,广东省人民政府发布《关于培育发展战略性支柱产业集群和战略性新兴产业集群的意见》,意图扩大产业集群,提升广东经济竞争力,并将此作为广东现代产业体系建设的主要内容。

以上两大产业集群合计,广东战略性产业集群于 2019 年全部营收达 16.5 万亿元,极大地促进了广东省经济的发展,是粤港澳大湾区重要的经济引擎,也是广东对产业集群进行先行性规划的成果。截至 2020 年,战略性产业集群包括新一代电子信息产业集群、绿色石化产业集群、智能家电产业集群等 20 个产

---

① 数据来源:广东省统计局。
② 数据来源:广州市工业和信息化局。
③ 东莞市人民政府.重磅!《东莞市建设广东省制造业供给侧结构性改革创新实验区实施方案》印发 [EB/OL].(2020-03-12)[2021-01-10].东莞市人民政府官网.
④ 数据来源:广东国际工业博览会。

业集群的总规模为 16.5 万亿元,其中支柱产业集群规模为 15 万亿元,新兴产业集群为 1.5 万亿元,这些产业集群能够基本涵盖中国关键产业和广东优势产业,广东如果能够打通生产、消费等各个环节,将对广东经济发展提供重要的支撑。战略性支柱产业集群方面,广东的战略性支柱产业集群具有坚实发展基础和增长趋势,2019 年,营业收入合计达 15 万亿元,给广东经济提供了重要支撑。战略性新兴产业则是指以重大技术突破和重大发展需求为基础、对经济社会全局和长远发展具有重大引领作用、成长潜力巨大的产业,具有附加值高、前瞻性强、增长潜力大、战略意义突出、技术先进、产业带动强等特征。2019 年,广东十大战略性新兴产业集群营业收入合计达 1.5 万亿元,产业集聚效应逐步显现,增长潜力巨大,引领带动广东经济持续发展。由于不同区域发展特点不同,各个产业集群形成了不同的核心发展区域。

第三节　现代服务业体系建设

《纲要》指出,要加快发展现代服务业,构建错位发展、优势互补、协作配套的现代服务业体系,加快发展现代服务业是粤港澳大湾区现代产业体系建设的关键。从全球著名大湾区的产业演变规律看,发达湾区经济发展的普遍路径是于港口贸易起步,利用临港工业成长,通过现代服务业壮大。抓住现代服务业"牛鼻子"、建设服务经济是粤港澳大湾区做大做强的重要途径。随着粤港澳大湾区的发展,其公共社会服务业的发展也会取得较大的进展。以下将从现代服务业发展现状、服务业数字化发展和区域旅游一体化三方面,对当前粤港澳大湾区现代服务业发展情况进行较为全面的描述。

一、现代服务业发展现状

总体而言,粤港澳大湾区服务经济发展总体规模位居全国前列。2018 年,粤港澳大湾区第三产业增加值为 7.35 万亿元,人均增加值超 10 万元,在中国三大城市群中居于第 2 位。当前,服务经济已经成为粤港澳大湾区的主要引擎(表 8.8)。

经过多年发展,除澳门外,香港、广州、深圳三大城市的服务经济是粤港澳大湾区经济发展的重要引擎。从服务经济来看,香港服务经济增加值比重超过 90%,2018 年广州及深圳服务经济增加值比重分别为 71.6%和 60.9%,仅次于港澳地区,服务经济已成为这 4 个城市的主要经济形态。

表 8.8　2011 年及 2019 年珠三角 9 市服务业发展情况对比表

区域	地区生产总值/亿元		服务业增加值/亿元		服务业增加值比重/%	
	2011 年	2019 年	2011 年	2019 年	2011 年	2019 年
广州	12 562	23 628	7 694	16 923	61.3	71.6
深圳	11 807	26 927	6 187	16 406	52.4	60.9
珠海	1 431	3 435	610	1 849	42.6	53.8
佛山	6 260	10 751	2 225	4 549	35.5	42.3
惠州	2 116	4 177	766	1 802	36.2	43.1
东莞	4 815	9 482	2 343	4 092	48.7	43.2
中山	2 227	3 101	912	1 516	40.9	48.9
江门	1 846	3 146	695	1 539	37.7	48.9
肇庆	1 337	2 248	514	937	38.4	41.7
珠三角 9 市合计	44 402	86 895	21 946	49 617	49.4	57.1
广东省合计	53 909	107 671	24 560	59 773	45.6	55.5

资料来源:广东省统计局,国家统计局广东调查总队.广东统计年鉴 2019[M].北京:中国统计出版社,2019.

从粤港澳大湾区内部来看,粤港澳大湾区产业结构不断优化,服务业发展迅速,第二产业占比逐年下降,第三产业占比逐年提高。其中广州、深圳和珠海的第三产业占比最高,在 2019 年分别达 71.62%、60.93%和 53.80%(表 8.9)。

表 8.9 2015 年、2018 年和 2019 年粤港澳大湾区各城市三大产业占比

地区	2015 年			2018 年			2019 年		
	第一产业占比/%	第二产业占比/%	第三产业占比/%	第一产业占比/%	第二产业占比/%	第三产业占比/%	第一产业占比/%	第二产业占比/%	第三产业占比/%
广州	1.26	31.97	66.77	0.98	27.27	71.75	1.06	27.32	71.62
深圳	0.03	41.17	58.80	0.09	41.13	58.78	0.09	38.98	60.93
珠海	2.30	49.68	48.02	1.70	45.10	53.20	1.70	44.50	53.80
佛山	1.70	60.46	37.84	1.45	56.50	42.04	1.50	56.20	42.30
江门	7.80	48.15	44.05	6.70	44.30	49.00	8.10	43.00	48.90
肇庆	14.66	49.19	36.15	15.80	35.18	49.02	17.10	17.10	41.70
惠州	4.81	54.99	40.21	4.29	52.68	43.03	4.90	4.90	43.20
东莞	0.33	46.26	53.41	0.30	56.20	43.50	0.30	0.30	43.20
中山	20.28	54.22	43.50	2.10	50.40	47.50	2.00	2.00	48.90
香港	0.10	7.20	92.70	0.10	6.80	93.10			
澳门	—	7.80	92.20		4.20	95.80			
珠三角9市	1.80	43.60	54.61	1.54	41.79	56.66	1.64	41.26	57.10
广东省	4.59	44.79	40.61	3.94	41.83	54.23	4.04	40.44	55.51
全国	8.39	40.84	50.77	7.04	39.69	53.27	7.11	38.97	53.92

资料来源:梦梦说投资.粤港澳大湾区系列研究之二——区域内 GDP 规模与增长情况[EB/OL].(2020-04-25)[2021-01-10].百家号网.

从全国角度来看,粤港澳大湾区服务业发展速度在全国来说也具有比较优势。表8.10和表8.11反映了2011年及2018年粤港澳大湾区服务经济发展情况,可看出粤港澳大湾区2018年服务业增加值比重为68.2%,远高于全国(含港澳地区)的53.3%,2018年粤港澳大湾区第三产业比重为68.41%,远高于长

江三角洲城市群的 55.92% 以及京津冀经济圈的 61.33%。但从世界范围来看，相比世界其他湾区，粤港澳大湾区的服务经济发展方面仍有较大差距，但由于其人力资本充足，服务业有香港和澳门支撑，加上珠三角地区部分城市已经进入由服务业推动的发展阶段。总体来说，粤港澳大湾区现代服务业的总体规模在全国来说也很高。

表 8.10 2011 年及 2018 年粤港澳大湾区服务经济发展情况

区域	地区生产总值/亿元		服务业增加值/亿元		服务业增加值比重/%	
	2011 年	2018 年	2011 年	2018 年	2011 年	2018 年
珠三角 9 市合计	44 402	81 049	21 946	48 738	49.4	60.1
香港	15 709	24 001	14 375	22 177	93.1	92.4
澳门	2 205	3 603	1 424	3 419	95.9	94.9
粤港澳大湾区合计	62 315	108 653	37 745	74 334	60.6	68.2
全国（含港澳地区）	491 018	927 913	221 004	495 171	45.0	53.3
粤港澳大湾区占全国（含港澳地区）比重	12.7%	11.7%	17.1%	14.9%	15.6%	14.9%

资料来源：国家统计局、广东省统计局、香港特别行政区政府统计处、澳门特别行政区政府统计暨普查局。

表 8.11 2018 年中国三大经济圈第三产业发展情况对比表

类别	面积/万平方千米	人口/亿人	GDP/万亿元	第三产业增加值/万亿元	第三产业占GDP 比重/%
粤港澳大湾区合计	5.60	0.71	10.87	7.43	68.41
全国占比	0.58%	5.07%	11.71%	15.01%	15.05%*
长江三角洲城市群	11.08	1.12	14.91	8.34	55.92

续表

类别	面积 /万平方千米	人口 /亿人	GDP /万亿元	第三产业增加值 /万亿元	第三产业占 GDP 比重/%
全国占比	1.15%	8.01%	16.07%	16.84%	2.56%*
京津冀经济圈	21.71	1.13	8.51	5.22	61.33
全国(含港澳地区)	963.52	14.04	92.79	49.52	53.36
全国占比	2.25%	8.03%	9.18%	10.55%	7.97%*

资料来源:国家统计局、广东省统计局、香港特别行政区政府统计处、澳门特别行政区政府统计暨普查局。

注:长江三角洲城市群为狭义的 16 个城市,包括上海、江苏省的南京、苏州、无锡、南通、泰州、扬州、镇江、常州以及浙江省的杭州、嘉兴、绍兴、湖州、宁波、台州、舟山,不包括《长江三角洲城市群发展规划》中新增加的盐城、金华、合肥、芜湖、滁州、马鞍山、铜陵、池州、安庆、宣城 10 个城市。带"*"数据为该区域服务业增加值占比与全国(含港澳地区)平均水平的差额。

二、服务业数字化发展

近年来,粤港澳大湾区的科研创新能力不断提升,有效地推进了大湾区内服务业数字化的发展,其中尤以华为和腾讯为典型,它们作为龙头企业,对大湾区内的信息技术服务带动力极强。此外,当前中国对于服务业数字化的政策红利不断释放,诸如大数据和人工智能等新兴技术的创新应用加快,华为和腾讯等龙头企业积极拓宽产业生态,服务业数字化发展迅猛。

与中国其他城市群相比,粤港澳大湾区由于具有庞大的需求市场、大量的技术企业以及多项扶持的政策,服务业数字化蕴含着巨大的发展机遇,主要体现在 3 个方面。一是基础通信需求方面,大规模的基础设施投资,能带来极大的基础通信需求。粤港澳大湾区拥有三大极点、四大中心城市和 7 个重要节点城市,同时拥有快速交通网络、港口群和机场群,这些都是通信需求的基础。二是企业通信需求方面，粤港澳大湾区拥有大量在建和筹建的先进制造业基地，并且在持续投资战略性新兴产业和高新技术产业，这极大地扩大了企业通信需求，也会带来高科技企业的涌现。三是个人通信需求方面，粤港澳大湾区高学历人才占比正在不断上升，各城市人流、物流和资金流的加速融合，通信消费支出及其增长水平将不断增高。

就粤港澳大湾区内部而言，粤港澳大湾区信息技术服务业的发展主要集中在香港、广州、深圳。广东近年来信息技术服务业发展迅速，2018 年累计信息技术服务业收入达 5 967 亿元，同比增长 22.3%，高于全国的 17.6%，而广州和深圳占广东信息技术服务业收入的 96% 以上。《2020 粤港澳数字大湾区融合创新发展报告》显示，珠三角 9 市数字经济指数呈现出明显的"两核多梯次"分布体系。在数字经济指数中，深圳居首，并与广州共同组成第一梯队，广深两城的数字经济发展总得分均超过 80 分，东莞、佛山和珠海三地得分超过 50 分。

当前，广东积极发展信息基础设施，建设了一批信息技术产业和应用集聚区，服务业信息化的发展已成为广东软件产业发展的内生动力，这为广东经济高质量发展提供了重要支撑，同时也为中国经济高质量发展铸就了新力量。

三、区域旅游一体化

当前，在经济全球化加速和"一带一路"倡议持续深化落实的背景下，区域旅游一体化发展将成为粤港澳发展的必然选择，而《纲要》提出，要将粤港澳大湾区打造成"宜居、宜业、宜游的优质生活圈"，这将进一步使粤港澳大湾区旅游迈向一体化发展。随着港珠澳大桥和广深港高铁的开通，一小时生活圈已在大湾区建成，加上粤港澳大湾区是中国最大的旅游客源地和出境旅游客源地，旅游市场庞大、旅游需求旺盛，三地共同发展旅游事业，前景可期。粤港澳大湾区正在努力创建粤港澳大湾区全域旅游示范区。由于旅游业具有涉及面广和产业链长等特点，可以带动上下游 30 余个产业的发展，因此，粤港澳大湾区旅游一体化能够推动粤港澳大湾区实现经济一体化。

　　粤港澳大湾区,旅游资源丰富(表8.12),各具特色。香港不仅是国际金融中心,而且是"购物天堂",有完善的交通运输体系、优质的餐饮及酒店服务、独特的文化、宽松适度的入境政策,是国际上重要的休闲旅游目的地。澳门博彩业发达,是国际著名旅游目的地。广东海洋资源、温泉资源和美食等资源丰富,其中珠三角9市作为中国对外开放程度最高的区域之一,其旅游总收入、旅游外汇收入、接待外国过夜游客人数等指标的比重占整个广东省的90%。

　　早在1993年,粤港澳三地的旅游部门便已经成立粤港澳旅游推广机构,不断在旅游领域展开更深入的协作。"一程多站"的旅游路线就是近年来三地旅游合作的产物,其以整合三地旅游资源、实现优势互补为目的,已成为粤港澳大湾区内旅游合作的重要方式和主要内容。

　　粤港澳大湾区内交通设施正逐步全方位通达,大湾区旅游也在变得更加便利。港珠澳大桥、深中通道、广深港高铁等多项大型交通基建项目将给大湾区的旅游注入源源不断的活力。其中,港珠澳大桥通车后,将香港、珠海和澳门的时空距离由3个多小时缩短到30分钟,粤港澳三地旅游资源的差异性,为三地的旅游发展提供了合作空间。澳门旅游局则表示,澳门将加速促进与珠三角地区的旅游产业融合和资源互补。广东也要求加快建设粤港澳大湾区世界级旅游区,制定《粤港澳大湾区旅游专项行动计划》,积极推进旅游共建共治共享,完善旅游公共服务体系,助推滨海旅游公路和环南岭旅游公路建设。

表 8.12　粤港澳大湾区各城市旅游经济发展特色总结

旅游资源群	代表性旅游资源	旅游发展特色
香港—深圳—东莞—惠州	迪士尼、海洋公园、南丫岛、太平山顶、世界之窗、华侨城、大梅沙旅游区、下坝放假、银屏山、观澜湖高尔夫球会、客家文化、古村、大亚湾	国际化都市旅游主题公园游、商务综合游、村落文化旅游、海滨休闲旅游
广州—佛山—肇庆	长隆旅游区、羊城八景、广州塔、番禺莲花山旅游区、西樵山风景名胜区、星湖风景名胜区、鼎湖山	综合都市旅游、历史文化旅游、生态旅游

续表

旅游资源群	代表性旅游资源	旅游发展特色
澳门—珠海—中山—江门	大三巴、威尼斯人、历史城市、情侣路、外伶仃岛、东澳岛、横琴旅游区、孙中山故居、深湾磨刀岛、碉楼、古镇、温泉	博彩娱乐旅游、海岛休闲旅游、游艇休闲旅游、历史村落旅游

资料来源：根据公开资料整理所得。

当前，粤港澳大湾区的旅游合作正在不断深化，大湾区内城市之间旅游业的互动与合作将推动把粤港澳大湾区打造成世界级旅游目的地。

第四节 产业协同发展

近年来，随着粤港澳大湾区产业经济效益不断提升，粤港澳三地基础设施建设不断完善，产业协同发展条件日趋成熟，贸易、交流、合作等日益频繁，相互之间的产业经济发展差距进一步缩小，产业发展呈现出新形态、新趋势。

粤港澳大湾区产业协同发展可以促进区域内各要素合理配置，高效整合资源，加强内地与港澳的交流合作，进而提升区域产业竞争力，成为推动中国区域经济发展的新动能[1]。加强粤港澳大湾区内产业协同发展，有利于提高粤港澳大湾区产业核心竞争力，推动大湾区全面开放新格局的形成[2]。产业协同发展不仅仅是粤港澳大湾区经济社会发展的基础，对于加快城镇化进程、促进城市协同发展也具有重要意义。大湾区内9市2区通过产业协同能更好地拓展区域经济功能，发挥各自营商环境优势，使港澳更好地融入改革开放进程，助力大湾区解决经济结构转型问题，增强共同对抗外部市场风险能力。对珠三角、京津冀和长三角三大城市群的产业协同发展综合效率进行测度后发现，珠三角产

---

① 张羽，蹇令香，苾淑婧.粤港澳大湾区产业的协同发展[J].大连海事大学学报，2019，45（3）：24-31.
② 邓文华.粤港澳大湾区产业协同发展的问题与对策研究[J].物流工程与管理，2020，42（5）：128，147-148.

业协作的综合效率为 68.7%,高于长三角的 55.5% 以及京津冀的 61.8%[①]。其中,深圳市的综合效率最高,为 1.00,这得益于毗邻香港的特殊地理位置和其作为经济特区本身的开放政策。广州和珠海的综合效率也较高,均超过 0.95,广州是珠三角的中心城市,综合实力较强,而珠海是中国较早的 4 个经济特区之一,区位优越性使其产业协同发展效率较高。

粤港澳大湾区产业协同综合效率较高,不过,随着粤港澳大湾区上升为中国战略,珠三角地区制造业的发展面临新的机遇与挑战,各城市之间竞争格局加剧,产业同构现象凸显[②]。表 8.13 展示了粤港澳大湾区各城市的发展特点。从大湾区内部来看,珠三角地区产业基础较为雄厚,产业结构以战略性新兴产业为先导,以先进制造业和现代服务业为主体。香港和澳门服务业发达,特别是在金融服务、博彩等方面,在大湾区内具有绝对优势。而珠三角 9 市与香港、澳门在主导产业抑或优势产业之间均存在明显的差异,大湾区产业互补以及长期的合作发展,使大湾区内各城市产业结构互补性强,加上三地长期的合作发展,为大湾区培育利益共享的产业链、实现产业协同发展打下了良好的基础。

表 8.13　粤港澳大湾区各城市发展支柱产业

地区	支柱产业
香港	金融、贸易及物流、专业服务和旅游
澳门	博彩旅游、出口加工、建筑地产、金融
广州	汽车制造、电子产品制造、石油化工
深圳	高新技术、金融、物流、文化
珠海	家用电器、电子信息、石油化工、电力能源、生物医药、精密机械制造
佛山	陶瓷、纺织、家用电器、电子信息、塑料

① 安树伟,闫程莉.沿海三大城市群产业协作效果评价与比较[J].河北学刊,2017,37(5):144-150.
② 眭文娟,张昱,王大卫.粤港澳大湾区产业协同的发展现状——以珠三角 9 市制造业为例[J].城市观察,2018(5):24-30.

续表

地区	支柱产业
肇庆	先进装备、电子信息
中山	电子信息、电气机械、金属制品、纺织服装、化工
江门	机电、纺织服装、电子信息、食品、造纸及纸制品、建材
东莞	电子信息、电气机械及设备、纺织服装鞋帽、造纸及纸制品、食品饮料加工
惠州	电子信息、石油化工

资料来源：香港特别行政区政府统计处、澳门特别行政区政府统计暨普查局、珠三角各市统计局。

一、产业融合与产业链延伸

粤港澳大湾区产业融合发展不仅是中国区域经济产业高质量创新发展的新基点，而且是中国全面构建产业协同发展机制的重要举措①。从世界其他湾区的经验来看，湾区各大城市通过产业融合，发挥各自资源禀赋优势，形成合理高效的产业分工体系，最终推动所在湾区迈向世界级。

粤港澳大湾区产业融合发展具备了较强的经济合作基础。改革开放以来，粤港澳三地形成了"前店后厂"的经济发展模式，在项目交流和产业合作等方面拥有一定的经济整合经验，能够有效地推动粤港澳大湾区产业融合。加上粤港澳三地居民在创业、旅游等方面的巨大努力，也营造了粤港澳大湾区产业协同发展的良好内外部环境。此外，深圳、广州、东莞等珠三角城市跟香港、澳门在经济关系、科技合作上较为密切，具备了产业进一步融合的基础，大湾区城市可以在无人机、电子信息和新的产业业态等方面加强合作，在研发、生产、制造、营销等环节进行更大范围的空间布局，实现"9+2>11"效应。

---

① 肖卓霖.粤港澳大湾区协同发展视角下产业融合发展机制探讨[J].清远职业技术学院学报,2020,13(4):29-33.

当前,生产性服务业是粤港澳大湾区第二、三产业加速融合的关键环节,能有效推动产业转型升级,粤港澳大湾区生产性服务业与制造业的融合也是促进中国与沿线国家深化经贸关系的重要途径①。2014 年,国务院印发《关于加快发展生产性服务业促进产业结构调整升级的指导意见》,吸引了一大批粤港澳大湾区制造业企业利用新技术向产业链的上下游服务延伸拓展,使粤港澳大湾区生产性服务业与制造业深入融合发展的态势更为凸显。澳门方面,2019 年11 月 1 日,粤港澳大湾区产业链研究院在澳门成立,为澳门开拓发展空间,优化粤港澳大湾区产业结构,从而为产业融合提供了更多的发展机会。粤港澳大湾区在加速产业融合的同时,也在大力推进大湾区内产业链的补链、强链、控链工作。广东方面,正在围绕重点产业、重点企业的产业链、供应链,依托广东重大产业集群和产业链稳链、补链、强链、延链、控链工作联动协调机制,协调解决产业链、供应链所面临的问题。

二、梯度转移与产业升级

1978 年改革开放后,珠三角地区承接港澳产业转移,粤港澳大湾区通过"前店后厂"实现了经济的快速发展。20 世纪 90 年代开始,珠三角地区积极推动制造业转型升级,港澳则转向高端服务业,三地产业发展略显脱节,产业合作空间有所收窄。自 2018 年以来,粤港澳大湾区的产业则进入了新的历史拐点,面临着新机遇和挑战,产业亟待转型升级。

粤港澳大湾区的产业转移主要有两个特征。一是香港和澳门的制造业在改革开放初期(20 世纪 80—90 年代)已经基本上完成向珠三角 9 市的转移。当前,粤港澳大湾区制造业正逐步从核心城市向次核心城市转移,而核心城市的产业呈现服务化发展趋势(表 8.14)。二是粤港澳大湾区内的制造业正在向大湾区外转移。粤港澳大湾区制造业发展得越来越成熟,产业结构不断优化,但

---

① 李晓峰.加快生产性服务业与制造业融合促进粤港澳大湾区服务贸易发展[J].广东经济,2018(10):18-21.

土地、劳动力和资本等资源配置在一定程度上未能适应产业的高端化发展。为此,粤港澳大湾区逐步将产业链向部分生产链较短、附加值较低的劳动密集型产业进行跨区域、跨国界的向外转移。这样不仅可以加强粤港澳大湾区产业转型升级,也能够有序地促进全球产业链的布局。当前,粤港澳大湾区与东南亚地区的国际产能合作频繁,部分企业主动在东南亚开展有序合理的布局,进行产业梯度转移。

表 8.14　2019 年粤港澳大湾区各城市三次产业结构

单位:%

	香港	澳门	广州	深圳	佛山	东莞	惠州	中山	江门	珠海	肇庆
第一产业	0.1	0	1.1	0.1	1.5	0.3	4.9	2.1	8.1	1.7	17.1
第二产业	6.8	4.2	27.3	39.0	56.2	56.5	51.9	59.1	43.0	44.5	41.2
第三产业	93.1	95.8	71.6	60.9	42.3	43.2	43.2	48.9	48.9	53.8	41.7

资料来源:香港特别行政区政府统计处、澳门特别行政区政府统计暨普查局、珠三角各市统计局。

注:香港和澳门为 2018 年数据。

近年来,粤港澳大湾区产业转型升级加速,新旧动能转换速度加快,2011—2018 年,粤港澳大湾区的主要城市高技术制造业快速发展,其中深圳、珠海、惠州和东莞 4 个城市的高技术制造业发展最为迅猛,高技术制造业增加值年复合增长率分别高达 10.9%、8.1%、9.7% 和 16.6%,占工业增加值的比重分别是 67.3%、29.3%、40.4% 和 38.9%,高出全国平均水平 53.4%、15.4%、26.5% 和 25%[①]。珠江东岸以东莞、惠州和深圳为代表形成了新兴产业集群,珠江西岸以珠海、佛山、中山和江门为代表形成了家电制造和汽车制造等传统产业转型升级的局面。

---

① 数据来源:根据深圳、珠海、惠州和东莞各年统计年鉴整理所得。

三、产业集聚与产业布局

近年来,粤港澳大湾区经济快速发展,产业转型升级不断加速,产业园区成为粤港澳大湾区经济发展和产业升级的重要空间聚集形式,有利于形成产业集聚效应。产业园区的形式各式各样,主要包括高新区、开发区、产业新城、科技新城、科技园、工业区等。粤港澳大湾区内不同地区的产业园区存在着不同的优势,大湾区内各大城市在发挥比较优势的基础上,将加快产业转型升级,加速形成新的产业园区及产业集群,而大湾区内的产业集聚往往是产业链集群。粤港澳大湾区的产业集聚效应将会发挥更大的作用。

根据产业专业化和多样化水平对粤港澳大湾区内"9+2"城市产业集聚优势进行分类,可以将大湾区的产业空间专业化集聚归纳为3个聚类(图8.2):一是香港、深圳和广州,这3个城市的产业专业化水平、多样化水平均较高,具有产业集聚综合优势;二是佛山、澳门和东莞,这3个城市具有相对专业化集聚优势;三是中山、珠海、江门、肇庆和惠州,这5个城市在产业专业化和多样化水平上仍有较大发展空间。

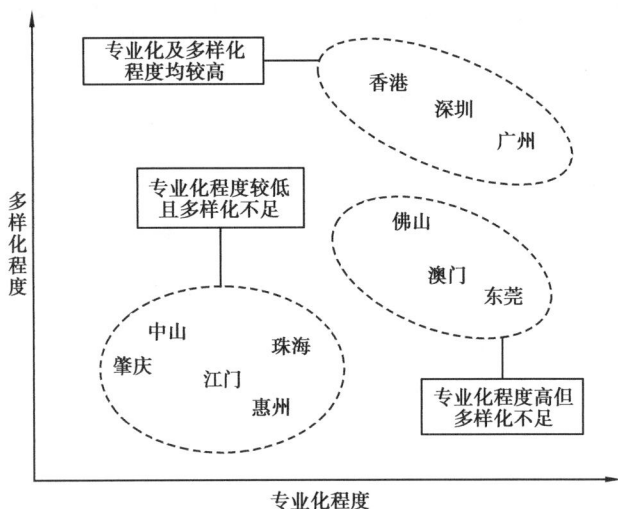

图 8.2　珠三角"9+2"城市产业集聚专业化及多样化特征

产业专业化发展是指同类或相关产业部门通过彼此紧密合作形成专业化生产和交易网络,在地域空间上形成专业化的产业集聚。但是根据 Jacob 的知识溢出理论,产业多样化在产业集聚中能有效形成知识溢出,有利于专业化生产的技术提升并促进产业链向纵深发展,从而带动整体经济增长,进一步形成产业集聚优势。从对粤港澳大湾区"9+2"城市产业集聚优势分类情况来看,香港、深圳、广州 3 个城市已形成产业集聚优势,且产业多样化能有效支撑产业链继续延链,但产业多样化水平仍有待提升。因此,如何在产业专业化基础上进行产业多样化发展,是香港、深圳、广州 3 个城市产业集聚未来探索的方向。在中山、珠海、江门、肇庆和惠州 5 个城市中,中山和珠海在传统服务业专业化方面具有优势,产业多样性稍高,而江门、肇庆和惠州的制造业集聚专业化程度和多样化程度均需逐步加深。

产业布局方面,粤港澳大湾区已形成较为合理产业格局,港澳发展资源密集型产业,以服务业为主;西岸主要发展技术密集型产业,如电子加工、制造包等;东岸主要发展知识密集型产业,如人工智能、金融服务等;沿海地区主要发展生态环保型产业,如教育培训、生物休闲等(表 8.15、表 8.16)。

表 8.15　粤港澳大湾区城市产业布局现状

城市	定位	主要产业
广州	国际产业服务中心	石油化工、汽车制造、电子产品制造
深圳	国际产业创新中心	电子信息、生物医药、新能源、新材料
香港	全球金融中心	贸易及物流、金融服务、旅游
澳门	世界旅游休闲中心	博彩旅游、出口加工、建筑地产、金融服务
东莞	国际产业制造中心	电子信息、电器机械、纺织服装、家具、玩具、造纸及纸制品业、食品材料、化工
佛山	国际产业制造中心	机械设备、家电、陶瓷、金属加工、家具
珠海	国际重大装备制造业中心	电子信息、石油化工、家用电器、精密机械制造、生物医药、电力能源

续表

城市	定位	主要产业
中山	国家级先进制造业基地	电子电器、五金家电、灯饰光源、装备制造、健康医药、纺织服装
惠州	世界级石化产业基地	电子信息、石油化工、汽车制造、现代服务
江门	国家级先进制造业基地	交通及海洋装备、石油化工、电子信息、包装印刷及纸制品、食品材料、现代农业
肇庆	传统产业转型升级集聚区、重大装备制造配套基地	金属加工、电子信息、汽车零配件、食品材料、生物医药、林产化工、农业产品

资源来源：广东省人民政府办公厅。

表 8.16　粤港澳大湾区区域产业分布与规划

区域	主要城市	产业类型	规划产业
西岸	广州北部、佛山、中山、珠海、江门、肇庆	技术密集型	电子加工、先进装备、制造外包、新材料、新能源、农业产品、生物医药
东岸	广州中部与东部、深圳、东莞、惠州	知识密集型	电子信息、互联网、人工智能、科技创新、金融服务、医疗设备、石油化工
沿海	深圳、惠州、珠海、江门	生态环保型	教育培训、文化创新、商务休闲、医疗设备、油气开采
港澳地区	香港、澳门	资本密集型	旅游休闲、博彩、金融服务、贸易、航运

资料来源：根据中国指数研究院、中商情报网等公开资料整理所得。

从世界产业发展的规律可知，产业集群是产业现代化发展的主要形态，广东省人民政府注重产业布局，发布了《关于培育发展战略性支柱产业集群和战略性新兴产业集群的意见》，有利于提升粤港澳大湾区的经济竞争力，建设粤港澳大湾区现代产业体系，优化粤港澳大湾区产业布局。当前，广东产业集群的发展已经具备一定基础,产业集聚效应初步显现。

　　粤港澳大湾区是在珠三角城市群基础上升级的新型产业集聚区①,粤港澳大湾区产业集聚有利于中国参与全球分工,重新塑造区域经济产业空间格局,推进中国实现经济高质量发展。

四、产业协同政策保障

　　为了逐步推进粤港澳大湾区产业协同发展,政府已经陆续出台了一系列的政策文件,比如《广州市协同构建粤港澳大湾区具有国际竞争力的现代产业体系行动计划》《广东省人民政府关于培育发展战略性支柱产业集群和战略性新兴产业集群的意见》等,粤港澳大湾区的产业协同发展越发受到专家学者的关注。粤港澳大湾区推动产业协同发展,构建现代产业体系,是新时代实现中国发展动能转换、推进中国战略、深化中国体制机制创新、助力中国高水平参与国际合作的重要抓手。表8.17 归纳了粤港澳大湾区产业协同重要政策的内容。

表 8.17　粤港澳大湾区的产业协同重要政策

时间	文件	与产业协同相关的表述
2005 年 8 月	《珠江三角洲城镇群协调发展规划(2004—2020)》	一脊三带五轴、双核多心多层次
2016 年 3 月	《国务院关于深化泛珠三角区域合作的指导意见》	通过优化区域经济发展格局、共同培育先进产业集群和引导产业有序转移承接三步走,实现区域优势互补,促进区域产业合作发展
2017 年 7 月	《深化粤港澳合作 推进大湾区建设框架协议》	提出通过发挥城市产业发展优势,完善产业发展格局,以高端引领、协同发展构建出特色突出、绿色低碳的现代产业体系,加快向全球价值链高端迈进

①　孙久文,夏添,胡安俊.粤港澳大湾区产业集聚的空间尺度研究[J].中山大学学报(社会科学版),2019,59(2):178-186.

续表

时间	文件	与产业协同相关的表述
2017 年 4 月	《广东省现代服务业发展"十三五"规划》	加快建设以广州、深圳为核心,向粤东、西、北部延伸辐射的服务业专业化产业布局,形成扩散式服务网络
2019 年 2 月	《粤港澳大湾区发展规划纲要》	推动粤港澳大湾区生产性服务业与先进制造业融合,推动现代业数字化与实体化向融合的先进制造产业链建设,打造具有国际竞争力的先进制造业基地
2019 年 7 月	《广州市协同构建粤港澳大湾区具有国际竞争力的现代产业体系行动计划》	广州将携手大湾区城市共建以先进制造业、战略性新兴产业、现代服务业、海洋经济、都市现代农业为主导的高质量现代产业体系,形成"一核、一廊、三翼、多极驱动"的产业空间布局
2019 年 7 月	《广东省推进粤港澳大湾区建设三年行动计划(2018—2020 年)》	深化产业协同共建,支持大湾区优势企业参与粤东西沿海地区和北部生态发展区重大产业项目建设
2020 年 5 月	《广东省人民政府关于培育发展战略性支柱产业集群和战略性新兴产业集群的意见》	着力推进"一核一带一区"产业协同,培育发展战略性支柱产业集群和战略性新兴产业集群,加快建设现代产业体系

资料来源:根据广东省粤港澳大湾区门户网及国家发展和改革委员会公开资料整理所得。

9

开放引领：
从『世界工厂』到『世界市场』

粤港澳大湾区工业体系完备,配套能力强大,贸易优势突出,一度被誉为"世界工厂"。随着粤港澳大湾区建设不断深入,三地着力于基础设施的"互联互通"和市场要素的无缝对接,实现资源互补,市场一体化进程不断推进,逐步联通周边地区乃至东南亚市场,国际化市场正在快速发展,"世界工厂"逐渐向集聚国际经济要素的"世界市场"升级。本章将从粤港澳三地互补引领开放、完备的对外贸易基础设施、世界资本市场重要枢纽港、多元化发展的全球投资新焦点,全面阐述粤港澳大湾区如何以先行先试从"世界工厂"到"世界市场"及其对中国开放型经济的推动作用。

第一节　粤港澳三地互补引领开放

一直以来,粤港澳三地的发展模式各有特点,在经历了不同的发展阶段之后,形成了互补,三地在推进开放发展、创新发展的过程中成了中国经济增长引擎。本节分别梳理了珠三角、香港、澳门的经济发展模式演进历程,分析粤港澳大湾区如何从"世界工厂"发展成为"世界市场"。

一、珠三角——外向型经济

珠三角最初是从"三来一补"的模式发展起来的,经济对外依存度高,缺乏经济内生增长的自主性。珠三角在发展中经历了村镇工业化、城市区域化、区域网络化 3 个演进历程,由点到面逐步增强区域经济发展动能,通过整合资源、拓展发展空间、提升区域竞争力等方式为珠三角地区发展外向型经济、迈向国际化提供了有力的支撑。

(一)珠三角经济发展演进历程

珠三角模式是以宏观政策作为支撑,以民营企业作为主导市场,出口资源型和劳动密集型产品的经济发展模式①。改革开放以来，珠三角地区腾飞发展，经济发展模式也在不断演进，总体上划分为村镇工业化、城市区域化和区域网络化3个阶段。第一阶段是改革开放至1997年，以顺德、南海乡镇企业以及东莞"三来一补"为代表的村镇工业化来推动珠三角地区城市化发展；第二阶段是1998—2008年，随着城市建设不断外延扩张，城市空间向区域化扩散成为推动珠三角地区城市化的主导力量；第三阶段是2010—2019年，《珠江三角洲地区改革发展规划纲要（2008—2020年）》明确了珠三角地区城市化发展方向，并赋予珠三角地区"科学发展，先行先试"的重大使命，加速三大都市区一体化。

1.第一阶段：村镇工业化发展阶段（改革开放至1997年）

珠三角城市以村镇工业化为主要的发展模式来快速推进城市化进程。20世纪80年代，改革开放初期，顺德、南海一带的乡镇集体企业快速发展，夯实了珠三角地区村镇工业化的基础。20世纪80年代中后期，以东莞为代表的珠三角城市在"引进来"和出口导向政策的指引下，充分发挥土地资源和廉价劳动力优势，大力发展对外加工贸易，承接香港的劳动密集型制造业转移。20世纪90年代初，台湾传统制造业与电子产业向外转移，惠州和东莞又紧紧抓住契机，大力发展乡镇工业，创建众多以"贴牌生产"为主的村镇工业园区。

20世纪90年代，乡镇企业成为城市建设的强大动力。珠三角各地政府通过积极引导"工业进园"、控制城乡建设无序蔓延、综合整治城乡环境等举措，逐步规范村镇建设管理。1992年下半年，佛山南海尝试在平洲区洲表村、罗村镇下柏管理区、里水镇沙涌管理区三处试点，推进农村股份合作制改革，壮大村级集体经济，开展村经济合作社股份制改革，并给予村镇集体各种优惠支持，但也造成各城镇之间的发展变得悬殊。此外，股份制改革在很大程度上推动了租赁经济的发展。外来人口与企业的涌入，激活了市场对本土物业租赁的需求，出租自有宅基地物业使本土的居民收入有所增加。但是农村集体土地难以通过

① 张志元.镜鉴中的反思:珠三角发展模式与东北经济振兴[J].社会科学家,2012(1):47-51.

国有土地招拍挂出让,这使农村经济过度依赖于集体土地租赁发展模式,不利于农村经济的多元化和乡镇空间结构的优化。

在这一阶段,珠三角的城市化和工业化齐头并进,城市化建设开始向外围延伸,但城市公共服务配套相对滞后。到了20世纪90年代末,珠三角城市区域化才真正开始。1995年,国家正式颁布《中华人民共和国城市房地产管理法》,加强对城市房地产的管理,促进房地产业的健康发展。

2.第二阶段:城市区域化发展阶段(1998—2008年)

1998年,国务院审议通过《关于进一步深化城镇住房制度改革加快住房建设的通知》,建立与完善了以经济适用住房为主的住房供应体系,实行住房分配货币化,加速了城镇的居住功能在区域层面扩散。2002年,国土资源部(今自然资源部)正式颁布实施《招标拍卖挂牌出让国有土地使用权规定》,正式实施"招拍挂"的土地有偿使用制度,优化土地资源配置,加速城市的各项功能向区域扩散。

中国加入WTO之后进一步扩大对外开放,珠三角地区凭借其优越的区位以及毗邻港澳的优势吸引了大量外资进入,为城市建设提供雄厚的资金,推动珠三角各城市扩张与城市各类功能向区域外扩散。在此阶段,珠三角发展模式主要是城市区域化,城市建设延伸至区域外围,工业化成本较低的乡镇地区逐渐成为城市的一部分。中心城市以主城区为依托开展各类新城、工业园区、新区的规划建设,并以国企大型项目作为龙头拉动新区发展,为城市的经济发展注入强劲动力;而以南海、顺德为代表的传统的村镇工业化地区也开始"城市升级",推动产业结构和城市规划用地合理化发展,加快本土的城市化进程。

3.第三阶段:区域网络化发展阶段(2010—2019年)

国家"十二五"规划将珠三角定位为综合竞争力的世界级城市群,标志着珠三角逐步进入国家发展战略的伟大蓝图。《珠江三角洲地区改革发展规划纲要(2008—2020年)》提出加快城市综合发展的改革进程目标。《珠三角城际轨道交通规划实施方案》等一系列规划的颁布推动了城际轨道建设,加速了珠中江、广佛肇、深莞惠三大都市区一体化进程。在珠三角发展的各个阶段，均受到市场力量和政府力量的影响，经济贸易蓬勃发展与城市建设的快速推进，促使珠三角城镇联结，形成密集的工业化城市群和都市圈，并逐步形成全球重要制造业基地。

进入新世纪，国家宏观调控力度加大，向珠三角的城市化建设注入了更多的国家力量。城市的行政级别成为获取国家政策扶持的重要衡量指标，而行政级别越高的城市其吸收资源的能力越强。珠三角地区以港澳作为对外贸易的联系窗口，乘借着改革开放和加入 WTO 的东风，加速了与国际市场的对接。珠三角各个城市以此为契机大量引入大型国企项目与省市重大项目，吸引各类生产要素的进入，为城市的发展注入强大的动能。

（二）珠三角的国际梦

珠三角经济区自确立以来，一直是国家战略布局重点关注的区域。《珠江三角洲地区改革发展规划纲要（2008—2020 年）》首次确立了珠江三角洲地区在全国经济布局中的五大战略定位。2016 年，在国家的支持下，泛珠区域合作正式上升为国家战略，推动各方合作贯彻落实《国务院关于深化泛珠三角区域合作的指导意见》。"泛珠三角"战略的实施，既是珠江三角洲地区拓宽发展空间、整合资源、增强区域竞争力的现实需要，也是增强发展外溢效应成为世界市场的重要条件。

珠三角城市群成为世界市场具有以下 3 个优势：一是基础创新，特别是国家级科技创新基础设施布局。如珠三角国家大科学中心，中国（东莞）散裂中子源、中国（深圳）基因库、国家超级计算机深圳中心等一大批科技基础设施，都是面向未来的创新储备。二是新兴产业升级，目前在全球新一轮产业革命中，人工智能、虚拟现实、未来网络（5G）、生命健康等新兴产业处于突破孕育期。党的十八大之后，在中央政府的支持下，产业高端化发展取得了长足进展，现代服务业和先进制造业"双轮驱动"，坚实的现代化产业基础为珠三角地区融入国际市场提供了有利的条件。三是区域内部一体化。一方面快速推进交通一体化，通过加快"快速干道+轨道交通"的建设,珠三角各城市之间的互联互通程度提高,进一步加强了城市资源流动配置;另一方面建设智慧城市,信息网络一体化的普及提升了区域一体化的深度和广度。

在中国未来经济社会发展格局中,珠三角城市群将协同其他城市群提高在国家发展大局中的地位。中国未来城市化的空间形态,是以若干个都市密集区的形态存在和发展的。在这个过程中,珠三角市场有世界级的规模、水平和相匹配的发展态势。

二、香港——全面开放的自由港经济

第二次世界大战之后,受内外部因素的影响,香港的自由港经济模式不断发展,各个阶段所涉及的区位、目标、产业结构等主导香港经济发展的因素也不断被优化。香港的大致发展历程可以划分为 5 个阶段,其在发展道路的特征可以概括为前店后厂、出口工业化战略、完全自由和有限自由相结合 3 个特征。总体来说,全面开放的自由港经济,是香港经济最基本的特征。在粤港澳大湾区的建设中,充分发挥香港完全市场化和与国际接轨的经济制度优势,有助于大湾区在改革开放先行先试中积累建设国际市场的经验。

(一)香港经济发展历程 5 个阶段

香港的经济发展历程可以追溯到 20 世纪 50 年代,早期的发展主要是以轻纺工业为主的"加工型"经济,后来历经多次发展转型,逐渐形成了以离岸贸易为主的经济发展模式。香港的经济发展历程可以划分为以下 5 个阶段。

1.第一阶段:出口加工型经济(1950 年早期—1966 年)

这一阶段香港从"转口型"经济逐步转变为以轻纺工业为主导的"加工型"经济。上海以及华南区域的大量知识分子、资本、机器设备、熟练工人涌入香港,为香港制造业的崛起提供了有力的支撑。1961 年,香港金融保险业地产商业服务业增加值比重为 15.3%、运输仓储通信业增加值比重 9.6%、批发零售进出口餐饮服务业增加值比重 21.9%、制造业的增加值比重为 23.6%，制造业成为香港的最大规模产业，并且不断拉大与其他产业的差距。此时香港经济快速增长，1966 年香港人均 GDP 已经与中下等国家低位收入水平不相上下，仅次于日本，位于亚洲第二位。在这一阶段，香港制造业是促进经济增长与产业转型的重要角色，推动香港经济成功从"转口型"经济过渡至"出口加工型"经济。

2.第二阶段：制造业腾飞（1967—1975 年）

这一阶段香港经济平稳增长，提速增效。主要表现为制造业产品技术含量不断提高，经济发展模式从"加工型"为主过渡到以"制造型"为主。1975 年，香港前四大行业的增加值比重分别为 26.9：20.7：7.2：17.0。在其他行业则相对变化不大的背景下，香港制造业得到了腾飞的发展。1967—1971 年，经济增速为 5.4%，1972—1975 年，经济增速为 6.4%。1975 年香港人均 GDP 达到中下等国家和地区收入的中位水平。虽然制造业就业规模增长速度放慢，但还保持着对香港经济持续性发展的拉动作用。

3.第三阶段：产业多元化发展（1976—1985 年）

这一阶段香港经济增长不断提速，产业结构逐步向多元化、多层次的方向发展。20 世纪 70 年代，西方发达国家经历了黄金发展时期，国际贸易需求不断上升，产业结构转型升级促使西方发达国家向外迁移低端产业，香港把握机遇及时采取出口导向战略，在和其他发展中国家的竞争中抢占有利位置。此时，香港传统服务业快速发展，到 1975 年香港零售批发酒店餐饮业比重略超过制造业，出现了双雄并立的格局。截至 1985 年，香港人均 GDP 达 6 375 美元，已经达到中上等国家与地区收入的中位水平。香港初步形成了以制造业为基础，金融业和国际贸易为支撑，辐射周边国家与区域的经济发展模式。

4.第四阶段：制造业衰落（1986—1998 年）

进入第四阶段，香港的经济发展呈现先快后缓的态势，年平均增长速度为 3.8%，但制造业发展开始衰落。1988 年香港人均 GDP 已突破 1 万美元，成功进入高收入国家的低位水平行列，标志着香港的现代化发展阶段正式开启；1993

年香港人均GDP已经接近2万美元,标志着香港成为国际中心城市。在这一阶段,香港进出口贸易为香港经济增长注入新动能,来自内地的货物需求极大地激发了香港转口贸易的发展。同时,随着香港制造业迁往内地,香港本土制造业逐渐呈现出一体化的生产控制中心和服务中心相结合的虚拟化特征,但这也导致产业结构"空洞化"。

5.第五阶段:世界离岸金融中心(1998—2020年)

21世纪初,随着中国改革开放的不断推进以及珠三角地区港口枢纽基础设施的完善,香港在港口地理位置与基础设施等方面要素的优势逐步减弱,经济发展模式逐渐向离岸贸易转型。2001年,中国加入WTO后内地加强实施全面开放战略,外贸企业可以与国外企业直接进行贸易交易,且香港港口运营成本高昂,经香港的转口贸易总额大幅下滑,迫使香港转型发展离岸贸易。2006年,香港离岸贸易总额为23 465亿港元,其增长速度和贸易总额第一次超过转口贸易。2011年,香港离岸贸易总额提升至4.46万亿港元,为该时期转口贸易额的1.36倍。截至2018年,香港的离岸贸易总额达48 270亿港元,较2017年上升8.3%。离岸贸易发展促进了香港服务贸易增长,香港的经济发展模式从转口贸易向离岸贸易发展转型,增强了其经济发展后劲,巩固了其亚太贸易中心的地位。

(二)中国内地对外贸易的世界窗口

20世纪70年代,香港的工业逐渐发展起来,直到20世纪80年代已逐步转变为离境制造生产。在顺应世界扁平化的趋势潮流下,香港的工业发展实现全球化的资源配置和壮大,离岸制造生产成为香港的工业经济增长的重要动力引擎。在内地设厂的港商已将次要生产工序和最后组装环节转移至东南亚和中亚的"一带一路"沿线国家,这样既能满足原产地规则又能降低关税成本。此外,随着"港深科技园"建设的不断推进,香港企业欲将部分高端工序搬回香港,以推动香港"再工业化",届时出口货物将披上"香港制造"品牌,还能够享受赋税优惠待遇。

内地为香港企业的发展提供了肥沃的土壤。在泛珠三角投资设厂的港资厂家大约超过两万家，但其企业精神、文化、产品、技术、管理、创意、融资等精髓仍在香港。这些企业既体现了香港工业的资产与实力，又体现了粤港的融合发展。内地是香港第一大贸易市场，而香港也是内地最为重要的转口贸易港。2018年，内地与香港贸易总额达到峰值，约为 1.2 万亿美元[①]。未来在内地与香港基本实现贸易自由化的背景下，香港作为内地市场开放大门的地位将会进一步巩固，内地与香港的贸易前景将更为广阔。

三、澳门——经济适度多元

为保持澳门长期繁荣稳定，在中央政府的战略谋划和部署下，澳门积极调整产业结构，依托其与葡语国家的密切联系和优越的区位优势，大力推动新兴战略产业的发展，经济发展模式逐步向"多元"发展。当前，澳门经济适度多元发展模式成效初显，会展、酒店、现代旅游业、特色金融、中医药产业等新兴行业蓬勃发展，澳门经济发展自主性增强。同时，随着国家不断推进"一带一路"建设，澳门积极发挥"一带一路"对外联系的海上门户作用，为"一带一路"建设提供必要的服务支撑。

（一）澳门经济发展模式

自 1535 年澳门开埠至今，其主导产业与对外贸易结构以转口贸易、制造业和博彩业为主。在明清时期，澳门是中国对外贸易的重要转口港和亚太地区的一个重要商港。鸦片战争后，受香港外贸挤压，澳门转型发展博彩业并将其培育为主导产业以支撑当地经济的发展。进入 20 世纪 60 年代，随着经济全球化不断推进以及国际贸易结构的变迁，受惠于全球成衣及纺织品配额制度，澳门的出口加工业迅速发展，到 1984 年其出口加工业的产值大幅提升，已占澳门本地生产总值的 37%，远超博彩业的 20%，一举跃升为澳门的第一大支柱产业。

---

① 数据来源：香港特别行政区政府。

20 世纪 90 年代初期,受出口配额逐步减少以至于最后完全取消的影响,澳门的出口贸易优势相对下降,出口加工业不断萎缩,博彩业占澳门 GDP 的比重大幅提升,重新成为澳门经济的龙头产业。2019 年上半年,博彩业毛收入占澳门本地生产总值的比重达 69.8%;博彩税占澳门特区政府税收的 85%~90%,博彩业从业人员约占澳门总人口的 1/6,约占澳门劳动人口的 1/3①。

澳门经济结构的历次变革都是在特殊的历史和内外部环境条件变化下出现的。在产业结构转型上,由于缺乏制造业基础,澳门并未经历"一二三"的产业转型,第三产业发展遥遥领先第一、第二产业,且以低端服务业为主,造成了澳门的经济结构单一、发展不协调的现状。总体而言,澳门的产业结构转变并非由技术进步推动,产业结构也没出现协同分工网络的深化,这也反映出澳门经济结构具有本质上的不稳定性、脆弱性。

(二)经济适度多元发展成效明显

澳门逐渐减少对博彩业的依赖,经济积极向适度多元发展。1999 年澳门回归以来,与中央政府签订了一系列合作协议,包括口岸通关、开放个人游、建立横琴开发区、签署 CEPA 框架协议、开放人民币业务,以增强双方的合作往来。同时,澳门特区政府寻求转变发展模式,加快建设现代海洋产业基地,蓝色经济为澳门经济适度多元发展的"引擎"倾注了燃油。经历多年的发展,澳门特区经济适度多元发展初见成效,新兴战略产业发展快速。据《澳门经济适度多元发展统计指标体系分析报告》,2013—2018 年,澳门博彩业增加值占比已从 63%逐步下降至 50%,澳门酒店业、物业租赁、批发及零售业、咨询服务、保险及退休基金等产业增加值占比不断提高,表明澳门经济适度多元发展已取得一定的成效。澳门前十大产业增加值方面,2015—2018 年,除公共行政、建筑业占比有所下降外,银行业、租赁服务、酒店业、批发及零售业占比呈现上升趋势(表 9.1)。上述数据体现了澳门经济适度多元发展不断取得进步,但产业发展模式转型道路依

---

① 数据来源:澳门特别行政区政府统计暨普查局。

然任重道远。

表 9.1 澳门各行业增加值与产业结构变化趋势

行业	2015 年		2016 年		2017 年		2018 年	
	增加值/亿元	结构/%	增加值/亿元	结构/%	增加值/亿元	结构/%	增加值/亿元	结构/%
制造业	2.17	0.61	2.16	0.61	2.26	0.57	2.39	0.55
水电及气供应业	2.36	0.66	2.56	0.72	2.99	0.75	2.70	0.62
建筑业	23.27	6.53	19.15	5.38	14.89	3.74	13.18	3.02
批发及零售业	19.96	5.60	18.93	5.32	22.74	5.72	25.48	5.83
酒店业	13.65	3.83	14.56	4.09	17.06	4.29	20.33	4.65
饮食业	6.19	1.74	6.49	1.82	6.89	1.73	7.13	1.63
运输仓储通信业	9.73	2.73	10.20	2.86	10.53	2.65	11.33	2.59
银行业	18.74	5.26	19.79	5.56	21.55	5.42	23.25	5.32
保险及退休基金	3.46	0.97	4.61	1.30	4.21	1.06	5.64	1.29
不动产业	36.30	10.19	37.61	10.56	41.58	10.46	41.94	9.59
租赁服务	14.04	3.94	16.61	4.66	18.50	4.65	20.72	4.74
公共行政	14.94	4.19	15.81	4.44	1 706	4.29	17.96	4.11
教育	6.36	1.78	6.92	1.94	748	1.88	8.02	1.83
医疗卫生社会福利	4.77	1.34	5.33	1.50	576	1.45	6.26	1.43
博彩及博彩中介业	171.11	48.01	166.16	46.66	194.94	49.03	220.81	50.25
其他团体、社会及个人	9.34	2.62	9.22	2.59	9.18	2.31	9.99	2.28

资料来源：根据澳门特别行政区政府统计暨普查局发布的数据整理所得。

（三）成为"一带一路"重要经济支撑带

澳门发挥"一带一路"对外联系的海上门户作用。2015 年 3 月,国家发展和改革委员会、商务部、外交部联合颁发《推动共建丝绸之路经济带和 21 世纪海上丝绸之路的愿景与行动》,明确指出充分发挥澳门有利的区位优势以及联系海外侨胞的独特优势,积极参与"一带一路"建设。2018 年港珠澳大桥正式通车,粤港澳三地的交流联系能力进一步增强,为"一带一路"建设增添新的发力点。同年,国家发展和改革委员会与澳门正式签署《关于支持澳门全面参与和助力"一带一路"建设的安排》,支持澳门发挥联通葡语国家市场的优势,提供投融资服务推进"一带一路"建设;支持澳门充分发挥海上门户作用推进"一带一路"建设,打造"21 世纪海上丝绸之路"重要的航运物流枢纽以及商贸中心。2019 年国家发展和改革委员会正式印发《粤港澳大湾区发展规划纲要》,明确指出要提升粤港澳三地发展的合力,携手共建"一带一路"建设。同年 4 月,中国银行澳门分行发行了总额为 45 亿元的"一带一路"主题债券,旨在加快澳门特色金融发展,为葡语系国家与内地企业的经贸合作提供金融服务,推动澳门承担起中国与葡语系国家人民币清算中心的角色①。

第二节　完备的对外贸易基础设施

完备的对外贸易基础设施是推动粤港澳大湾区向"世界市场"发展的重要支撑,建立现代综合交通运输体系与现代物流信息体系对进一步提升粤港澳大湾区的市场一体化,推进要素高效便捷流通,对打通粤港澳大湾区消费平台和投资平台,形成全球商品集散中心,有着重大意义。

---

① 汪灵犀.澳门抢抓"一带一路"建设机遇[N].人民日报(海外版),2019-12-19(3).

一、铁轨：一小时交通圈

粤港澳大湾区"一小时交通圈"的加速到来，逐渐形成"三环八射"城轨网络，城际快速轨道把区域之间分散的城市"网"成一个整体，加强了珠三角主要城市之间的联系，推动了区域内的社会经济全面互联和深度融合，从而为珠三角城市群的同城化发展新格局奠定了基础，加速了粤港澳大湾区高水平消费市场的延伸，增强了消费动力。

珠三角城际轨道建设取得了长足的进展。2005年3月，珠三角城际轨道项目正式开始建设，国务院批准《珠江三角洲地区城际轨道交通网规划（2005—2020年）》；2009年9月，国家发展和改革委员会审议通过《珠江三角洲地区城际轨道交通网规划（2009年修订）》。2012年，广东省政府与原铁道部共同颁发《珠三角城际轨道交通规划实施方案》，完善了局部线路方案。随后在"十三五"期间，广东加快对珠三角各市间快速城轨的建设，并投资近3 000亿元，建设以广州为中心的21个城际轨道交通项目（表9.2），建成后在珠三角形成了以广州为核心枢纽的粤港澳大湾区"三环八射"城际轨道交通网络构架和以珠海、深圳、广州为主要枢纽，辐射粤港澳大湾区主要的中心城镇。高效便捷的城际轨道交通网络串联起主要城市，打造粤港澳大湾区"一小时生活圈"，助推要素流动规则对接，促进了进口消费品和投入品在珠三角地区集散，加快了粤港澳大湾区贸易投资和区域经济一体化发展。

表 9.2 广东"十三五"城际轨道交通项目

项目	建设规模	状态	投资额/亿元
东莞至惠州城际	100 千米	续建	328
广佛肇城际佛山至肇庆段	80 千米	续建	196
穗莞深城际洪梅至深圳机场段	58 千米	续建	164
穗莞深城际新塘至洪梅段	18 千米	续建	91

续表

项目	建设规模	状态	投资额/亿元
广佛环线佛山西站至广州南站段	35 千米	续建	181
广清城际广州北站至清远段	38 千米	续建	140
珠海拱北至横琴段	17 千米	续建	70
佛莞城际广州南站至望洪段	39 千米	续建	129
珠三角城际轨道交通调度指挥中心	4.04 万平方米	续建	13
新塘经白云机场至广州北站城际	78 千米	续建	336
广佛环线广州南站至白云机场段	47 千米	新建	260
广佛江珠城际	156 千米	新建	497
穗莞深城际琶洲支线	18 千米	新建	68
广清城际广州站至广州北站段	25 千米	新建	77
广清城际北延段	9 千米	新建	36
珠海横琴至珠海机场段	22 千米	新建	62
中南虎城际南沙至虎门段	25 千米	新建	99
肇庆至南沙城际高明至南沙段	84 千米	新建	298
广佛环线佛山西站至广州北站段	45 千米	新建	171
深惠城际惠州至惠阳段	60 千米	新建	180
粤东城际铁路	125 千米	新建	292

资料来源：根据《广东省综合交通运输体系发展"十三五"规划》整理所得。

二、港口：崛起中的世界级港口群

粤港澳大湾区具备世界上水深条件最为优良和通过能力最大的区域性港口群，其优越的港口货运物流为珠三角各个城市开拓国际市场提供了有利条件。2019 年,珠三角港口群共完成货物吞吐量约 18.32 亿吨,同比增加 10.8%,集装箱吞吐量 5 969 万 TEU,同比增长 4.0%。从货物吞吐量看,2019 年 1—12 月,广州港在我国沿海前二十大港口中排名第 4,深圳港排名第 11,东莞港排名第 19,珠海港排名第 20[①]。总体来看,广州、深圳、香港继续保持粤港澳大湾区航运的龙头地位,珠三角周边港口也呈现齐头并进的态势,龙头服务泛珠三角地区经济发展的世界级港口群正在加快形成,有利于促进珠三角地区的进口消费和商品生产投入,增强市场辐射能力以及经济发展活力。

(一)珠三角主要城市港口情况

在粤港澳大湾区众多港口中,深圳、香港、广州作为实力强大的国际枢纽港口,在粤港澳大湾区的港口排名中保持龙头地位,同时也是实力强大的国际枢纽港口。在英国劳氏 2019 全球港口百强的排名中,这 3 个城市都跻身前十,其中深圳港排名第 4,广州港超越香港港和釜山港上升至第 5,香港港排名下降至第 7。随着深圳港的快速崛起,广州港也不断发展壮大,逐步形成深圳港、香港港、广州港三港鼎立的粤港澳大湾区港口群。

深圳港已经成为国际集装箱枢纽港。2019 年,深圳港完成集装箱吞吐量 2 576.9 万 TEU,累计同比增加 0.13%;其中,招商港口深圳西部母港完成集装箱吞吐量高达 1 081 万 TEU,盐田港完成集装箱吞吐量高达 1 306.94 万 TEU,盐田港区远洋集装箱班轮密度全国第 1,单一港区集装箱吞吐量位居世界前列。深圳港外贸集装箱吞吐量为 2 382.28 万 TEU,位居全球第 4,共有国际集装箱班轮航线 211 条,国际友好港增至 26 个[②]。

广州港货物与集装箱吞吐量稳步增长。根据《广州港股份有限公司 2019 年度报告》,广州港共完成货物吞吐量 49 314.7 万吨,其中集装箱吞吐量为 2 074 万 TEU,同比分别增长 11.31% 和 10.41%。同年,开辟首条美东航线、新增北欧等航线,全年净增集装箱航线 8 条,集装箱航线总量达 156 条,其中外贸航

---

① 数据来源:中华人民共和国交通运输部。
② 数据来源:深圳市人民政府口岸办公室。

线 111 条。截至 2019 年,广州港和全球 52 个港口已经建立友好合作关系,其中包括 16 个"一带一路"沿线友好港,合作伙伴遍布全球六大洲,全球辐射能力进一步增强。

香港港货物运输进入调整阶段。香港港在 2019 年全球十大集装箱港口排名第 8,全年港口货柜吞吐量累计 1 836.4 万 TEU,同比下降 6.3%,也是继 2015 年全年连降 12 个月后,再次全年下降。值得留意的是,香港港口货柜吞吐量最长连降纪录是在 2014 年 7 月—2016 年 7 月,连续 25 个月下降。目前香港港口货柜吞吐量收缩,正迫近史上最长下降周期,市场前景仍有隐忧。这主要是受中美贸易摩擦以及香港政治局势的影响。

虽然珠三角的其他港口在货物运输吞吐量、经济辐射能力、港口规模、航线等指标上与三大龙头港实力对比悬殊,但这些港口充分利用自身优势,在航运发展方面也取得了显著的发展成绩。东莞港作为粤港澳大湾区第四大港口,在英国劳氏 2019 全球港口百强的排名中居第 46,其航运综合实力强大。2019 年全年东莞港货物吞吐量达 405 万 TEU,合约 1.98 亿吨,在全国排名第 13。2019 年,惠州辖区货物吞吐量首次突破 1 亿吨大关,其中沿海港口货物吞吐量为 8 353 万吨,合约 24 万 TEU。佛山港是珠江流域最大的内河港,但由于佛山是非沿海城市,货物运输相对较少。2019 年,佛山港全年总共完成货物吞吐量约 9 636 万吨,其中集装箱吞吐量为 443.88 万 TEU,同比增长幅度为 11.1%。肇庆港地处西江走廊和泛珠三角咽喉地带,是构筑泛珠三角区域经济体系的重要出海口,发展前景十分广阔。2019 年,肇庆港共计完成货物吞吐量为 4 057 万吨,合约 66.87 万 TEU。

(二)港口体系的空间布局特征

粤港澳大湾区港口群主要分布在泛珠三角地区,是以港深穗三大龙头港口为核心,以东莞、珠海、佛山为干线港,以中山、惠州、肇庆、江门等为支线港的世界级港口体系(表 9.3)。粤港澳大湾区南部区域的香港、澳门、深圳、珠海毗邻海洋,其有利的区位优势适合发展海港运输、远洋运输,是"陆上丝绸之路"与

"海上丝绸之路"重要的物流运输交换枢纽。粤港澳大湾区北部区域的广州、东莞、中山、佛山、肇庆等地的物流运输主要以内港与河海结合的形式发展,辅助陆上丝绸之路、中欧班列等陆运系统接驳。陆海内外联动港口枢纽体系为珠三角地区的国际贸易投资活动创造了有利的交通环境,激活了珠三角地区的进口贸易消费以及吸引了国际资本流入。

表 9.3　粤港澳大湾区港口码头空间分布一览表

序号	城市	空间分布特征	主要港区、港口	主要港口等级
1	广州	内港—外港	内港区、黄埔港区、新沙港区和南沙港区	枢纽港
2	深圳	东港—西港	东部大鹏湾—盐田港,西部深圳湾—蛇口港	枢纽港
3	香港	内港—外港	香港岛外围主要集装箱码头为葵涌、青衣两大港区	枢纽港
4	珠海	内港—外港	西区以高栏港区为主,东区以桂山港区为主,市区以九洲、香洲、唐家斗门等港区为主,形成三大港区	干线港
5	佛山	内港—外港	三山港、三水港两个重点港区	干线港
6	东莞	内港—外港	麻涌、沙田、沙角、长安以及内河等五大港区	干线港
7	惠州	内港—外港	市区的内河码头,大亚湾的东马港区、荃湾港区	支线港
8	中山	磨刀门水道和横门水道	黄圃港区、小榄港区、神湾港区和中山港等	支线港
9	江门	潭江沿岸和虎跳门水道沿岸	江门港、新会港、恩平港、台山港等	支线港

资料来源:韦婕妤,何力武,郑天祥.2018—2019年粤港澳大湾区港口与空港群建设报告[M]//郭跃文,袁俊.粤港澳大湾区建设报告(2019).北京:社会科学文献出版社,2019.

注:本表按集装箱运输量分类,大于500万TEU为枢纽港,200万~500万TEU为干线港,低于200万TEU为支线港。货物吞吐量大于1亿吨为枢纽港,5000万~1亿吨为干线港,低于5000万吨为支线港。

（三）珠三角港口群一体化发展

随着港口群一体化发展加快，珠三角地区形成主次分明、分工合理的集群化港口发展格局，各个城市之间的协同分工能力明显增强，资源整合能力提升。综合物流产业的形成使珠三角地区能够快速有效地联通"一带一路"国家的市场，促进了珠三角企业进口消费与生产投资的发展，为珠三角地区的国际贸易发展注入强大的动能。

随着粤港澳大湾区建设的推进以及"一带一路"倡议带来的机遇，客观上要提升珠三角城市发展的合力，充分利用湾区城市的合作优势提升综合竞争力。因此，基于港口与产业发展和对外贸易的密切关系，珠三角地区在布局海洋经济中越来越重视对港口资源的利用，通过统筹发展规划，优化港口资源配置，充分发挥规模化协同效应，构建珠三角港口群一体化体系，从而提升珠三角港口群的整体效率和服务水平，形成错位竞合、优势互补一体化、服务泛珠三角的世界级港口群，推动粤港澳商贸市场逐渐向泛珠三角延伸。

事实上，粤港澳大湾区港口群具备规模化作业的能力，现已形成以广州、深圳、香港为三大龙头、布局较为合理的世界级港口群。与世界三大湾区相比，粤港澳大湾区核心港口集装箱吞吐量遥遥领先，居世界第一，其中深圳、广州、香港在全球港口排名均挤进前十，这些港口规模优势成为粤港澳大湾区对外贸易发展的强大后盾。在将来对外贸易与港口城市经济发展进程中，粤港澳大湾区正以高质高效的姿态来推动世界级港口群前行。依托华南地区"世界工厂"的加工制造体系，以及密集的国际化空港群与专业批发市场等商贸物流基础设施，粤港澳大湾区在不断深化开放的同时，进一步为进口贸易的增长夯实基础，逐渐由"世界工厂"蜕变为"世界市场"。

三、机场：辐射全球的国际化空港中心

粤港澳大湾区有7个运输机场，包含珠海金湾、深圳宝安、广州白云、澳门、

香港 5 个主要机场，以及惠州平潭（军民合用）与佛山沙堤（中国联合航空公司专用）机场；还有珠海九洲、深圳南头、中山三角、广州番禺 4 个通用机场（珠海九洲、深圳南头为直升机机场）及岑村机场（军用机场）。

2018 年，从全球货运吞吐量排名前二十的机场情况来看，中国的空港共占 5 席，其中粤港澳大湾区的香港国际机场和广州白云国际机场位列其中，分别排名全球第 1 和第 17 位①，再加上发展迅速的深圳国际机场，珠三角机场群得以形成，并具备强大的快速通航全球的能力。这有利于珠三角地区快速地承接高端生产商品的生产物流交换，促进内地进口贸易消费以及吸引投资的流入，增强珠三角地区对接国际市场的能力。

（一）香港国际机场

作为全球繁忙的国际机场之一，香港国际机场总共设有两条长度为 3 800 米的跑道与 182 个停机位，航运运输网络密布全球，往来全球超过 220 个航点，每天有高达 1 100 个航班，总共有超过 120 家航空公司提供航空服务与物流运输服务，由于客流量日益增多，香港国际机场正在推进第三条跑道的建设。

（二）广州白云国际机场

2018 年全球化和世界城市研究网络世界城市分级排名的数据显示，在全球共计 374 个城市排名中，广州排名第 27 位。其国际业务保持强劲的发展态势，客流运输需求日益壮大，2018 年实现国际和地区旅客吞吐量 1 589.41 万人次，同比增长 17.6%。

（三）深圳宝安国际机场

2018 年，深圳宝安国际机场全年共计新增 15 个国际客运通航城市，其中 9 个为洲际客运通航城，在内地机场排名第一位。2019 年，深圳宝安国际机场日均航班量多达 1 100 架次，全年客流量达 525 万人次，货邮吞吐量达 128.3 万吨，客、货流量双双进入全球前 30 行列。预期 2030 年深圳宝安将全面建成粤

---

① 数据来源：国际机场理事会。

港澳大湾区世界级机场群重要的核心机场，为旅客提供高效便捷的航空服务，增强国际航空枢纽辐射能力，成为"一带一路"总体布局中更具核心带动能力的重要国际航空枢纽。

（四）澳门国际机场

澳门国际机场跑道仅有3 360米，其直飞范围包括东南亚、东北亚等短途距离国家，与葡语系国家互联互通仍有一定差距，无法满足日益增长的国际客运需求。2018年，澳门国际机场内地旅客同比上升增幅超过34%，东南亚及东北亚市场上升9%，中国台湾市场增长1%，内地市场增速远高于东南亚及东北亚市场。2018年，澳门国际机场旅客量超过826万人次，较2017年增长15%；全年航班量超过6.5万架次，同比增长12%，旅客量和航班量的增速双双超过2017年。2019年，鉴于澳门航空运输业的重要性和实际发展情况，澳门特区政府决定延长澳门航空专营期限至2023年，鼓励澳门航空依托中央授权，继续协助特区管理及深挖域内航空资源，以期满足日益增长的空运需求。

（五）珠海金湾国际机场

珠海金湾国际机场是目前国内唯一一个不存在国际口岸的千万级别机场，是全国首个"国家通用航空固定运营基地发展示范区"。2018年，珠海金湾国际机场年旅客吞吐量达1 122.1万人次，同比增长21.7%，凭借其强大的实力成功进入国内千万级机场行列。总占地面积为99平方千米的珠海航空产业园，园区的规划大致概括为一轴、两翼、三核、四区，已逐步发展为在国内外航空领域具有较大影响力的航空制造业基地，为满足珠海及周边区域对航空物流运输巨大需求提供了强大的动力支撑。

四、仓储：跨境电商物流发展的全盛时代

珠三角城市群产业的聚集与开放发展拉动了全球供应链物流体系的布局，高能级全球供应链物流体系反向促进产业集聚规模范围扩大，并在跨境电商的

推动下,催生出蓬勃发展的仓储配送行业。珠三角城市群已形成"全球通达、区域分拨、国际中转、多式联运、干支衔接"全程一体化,集国际集、疏、运、储、送于一体的现代物流服务体系,成为高效化国际物流枢纽、具备高水平和便利化的交通及通关能力的贸易信息平台,大大促进了所在区域和辐射腹地的经贸发展,是粤港澳大湾区跨境电商物流发展的全盛时代。

(一)具备成熟的跨境电商物流枢纽设施体系

珠三角城市群通过"环+放射线"的空间结构建设城际铁路线网,形成以广州为核心,纵贯南北、连接东西的城际铁路主骨架网络;省际高速公路与干线公路、城际铁路通道等建设完善,加强了泛珠三角主要城市交通运输互联互通;粤港澳服务贸易自由化协议的加快落实,促进了各城市共构粤港澳大湾区高效顺畅的综合运输网络。截至 2019 年,广东高速公路通车总里程达 9 495 千米,连续 6 年蝉联全国第一。其中珠三角城市群的高速公路密度超过 8 千米/百平方千米,仅次于纽约湾区居全球第二,排名亚洲第一,而核心区密度更是位居全球第一①。"12312"区域交通物流圈的形成,实现了广深与珠三角城市群各城市在 1 小时内相互通达,珠三角城市群在 2 小时内通达粤东粤西粤北陆路,在 3 小时内通达周边省会城市陆路,在 12 小时内通达全球主要城市②。在机场航运方面,以广州白云国际机场、深圳宝安国际机场为核心,珠三角新干线机场、珠海金湾机场、惠州平潭机场等机场共同发展的"2+N"珠三角世界级机场群基本形成,并与港澳的机场构筑"全球最密集机场群"。在水路航运方面,以广州、深圳、珠海、汕头、湛江 5 大枢纽港为核心,基本形成了以广州、深圳为国际门户枢纽港,对接港澳、联通西江、服务泛珠三角地区的世界级综合港口群,以及以 4 个亿吨大港为主、多个中小港口为补充的多层次港口体系,有力支撑珠三角城市对外贸易的发展。2018 年,珠三角港口群集装箱年吞吐量达 6 167 万 TEU,

---

① 数据来源:广东省交通集团有限公司。
② 数据来源:广东省发展和改革委员会。

在世界排名第一位①。可以预见,综合交通基础设施网络的完善,为运输业发展打下了坚实基础,为服务和跨境电商物流枢纽建设提供了有力的支撑。

(二)拥有精准高效的电商物流信息平台

跨境电商为中小企业的外贸交易提供了全新的模式。跨境电商的网络化能够协助企业联通全球,挖掘国际市场可能存在的商机,实现内地企业和国外消费者的无缝衔接,大幅提升贸易渠道效率以及跨境贸易的通关效率。跨境电商是当前发展态势强大的经济模式,珠三角的中小外贸企业在此模式上进行创新,开启多元化的销售模式,依托阿里巴巴、环球资源、世界黄页等有名的外贸网站平台来联系国际客户;中小企业通过亚马逊、eBay 等国外跨境电商平台,对接国际市场线上销售产品。同时,除了应用现有的跨境电商平台,珠三角地区也有部分外贸企业建立了自己的电子商务平台,更好地实现采购供应、电子支付、物流配送、售后服务等环节的完美衔接。以深圳为例,深圳也建立了跨境电商平台。一方面,深圳依靠机场、港口以及毗邻港澳,具备发展跨境电商贸易的交通基础;另一方面,通过加快工业互联网建设,全面整合国内外供应链、跨境贸易、进出口关务、海外零售等业务场景,建立跨地域、跨系统、跨层级的信息互联互通。高效便捷的贸易信息平台为深圳的跨境电商提供了强而有力的支撑。2018 年,福田、龙岗、罗湖、南山、宝安跨境电商交易额合计 3 958.8 亿元,占全市跨境电商交易额的 99.2%。其中福田、龙岗的跨境电商交易额分别为 1 547.0 亿元和 849.3 亿元,分别占全市的 38.8% 和 21.3%②。上述五区在跨境电子商务领域规模优势明显,集聚效应显著,电商产业成为深圳外贸进出口的重要增长引擎。

(三)拥有完备便捷的电商物流中心

近年来,依托自贸区建设、跨境电子商务综试区制度创新以及扎实的外向

---

① 数据来源:广东省交通运输厅。
② 数据来源:深圳市商务局、中国(深圳)综合开发研究院。

型制造产业基础,珠三角城市群持续提升新业态发展动能,特别是电商物流中心集聚效应日益显著。2019年,海关跨境电商平台显示,除了海外仓、邮快件进出口渠道的数据,广东省跨境电商进出口总值为1 108亿元人民币,跨境电商进出口总值同比增长45.8%,而同期中国内地跨境电商总值为1 862.1亿元,广东省跨境电商进出口总值占比59.5%①。广东省商务厅的数据显示,截至2019年,佛山、广州、东莞、深圳、珠海、汕头6个综试区进出口额合计1 079.6亿元,占全省的97.4%。珠三角地区仓储资源充足,为跨境电商物流配送提供了有力支撑。物联云仓在线仓库数据显示,截至2019年4月,珠三角城市仓库资源分布最多的前三名分别是广州、东莞、佛山,其仓储面积依次为1 260万平方米、418万平方米、405万平方米。丰富的仓储资源为珠三角城市群跨境商品流通提供了存储、运输、配送、装卸及仓内加工等一系列专业化服务,提高了珠三角各个城市跨境物流效率。

第三节　世界资本市场重要枢纽港

中国香港是世界三大知名的自由贸易港之一,其在自由贸易与经济制度、自贸港管理体制、营商法治环境等方面已达国际先进水平,是世界资本市场的重要枢纽城市,为逐步推进建设粤港澳大湾区成为世界级要素市场提供了重要的借鉴。因此本节从金融、贸易航运、营商环境、服务平台4个方面阐述香港发展成为世界资本市场的重要枢纽。

一、全方位的国际金融中心

香港现代金融业起源于开埠之后。在第二次世界大战结束之后,香港金融业先后经历了多次内外部冲击,金融业结构历经转型,逐渐形成了一套公正法

---

① 昌道励.跨境电商产业红利　外溢至整个珠三角［N］.南方日报,2020-05-09（A03）.

治、透明自由的成熟金融体系,其金融市场深受国际资本的追捧,奠定了香港国际金融中心的地位。香港建立国际金融中心不仅大幅提升了香港的国际竞争力,其成功经验也为粤港澳大湾区发展金融业国际化提供了借鉴。

第一次鸦片战争以后,香港国际金融中心的雏形逐渐形成,外资银行与金融部门进入香港开办业务,同时保险业资本市场业也开始发展,并于19世纪末建立了香港首个证券交易市场。第二次世界大战后期,香港经济先后经历了多次冲击以及结构转型,商贸往来的繁荣催生了融资结算金融业务的需求,商业银行趁机壮大自身的发展,吸引大量国际资本涌入香港,这为香港建立国际金融中心注入强大的动能。此后,香港通过取消黄金进出口管制、实施港元浮动、取消外币存款利息税和其他所有形式的利息税、解除冻结银行新牌照的颁发限制、解除外汇管制等措施塑造了金融自由化环境,巩固了其作为自由经济体的地位。香港作为世界第三大国际金融中心,其在粤港澳大湾区金融市场的建设中扮演着重要的角色。2016年美国《经济自由度指数》显示,香港已经连续22年被评选为全世界最自由的经济体。香港金融的竞争能力也在世界前列,同时其国际贸易往来高度频繁,国际资本流动十分便利,其在融入粤港澳大湾区建设大局中发挥着重要的作用。

二、全球贸易中心和航运中心

香港的贸易发展与航运发展是息息相关的,国际贸易的繁荣拉动了航运业的发展,并为航运业务的发展带来巨大的物流流量,促进了多元化的船舶服务发展。同时航运事业的壮大发展也为香港日益繁荣的贸易奠定了良好的物流基础,推进了香港港口与内地海运基础设施的互联互通,加强了与贸易伙伴的合作。国际航运中心建设和全球贸易中心建设相辅相成,为香港开拓国际市场提供了有力支撑。

早期的香港凭借廉价劳动力的优势大力发展工业特别是制造业,推动以原材料为主要产品的进口和以"港产货"出口为主的贸易发展。随着劳动力成本上升,香港的制造业向外迁移,优良的港口管理服务使转口贸易迅速发展并成为同时期香港贸易的主导方式。贸易的转型也给香港的航运业带来众多的发展机遇,代理服务和航运经纪业务迅速发展,众多的船务经纪商在香港繁荣贸易推动下逐步壮大并形成总部经济,同时带动了香港船舶的相关服务的发展。

随着改革开放的推进,珠三角地区的工业迅速发展以及深圳、广州等众多大型港口基础设施建设完善,香港在港口地理位置与设施等方面要素的优势逐步减弱,因此加快了由转口贸易向离岸贸易的转型,逐步演化成为全球贸易中心。随着香港加强与内地的合作以及国际市场经济复苏,以离岸买卖货品的形式对外输出服务已成为香港进出口贸易业主要方式。2018 年,香港的商贸服务及贸易相关服务输出总额达 405 亿美元,占服务输出总值的 27.1%;离岸贸易总值达 6 230 亿美元,较 2017 年上升 8.3%。此外,中国内地经香港中转的货物和集装箱大多数来自珠三角地区,泛珠三角地区成为香港对商贸发展的重要市场。在中国内地的对外贸易中,有很大部分商品经香港处理之后再发往国际市场。2019 年,内地约有 11.2% 的出口货物(总值 2 780 亿美元)及 13.6% 的进口货物通过香港进行处理,总额达 2 810 亿美元,而香港约有一半以上的转口货物来自内地。2019 年,香港主要的出口市场是中国内地(占总出口的 55.4%)、欧盟(9.0%)以及东盟(7.8%)①。

随着香港贸易的成功转型,其航运中心也得到升级优化。随着香港与粤港澳大湾区其他城市合作日益紧密,香港作为通往华南地区的重要枢纽,其航运发展具有广阔的前景。《纲要》明确指出要定位香港为国际航运中心,支持香港发展船舶管理及租赁、船舶融资及海事争议解决等高端航运服务业,为香港的航运中心建设指明了方向。香港贸易发展局统计,2019 年,香港是全球第八大货柜港,紧随上海、新加坡、宁波舟山港、深圳、广州、釜山及青岛之后。世界银行的 2018 年物流绩效指标显示,香港取得 3.92 分,在全球排名第 12,在亚洲排名第 3。在国际航运运输方面,香港在 160 个经济体中排名第 7。

① 数据来源:香港贸易发展局。

三、国际化法治化的营商环境

世界银行发布的《2019年营商环境报告：为改革而培训》显示，香港的营商环境名列前茅，在报告评估中取得第4名的佳绩。香港的营商环境便利度可谓享誉全球，税制简单、税率低、税基窄、税种少、计法简单，使其在吸引海内外投资方面具有难以超越的优势。税制简单是香港深受内地和海外企业青睐的原因之一。香港是国际上著名的低税地区之一，属于分类税制，以所得税为主，行为税和财产税等为辅。首先，香港税制以收入为基础，对税制的调控力度并不强，这也是自由经济体制的重要体现之一。其次，香港征税面窄、税负低、税种少，这是吸引外资的优势之一。2018年4月1日，香港对税制进行调整，任何企业盈利的首200万港币税率由此前的16.5%减半至8.25%，除此之外，企业在香港没有其他税负，大大减轻了中小企业在流动资金方面的压力。再次，香港坚持属地制原则，有效地避免了国际性公司在香港双重纳税的问题，增强了企业经营离岸业务的积极性。最后，纳税便捷高效也是重要原因。香港对于任何税种都致力于稽征便捷。税法还规定了许多豁免或减免项目。香港投资推广署发表的调查报告显示，2019年，香港"纳税"便利度指标以99.71的高分排名全球第一，远高于内地的67.53分（全球排名为第114位），是继"办理施工许可证"之后，两地差距第二大的指标。

作为全球知名金融中心，香港金融服务业务发达，资本市场稳健发展，这使进驻香港的企业大大提高了筹融资能力。作为一个多元化的国际都市，香港资本市场高水平双向开放，联通内地与国际市场，聚集了大量的投资人。在港股的2000多家企业中，内地企业数量占比过半，占港股市场总市值的66%，股票日均交易量占比为76%，占总体IPO接近4/5[①]。香港不仅是全球第三大金融中心，也是内地企业最重要的离岸集资中心之一，成为内地资产出境及跨境投

---

① 德勤中国全国上市业务组.2020年第一季度中国内地及香港IPO市场回顾与前景展望[R/OL].(2020-04-03)[2021-01-10].德勤中国官网.

融资的重要通道。截至 2019 年 10 月 31 日,南向港股通于 2014 年 11 月正式开通①,2014—2019 年累计成交总额达 87 480 亿港元,内地资金净流入港股累计达 9 870 亿港元。港股通成为内地投资者投资香港的重要渠道,投资港股的持股总额保持稳步上升态势,由 2014 年底的 131 亿港元攀升至 9 995 亿港元②。

香港经济倡导自由开放以及"小政府"理念,这使香港的市场经济可以更好地配置资源,提高企业运转效率和市场调节能力。经历多年的发展,香港的自由市场经济体制日趋成熟,整个市场体系仍旧保持着高度自由开放的活力。2019 年 1 月,《华尔街日报》和美国智库传统基金会联合发表的"2019 经济自由度指数"指出,香港已经连续 25 年名列第一,以经济自由度 90.2 分(满分为 100分),成为全球唯一一个总分超过 90 分的经济体。香港重视法治化建设,法律制度公开透明,是全球营商环境最便利的地区之一。法治化、市场化与国际化的营商环境吸引了大量国内外资本融入香港,使其经济发展保持着长期繁荣,其强大的金融影响力深入辐射到内地,使内地拓宽了国际市场的渠道。香港国际化、法治化的营商环境建设为粤港澳大湾区法治营商环境建设提供了良好的参考,可为我国开放型经济新体制的建立提供有益的实践。

此外,香港对各个行业的优惠政策十分到位。香港制定出台了一系列关于吸引新企业入驻以及扶持老企业持续发展的优惠政策,以增强经济发展后劲。香港投资署发布的《2018—2019 年度财务预算案》,将税收优惠政策作为减轻中小企业税务负担的重要手段,以加快企业产研结合提升竞争力,且为了全面避免双重课税,香港特区政府计划与其他税务管辖区增加签订协定多达 50份。在人才培育方面,香港启动 50 亿元"科技专才培育计划",用于协调落实科技人才引进,加快打造大湾区国际创科中心。2018 年 5 月,香港特区政府宣布推出了"科技人才入境计划"的举措,简化了申请科技人才入境的程序,

---

① "南向港股通"包括包括沪港通下的港股通和深港通下的港股通两大连接香港和内地股票市场的资本流通机制,前者启动于 2014 年 11 月 17 日,后者则启动于 2016 年 12 月 5 日。

② 数据来源:香港交易及结算所有限公司(香港交易所)。

以加快输入海外和内地科研人才,促进地区人才多样性发展,推动扶植地区企业壮大发展。

四、内地企业走向世界的跳板

香港既是亚洲最大的财富管理中心,也是全球经济最发达、市场自由度最高的地区之一,并以法治化、自由化的营商环境、廉洁的政府、完备的基础设施闻名于世,为企业家与商人提供了极为有利的经营条件。众多的企业在香港建立公司开拓市场,利用香港的优势提升产品国际品牌效应,拓展国际市场业务。在创新、科技方面,由于香港享有"一国"和"两制"的双重优势,内地企业选择落户香港可以直接联通国内外市场。在配合国家走出去战略方面,香港是内地企业"走出去"的理想平台和伙伴①。

此外,香港拥有全球最顶尖的法律人才、金融人才、科技人才、教育人才。在法律领域,香港律师既熟悉国际法律规则又具备处理国际法律业务的丰富经验。在金融领域,香港金融人才不但熟悉本港的金融业务,在处理美国金融市场与欧洲金融市场业务方面也有丰富的经验以及市场联通优势。在科技和教育方面,香港高等教育人才储备和科研水平也是领先全球的。香港金融公司助力粤港澳大湾区企业降低融资成本,推动内地企业快速壮大起来;香港金融市场与欧美金融市场合作密切,而且香港的金融监管制度和标准全球领先,拥有高标准、透明化的金融商品服务以及完备的金融设施,国际认可度高,可以为内地企业走出去提供更广阔的平台和更专业化的服务。以证券市场为例,2016年香港第一次公开招股集资总额为251亿美元,连续两年排名全球第一②。2012年,在香港上市的内地企业数量为721家,市值占比为57.4%,占比总体持续提升,2016年内地公司在港交所股权证券的交易总额更是首次超过七成。资本邦研究院统计,2020年,赴港上市新股中内地企业数量占总数的3/4,募资超

① 郑晴.从国际湾区发展看香港在粤港澳大湾区发展中的定位[J].现代国际关系,2020(7):51-58.
② 数据来源:香港交易及结算所有限公司(香港交易所)。

3 900亿港元,从新上市的企业数量来看,来自内地的企业占比达75.32%。从IPO募资来看,来自不同地区的募资总额也有不同,内地占据绝对优势。其中,来自内地的募资规模共约3 901.09亿元,约占募资总额的98.95%。因此,香港已是内地企业走出去的重要跳板,在粤港澳大湾区金融市场建设方面有着重要的领头羊作用。

第四节 多元化发展的全球投资新焦点

澳门作为世界旅游休闲中心,可以为粤港澳大湾区文旅业发展提供范例。同时澳门具有中医药产业国际化发展、与葡语国家文化共融、完备的中葡经贸合作服务平台的优势,可以为内地中医药企业开拓国家市场带来崭新的机遇,推动中国与葡语国家的双边贸易发展,为粤港澳大湾区融入国际市场、形成全面开放新格局提供服务。因此本节将从世界级的旅游休闲中心、国际文化共同体的联系纽带、中医药产业迈向国际化的重要通道、中国与葡语国家商贸合作的服务平台4个方面来阐述澳门作为超级联系人的优势,以及其是如何成为多元化发展全球资本新焦点的。

一、世界级的旅游休闲中心

澳门回归祖国20多年,第三产业稳步发展,特别是以文旅业为引领的现代服务业实现加速发展,为粤港澳大湾区的经济发展注入新动能。作为世界级的旅游休闲中心、国际文化共同体的交流合作发展基地、中国与葡语国家商贸合作的服务平台,澳门在粤港澳大湾区建设中扮演着重要的角色,为粤港澳大湾区现代服务业水平的提升提供了有力的支撑。

2017年7月,《深化粤港澳合作 推进大湾区建设框架议》在香港正式签署,标志着我国首个国际一流湾区建设正式拉开序幕,以充分发挥粤港澳地区的综合优势。作为重要的滨海经济形态,湾区经济是世界各国的着重发展之处,也是世界沿海城市群经济高度发展的重要标志。虽然粤港澳大湾区的建设尚处于起步阶段,但其拥有世界上最大的空港群与海港群、配套的商贸服务中心、一体化的物流园区体系、世界级的制造基地等。与世界三大湾区相比,粤港澳大湾区的第三产业发展尚存在差距,特别是现代服务业的发展,因此提高三产比例成为粤港澳大湾区建设国际一流湾区和世界级城市群的必经之路。而澳门作为世界级的旅游休闲中心、国际文化共同体的交流合作发展基地和中国与葡语国家商贸合作的服务平台,在粤港澳大湾区建设中扮演着重要角色,为粤港澳大湾区提升现代服务业水平提供了有力的支撑。2016 年 9 月 8 日,《澳门特别行政区五年发展规划(2016—2020 年)》正式发布并实施,指出澳门要"建设世界旅游休闲中心",致力于推动本土经济结构向多元化发展。因此,粤港澳大湾区的建设背景和澳门建设世界级旅游城市的定位的有机结合,给澳门城市发展提供了区域层面的新机遇。

经过多年的发展,澳门旅游资源所带来的经济效益不断提升。首先,作为"赌城"的澳门,在政府的支持和丰富的旅游资源的支撑下,博彩业拉动财政收入的能力持续增强。其次,澳门具备丰富的文旅资源。2005 年,联合国教科文组织将澳门的历史旧城区列入世界文化遗产名录,而颇具特色的"大三巴"早已成为澳门的代表景点之一,每年吸引大批游客前来参观。最后,澳门独有的葡萄牙文化和浓浓的南欧风情,是多元化共融文化的基础,也是澳门文旅业强大的后盾。总体来说,服务产业、文旅资源是推动澳门建设世界级旅游休闲中心的强劲动能。

二、国际文化共同体的联系纽带

澳门多元文化共存,是中西文化交流的重要纽带。作为中国与葡语国家的超级联系人,澳门发挥文化交流平台角色,打造多元文化共存的交流合作基地,推动澳门文化产业多元化发展,深化中国与葡语国家彼此间的全面合作。

澳门回归之后，依托"一国两制"特有的制度性优势，以及与葡语国家之间的密切交流，逐渐演变为国家对外开放的"桥梁、国际通道、窗口"和"超级联系人"。2003年，澳门特区政府获得中国中央政府的支持，创立了以澳门为永久中介地的"中葡论坛"①。"中葡论坛"致力于建立中国与葡语国家之间非政治性政府之间多边经贸合作机制，以期将澳门打造成为联系中国与葡语国家的经贸文化合作交流的桥梁。2003—2016年，中葡论坛共计举行了5届部长级会议，已日益成为深化中国与葡语国家互利合作、促进与会国经济共同发展的重要平台。

澳门文化历史悠久，自开埠400多年以来，逐渐形成了中西文化碰撞交融的独特文化面貌，并留下众多值得珍视的文化遗产。澳门回归后，澳门文化工作者铸就了大量优秀的文化作品以及文化遗产，彰显了出澳门独特的文化韵味，使澳门400多年的文化积淀重新焕发活力。近年来，澳门的文化创意产业逐渐发展，澳门文创氛围渐趋浓厚。2014—2017年，澳门文创企业由最初的1 038家大幅上升至2 088家，增幅高达101%。澳门文化产业拉动了经济增长，其增加值总额保持着约7%的年增速。此外，创意设计、艺术收藏、文化展演、数码媒体四类文化产业已具一定规模②。澳门特别行政区政府统计暨普查局资料显示，2017—2018年，澳门文化产业的机构数、增加值、收益、在职员工数均有较大幅度的提升（表9.4）。这表明澳门文化产业多元发展趋势在逐步形成，虽然与发达国家的文化创意产业还有一定的差距，但是未来发展潜力巨大。澳门发展文化产业致力于促进产业多元化，既响应了粤港澳大湾区发展规划的号召，符合澳门建设"世界旅游休闲中心"、打造"以中华文化为主流、多元文化共存的交流合作基地"的发展定位，也是促进多元文化交流和推动区域合作的总体发展方向。

---

① "中葡论坛"初创时，参与的葡语国家有7个：安哥拉、巴西、佛得角、几内亚比绍、莫桑比克、葡萄牙、东帝汶。2016年12月，圣多美和普林西比与中国恢复外交关系后，通过中国政府提出加入"中葡论坛"的正式申请，经"中葡论坛"与会国同意，"中葡论坛"常设秘书处第十二次例会于2017年3月29日讨论通过圣多美和普林西比正式加入"中葡论坛"。

② 章利新，王攀，胡瑶.文化舞台上的"澳门身段"[N].人民日报（海外版），2020-02-29（4）.

表 9.4　澳门文化产业机构数、在职员工数、收益和增加值总额统计

领域	2017 年				2018 年			
	机构/间	在职员工/人	收益/亿澳门元	增加值/亿澳门元	机构/间	在职员工/人	收益/亿澳门元	增加值/亿澳门元
文化产业总数	2 091	11 721	70.48	23.67	2 246	12 719	71.81	25.97
创意设计	1 152	3 473	20.63	6.62	1 265	3 871	21.00	7.28
艺术收藏	107	427	1.05	0.33	121	505	1.04	0.24
数码媒体（其中:信息业）	612 (364)	5 367 (2 190)	34.43 (20.56)	13.74 (6.60)	605 (356)	5 649 (2 339)	35.59 (20.74)	14.40 (6.59)

资料来源:根据澳门特别行政区政府统计暨普查局发布的数据整理所得。

三、中医药产业迈向国际化的重要通道

近年来,澳门已经将中医药作为重点发展领域,通过推动中医药科技产业发展平台建设、构建人才协同培养模式、构筑青年人才交流基地等方式,为加快推进中医药产业化、国际化开拓了广阔空间,粤澳之间逐渐架起一座中医药"连心桥",使中医药产业加快迈向国际化。

中医药产业是澳门首个五年规划重要内容之一,也是发展多元经济的新兴产业之一。2011 年 3 月 6 日,粤澳两地政府签署《粤澳合作框架协议》。中药质量研究国家重点实验室于 2011 年 1 月 25 日正式成立,意味着澳门的中医药逐渐向国际化发展。同年,粤澳合作中医药科技产业园项目正式落户横琴,并于 2013 年正式运营,进一步拓展了澳门中医药产业发展的空间。2015 年 8 月 18 日,世界卫生组织传统医药合作中心在澳门正式挂牌。澳门"产学研"链条逐渐搭建起来,澳门中医药产业也迎来快速发展时期。据统计,2017 年澳门中医药产业已具备一定的发展规模,增加值达 3.21 亿元,为澳门向经济适度多元发展

增添新动能①。2018 年 8 月,粤港澳大湾区建设领导小组第一次会议正式召开,明确支持澳门建设中医药科技产业发展平台。

中医药人才培养也是澳门高等教育的一张闪亮名片。近年来,澳门本土的大学与葡萄牙的大学加强对两地高层次人才协同培养,特别是在对中医药专业的人才培养方面进行深度合作,畅通了中医药人才培养交流的渠道。通过一系列的发展举措,澳门中医药人才储备日益夯实。澳门科技大学获得新药研发前景的国际发明和创新专利授权 60 多项②。此外,澳门通过构筑人才交流基地,促进中医药技术和文化在葡语国家的推广。2018 年 9 月,依托中医药产业园的有利区位优势,澳门成立"国际青年中医生交流基地",为培养国际青年中医生搭建了文化交流、知识互联的国际化平台。截至 2019 年 9 月,国际青年中医生交流基地已成功举办 6 期交流沙龙活动及海外交流活动,累计有 288 人次的澳门青年中医生、葡语系国家青年代表参与,帮助提高了各个成员中医药青年的专业及临床能力。

中医药产业快速发展,带动了澳门创新科技发展。在中央政府的支持下,澳门科创产业不断发展,研究团队水平不断提升和产业发展基础逐步夯实。澳门已和美国、欧盟药典(The European Directorate for the Quality of Medicines & Health Care, EDQM)开展广泛合作,提升与欧美国家对医疗卫生事业的研发合力,截至 2020 年已制定逾 10 款中药世界标准。由澳门大学和澳门科技大学联合创建的中药质量研究国家重点实验室也成效显著,中药品质已达国际先进水平,众多研究成果受国家颁奖认可,特别是在中医药研发方面屡次获得佳绩。其中,在中医药创新发明方面,2016 年,澳门大学实验室开启 12 个进入欧美的创新中药产品研发。在中医药国际标准制定方面,实验室协助欧盟药典起草麦冬、银花等 9 个草药标准,协助美国药典会制定草药标准 2 个、膳食补充剂标准

---

① 汪灵犀.澳门抢抓"一带一路"建设机遇[N].人民日报(海外版),2019-12-19(3).
② 数据来源:中央人民政府驻澳门特别行政区联络办公室。

4 个[1]，协助将地奥心血康、双氢青蒿素等药品到欧美国家注册。

依托"一国两制"以及与葡语国家密切联系的优势，澳门承担着"小地方，大平台"的重要角色，创新具有特色的中医中药产品，为助力中医中药迈向国际化，推动中医药更好造福人类做出了重要的贡献。

四、中国与葡语国家商贸合作的服务平台

澳门中葡经贸合作平台建设取得了显著的成效，为双方企业的商贸往来拓展了渠道。随着澳门营商软硬件环境的完善，澳门会展业迎来全新的发展机遇，中葡经贸平台得以发挥维系各方的作用，为内地企业开拓葡语国家市场带来了崭新的机遇。同时澳门中葡平台的"三个中心"建设方向逐渐明确，为中国与葡语国家的开启更高层次的经贸合作提供了有力支撑。

中葡合作发展基金覆盖范围广。2010 年，在中葡论坛第三届部长级会议上，时任国务院总理的温家宝宣布，澳门和中国内地的金融机构将发起总规模为 10 亿美元的中葡合作发展基金，旨在拓宽中国与葡语国家间金融合作空间。2013 年 6 月，澳门联合国家开发银行发起"中国与葡语国家合作发展基金"，资金规模为 10 亿美元，主要用于投资交通、信息化、网络、通信等基础设施建设，还囊括自然资源、农业、制造业等传统领域，拉动了当地经济发展与改善了民生福利，同时也拓宽了内地企业投资渠道。

会展业成为中葡经贸平台发展的重要引擎。随着软硬件环境的逐渐完善，澳门会展也成为内地企业与葡语国家加强经贸往来的重要服务平台。其中，国际贸易投资展览会是澳门最大型的综合展览，该展览会每年设置葡语国家展馆，旨在帮助内地企业了解葡语国家市场的最新动向，通过澳门这个平台与葡语国家进行经贸合作。此外，"葡语国家产品及服务展（澳门）"和"澳门国际贸易投资展览会"同期举行，两个展会吸引了大批的参展商前来寻找合作商机，为

---

① 数据来源：中央人民政府驻澳门特别行政区联络办公室。

来澳门的葡语国家企业和协会创造了更多的合作交流机会。

澳门的中葡平台"三个中心"建设持续推进。2013 年,在中葡论坛第四届部长级会议上,时任国务院副总理的汪洋明确了澳门中葡平台的发展定位,支持澳门建设中葡经贸合作会展中心、葡语国家食品集散中心、中葡中小企业商贸服务中心。澳门特区政府与各界人士通力合作,以中葡平台"三个中心"的建设为中心目标,展开各项交流合作工作,以发挥澳门作为中葡经贸合作桥梁的作用。自从"三个中心"的建设不断推进,中国和葡语国家进出口贸易发展迅速。2019 年,中葡双边贸易额达 1 496.39 亿美元。其中,中国对葡语国家出口 440.65 亿美元,中国自葡语国家进口 1 055.74 亿美元①。

---

① 数据来源:中华人民共和国海关总署。

10

投资带动：
活跃的民营经济与开放的投资环境

　　粤港澳大湾区投资动力强劲,民营经济蓬勃发展带动投资市场繁荣向好,龙头企业招商引资能力和水平逐步提高,开放自由的投资环境为大湾区经济发展提供了良好的经贸氛围和优质投资平台。2000年广东外商投资企业进出口总额为92.04亿美元,到2019年为4 347.68亿美元,20年增长了超过46倍。广东外商投资企业数从1992年的约26 365户增至2019年的179 268户,增长了约5.8倍。香港股票交易周转率从1978年的3.16%增至2017年的43.38%,香港股票交易额占GDP的比重从1978年的2.23%增至2017年的572.01%,增幅巨大,由此可见香港投资环境不断优化,投资的自由开放度不断提升。澳门的银行部门国内信贷占国内生产总值的比重从1984年的57.8%增至2015年的105.6%,改革开放助力澳门经贸投资活动越发活跃。自改革开放以来,粤港澳大湾区投资贸易活动总体呈井喷式发展,投资贸易体量不断增大,投资贸易质量和水平也在稳步向更高水平攀升。可以说,活跃的民营经济与开放的投资环境是粤港澳大湾区经济增长的主要驱动力[1]。

第一节　民营经济与龙头企业的商海潮

　　民营经济的发展在粤港澳大湾区经济发展中的地位举足轻重,龙头企业更是带领湾区经济迈向世界的先导力量。在粤港澳大湾区建设框架下,民营经济获得长足发展,发展空间日益广阔。2018年,习近平总书记在广东考察时指出,民营企业对我国经济发展贡献很大,创新、创造、创业离不开中小企业。因此,要做大做强民营企业,充分发挥民营经济在粤港澳大湾区经济发展中的带动作用,推动民营企业更加积极主动地迎接粤港澳大湾区建设机遇。积极加强龙头企业在粤港澳大湾区建设中的引领作用,是促进粤港澳三地间的深度融合和投资贸易高质量发展的重要一步。

---

① 　数据来源:广东省统计局。

一、民营企业

近年来,广东民营企业作为经济主体地位得到了进一步巩固。2019 年,广东民营企业超过 1 100 万家,占据了全社会95%以上的市场主体数量,为社会贡献税收及 GDP 超过 50%,并创造了 80%以上的新增就业岗位。以华为、腾讯和大疆等为代表的一批民营高科技企业的创新成果甚至占全社会创新成果比例高达 75%①。可以说,广东民营经济的健康稳健发展为广东全省经济的平稳可持续发展奠定了重要基础。从数据上看,广东民营企业在 2014—2019 年的产业增加值不断攀升,增加值增速保持在 8%左右,发展势头迅猛(图 10.1)。民营经济是创新创业的主要力量,随着 9 市 2 区要素资源的流通日益便捷化,民营经济区域发展将更加趋于平衡多元。粤港澳大湾区民营企业表现活跃,粤港澳大湾区的建设正紧锣密鼓地开展,为民营企业的发展带来了多重机遇。新时代、新环境、新背景下,粤港澳大湾区内民营企业应紧跟政策、完善内部管理体制和运营机制、加快转型升级步伐,实现高质量发展。

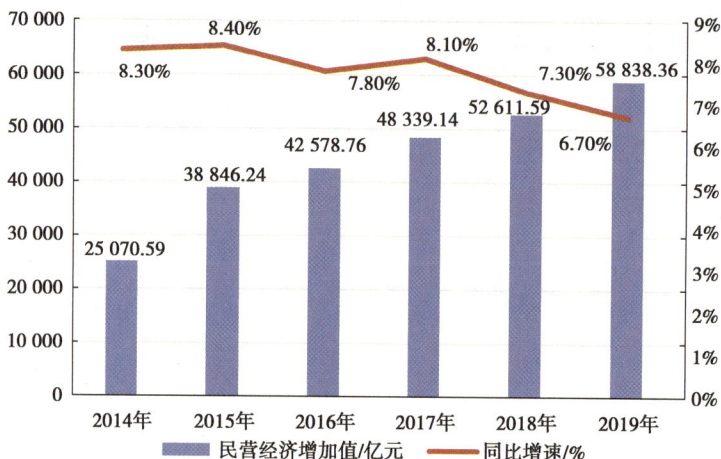

图 10.1　2014—2019 年广东民营经济增加值发展情况

资料来源:根据广东省 2014—2019 年国民经济和社会发展统计公报的数据整理所得。

① 　数据来源:广东省统计局。

民营企业在广东的发展在财富中文网发布的《财富》世界 500 强榜单上粤港澳大湾区企业数量的变化就可窥一斑。2011 年，粤港澳大湾区企业上榜数量只有 7 家，彼时的广东地区生产总值刚刚突破 5 万亿元；而到了 2019 年，上榜企业增至 21 家，广东的地区生产总值已突破 10 万亿元大关。10 万亿元地区生产总值，是广东民营企业奋发向上、产业集群协同发展的成果。从 2020 年发布的榜单来看，来自粤港澳大湾区的民营企业在产业分布上呈现多元化特色。互联网、房地产、制造业和金融业等行业成为上榜民营企业的主要经营领域。华为、腾讯等明星企业，成为广东融入全球价值链的亮眼明珠，这既体现出广东民营经济产业平衡性和多元化发展的特点，又彰显出粤港澳大湾区强劲的经济带动能力。正是在这些上榜民营企业的带动下，广东民营企业发展迅速，竞争力不断提升，民营经济已成为助推广东经济发展的一股强大动力。

二、龙头企业

粤港澳大湾区的稳步建设和繁荣发展离不开龙头企业，特别是兼具公共属性和市场属性的国有龙头企业。

在基础设施建设方面，龙头企业相比其他企业存在明显的资源优势，大湾区内各种各类市场主体的生产、创新以及产业优化都离不开龙头企业的参与和支持，龙头企业在大湾区建设中的先导带动作用和引领支撑作用对粤港澳大湾区构建创新经济发展生态具有重要意义。例如，近年来大量国有龙头企业将资本投入包括港口建设、机场建设、轻轨建设、航道建设和核电建设等基础设施建设，广州和深圳也日益成为参与粤港澳大湾区建设的国有龙头企业扎根的主要阵地，并对周围城市中小企业的市场拓展和体制转型起到正面溢出作用。粤港澳大湾区 9 市内的龙头企业遍布各个产业布局的核心关键位置。龙头企业积极参与湾区经济建设，不仅可以推动粤港澳大湾区内各个城市的基础设施建设、科技发展、宜居宜业环境打造和产业转型升级，也可以促进粤港澳大湾区中心城市构建起更加良好的产业空间布局。粤港澳大湾区建设配备了优质的基础设施配套资源,政府对在粤港澳大湾区发展的龙头企业改革发展也给予了足够的重视和贯彻落实的决心,这对于提升粤港澳大湾区建设水平和发展速度十分有利。粤港澳大湾区内龙头企业发展良好对周边企业、周边地区的带动作用是巨大的,正面溢出效应和良性循环效应有助于增强粤港澳大湾区内的资源要素流动,为大湾区建设实现跨城市资源共享奠定平台基础,反过来这也可以进一步促进粤港澳大湾区内龙头企业自身的发展。

(一)广东各行业龙头企业百花齐放

广东各行业龙头企业业务范围覆盖全球,行业分布呈多元化发展,推动经济迈向高质量发展的作用凸显(表10.1)。2019年广东前20强龙头企业的业务范围涉及保险、信息通信、地产、基础设施建设、能源供应和半导体等制造业和服务业,其中服务业是龙头企业的主要业务形态。龙头企业对广东全省经济的带动作用和正面溢出效应不断加强,各行业龙头企业抢抓改革开放伟大机遇,实现了行业的百花齐放。自改革开放以来,广东经济蓬勃发展,现已成为中国的第一经济大省,这一历史性成就离不开广东各个行业龙头企业的迅猛发展和广东产业协同发展带来的集聚效应。广东各行业龙头的国际竞争力不断增强,产业布局越发多元,龙头企业行业百花齐放。

在制造业方面,以华为投资控股有限公司、正威国际集团和国家电网等一批龙头企业发展迅猛,投资带动能力突出。根据"2019年中国民营企业500强",华为投资控股有限公司营收总额高达7 212亿元,公司涉及业务涵盖多个领域,如程控交换机、传输设备、服务器及配套软硬件产品的生产和销售以及企业管理咨询等。再如,正威集团在2019年实现营业额逾6 000亿元①,公司总部位于深圳,业务范围涵盖有色金属、新材料和新电子信息等一系列高科技产业。正威集团的市场布局呈现国际化拓展特征,其市场开拓范围涉及全球多个地区,如在国内成立了华东、北方、西北总部,同时在亚洲、欧洲、美洲等地也设有

---

① 数据来源:正威国际集团官网。

集团的国际总部。制造业领域龙头企业业务范围和市场分布的多元化发展为粤港澳地区经济的高质量多元化发展做出了重要贡献，广东龙头企业的经济带动作用效果凸显。

在服务业方面，中国平安集团、国家电网和碧桂园控股有限公司等一批龙头企业为粤港澳大湾区经济发展做出了重要贡献。例如，中国平安集团作为广东服务业领域的典型龙头企业，其业务范围涉及银行、保险、投资和金融等，其品牌价值和企业文化在国际市场的认可度不断提高，并在 2019 年入选 BrandZ 全球最具价值品牌百强榜单，其龙头企业的品牌形象和企业地位的提高对于推动地区行业内其他企业的发展产生了重要的积极作用。集多元化发展之大成的典型案例是国家电网，在 2020 年 6 月，国家电网与国内大型互联网企业如华为、阿里、腾讯、百度等签署战略合作协议，共同建设"数字新基建"项目，预计带动社会投资规模达 1 000 亿元。"数字新基建"项目将聚焦大数据中心、工业互联网、5G、人工智能等"新基建"领域，2020 年将建设电网数字化平台、7 个省级能源大数据中心等重点项目，并且打造一批"5G+能源互联网"典型应用，同时在电力设备运检等领域推广北斗应用。国家电网以自身强势的业务能力推动制造业现代化发展，充分彰显了龙头企业强势服务业带动制造业高质量发展的重要推动作用。商业巨头带动投资积极效果显著，未来粤港澳大湾区内企业投资活力将持续增强。

表 10.1　2019 年广东企业 20 强排行榜

序号	公司名称	行业类别	地区
1	中国平安保险(集团)股份有限公司	服务业	深圳
2	中国华润有限公司	综合类	深圳
3	中国南方电网有限责任公司	服务业	广州
4	正威国际集团有限公司	制造业	深圳
5	恒大集团有限公司	服务业	深圳

续表

序号	公司名称	行业类别	地区
6	富士康工业互联网股份有限公司	制造业	深圳
7	碧桂园控股有限公司	服务业	佛山
8	招商银行股份有限公司	服务业	深圳
9	广州汽车工业集团有限公司	制造业	广州
10	腾讯控股有限公司	服务业	深圳
11	万科企业股份有限公司	服务业	深圳
12	雪松控股集团有限公司	综合类	广州
13	美的集团股份有限公司	制造业	佛山
14	珠海格力电器股份有限公司	制造业	珠海
15	保利发展控股集团股份有限公司	服务业	广州
16	中国南方航空集团有限公司	服务业	广州
17	比亚迪股份有限公司	制造业	深圳
18	广州医药集团有限公司	制造业	广州
19	TCL集团股份有限公司	制造业	惠州

资料来源:根据"2019年广东企业500强排行榜"资料整理而得。

(二)驻港中资龙头国企飞跃式发展

驻港中资龙头企业布局早在中华人民共和国成立之前便已开展,其在中国革命胜利的历史进程中扮演了重要的经济支撑角色。随着中国的改革开放,以广东和香港为主要阵地的对外经贸开放大门越开越大,香港地区的中资龙头企业也在国内外形势的转变中从支持国内革命、建设和改革发展成为既是国内经济贸易活动的"排头兵"和"领头羊",也是吸引外资、先进技术和管理经验的重要活动主体。

改革开放的巨大红利推动了驻港中资企业的迅猛发展,中国"一国两制"的先进制度用事实证明了其正确性、可靠性和可行性。一方面，驻港中资龙头国企的不断发展带动了香港产业链的多元化发展，为当地创造了旺盛的用工需求，提供了大量的就业岗位。新华社统计，2019 年华润集团、招商局集团、中国移动香港、中银香港等一批驻港中资龙头企业，在港提供就业岗位超过 1 000个。另一方面，中资企业借助香港国际金融中心窗口优势，实现了高效融资，助推企业进一步发展壮大，并在粤港澳经济中扮演了越来越重要的角色。2017 年中资企业在港上市规模占国内生产总值的比重从 1978 年的 70.6% 增至1 274.13%，增长了约 17 倍，实现了飞跃式发展（图 10.2）。

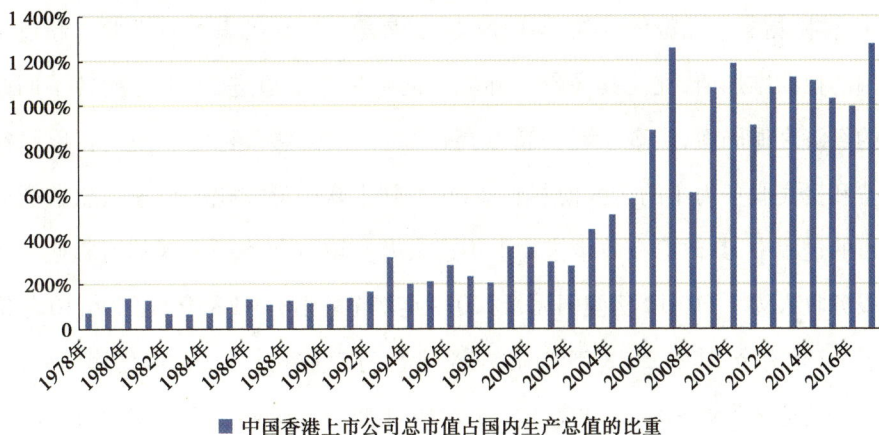

图 10.2　中国香港上市公司总市值占国内生产总值的比重

数据来源：根据国家统计局发布的数据整理所得。

与此同时，驻港中资企业在"一带一路"建设中也发挥着积极作用。2018年香港特区行政长官林郑月娥在《行政长官 2018 年施政报告》中指出，香港已被确立为"一带一路"建设中的重要节点和内地企业"走出去"的首选平台，为此特区政府制定了关于"一带一路"建设的一系列策略重点。例如，中国银行在港经营超过百年，中银香港（控股）有限公司于 2001 年 10 月 1 日正式成立，2018 年中银香港（控股）有限公司实施集团重组战略，把中银在香港的管理、服务和金融产品等优势延伸至东南亚地区,显著提升了中国银行区域及全球服务能力。驻港中资企业借助香港国际物流枢纽和国际金融窗口的优势条件,以更加高效的方式参与"一带一路"相关国家及地区的协作。香港的优势区位条件和开放自由的金融环境,为驻港中资企业迅猛发展提供了重要支撑。驻港中资企业已成为加快实施"走出去"战略的中坚力量。

(三)澳门特色博彩业巨头

博彩业作为澳门经济的支柱产业,在澳门经济结构中的地位十分重要,为澳门特区政府提供了大量财政收入,也为澳门居民提供了大量就业岗位。回归以来,伴随博彩业赌权的开放,澳门成为"世界第一赌城",其博彩业收入超过了美国的拉斯维加斯,促使其向着国际城市的目标稳步迈进,根本上扭转了回归前的经济衰退局面,实现了经济持续高速增长、社会繁荣稳定。澳门在以高端消费和贵宾服务为主的传统博彩胜地,转型到大众中低端化的合家欢旅游娱乐城市的过程中,其政府在政策推动上不遗余力。2008 年澳门地区的博彩业及相关服务收入为 1 110.12 亿澳门元,到 2018 年增至峰值3 041.85 亿澳门元,10 年增长了 1.7 倍有余,其中,2018 年澳门的博彩业部门营业额达 3 028.56 亿澳门元,占同年澳门地区生产总值的 68%。尽管 2019 年澳门博彩业及相关服务收入降至2 933.12 亿澳门元,2020 年又因遭遇新冠肺炎疫情冲击,收入剧降至 604.41 亿澳门元[①]。但博彩业依然是澳门的支柱性产业。在澳门,博彩业的六大巨头家喻户晓,包括传统扎根澳门的澳博控股、银河娱乐、新濠国际以及三大拉斯维加斯巨头旗下的金沙中国、美高梅中国以及永利澳门。澳门博彩产业的蓬勃发展也为澳门吸引外来投资做出了重要贡献,博彩业成为澳门吸引外资占比最多的产业(表 10.2)。澳门博彩业巨头企业为推动投资做出了历史贡献,推动了粤港澳三地的投资贸易合作,为未来粤港澳大湾区经贸投资创造了物质基础和行为范式。

---

① 数据来源:澳门特别行政区政府统计暨普查局。

表 10.2　2008—2018 年澳门外来投资累计总额

年份	外来直接投资累计总额/百万澳门元	博彩业外来直接投资累计总额/百万澳门元	博彩业外来直接投资占外来直接投资累计总额的比例/%
2008	84 077	58 211	69.2
2013	195 770	114 390	58.4
2016	250 564	120 125	47.9
2017	266 729	112 581	42.2
2018	292 831	132 518	45.2

资料来源：根据澳门特别行政区政府统计暨普查局发布的数据整理所得。

第二节　外商投资与跨国公司的集聚地

对外开放的贸易投资格局是粤港澳大湾区经济腾飞的重要原因之一，外商投资与跨国公司对粤港澳大湾区的经济增长起着举足轻重的作用。作为中国外商投资企业与跨国公司的集聚地，粤港澳大湾区将继续提升其对外开放格局，营造更便利、更自由、更国际化的营商环境，加强外商投资与跨国公司的吸引力度，助推贸易投资迈向更高水平。

一、外商投资总览

外商投资是反映本地区的经济活力和开放程度的重要指标。作为改革开放的先头阵地，自 20 世纪 80 年代以来，珠三角地区一直是外商资本在中国内地进行生产和战略布局最受青睐的地区。粤港澳大湾区建设反过来又进一步推动了珠三角和港澳地区的外资引进。

（一）广东外商投资情况

广东地区外商投资活跃，经济结构和布局逐步迈向高质量发展。广东地区作为改革开放的先头阵地，对外贸易活动十分活跃，同时其也是外商资本在中国内地进行生产和战略布局最为青睐的地区。从 1979—2017 年广东实际利用外资额及利用外资签订项目个数情况来看,2015 年以后广东的外商直接投资走势持续攀升,重回利用外资的历史高位水平(图 10.3)。

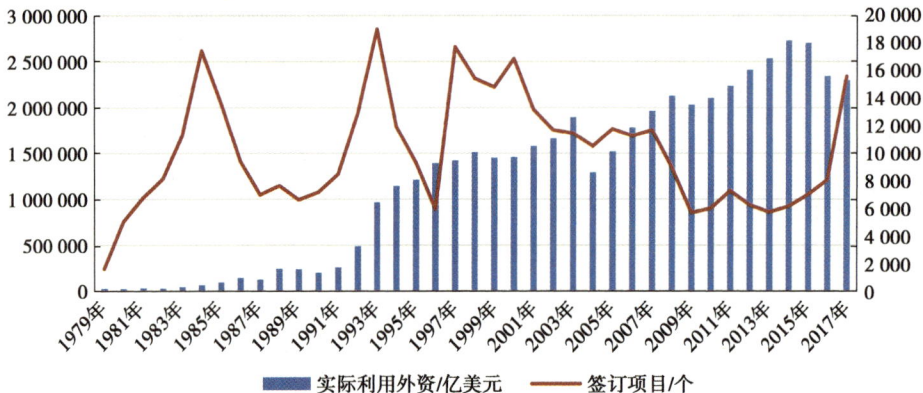

图 10.3　1979—2017 年广东实际利用外资金额及利用外资签订项目个数情况

资料来源:广东省统计局,国家统计局广东调查总队.广东统计年鉴 2020[M].北京:中国统计出版社,2020.

就地区分布而言,外商资本在广东省内的空间集聚效应明显,珠三角 9 市是广东省外商资本的主要集中地。从 2006 年、2008 年、2018 年和 2019 年广东各个城市实际利用外商资本情况可以看出,广州和深圳是外商投资最为活跃的地区。在珠三角 9 市内部,外商资本的空间集中程度也在不断提高,其中广州和深圳利用外资占比不断增大,外资集聚效应明显(图 10.4)。2019 年,广东地区外商资本最多的前三位城市分别是深圳、广州和珠海,利用外资金额分别为532.36 亿美元、459.37 亿美元和 163.90 亿美元(图 10.5)。广东地区珠江口东西岸城市发展两极化程度加大,珠江口东岸城市利用外资规模显著大于珠江口西岸城市。从珠三角 9 市的核心城市和非核心城市对比来看,广州、深圳和珠海在利用外资方面的能力大大强于其余的珠三角非核心城市。总体而言,珠三角 9 市在粤港澳大湾区建设的机遇下,获得更高质量、更大规模外商投资的机会增多,广东外商投资活动愈加活跃。

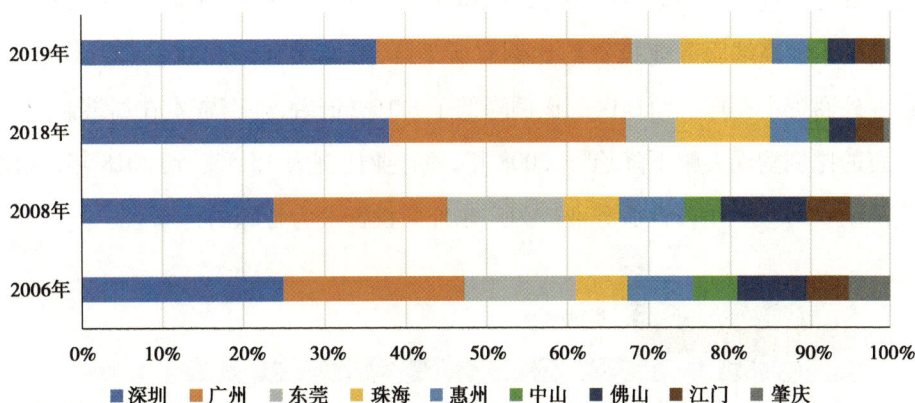

图 10.4　2006 年、2008 年、2018 年和 2019 年珠三角 9 市占广东省实际利用外商资本的比率

资料来源：根据国家统计局发布的数据整理所得。

注：2009 年之前顺德并入中山成为市区，2009 年顺德在国务院的批复下再次成为省直管，2017 年顺德并
　　入佛山成为市区。

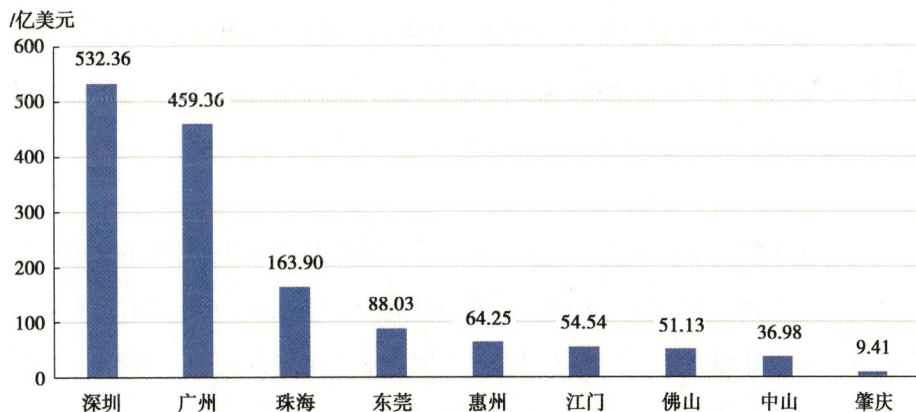

图 10.5　2019 年珠三角 9 市分地区实际利用外资情况

资料来源：根据 2019 年广东统计年鉴整理所得。

在行业分布上，外商资本在珠三角地区的投资更多倾向于生产性服务业。
从 2008 年和 2018 年珠三角地区外商资本在高端制造业、高端服务业和生产性
服务业三大细分行业的比例（图 10.6）可以看出：首先，外商资本在生产性服务

业投资的比例呈现明显增加趋势,从 2008 年的 16% 增至 2018 年的 25%;其次,外商资本在高端服务业投资的比例有所下降,降幅明显,在 2008—2018 年,该行业外商资本在珠三角地区的比例降低了 8.1%;最后,外商资本在高端制造业投资的比例呈现大幅下降趋势,2008 年,该行业比例为 15.5%,到 2018 年,该比例降至 8.4%①。生产性服务业成为广东外商投资最为青睐的行业。

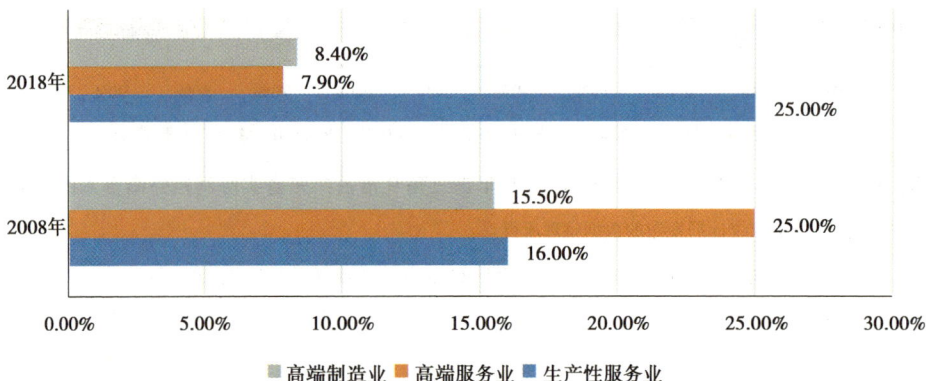

图 10.6 2008 年和 2018 年珠三角 9 市外商资本的行业占比对比情况

资料来源:复旦大学中国经济研究中心.粤港澳大湾区①外商资本和大湾区内资本流动[R].上海:上海论坛,2019.

粤港澳大湾区要建成具有国际影响力的国际科技创新中心,离不开外商给粤港澳大湾区企业和市场带来的先进管理经验和科学技术。同时,通过外商投资的方式可以加强粤港澳大湾区同世界各国企业和市场的沟通与联系,为构建"一带一路"倡议下的人类命运共同体提供强有力的支持。珠三角地区的外商投资活动日趋活跃,在珠三角地区的创新产业配套网络的基础上,粤港澳大湾区三地间的创新要素流动阻碍大大减少,成为吸引外商投资的重要因素之一。粤港澳大湾区 2020 年各地市区出台的招商引资政策也更加体现出中国的"大

① 复旦大学中国经济研究中心.粤港澳大湾区外商资本和科技创新研究报告[R/OL].(2019-06-10) [2021-01-10].复旦发展研究院官网.

门"只会越来越开放,对于多元化的外商资金来源持更加积极开放的态度。珠三角地区外商投资环境逐步完善,投资渠道和投资规范日趋完善,已成为世界外商投资的重要战略地区之一。

（二）香港外商投资情况

香港长期以来以自身的开放投资环境和发达金融体系而闻名世界,吸引了许多外国投资者前来,香港也是连接中国内陆市场和世界市场的重要纽带,它为有意布局中国内地市场的外商投资者提供了市场进入渠道,为中国内地市场承接国际资本提供了窗口。凭借背靠经济体量巨大的祖国和对接经济资源丰富的国际市场的优势区位条件,香港经济在改革开放后短短的40多年取得了令人瞩目的历史性成就。粤港澳大湾区城市群的建设也将进一步加强香港国际金融中心的地位,助力香港成为更加富有活力、开放、自由、高效的中国对外开放的重要窗口。

香港外商投资环境不断优化,稳步迈向世界领先水平。1997年,香港在回归祖国的同时,也助推香港地区的外商投资迈向更高水平、更大平台、更大规模的全新阶段。香港背靠祖国,其经济贸易信用等级进一步提高,外商投资环境更加完善,市场和资本对香港的信心日益增强。1998年以来,香港的对外投资额持续攀升,外商活动日益活越频繁,香港直接投资资产自改革开放以来一路高涨,投资头寸在2018年达到153 806亿港元峰值,比1998年的16 272亿港元增加了近8.5倍之多;而投资流量峰值则出现在2015年,是1998年的14.2倍之多(图10.7、图10.8)。

（三）澳门外商投资情况

澳门外商投资水平不断提高,外商投资规模持续扩大,外商投资的经贸合作框架日趋完善,外商投资环境不断优化升级,澳门本地承接外商投资的标准和招商引资的方式也日趋规范多元化。首先,澳门外来直接投资总额持续攀升,澳门与内地的制度性经贸合作水平也不断提升(图10.9)。2002—2019年,澳门的外商直接投资累计总额不断增长,到2019年达3 466亿澳门元,比2002年增长了近 11 倍,澳门外商直接投资发展势头良好,外商投资规模不断增加。其次,澳门外商投资的经贸合作框架日趋完善,投资环境逐步优化。澳门与内地务实经贸合作持续走深走实,自改革开放以来,对外投资贸易活动频繁。

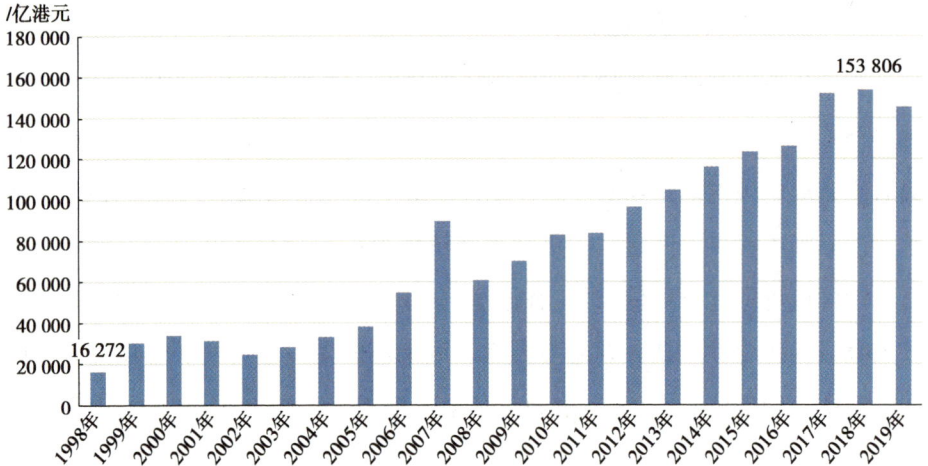

图 10.7　1998—2019 香港外商投资期末头寸

资料来源:根据香港特别行政区政府统计处发布的数据整理所得。

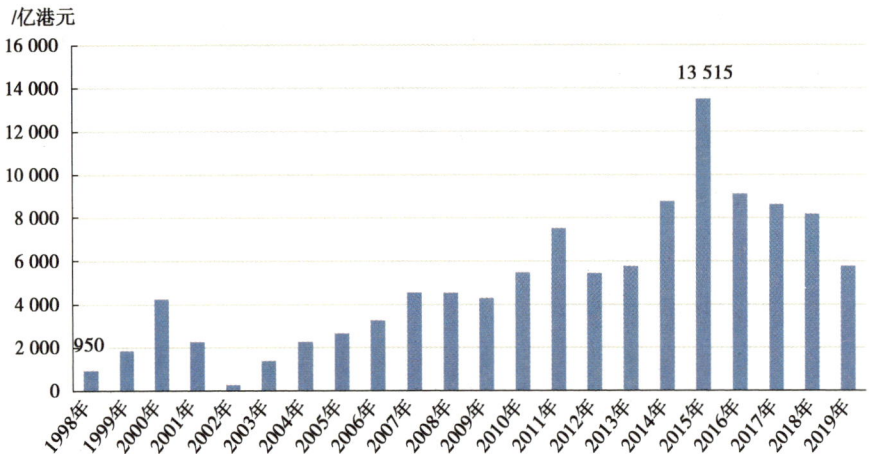

图 10.8　1998—2019 年香港外商投资流量

资料来源:根据国家统计局发布的数据整理所得。

最后，澳门招商引资方式逐步向多元化发展，投资标准日益规范明晰。澳门经济社会实现适度多元的发展模式，外商投资发展动力持续增强。澳门外商投资水平和质量的不断攀升，离不开中国经济的稳健发展，适逢粤港澳大湾区建设之际，澳门外商投资水平将进一步提高，平台将进一步扩大，澳门外商投资发展行稳致远。

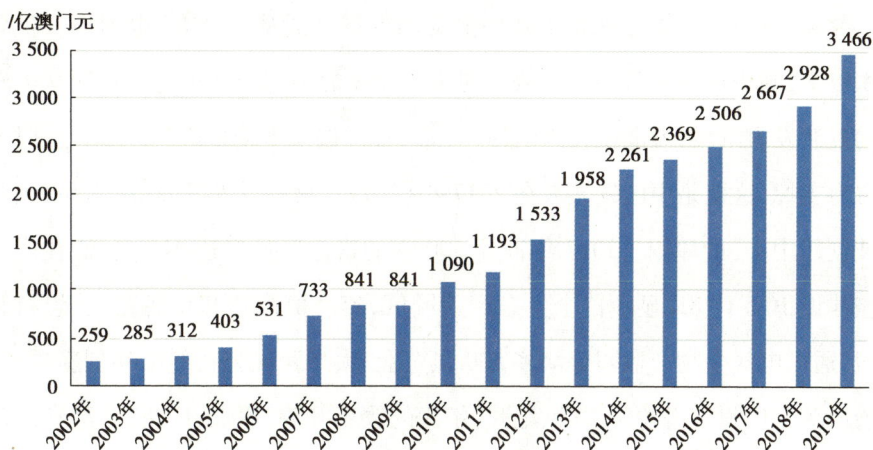

图 10.9　澳门外来直接投资累计总额

资料来源：根据澳门特别行政区政府统计暨普查局发布的数据整理所得。

二、跨国公司概述

　　粤港澳大湾区在全球经济互联互通中处于重要地位，跨国公司作为经济全球化的重要主体之一，是国家经济发展的重要创新动力和活力供给。粤港澳大湾区是中国顶级的世界级城市群，其中广州连续两年被评为中国"机遇之城"首位，并且享有中国内地最佳商业城市五连冠的美誉。截至 2019 年，《财富》世界500 强企业中已有 288 家企业在广州投资建业，其中有 120 家企业将总部或地区总部设立在广州。这意味着，每 2 家世界 500 强跨国企业至少有 1 家在广州投资。《财富》称，2020 年排行榜最引人注目的变化无疑是中国内地公司实现了历史性跨越，中国内地（含香港）公司上榜数量高达到 124 家，实现有史以来首次超越美国公司的上榜数量(121 家)。中国本地跨国公司和外国跨国企业纷纷进驻粤港澳大湾区,深度谋划布局大湾区企业市场部署。由此可见,粤港澳大湾区已成为国内外跨国公司争相进驻开展经济活动的重要空间载体和平台,粤港澳大湾区正成为跨国企业集聚、产业供应链完备和自由开放营商环境的国际化活力经济湾区。

改革开放 40 多年,前 20 年来华投资的外国企业从无到有,中国加入世贸组织以来,到华投资的跨国企业从少到多。如今的中国经济正努力迈向从大转强的过渡发力阶段,粤港澳大湾区在"一带一路"倡议下正是这一过渡转变时期的有力支撑,这也是中国领导人在 2017 年提出要"培育世界级城市群"和"国际科技创新中心"的原因。2017 年世界 500 强的富士康投资达 610 亿元,在广州增城建设 10.5 代 8K 显示器全生态产业园区,年产值高达 920 亿元①。思科智慧城、通用电气生物产业园等众多 500 强企业、大型跨国公司的高端创新项目,也纷纷落户广州。得益于 20 世纪 80 年代的改革开放,深圳、广州、香港和澳门作为中国最先对外开放的前沿阵地和窗口,经过 40 余年的深耕发展,已逐步构建起能够与世界经济市场接轨的基础设施和完善体制机制,跨国公司来华,大都选择入驻以深圳、广州为代表的珠三角核心城市和香港、澳门两个特别行政区。随着粤港澳大湾区的建设,在产业经济分工布局的变革中,粤港澳大湾区内逐步形成了以港深、广佛为核心的跨国公司聚集区,两个城市组成的经济圈为跨国公司来华开展经贸活动提供了产品生产、分销、采购和物流等完善的配套设施。世界银行于 2015 年发布的《东亚变化中的城市图景:度量十年的空间增长》明确指出,珠三角地区(包括港澳)已超越东京大都市区,成为东亚地区规模最大的"巨型城市区域"。跨国公司在珠三角地区的活跃发展也彰显出粤港澳大湾区建设的乘势而为,随着粤港澳大湾区的全方位建设,入驻大湾区的跨国公司发展前景光明。

---

① 资料来源:广东省人民政府。

第三节　"筑巢引凤"的营商环境

广东外贸规模全球领先，自由开放程度不断提高，营商环境优越。香港是国际重要的金融中心，也是中国内地与世界进行联系的重要资本平台。其营商环境对接国际市场，是中国内地企业"走出去"的关键窗口。澳门经济环境不断优化，内联外通的澳门特色经济产业发展迅速，为澳门当地的经贸投资营商环境改善提供了重要动力支撑。粤港澳大湾区三地间的通商平台有序搭建，营商环境持续向好。

一、粤港澳经济环境优越

广东充分发挥开放型经济的对外窗口的功能，经贸投资活动发展活跃，对外贸易迅猛发展，人均购买力较强，营商环境安全规范，湾区城市化程度较高，具备对标国际经济市场的经济基础条件。作为广东地区的核心城市，深圳和广州在2020年中国296个地级及以上城市营商环境排名中分别位列第1和第4。除核心城市外，广东珠三角地区有独特的体制机制优势，"一国两制"为珠三角地区的经济增长提供了坚实的制度保障。香港作为中国对外开放的重要窗口，其自由开放和灵活有度的营商环境闻名遐迩，简单透明的税制机制和公平公正的法治制度等构建起了香港享誉国际的优良营商环境。澳门营商环境随着地区经济的加速发展而越发成熟，正逐步迈向成熟完备的更高水平阶段。总体而言，粤港澳大湾区招商引资基础条件优厚，经济环境持续优化。

（一）珠三角营商环境位处世界先进之列

珠三角营商环境水平在国内处于较高的水平，营商环境不断优化提升。相对于世界其他三大一流湾区，粤港澳大湾区的营商环境仍存在不足，但总体而言位处于世界领先水平。2020年世界银行发布《2020年营商环境报告》，将190

个经济体按照开办企业、办理施工许可证、获取电力、登记财产等 10 个与营商环境有关的领域进行地区经商便利度评价及排名,其中香港特别行政区的营商环境在全球排名第 3。值得注意的是,中国整体排名第 31,比上一年度上升了 15 名,位处全球先进营商环境之列。报告指出,中国在开办企业、执行合同、保护少数投资者、纳税、跨境贸易、办理施工许可证等领域的改革表现出极大的决心,成效惊人。而作为中国改革开放前沿阵地的珠三角地区,毋庸置疑在营商环境方面处于全国先进水平。如前所述,深圳和广州在 2020 年中国 296 个地级及以上城市营商环境排名中分别位列第 1 和第 4,珠海、东莞、佛山、中山、惠州和江门则分别位列第 15、18、22、36、37 和 43,整体营商环境优于长三角和京津冀两个地区。其中,深圳在软环境建设方面均表现突出,位列全国首位。而广州则在基础设施建设方面比较出色,排名第 3。

广东经济特区一直是珠三角经济圈中的中流砥柱。2019 年广东经济特区的出口额为 2 729.38 亿美元,超过 1980 年的 2.75 亿美元 990 倍,年均增速高达 19.4%,增长迅猛①。在改革开放初期,深圳依托毗邻香港的地理区位优势,大力发展加工贸易出口,获得了对外贸易的长足发展。珠海依托临近澳门的地理优势,大力发展珠海的进出口对外贸易。汕头凭借华侨众多的优势,吸引国外投资,拓宽进出口市场。这一时期,珠三角各城市虽积极参与对外贸易活动,但其进出口贸易仍然以低端加工贸易为主,对外贸易还处于初级阶段。深圳在这一时期主要凭借毗邻香港的地理优势,积极承接香港国际产业转移,其进出口规模由此不断扩大。自改革开放以来,粤港澳大湾区积累了坚实有力的经济基础,大湾区内各个城市的经济发展也为粤港澳大湾区整体迈向对接国际湾区的更高阶段发展提供了经济条件。

除了大力发展对外贸易,积极吸引外资也是粤港澳大湾区打造外向型经济的重要组成部分。广东经济特区 2019 年新签外商直接投资项目 7 090 个,实际

---

① 数据来源:广东省统计局。

使用外商直接投资 103.34 亿美元,分别是 1980 年的 127 倍和 356 倍。1980—2019 年,广东经济特区累计签订外商直接投资项目 114 320 个,实际使用外商直接投资 1 503.98 亿美元,分别占同期全省的 25.9% 和 32.2%①。由此可以看出,广东经济自改革开放以来取得了具有历史意义的重大跨越式发展,广东经济的不断增长也使粤港澳大湾区的建设顺理成章。从珠三角地区各级政府最新出台的 FDI(Foreign Direct Investment, 外国直接投资)政策来看,对待外商投资的思路转变重点表现在两个方面,分别是扩大市场准入和重点扶持优先发展行业。广东省人民政府印发了《广东省进一步扩大对外开放积极利用外资若干政策措施》,即广东省外资十条。该"十条"核心就是逐步放宽或者取消外资持股比例限制或者业务范围限制,放宽包括汽车制造业、服务业和金融业等行业的准入门槛。深圳市人民政府印发了《深圳市关于进一步扩大利用外资规模提升利用外资质量的若干措施》,重点强调了开放服务业,包括医疗卫生机构、通用飞机设计、制造业和维修、电信公司、音像制品等。深圳充分利用"内地与港澳关于建立更紧密经贸关系的安排"的相关约定,在上述领域特别允许香港服务者设立独资公司。深圳市地方金融监督管理局还发布了《深圳市外商投资股权投资企业试点办法》(以下简称《新 QFLP 办法》)。一方面,《新 QFLP 办法》扩大了 QFLP 管理范围,明确了 QFLP 境内投资者的标准和条件,列举了 QFLP 及管理人在基金业协会登记及备案要求。另一方面,《新 QFLP 办法》说明了 QFLP 利润汇出和退出机制等相关事项,对原有的 QFLP 政策进行大幅度的调整和优化。对"智造"型和能够承担大湾区产业升级的鼓励性项目,广东省各级政府发布了各项优惠政策,以增强外来投资者的信心。

(二)港澳国际化营商环境带动效应持续增强

香港是国际上重要的金融中心,也是中国内地与世界进行联系的重要资本平台。一方面,香港是内地企业的主要上市平台。中国内地企业占港股一半的

---

① 数据来源:根据广东历年统计年鉴计算所得。

比例。另一方面,香港除了提供成熟完备的上市平台,也是内地资产出境及跨境投融资的重要通道。内地企业家或内地企业在离岸地设立控股公司,在香港设立中间控股公司("香港控股公司"),即实际业务、资产及运营在内地,香港控股公司则向国际及内地投资者或债权人进行股权或债权融资,提供资金以供内地企业营运主体使用。根据 2018 年香港投资推广署发表《境外企业在港营商报告》,2018 年进入香港设立分公司或地区总部的内地及海外企业超过 8 700 家,相比 2017 年增长 6.4%,而其中内地企业的数量增幅超过 10%。

香港特区政府倡导"小政府"的运营理念,其自由开放的营商环境,使其在吸引海内外投资方面具有难以超越的优势,这也是其经济繁荣发展的重要因素之一。香港特区政府不仅对社会各个部门和公共行政部门的行为规范有明确的规章条例,还对政府和市场之间的关系做出了明确的定位,倡导让企业在市场的自动调节下运作,香港自由的市场机制和开放的营商经济环境是香港特区政府不过多干预市场行为和企业决策的结果。自改革开放以来,香港经济体制日趋成熟,经济环境也呈现出安全可信、稳定和谐和国际多元的优越功能。2019 年 1 月,美国智库传统基金会和《华尔街日报》联合发表的"2019 经济自由度指数"显示,香港已连续 25 年蝉联经济自由度排名榜首。

澳门营商环境不断优化,营商基础设施和制度规范日益完备,经济发展和产业发展迈向了更高台阶,营商环境由此不断升级。在经济发展方面,澳门经济环境不断优化,内联外通的澳门特色经济产业发展迅速。从整体来看,澳门的营商环境在 20 多年随着中国对外开放大门的打开,也逐步得到优化改善。2000 年澳门地区生产总值仅为 543.69 亿澳门元,经过回归祖国的 20 多年发展,澳门在 2019 年的地区生产总值达 4 451.18 亿澳门元,涨幅为 7 倍有余①。由此,随着澳门经济发展的不断进阶,澳门的营商环境也随之不断完备优化。随着粤港澳大湾区的建设和发展,其科技、人才、资本和制度等湾区建设要素均

---

① 数据来源:澳门特别行政区政府统计暨普查局。

不同程度地辐射带动了大湾区内各个城区的经济环境改善和优化。澳门作为粤港澳大湾区建设的第一梯队城市，在顺应粤港澳大湾区发展的同时也相应地修正调整了自身的经济制度和产业结构。澳门在"一国两制、澳人治澳、高度自治"的优秀政策方针指导下，实现了经济增长由"负"转"正"的巨大跨越，澳门经济环境的改善是中国"一国两制"政策实施的成功典范之一。在产业发展方面，澳门产业结构自改革开放以来致力于加强多元化发展，从传统博彩业逐步发展出文化旅游业等现代服务业，整体经济水平不断提高，营商环境不断优化。2003年，澳门实行关于内地旅客来澳旅游的"自由行"政策之后，访澳旅客人数大幅增加，现代文化旅游业的发展进一步推动了澳门博彩业进入飞跃式发展阶段，澳门的博彩业和文化旅游业的产业增加值随之不断攀升，多元化产业结构正在加快培育中。自澳门回归祖国以来，澳门特区政府就对澳门的经济发展和转型提出了明确的目标定位，即"适度多元"。澳门特区政府结合澳门本地社会实情，提出杜绝盲目追求产业结构多元化，但是要坚持推进经济多元化。因此，澳门结合自身地区产业优势，健康稳定地推进经济结构多元化转型，并在此前提下适度推进产业结构多元化，主次分明地进行经济环境的优化改善。在经济位势基础方面，澳门被WTO评为全球最开放的贸易和投资体系之一，并具有自由港、单独关税区地位、简单低税政策、企业所得税最高税率只有12%、国际市场网络广泛、葡语国家紧密联系，以及《内地与澳门关于建立更紧密经贸关系的安排》等独特优势[1]。澳门经济发展、产业发展和经济体制机制建设稳步加强，营商环境持续优化。

二、粤港澳社会环境优良

粤港澳大湾区9市2区社会环境的共性是大于其差异的，三地社会协同发展的可能性较高，三地社会之间的良性互动不断促进粤港澳大湾区社会环境的

---

① 数据来源：中央人民政府驻澳门特别行政区联络办公室经济部贸易处。

优化升级。

在社会文化构建方面,大湾区跨境文化融合建设在经济建设中日益发挥着重要作用。粤港澳大湾区建设在发展经济的同时,不忘以文化引领创新区建设,大湾区社会文化氛围日趋和谐。岭南文化作为广东改革开放先行一步的内生动力和海上丝绸之路的强大文化纽带,不断助力港澳"一国两制"同岭南文化的优势相融合。人文湾区建设的传承性、融合性、创新性凸显。粤港澳大湾区各个地区、城市是互融互补的关系,岭南文化的鲜明特色在各个城市都有承接和体现,且与孙中山文化有较大共鸣。各地区、城市在文化上密切相关,处于共生的大环境,文化统一部署、高端人才培育需要文化的承载。发展粤港澳大湾区既要建设经济湾区,也要建设文化湾区。粤港澳大湾区内城市的岭南文化渊源一脉相承。海洋文化、海上交通和渔业文化的互通互融进一步推动了粤港澳大湾区与国际社会的联系。侨乡文化作为联通三地社会的纽带,在建设粤港澳大湾区社会文化环境中的融通桥梁作用凸显,对于加深大湾区三地间的文化融合,整合大湾区的旅游资源,令大湾区内的旅游景点走出国内、走向国际发挥了历史性社会凝聚作用。

在社会法治保障方面,粤港澳大湾区建设紧抓"安全湾区"建设,致力于保障和服务粤港澳大湾区内的企业、机构和人员能够便捷安全地进行商贸活动。粤港澳大湾区正积极推动三地间跨境机制体制的相互融合,以打造规范明确的法治化营商规范条例,自贸区建设意见、自由贸易区条例以及粤港合作规则等相关法治化营商环境规范条例也都已提上日程,有的正处在讨论修订的草案阶段,有的已经正式发布并形成具有法律效力的明文规定。粤港澳大湾区内的商事仲裁和第三方评估机制正处于稳步起草待出台阶段,关于海关事务及知识产权纠纷调处中心的筹建正在稳步推进中。"安全湾区"是粤港澳大湾区行稳致远的基础条件和关键保障,粤港澳大湾区内安定和谐的社会环境不仅有利于其自身发展,更有益于外来企业的深耕远拓。粤港澳大湾区的法治保障和法律规范日益趋于完备,健康和谐的安全湾区建设在未来的发展潜力巨大①。

粤港澳大湾区社会环境不断优化,跨境社会资源要素的自由流通度不断提高,社会文化的融合和社会法制保障的加强为建设和谐安全的湾区生活提供了坚实的精神基础和制度保障。

三、粤港澳政务环境高效便捷

粤港澳大湾区政务环境不断优化升级。曾经来回重复的跑腿、复杂的办证程序、冗长复杂的办事流程给粤港澳大湾区当地居民带来极大困扰,但在粤港澳大湾区政府部门引入"互联网智慧办公"后,"智慧型"办公给当地居民带来了极大的便利,同时也方便了粤港澳大湾区内企业开展经济商事活动。得益于"互联网+政务服务"办公系统的引进,粤港澳大湾区内的各级政府部门和行政机构能更加快捷高效地为当地居民和企业办理相关业务提供帮助。粤港澳大湾区内的政务服务水平稳步提高,政务体制机制正全面转型,政务理念从最初的"最多跑一次"到如今的"让数据多跑路,让群众少跑腿",使人民群众对"智慧湾区"的政务服务满意度不断提高。

粤港澳大湾区智慧政务数字化水平稳步加强,跨城通办便民服务平台稳步建设。随着粤港澳大湾区建设的不断推进,2019年初,粤港澳大湾区政务服务中心正式成立,粤港澳大湾区的政务服务工作也正式进入"大湾区时代"。日益高效的数字化智慧政务为大湾区的经济贸易活动更加高效便捷做出了巨大贡献,日常办公和社会运作的流程效率得到极大提升,部门间的协同运作更加融通,线上线下协同开展政务工作,政务服务跨境跨部门交流沟通渠道逐步打通,粤港澳大湾区政务服务迈上一个新台阶。

---

① 吴翔.司法服务保障粤港澳大湾区法治化营商环境建设的探索[N].人民法院报,2019-08-15(8).

第四节 "飞跃式"的固定投资

1978年,党的十一届三中全会做出改革开放的伟大历史抉择,开启了中国经济社会发展的历史新篇章。广东毗邻港澳,得改革开放风气之先,40多年来,珠三角和港澳地区固定投资实现了"飞跃式发展",在基础设施建设、生产性固定投资和房地产投资等领域实现了向更高台阶的飞跃。广东作为改革开放的前沿阵地,先行先试、开拓进取,在改革开放、科学发展、幸福广东的道路上勇闯新路,取得了举世瞩目的巨大成就。粤港澳三地在40多年的发展中,实现了若干重大跨越,每一次跨越都是里程碑式的发展。

一、"基础设施"投资引领潮流

粤港澳大湾区基础设施投资规模不断扩大,重点投资项目硕果连连。《纲要》在第五章专设了"加快基础设施互联互通",明确提出"构建现代化的综合交通运输体系",以提升珠三角港口群国际竞争力和巩固提升香港国际航运中心地位。近年来,粤港澳大湾区基础设施建设如火如荼,招商引资势头强劲。

(一)粤港澳大湾区基础设施投资规模不断扩大

粤港澳大湾区基础设施投资活动日益频繁。其中,广东作为粤港澳大湾区建设中基础设施资源要素最为密集的地区,基础设施建设规模整体稳步提高(图10.10)。2019年广东基础设施投资增长22.3%,占固定资产投资比重的27.4%,逐渐成为引领投资增长的主引擎①。从行业分布来看,广东基础设施投资2019年主要集中在水利、环境和公共设施管理业领域,其次是交通运输和邮政业领域。广东作为粤港澳大湾区基础设施建设的领头羊,充分发挥了广东地

---

① 广东省统计局,国家统计局广东调查总队.2019年广东省国民经济和社会发展统计公报[R/OL].
(2020-03-07)[2021-01-10].广东统计信息网.

区因地域广和人口多而对基础设施建设有庞大需求的优势,大力推进基础设施投资活动,为粤港澳大湾区基础设施优化升级做出了重要贡献。

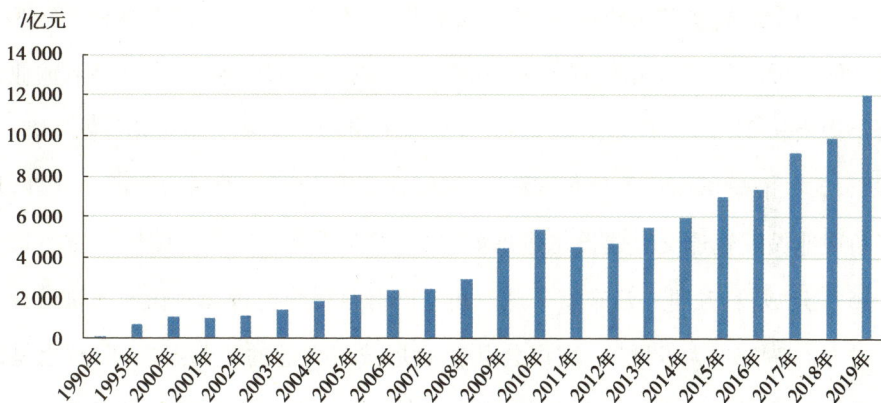

/亿元

图 10.10　1990—2019 年广东基础设施投资发展情况

资料来源:广东省统计局,国家统计局广东调查总队.广东统计年鉴 2020[M].北京:中国统计出版社,2020.

(二)粤港澳大湾区重点领域投资项目硕果连连

粤港澳大湾区内的重点基础设施建设项目有序推进。广东作为粤港澳大湾区基础设施建设的主要阵地,在建设粤港澳大湾区机遇下认真贯彻绿色发展理念,能源建设取得突破性进展。广东电源项目的建设更加注重环境保护,致力于打造清洁能源,如一批核电、抽水蓄能、超净排放燃机标准的百万机组投产,环珠三角的天然气外环管网和内环管网实现互联共通。在高速公路建设方面,实现"县县达"。2012 年底,广东高速公路通车里程为 5 524 千米,位居全国第二。2013 年,以建设出省通道和粤东西北连通珠三角地区为主要内容的高速公路建设大会战拉开序幕。截至 2016 年,全省道路运输业投资年均增长 15.1%,并于 2015 年底成功实现"县县通高速"的目标,高速公路通车总里程达 7 673 千米,跃居全国首位。出省通道方面,广东陆续建成包茂高速公路信宜至茂名段、大广高速粤境段(连平至从化)、广佛肇高速肇庆段(大旺至封开)、济广高速平远至兴宁段等项目。桥梁方面,江顺大桥、南澳大桥正式通车,举世瞩目的港珠澳大桥主体桥梁于2016年9月正式贯通。随着全国铁路建设进入高铁时代,广东大力推动高速铁路建设,铁路营运里程从2012年末的2 577千米增至2016年末的5 535千米,营运里程翻了一倍多。党的十八大以来,广东铁路运输业投资年均增长21.3%。广东全省21个地级以上市中,有16个地级市通高(快)速铁路,大大缩短了珠三角与西南地区、海峡西岸和长三角地区的距离。此外,珠三角快速城际轨道交通建设也进展顺利,莞惠城际(惠州段)、广佛肇城际均于2016年建成投产,进一步丰富了珠三角地区群众的出行选择。在城市轨道交通建设方面,实现"大发展"。城市公共交通是城市交通的重要组成部分,也是改善民生的重要抓手。党的十八大以来,广东城市公共交通运输业投资年均增长19.7%,其中城市轨道交通年均增长21.6%,公共交通服务不断改善。广州和深圳的累计运营里程居全国第三位和第四位。广东的地铁建设从中心城市拓展到珠三角的其他地区,如东莞市地铁R2线于2016年开通运营,是广东省第一个获得国家批准、自主建设城市轨道交通的地级市。广东基础设施建设重点项目逐个落地,粤港澳大湾区基础设施环境有序优化。

二、生产性固定投资稳步增加

近年来,粤港澳大湾区固定资产投资持续回升,珠三角核心地区仍然是聚集生产性固定投资最多的地区,珠三角地区和粤东地区的生产性固定投资增速较为接近,分别为12.3%和12.7%(表10.3)。2020年粤港澳大湾区生产性固定投资持续增加,广东生产性固定投资自改革开放以来一直保持正向增长状态,广东省社会固定投资额从1978年的27.23亿元增至2019年的46 442.31亿元,增长了1 700多倍(图10.11)。从2003—2017年的行业分布来看,广东对电力、燃气及水的生产和供应业的固定投资增长最为迅猛,增速达25.1%,是各类生产性固定投资中增速最快的领域,其次是水利管理业和文化、体育和娱乐业,两个行业的固定投资增速分别为 25% 和 19.6%。2020 年广东固定资产投资同比增长 4.2%,生产性固定投资发展势头迅猛。从 2020 年各行业的生产性固定投资中来看,广东对家用电力器具制造业的生产性固定投资发展势头最为强劲,增长幅度高达 56.0%(图 10.12、图 10.13)。广东已成为粤港澳大湾区固定投资的主力阵地,未来粤港澳大湾区建设生产性投资势头势不可挡,经济效应持续发酵。

表 10.3　2019 年分区域主要指标

区域	地区生产总值/亿元	比上年增长/%	固定资产投资增长/%
珠三角核心区	86 899.05	6.4	12.3
东翼	6 957.09	5.0	12.7
西翼	7 609.24	4.9	−1.3
北部生态发展区	6 205.69	5.5	10.2

资料来源:广东省统计局,国家统计局广东调查总队.2019 年广东省国民经济和社会发展统计公报[R/OL].

(2020-03-07)[2021-03-10].广东统计信息网.

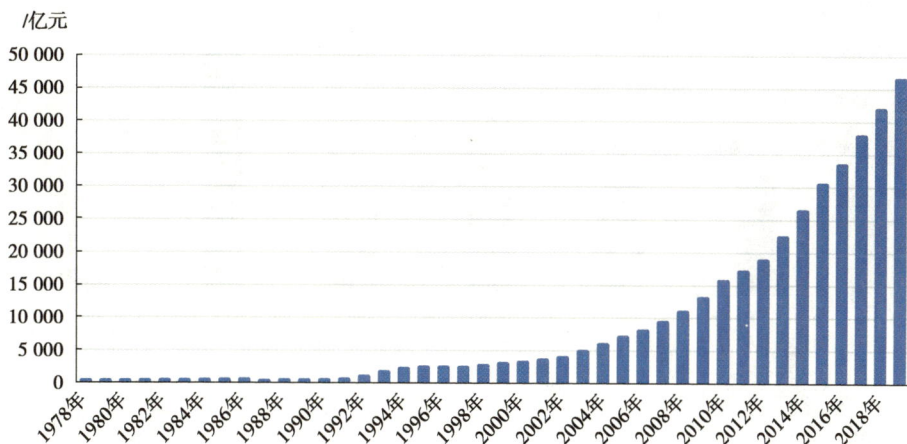

图 10.11　1978—2019 年广东省全社会固定资产投资

资料来源:根据国家统计局、广东省统计局发布的数据整理所得。

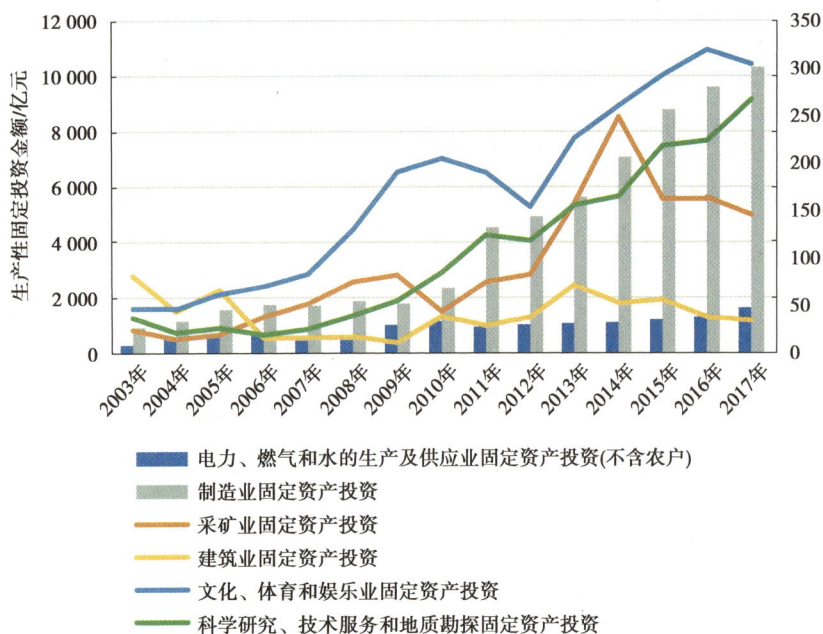

图 10.12 2003—2017 年广东省生产性固定投资发展情况

资料来源:根据国家统计局发布的数据整理所得。

注:柱状图以左侧主坐标轴为参考,折线图以右侧次坐标轴为参考。

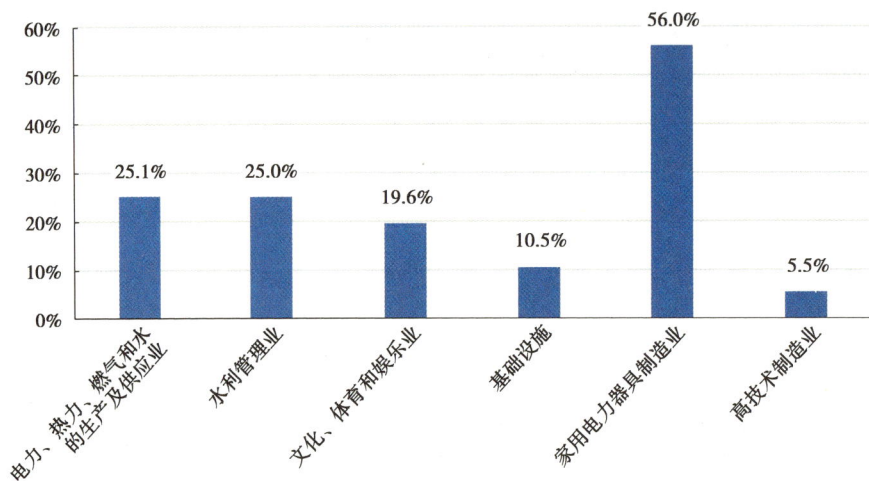

图 10.13 2020 年 1—8 月广东省生产性固定投资增速情况

资料来源:根据广东省统计局发布的数据整理所得。

三、房地产投资"勇争潮头"

粤港澳大湾区房地产发展潜力巨大,房地产投资前景广阔。2018 年国家出台利好政策规划建设世界第一大湾区,必将加速及加强粤港澳大湾区房地产设施的发展,相应的投资机会也随之增多。当前,粤港澳大湾区建设已进入提质增速阶段,未来珠三角地区、香港和澳门在城市住房布局方面的联系将会更加紧密,珠三角地区在"一带一路"建设的基础之上,协同共建 9 市 2 区的世界级城市群,未来比肩世界级国际湾区,打造宜居生态湾区,房地产市场未来发展前景光明。

广东房地产投资自改革开放以来得到迅猛发展,近年投资额仍在快速持续增加。广东房地产固定投资从 2003 年的 1 323.78 亿元增至 2017 年的 13 623.59 亿元,15 年增长了约 9.3 倍,2018 年继续在此基础之上实现了 19.3%的增长发展,在 2019 年增速相比 2018 年有所下降,为 10%,但依然保持高速增长趋势①(图10.14)。广东房地产固定投资的增长潜力巨大,粤港澳大湾区由于人口快速集聚,各项经济发展和贸易活动都需要空间场所的支持,房地产投资前景更是一直被看好。广东房地产固定投资自 2003 年以来保持持续增长动力,引领全省固定投资潮头,在固定资产投资总额中的占比常年为 30%左右,近年来整体呈上升趋势(图 10.15)。房地产投资是实体经济发展绕不开的重要领域之一,发展蓬勃的房地产投资活动进一步带动了粤港澳大湾区的投资贸易活动,而粤港澳大湾区日趋完善的建设又反过来带动了房地产市场投资。

---

① 广东省统计局,国家统计局广东调查总队.2020 广东统计年鉴[M].北京:中国统计出版社,2020.

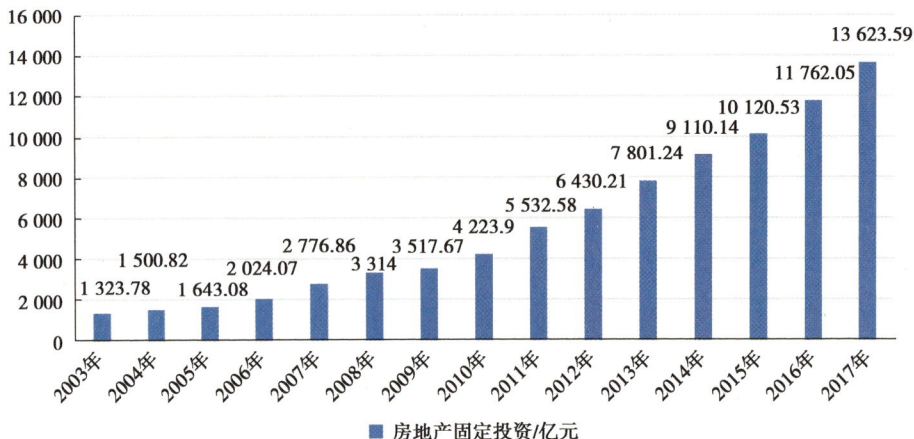

图 10.14　2003—2017 年广东省房地产固定投资发展情况

资料来源:根据广东省统计局发布的数据整理所得。

图 10.15　2003—2017 年广东省房地产固定投资占固定资产总投资比例发展情况

资料来源:根据国家统计局发布的数据整理所得。

第五节　前景广阔的金融市场

　　粤港澳大湾区金融发展政策稳步推进湾区金融市场迈上正轨,对接国际市场、承接国内外金融业务能力稳步提高。在世界四大湾区中,粤港澳大湾区的全球金融中心指数排名第二,仅次于有"金融湾区"之称的纽约湾区(图 10.16)。2020 年 5 月 15 日,由中国人民银行、中国银行保险监督管理委员会、中国证券监督管理委员会和国家外汇管理局联合发布的《关于金融支持粤港澳大湾区建设的意见》(以下简称《意见》)正式出台。从主要内容来看,《意见》是对 2019 年 2 月出台的《纲要》中关于金融部分的进一步细化说明和细节规范。《意见》主要从以下 4 个方面着手促进粤港澳大湾区金融市场的稳定发展。一是大湾区内的跨境金融活动便利化。粤港澳三地金融制度框架和金融投资方式存在一定差异,三地间货币种类的不同就是一个明显的特点,《意见》提出要致力于加快提高粤港澳大湾区内本外币兑换的便捷程度,进一步促进三地间跨境金融市场的有效融通。二是进一步加大粤港澳大湾区金融市场对外开放的力度。建设粤港澳大湾区的最初立意就是要迈向更高水平的对外开放,这一伟大战略工程的第一步是要实现内地与港澳地区金融市场的互通有无,在内部联通的同时迈向更高层次对接国际市场的新阶段。三是进一步推进粤港澳大湾区内金融市场和金融基础设施的互联互通。粤港澳大湾区的定位是世界一流的金融湾区,粤港澳大湾区内的资金流动渠道和融资渠道需要进一步的多元化,以满足大湾区金融市场多元化和国际化的需要。四是进一步提高粤港澳大湾区金融服务的创新水平,以创新促发展,稳步提高粤港澳大湾区金融创新的能力和水平,不断优化金融湾区的创新动力机制。开放灵活的金融政策、法治保障的金融环境以及创新型的科技金融将助力粤港澳大湾区金融业发展,金融市场未来潜力巨大。

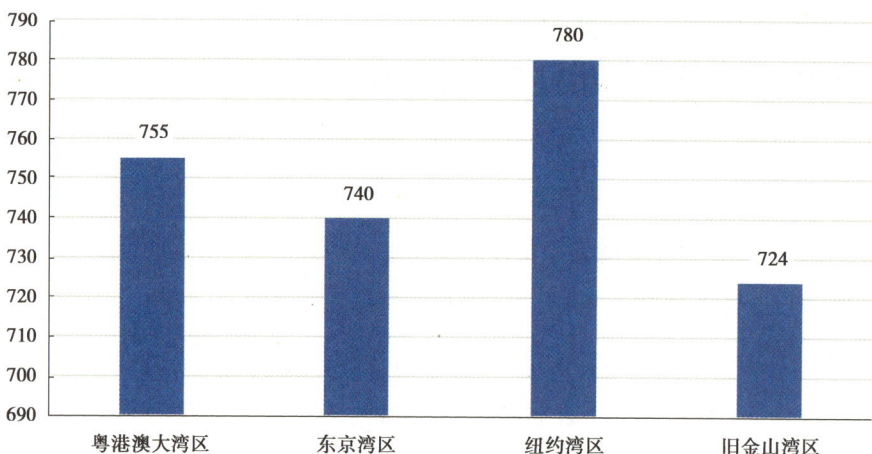

图 10.16　世界四大湾区全球金融中心指数

资料来源：根据世界银行发布的数据整理所得。

一、持续优化的粤港澳大湾区金融布局

　　粤港澳大湾区金融市场的顶层设计是全方位、多层次和战略性的，为金融湾区的建设和发展提供了行之有效的制度框架。粤港澳大湾区建设以金融服务实体为立意，在促进粤港澳大湾区金融业蓬勃发展的同时不断强调实体经济的重要性，实体经济在大湾区经济建设中是压舱石的作用，而金融市场的稳定发展则为实现经济高质量发展和投资贸易现代化发展奠定了重要基础。粤港澳大湾区金融市场建设倡导合作共赢、互惠互利的准则，以市场为导向的金融市场规则逐步落地实施，三地间跨境金融合作平稳进行，金融资源的要素配置不断优化，金融服务水平和质量持续攀升，富有创新活力的粤港澳大湾区金融市场正在稳步建设中。

　　粤港澳大湾区内四大核心城市结成金融联盟，金融湾区发展行稳致远。粤港澳大湾区内的金融合作、开放、创新水平不断提高，金融湾区对于大湾区其他领域的建设也日益起到正面溢出作用，在党和国家的正确领导下，金融湾区建设行稳致远。2020 年 9 月，粤港澳大湾区第一梯队的两市两区——广州、深圳、

香港和澳门打破跨境金融阻碍，成立了粤港澳大湾区绿色金融联盟，以加强大湾区内金融市场体制机制的建设和发展，为加快建成比肩世界一流湾区的金融湾区做出了重要贡献。2020 年 12 月，深圳正式发布《金融行业区块链平台技术规范》地方标准，并于 2021 年 1 月 1 日实施。

粤港澳大湾区金融市场标准逐步建立，行政法规有序落实。粤港澳大湾区金融市场现行法规支持符合条件的企业和个人在办理跨境资金流动和商贸手续时使用绿色通道，提供更为简便快捷的办理流程手续，允许从事市场采购贸易和跨境电子商务等经济新业态的粤港澳大湾区内居民在取得如对外贸易经营权、工商许可证等合法合规手续的前提下，在粤港澳大湾区内银行开设个人外汇结算账户，以推动粤港澳大湾区金融市场做到真正的便民、利民、为民。粤港澳大湾区金融市场规范准则日益成熟，金融湾区的规范性和法治性日益凸显。

粤港澳大湾区金融市场建设外联内通，金融开放合作水平进一步提升。粤港澳大湾区金融市场的对外开放水平持续提高，内地与港澳地区的合作交流日趋深入。现行的粤港澳大湾区金融市场法规以允许适度扩大银行业的对外开放水平，并且积极推动港澳银行和港澳证券等港澳金融机构在粤港澳大湾区内驻点开设诸如办事处、分支机构、法人机构等形式更加积极地推动粤港澳大湾金融市场建设，各类金融机构的服务领域和服务范围也可扩大至与大湾区内陆城市相对接的同等市场范围。在广东自贸试验区内设立的粤港澳大湾区国际商业银行就是金融湾区建设的有力表现，粤港澳大湾区国际商业银行的证券业务、期货业务和基金业务等金融业务发展为大湾区内其他金融机构开展业务起到了良好的带头示范作用，同时也奠定了粤港澳大湾区金融市场建设的规范基础。

粤港澳大湾区金融市场布局合理，极具战略性、前瞻性、创新性的顶层设计为金融湾区稳健发展保驾护航。粤港澳大湾区金融市场的金融规范制度、金融要素资源配置、三地间金融基础设施的融通以及跨境金融平台的不断优化完善推动金融湾区发展迈向更高水平。

二、深化开放的粤港澳大湾区金融环境

粤港澳三地政府通过签订合作框架协议,不断深化金融合作,为金融机构在大湾区的协同发展奠定了良好的基础。粤港澳大湾区金融机构发展的多样性,以及服务实体经济金融需求的广度及深度都在持续提升。三地金融机构协同发展,共促粤港澳大湾区金融环境的深化开放。面对未来国内外形势的变化,粤港澳大湾区金融机构需要应对更开放的市场环境所带来的市场风险,需要进一步提高自身业务能力以应对更激烈的竞争,而在粤布局较晚的港澳金融机构则需根据自己的特色走出差异化的道路①。粤港澳大湾区金融环境的深化开放不断加强,金融湾区建设稳健打造。

粤港澳大湾区金融环境持续优化,绿色金融、跨境金融和科技金融等金融新业态稳步创新发展。粤港澳大湾区三地间跨境金融平台日益成熟,金融制度不断融通,跨境金融合作障碍逐步消除。早在 2017 年,以中国人民银行为代表的中国金融七部委联合印发了《广东省广州市建设绿色金融改革创新试验区总体方案》,明确指出将广东省广州市花都区作为绿色金融创新改革的试验点,以点带面不断完善粤港澳大湾区绿色金融体制规则。此外,进一步支持鼓励更多的大湾区企业合理利用港澳平台,加快自身绿色项目的融资和认证,支持广东金融机构在港澳发行绿色金融债券等。从影响来看,广州期货交易所的设立将有助于研究碳排放权期货等商品期货新品种,探索利用市场化机制助力大气污染治理、实现低成本减排。从推进程度来看,以深圳为例,开展碳排放交易外汇试点相关措施已落地,2014 年 9 月深圳排放权交易所在全国率先引入境外投资者,截至 2020 年 4 月,深圳有境外投资者参与的碳交易额累计 2.5 亿元。2020年 1 月,深圳联合香港、澳门、广州设立粤港澳大湾区绿色金融联盟,2020 年 4

---

① 巴曙松,白海峰,胡文韬.粤港澳大湾区金融机构协同发展策略[J].开放导报,2019(4):59-64.

月,深圳启动全国首个地方绿色金融发展条例立法程序,未来将进一步探索相关方面内容。粤港澳大湾区绿色金融合作工作机制处于稳步建设阶段,统一三地金融标准,规范三地金融法治等举措在持续推进中。

粤港澳大湾区金融环境日趋成熟,政策法规和金融产业结构逐步优化。粤港澳大湾区金融市场和金融基础设施建设不断融通,政策法规有序落实,不断改进,金融产业结构持续优化。关于基金产业、非投资性企业股权投资等金融产业试点工作有序推进,"沪港通""深港通"和"债券通"等金融电子平台建设稳步实施,有效促进了粤港澳大湾区金融环境的优化。在金融市场政策制度的不断修订优化下,粤港澳大湾区内金融机构对企业和个人的金融服务水平不断提高。港澳的人民币清算行和内地银行协同合作,共同深耕细作于粤港澳大湾区金融市场的建设和发展。日益国际化、多元化和便利化的粤港澳大湾区金融市场环境为粤港澳大湾区跨境金融和境外投资活动的繁荣发展奠定了坚实基础。粤港澳三地的金融产业已经根据各自的地区资源禀赋和要素优势形成了各自的结构,中共中央发布的关于粤港澳大湾区金融环境培育和建设的一系列文件进一步推动了三地金融产业的优势互补、协同发展。改革开放 40 余年,珠三角地区已经具备了适合建设比肩国际金融市场的基础和条件,粤港澳三地间的金融网络体系在各自金融产业结构的相互作用和相互辐射下将会变得更加融合协同,金融湾区未来发展前景光明。

三、不断创新的粤港澳大湾区金融服务

粤港澳大湾区科技金融服务水平不断提升,金融机制稳步创新发展。创新金融、科技金融和区块链金融服务等金融新业态服务水平不断提高,粤港澳大湾区金融服务发展稳步向好。从政策来看,《纲要》提出,支持粤港澳大湾区内地银行加强与外部创投机构的合作,支持创投基金在粤港澳三地间的跨境资本顺畅流动,加快推进以区块链金融为代表的金融贸易服务平台和融资信息服务平台建设,积极推动移动支付工具在粤港澳大湾区内的普及和设备平台间的互

通。从影响来看,粤港澳大湾区金融服务水平的提升有助于实现金融与创新科技的有效深度融合和协同平衡发展,为金融服务科技创新能力的持续优化提供了源源不断的动力,最终实现粤港澳大湾区金融科技资源要素的高效流动和有效配置的目标。从推进程度来看,以深圳为例,多项举措已经落地,如 2013 年深圳已成为全国首批支付机构跨境电子商务外汇支付业务试点城市,2018 年 9 月区块链贸易融资信息服务平台已上线运行,2018 年 10 月香港 WeChat Pay 电子钱包在粤港澳大湾区先行先试,2020 年 3 月,《深圳市金融科技应用试点实施方案》部署 11 个项目,重点围绕支持粤港澳大湾区发展绿色金融、科技金融、金融科技等服务,支持跨境征信、跨境数据信息共享、平台载体打通等基础设施联动,优化完善"沪港通""深港通""债券通"等金融市场互联互通。

粤港澳大湾区金融对接科技产业的服务创新模式稳步推进。《意见》指出要进一步提升粤港澳大湾区金融服务创新水平,积极推进金融服务对接科技产业的联动工程建设,探索科技金融和产业发展的创新路径,以此推动粤港澳大湾区科技金融良好发展和金融服务水平的持续优化。

粤港澳大湾区区块链贸易融资信息服务平台稳步建设。依托于金融科技的发展,粤港澳大湾区金融服务水平正在不断提升。在政府政策指导和市场企业灵活协作下,粤港澳大湾区金融科技合作不断深入,并依托如区块链、大数据、人工智能的线上金融电子平台和金融科技载体建设稳步加强。跨境银行之间业务合作和平台开放也为粤港澳大湾区金融服务水平的提升做出了重要贡献。

粤港澳大湾区三地间跨境使用移动电子支付工具的电子金融网络逐步扩大,粤港澳大湾区内的居民和企业使用移动支付工具的安全性和便捷性大幅提高。粤港澳大湾区基于自身的产业结构和技术优势,积极利用粤港澳各地的比较优势资源,以创新为动力推动金融科技向前发展,依托深圳创新驱动和改革开放的先发优势,凭借香港金融开放和投资自由的国际化制度优势,金融服务水平不断攀升,不断推进粤港澳大湾区内"科技+金融"的双轮驱动新范式建设,稳步迈向比肩国际的一流金融湾区水平。2019 年 8 月中国人民银行出台的有关《金融科技发展规划（2019—2021 年）》说明了金融科技的重要性及发展路径，《意见》中也明确提到鼓励符合条件的创新型企业赴港澳融资、上市。粤港澳大湾区拥有世界级的金融网络体系和创新研发平台。在粤港澳大湾区建设机遇之下，大湾区内各个城市和地区的银行、金融机构和证券公司之间开展密切的金融合作，以促进大湾区内金融服务水平的进一步提升，未来金融湾区发展潜力巨大。

11

人才决胜：
丰富的人力资源与优越的人才环境

人才是区域经济发展的关键。一直以来，粤港澳大湾区作为中国的重要经济引擎，其丰富的教育资源、国际化的就业环境、包容的人才政策以及优质的生活质量所构成的优越的人才环境，吸引着国内外不同层次的人才前往该地区生活就业，并逐渐形成人才集聚优势，使粤港澳大湾区的建设在拥有丰富的人才资源的基础之上，更具先行先试精神，逐步迈向比肩国际顶尖水平的一流人才高地。

第一节 粤港澳大湾区的高等教育资源

教育兴则国家兴，教育强则国家强，人才发展是粤港澳大湾区可持续发展的根本。《纲要》中明确提出要打造教育和人才高地。粤港澳大湾区高等教育正在向更高水平发展，具体体现在高等教育服务经济社会发展的能力显著提高、多样化可选择的优质高等教育资源日益丰富、各级各类教育普及范围显著扩大、现代化高等教育制度体系稳步构建、人民群众受高等教育机会进一步增多、人才培养能力取得重要进展等方面。粤港澳大湾区高等教育总体实力和国际影响力正不断提升。

一、粤港澳高等教育现状

近年来，粤港澳大湾区凭借雄厚的经济实力、明显的区位优势以及打造国际科技创新中心的顶层设计引领，高等教育发展迅猛，无论是在高校数量、办学规模和办学质量上都迈上了一个新台阶。截至 2019 年，广东珠三角 9 市、香港和澳门高校数量分别达 126 所、13 所、10 所，合计 149 所[①]（表 11.1）。其中，香港高校国际化程度较高，学校大多采用英文小班授课，大都要求学生具有出国访学和社会实践的经历，十分注重对学生综合素质和英语能力的培养。珠三角9 市的高等院校大都聚集在广州，特别是广东省 5 家入选"双一流"的高校悉数

---

① 数据来源：广东省教育厅。

位于广州。深圳近年来是国际合作办学的先头阵地,正快马加鞭建设与高科技产业群配套的高校。澳门高等教育办学则更加注重结合澳门本地特色,形成了中西兼容的多元化、国际化教育特色。随着粤港澳大湾区建设向纵深发展,珠三角9市与港澳的高等教育交流合作越发频繁,跨境高校合作、校企合作等联合打造的新型高校数量也在不断增多,后发动力十足。

表 11.1　2019 年粤港澳大湾区高校地理和数量分布情况'

单位:所

地区		高校总数	本科高校		专科高校	
			学校数	其中非公办数	学校数	其中非公办数
珠三角 9 市	广州市	83	36	14	47	15
	深圳市	7	4	2	3	1
	中山市	3	1	1	2	0
	佛山市	6	2	1	4	0
	东莞市	7	3	2	4	3
	惠州市	5	1	0	4	1
	江门市	4	1	0	3	1
	珠海市	6	4	4	2	1
	肇庆市	5	2	1	3	2
港澳 2 区	香港特别行政区	13	13	5	—	—
	澳门特别行政区	10	10	6	—	—
总计		149	77	36	72	24

资料来源:广东省教育研究院.广东教育改革发展研究报告 2020[M].广州:高等教育出版社,2020.

(一)广东高等教育现状

广东省地处中国改革开放的前沿阵地,作为中国第一经济大省,具备大量的创新创业机会和就业岗位,其巨大的经济活力和联通内外的国际化视野吸引着莘莘学子前来求学,从而推动了广东省高等教育事业的快速发展。2018 年和

2019年,广东省一般公共预算教育经费分别为2 805.21亿元和3 217.77元,同比增长11.21%和14.70%,可见广东省对于贯彻落实提升高等教育质量的坚定决心①。广东高水平优质院校众多,高等教育院校集群效应凸显,高等教育高质量发展势头良好。截至2019年,广东共有高校154所,仅次于江苏,位列全国各省市第二。按照办学层次分,本科高校有67所,高职院校87所;按照办学性质分,公办学校100所,民办学校50所,另有与港澳合办和中外合办高校各有2所②。截至2020年9月,在本科院校中,有234个专业入选首批国家级一流本科专业建设点,310个专业入选省级一流本科专业建设点,其中后者有286个来自公办院校,反映了公办院校在办学中的强劲优势。与此同时,广东共有18所高校的100个学科入选基本科学指标(ESI)全球排名前1%,相对于2015年翻了一番,2020年增量更是居全国第一③。而在高职院校中,截至2019年,有14所高职院校入选国家"双高"计划,11所国家示范(骨干)高职院校,且2019年实现整体扩招12.5万人④,在校生规模更是高达89.42万人。这一系列成绩主要得益于近年来广东省全面落实《"冲补强"计划专项资金管理办法》,即由广东省财政通过"补冲强"计划加大对高等教育投入,并引导带动地方政府财政、竞争性收入和社会捐赠等多方投入。充足的资金投入保证了各高校能够根据建设任务和自身发展定位,有效借鉴国内外先进办学理念和管理经验,构建符合自身特点的管理体制和运行模式,从而提升办学水平和治理体系,推进广东高等教育向更高、更强发展。

(二)香港高等教育现状

香港的经济社会发展特点造就了其国际化的高等院校教育体系、科学合理化的教学培养模式以及自由开放的学术氛围。香港是中国内地学校与世界各

---

① 数据来源:广东省教育厅。
② 同①。
③ 钟哲."冲一流,补短板,强特色"提升计划成效显现——广东高校百个学科入围ESI全球前1%[N].南方日报,2020-09-20(A03).
④ 数据来源:广东省教育研究院。

国高等院校合作交流、互学互鉴的重要窗口。截至 2020 年,香港有 11 所法定大学,其中香港大学在英国 QS 全球教育集团发布的"2020 亚洲 500 强大学排名"中位列第 3,香港科技大学和香港中文大学分别位列第 8 和第 10,香港办学实力和教学质量比肩国际一流院校。香港教育体系中西结合,香港 11 所具有授予学位资格的大学中有 8 所由大学教育资助委员会(University Grants Committee,UGC)资助①,是香港高等教育的中坚力量。《2020 年香港统计年刊》显示,2019 年香港小学及以下、初中、高中、专上教育的学生人数在总学生人数中的占比分别为 18%、14.9%、33.2% 和 33.9%,专上教育吸纳学生人数最多,其次是高中教育。

根据《香港法例第 0279 章 教育条例》,香港的高等教育也称作专上教育,是指中学修业以后进行的任何不低于中学学位的教育经历,教育方向是更加趋向于专业化的学术和技术教育。香港的教育体系将能够组织开展高等教育或是专上教育的机构分为法定大学、法定学院等五类(表 11.2),其性质及许可条件有所不同。

表 11.2 香港教育体系下高等教育机构划分

高等教育组织机构	许可条件	机构名单
法定大学	是指受独立法例规管的高等教育组织机构,须经香港特别行政区行政长官会同行政会议同意及通过,再经立法会三读通过相关法例方可成立	香港大学、香港中文大学、香港科技大学、香港浸会大学、香港理工大学、香港城市大学、香港公开大学、香港岭南大学及香港树仁大学
法定学院	是指受独立法例规管的法定学院,须经香港特别行政区行政长官会同行政会议同意及通过,再经立法会三读通过相关法例方可成立	香港演艺学院、香港教育学院

---

① 8 所久负盛名的院校分别是香港中文大学、香港城市大学、香港大学、香港科技大学、香港理工大学、香港浸会大学、香港岭南大学和香港教育大学。

续表

高等教育组织机构	许可条件	机构名单
注册专上学院	是指根据《香港法例第 320 章 专上学院条例》而注册成立的专上学院,在香港特别行政区行政长官会同行政会议事先批准下,注册专上学院具有颁授学位的资格	明爱专上学院、香港珠海学院
职业训练局院校	是指根据《香港法例第 1130 章 职业训练局条例》成立的,且在职业训练局辖下的职业训练局院校	香港专业教育学院和职业训练局工商资讯学院
一般院校	是指根据《香港法例第 0279 章 教育条例》成立的一般院校,须经香港特别行政区教育统筹局常任秘书长批准以举办专上教育,再经香港学术评审局评审认可后方可取得提供专上课程资格	中华基督教会公理高中书院、明爱白英奇专业学校、恒生商学书院、保良局香港社区书院等

资料来源:根据香港特别行政区政府教育局发布的资料整理所得。

(三)澳门高等教育现状

澳门高等教育发展集聚多元化和国际化色彩,实现了在"一国两制"理念下的高等教育体系现代化转型发展。"教育兴澳"和"人才建澳"理念深入澳门高等教育发展拓新的体制改革之中,为澳门教育体系成功转向主权国家特别行政区主体教育体制机制、教育水平从落后贫乏转向先进现代、教育特色从毫无规划向因地制宜的跨越转变提供了思想指导和理念指引。

自 1999 年澳门回归以来,澳门的经济社会发展进入全新的发展阶段,在背靠祖国的大环境下,澳门依托国家、特区政府和中国社会各界的大力支持,澳门高等教育体系翻开了新的篇章,迈向了更高水平、更广平台、更宽视野的全新阶段,实现了跨越式发展,为"一国两制"背景下的澳门经济社会发展贡献了澳门高等教育领域实践探索的实践经验和丰硕成果。截至 2019 年,澳门共有高等院校 12 所,其中公立高等院校 4 所,私立高等院校 6 所[①],私立研究机构 2 个。同时,澳门本地高校承接本地学生的高等教育服务能力和水平大幅提升。2018—2019 学年澳门高等教育的在校注册学生人数多达 34 000 人,比回归初期增长了 3 倍,毛入学率更是超过 85%[②]。此外,在澳门高等教育大众化普及的同时,澳门高校的专业设置和教育资源配置也更加符合以人才发展需求为基本纲领的规划布局。

由于澳门教育体系受葡萄牙、中国内地、中国香港和中国台湾等多种文化的辐射和影响,澳门高等教育形成了集多种文化元素为一体的教育文化气质,呈现出更加开放、多元和国际化的办学特色。这种开放多元不仅体现在办学主体、办学资金来源多和学校办学服务之上,还体现在课程设置、师资来源和教材上。开放、多元和国际化赋予了澳门教育以浓厚的中西合璧色彩,使之在现今全球化背景下成为具有较强国际适应能力和多元承接能力的现代化高等教育特色地区之一。

二、合作办学

粤港澳三地教育资源丰富,各自根据本地产业文化的不同呈现出各自的比较优势,在基础教育、职业教育和高等教育三类教育层次都有所发展,从教育合作布局来看,粤港教育合作多以香港教育体系和理念为主导,粤澳合作则以广东为主导。粤港澳大湾区建设框架下的三地跨境合作办学发展迅速,教育市场和规模不断扩大,教育质量稳步提升,三地教育合作正迈向互利合作,未来粤港澳大湾区教育竞争潜力巨大。

在基础教育方面,广东与港澳的联合"姊妹"学校合作项目日益深化扩大。

---

① 澳门现有的公立高等院校如下:澳门大学、澳门理工学院、澳门旅游学院、澳门保安部队高等学校。澳门现有的私立高等院校如下:澳门科技大学、澳门城市大学、澳门镜湖护理学院、澳门管理学院、圣若瑟大学、中西创新学院。

② 宋永华.回归 20 年澳门高等教育大发展[EB/OL].(2019-12-16)[2021-01-10].中国教育新闻网.

2010年广东省教育工作会议讨论关于如何推动港澳人士子女在粤参加内地的基础教育培养问题，会议通过了设立港澳人士子弟学校这一提议。2016年发布的《实施〈粤港合作框架协议〉2016年重点工作》明确提出，要加强两地基础教育的交流与合作。澳门特别行政区于2012年出台《在粤就读澳门学生学费津贴计划》，鼓励澳门的中小学生去内地就读，广东教育局也推出了优化港澳学生班计划，支持鼓励在广东新建一批学生示范基地，以加强粤港澳三地之间基础教育的合作与发展，具体措施还包括开展粤港两地教师交流计划与语言教师培训项目等。目前基础教育阶段的合作办学模式有两种：一是港人在粤办学，二是两地学校缔结姊妹学校关系。粤澳两地在基础教育领域的合作办学模式多为两地学校缔结姊妹学校关系。除此之外，不少港澳爱心人士热心于捐资办学或投资办学，为粤港澳三地基础教育合作与发展提供大量帮助。如已故的邵逸夫先生和霍英东先生，他们多年来暖心助学，与粤港澳三地合作修建了上百所中小学和希望学校，捐资的助学项目也不胜枚举。

在职业教育方面，粤港两地注重以联合培养的方式推进两地学生的沟通交流。《实施〈粤港澳合作框架协议〉2016年重点工作》支持鼓励粤港澳三地的职业院校开展互访游学，以加大职业教育专业课程的合作力度和覆盖范围，促进职业教育教师赴港培训，广泛开展职业技能竞赛，增强两地教师的教学经验交流和职业教育专业素养。如深圳职业技术学院自2008年起就开始与香港专业教育学院（IVE）黄克竞分校合作，合作专业主要集中在加强电气服务工程高级文凭合作课程的深化和对接上。该专业招收香港中五毕业的学生，采取"2+1"模式，即学生在香港修读2年，然后在深圳职业技术学院修习1年，毕业时获得深圳和香港两地学院的毕业证书。再如，2017年广州涉外经济职业技术学院与香港公开大学合办酒店管理专业，广州涉外经济职业技术学院在校学生在本学院完成专科学习后可以在香港公开大学进行本科学习，完成两地院校的学习课程后可以获得本科学士学位证书。粤澳的合作办学领域则主要是依据澳门本地的产业文化优势设定的，两地院校在旅游和工商管理专业的合作项目较多，如珠海城市职业技术学院与澳门旅游学院达成协议,将澳门的旅游及酒店资格认证职业标准引进内地,并将进一步商讨有关师资培训和交换生项目等合作的具体实施方案。广东科学技术职业学院和亚洲(澳门)国际公开大学(现澳门城市大学)自 1999 年起就开始了两地院校合作办学的探索之路,其联合举办的工商管理学位课程班深受好评。

在高等教育方面,粤港澳三地高校资源集聚和战略布局正稳步实施中。2016 年,澳门大学与中山大学、香港中文大学联合发起成立了粤港澳高校联盟,迄今已汇聚 28 所三地高校。联盟通过增进三地师生人员流通、共同培养人才、寻求科教研合作的突破口,实现联盟内高校重大创新平台开放共享。这也是实现大湾区科教合作、促进澳门高等教育高质量发展的重要途径。以粤港澳高校联盟为基础,三地正加快探索构建粤港澳高等办学创新合作机制。通过合作办学,三地高校能实现优势互补,有利于三地间的教育资源要素流通,提高学术研讨交流的效率和频率,极大地推动粤港澳高校教育资源和教育水平的提升。合作办学不仅为粤港澳三地学子的沟通交流提供了更多的机会和更大的平台,而且三地高校教育资源的联合进一步助推了优势学科、优势师资和优势生源的培育和打造。合作办学助力粤港澳大湾区国际化布局进一步深化,粤港澳大湾区高校联盟吸引了来自五湖四海、国内外的优质教育资源集聚,为打造世界级创新平台奠定了坚实的基础。

第二节　粤港澳大湾区的人口结构

粤港澳大湾区人口结构优良,男女比例均衡。粤港澳大湾区跨境人口流动和人才交流活跃,港粤两地人口流动成为珠三角人口结构优化和区域功能提升的有力支撑。香港人口"含才量"高,广东拥有较强的人口就业吸附力,2019 年整体实现地区生产总值 11.62 万亿元；人均 GDP 达 16.15 万元①，远超 2019 全国平均水平（2019 年中国人均 GDP 为 1.03 万美元）②，展现出巨大的人口结构优势。截至 2019 年，粤港澳大湾区的人口总量达 7 264.92 万人，人口规模与增速均为世界四大湾区之首。粤港澳大湾区人口资源丰富，人口红利基础雄厚，人才"兴"湾指日可待。

一、粤港澳大湾区人口的自然构成

人才集聚是产业创新发展的重要人力要素之一，优质年轻的人才资源是粤港澳大湾区经济蓬勃发展、更上一层楼的坚实基础保障。从人口年龄分布看，粤港澳三地整体年龄结构呈现出"两头低、中间高"的特征，年轻化特征显著。广东是三地中最年轻和最具活力的城市，未来的人才储备的主力战场毫无疑问也将在广东。截至 2019 年，广东省常住人口数量占全国人口总量的 8.23%，继续保持全国榜首地位③。广东全省常住人口按照 0~14 周岁、15~64 周岁和 65 周岁及以上 3 个年龄段对应人口占比分别为 16.28%、74.72% 和 9.00%，从抚养比来看，广东每 100 名劳动人口负担抚养少儿和老年人口比例为 33.83%，与同期全国平均值相比低 7.72%，仍然是全国人口总抚养比相对较低的省份之一。同时，国家发布的"全面二孩"政策的实施效果也持续发力，粤港澳大湾区人口流动也不断呈现大城市化和都市圈化特征。但相比之下，香港社会老龄化趋势较为明显，65 岁以上人口占比在三地中最高，达 18.6%。澳门的老龄化程度较低，但同时 0~14 岁人口比例也是最低的。整体而言，从 3 个地区比较来看，广东的年轻人口规模最大，比例较高，活力相对较强（图 11.1）。

---

① 涂成林,苏泽群,李罗力.中国粤港澳大湾区改革创新报告(2020)[M].北京:社会科学文献出版社,2020.

② 陆亚楠.2019 年我国 GDP 近百万亿元,增长 6.1%——人均 1 万美元,了不起[N].人民日报,2020-01-18(4).

③ 数据来源:广东省统计局人口和就业统计处.2019 年广东人口发展状况分析[R/OL].(2020-04-28)[2021-01-10].广东统计信息网.

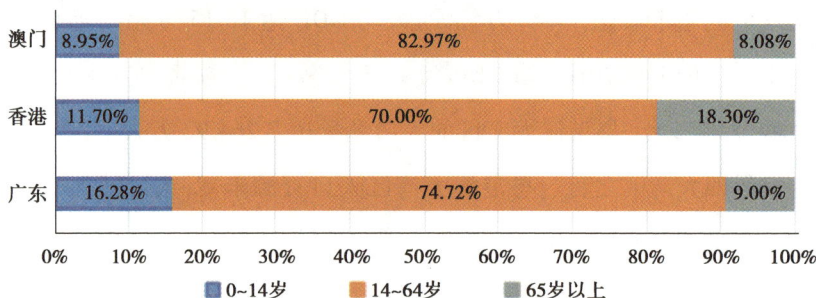

图 11.1　2019 年粤港澳地区按年龄划分人口情况

资料来源:根据香港特别行政区政府统计处、广东省统计局和澳门特别行政区政府统计暨普查局发布的
　　　　数据整理所得。

从人口性别来看,不同于广东和澳门的男性多于女性的性别特点,香港的
女性数量要多于男性。截至 2019 年,广东的常住人口高达 11 521 万人,比 2018
年增加了 175 万人,涨幅为 1.52%。其中,男性为 6 022.03 万人、女性为 5 498.97
万人,性别比(以女性为 100)为 109.51,但不及澳门的 114.11。而香港的性别比
则为 83.96,男性人口远低于女性人口(图 11.2)。

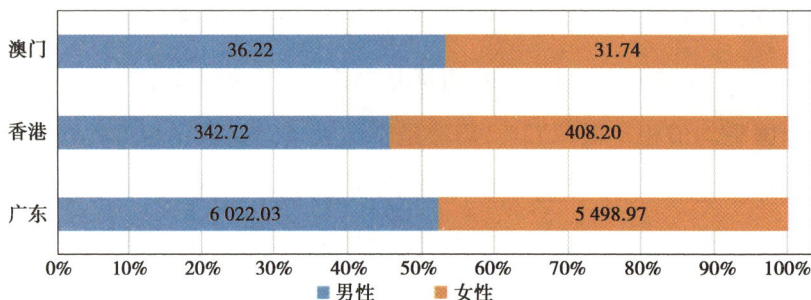

图 11.2　2019 年广东、香港和澳门按性别划分人口情况

资料来源:根据香港特别行政区政府统计处、广东省统计局和澳门特别行政区政府统计暨普查局发布的
　　　　数据整理所得。

二、粤港澳大湾区人口的地域构成

粤港澳大湾区人口规模的地域集聚效应凸显,珠三角地区人口增长速度较
快。2015 年粤港澳大湾区常住人口仅 6 669.92 万人,2018 年粤港澳大湾区常

住人口突破 7 000 万人，2019 年更是达 7 264.92 万人，4 年内增加了 577 万人。从常住人口分布及增长来看，2019 年珠三角 9 市是常住人口数量增幅最大、增长速度最快的区域。2019 年珠三角核心区有 6 446.89 万人，占全省人口总量的 55.96%，比上年增加 145.90 万人，其常住总人口占粤港澳大湾区人口总量的 88.74%。其中，广州、深圳两个超大城市的人口分别比上年净增 40.19 万人和 41.18 万人，分别达 1 530.59 万人和 1 343.88 万人，两市常住人口增幅占同期珠三角 9 市的 55.8%。其次是东莞和佛山，常住人口分别为 846.45 万人和 815.86 万人，香港则仅次于佛山为 750.07 万人[①]，澳门常住人口数最低，为 67.96 万人。从人口密度来看，由于城镇化水平较低以及行政区域面积较大，珠三角 9 市人口密度远低于港澳地区（图 11.3、表 11.3）。

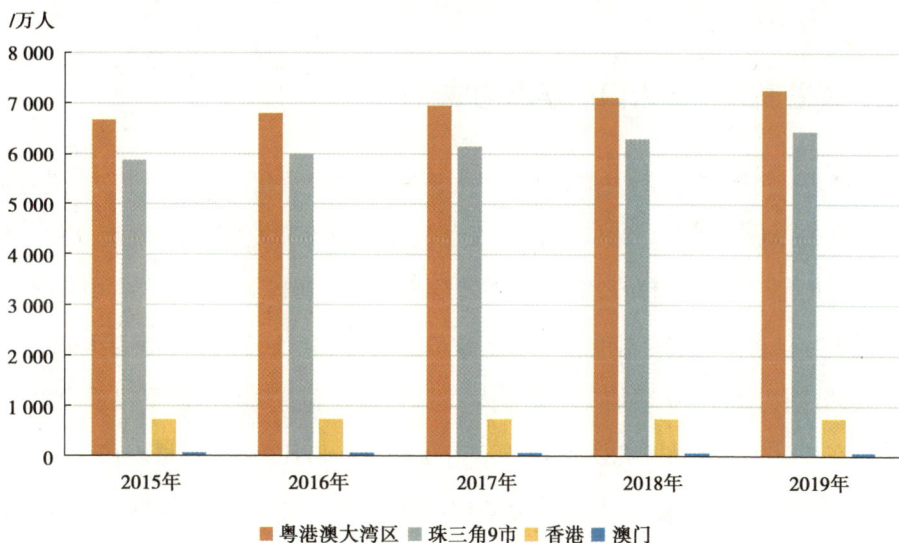

图 11.3 2015—2019 年粤港澳大湾区城市人口变化情况

资料来源：根据海关总署广东分署、广东省统计局、国家统计局、香港特别行政区政府统计处和澳门

　　　　特别行政区政府统计暨普查局发布的数据整理所得。

注：粤港澳大湾区、珠三角 9 市、香港和澳门的人口均为"年末人口"。

---

① 数据来源：广东省统计局人口和就业统计处.2019 年广东人口发展状况分析［R/OL］.（2020-04-28）［2021-01-10］.广东统计信息网.

表 11.3　粤港澳大湾区 2015—2019 年人口密度基本情况

单位:人/平方千米

	2015 年	2016 年	2017 年	2018 年	2019 年
粤港澳大湾区	1 193	1 217	1 244	1 273	1 299
珠三角 9 市	1 073	1 095	1 123	1 150	1 177
香港	6 607	6 668	6 700	6 763	6 779
澳门	21 276	21 144	21 205	21 669	22 065

资料来源:根据广东省统计局、香港特别行政区政府统计处和澳门特别行政区政府统计暨普查局发布的数据整理所得。

三、粤港澳大湾区人口的学历构成

　　随着广东经济不断发展,粤港澳大湾区教育普及化范围不断扩大,受过高等教育人口稳步攀升。2019 年广东文化教育事业不断发展,高等教育在校生数量持续增加,义务教育阶段在校生规模继续扩大。2019 年,广东全省中等学校、成人本专科和普通本专科的在校学生数量分别为 716.5 万人、93.15 万人和 205.4 万人,分别比 2018 年增加 19.33 万人、18.23 万人和 9.08 万人,可以看出,中等学校在校学生人数涨幅最大。由于广东受教育人口比例上升,粤港澳大湾区文化教育程度也不断提升,人口学历结构不断优化。此外,根据智联招聘发布的《2019 年粤港澳大湾区产业发展及人才流动报告》,在 2019 年三季度流入粤港澳大湾区人才学历结构中,本科学历占比为 47.20%,硕士为 5.88%,博士为 0.20%,合计为 53.28%,占流入人口数量超过一半,这将有利于提升大湾区高等教育人口比例,为粤港澳大湾区建设提供了重要的人才支撑。

第三节　粤港澳大湾区的人才政策

充足的就业岗位、丰富优质的高等教育资源和极具竞争力的薪资福利，造就了粤港澳大湾区得天独厚的人才环境。在政策方面，粤港澳大湾区地方当局积极营造良好的工作和生活环境，为吸引和留住高端人才，不断改革创新人才引进和激励机制。2017 年以来，粤港澳大湾区内各市各类人才新政频出，尤其是针对承接港澳人才外溢的人才政策更是层出不穷，其中包括出台港澳人才引进政策，针对港澳人才推出的购房放宽和优惠政策，以及各地市纷纷出台的相关税收优惠政策（表 11.4）。

广州在 2017 年相继发布了多个针对人才引进的互惠政策，广州市委组织部联合多个部门共同签署印发了《广州市高层次人才认定方案》《广州市高层次人才服务保障方案》《广州市高层次人才培养资助方案》等文件，对于人才认定工作的规定和标准更加明确详细，为吸引高等人才进入广州工作奠定了政策性基础。同时，广州市政府计划增加人才福利资金，在住房、医疗、子女入学等方面为高层次人才入住广州提供若干优惠政策和保障福利，并给予年度休假体检、保健优先待遇、创新创业优惠政策以及在资助补贴方面的优渥条件。例如，根据《广州市高层次人才服务保障方案》，被认定为高层次人才的可享受包含住房补贴或 10 年免租人才公寓在内的住房福利政策；诺贝尔奖获得者、院士等顶尖人才则可享受 1 000 万元的住房补贴或入住 200 平方米的人才公寓；而在广州工作工龄满 10 年且做出突出贡献的取得广州户籍的高层次人才可无偿获赠租住房。《广州市高层次人才培养资助方案》还明确提出了对高层次人才访学研修、参加或举办会议、发表论文、出版著作等方面的一系列优惠补助支持，杰出专家、优秀学者、青年后备人才每月可分别领取一定的资料津贴。此外，广州还计划在 2020—2025 年分阶段投入 2 亿元，以政府购买服务的方式，进一步建立健全社会机构的高层次人才供给链，为广州创新发展、经济发展和城市管理进步提供定制化人才供给和储备。

2017年11月,深圳发布了《深圳经济特区人才工作条例》(以下简称《条例》)。《条例》的具体内容包括对高层次人才引进、培养、发展、落户、激励、评价和服务与保障等方面的明确福利政策和补贴标准,即"68条"人才新政。其中最为引人注目的一点是,《条例》明确提出了在住房优惠政策方面将采取以租赁为主,以租赁、出售和补贴相结合为辅的高层次人才住房安居保障福利政策,且明确指出将在"十三五"期间为高层次人才准备30万套住房,以为人才引进提供住房补贴支持。

珠海在2018年4月出台了《关于实施"珠海英才计划"加快集聚新时代创新人才的若干措施(试行)》,明确阐述了16条吸引人才集聚珠海的人才优惠政策。例如,一经被认定为高层次人才,可享受一半的住房产权,其所在创新创业团队最高可获得1亿元的创新创业补贴资助。另外,本科人才和硕士人才可分别享受2.6万元、3.8万元的人才补贴资助。佛山在2018年出台了《佛山市人才发展体制机制改革实施意见》,明确规定国家级、省级和市级领军人才可分别享受400万元、300万元、200万元的安家补贴。具有博士学位证书的高级人才和具有高级职称专业技术证书的高级人才可享受30万元安家费和30万元科研经费资助。此外,还为博士、博士后工作站或实践基地提供不同程度的安家补贴或建站补贴,为正高级和副高级职称专业技术人才每人分别提供30万元和20万元的安家补贴。

表11.4 珠三角9市部分人才引进政策

地区	代表性政策
广州市	《广州市引进人才入户管理办法》 《发挥广州国家中心城市优势作用支持港澳青年来穗发展行动计划》 《广州市关于粤港澳大湾区个人所得税优惠政策财政补贴管理暂行办法》
深圳市	《深圳市在职人才引进和落户"秒批"工作方案》 《粤港澳大湾区建设深圳指引》 《关于落实粤港澳大湾区个人所得税优惠政策的通知》

续表

地区	代表性政策
东莞市	《东莞市"十百千万百万"人才工程行动方案》 《东莞市境外高端人才和紧缺人才认定及个人所得税财政补贴暂行办法》
佛山市	《佛山市人才发展体制机制改革实施意见》 《佛山市人才举荐工作实施细则》 《佛山市南海区关于进一步支持港澳人才在粤港澳合作高端服务示范区创新创业的交通补贴暂行办法》 《佛山关于实施粤港澳大湾区个人所得税优惠政策财政补贴管理暂行办法》
珠海市	《关于实施"珠海英才计划"加快集聚新时代创新创业人才的若干措施》 《珠海市企业新型学徒制实施办法》 《珠海市实施粤港澳大湾区个人所得税优惠政策人才认定及财政补贴暂行办法》
惠州市	《惠州市加快推进珠三角(惠州)国家自主创新示范区建设实施方案》 《惠州市"东江菜师傅"工程实施方案》 《惠州市人力资源和社会保障局关于"东江菜师傅"培训基地的认定标准和管理办法》 《惠州市实施粤港澳大湾区个人所得税优惠政策财政补贴管理暂行办法》
江门市	《江门市人民政府关于完善体制机制加快建设人才强市的若干意见》 《关于进一步集聚新时代人才建设人才强市的意见》 《江门市人力资源和社会保障局关于支持港澳居民到江门市就业创业的若干措施》 《江门市实施粤港澳大湾区个人所得税优惠政策财政补贴暂行办法》
中山市	《关于进一步集聚创新创业人才的若干意见》 《关于支持企业建立首席技师制度的实施方案(征求意见稿)》 《中山市实施粤港澳大湾区个人所得税优惠政策财政补贴暂行办法》
肇庆市	《肇庆市引进基层医疗卫生特殊紧缺人才"千人强基计划"实施方案》 《肇庆市"百名博(硕)士引育工程"实施方案》 《肇庆市百名博(硕)士人才专项事业编制和专项领导职数管理办法》 《肇庆市进一步引导和鼓励高校毕业生到基层工作的实施方案》 《肇庆市贯彻粤港澳大湾区个人所得税优惠政策实施办法》 《肇庆市贯彻扶持港澳青年创新创业若干措施实施方案》

资料来源：根据珠三角9市公开资料整理所得。

香港特别行政区人才引进政策如"一般就业政策"和"输入内地人才计划"已为香港高层次人才的引进奠定了基础。2018 年 5 月 8 日香港特区政府发布了一项为期 3 年的"科技人才入境计划",该计划主要瞄准的是在"工业 4.0"背景下具有科技创新才能的高端人才,缩短高新科技技术人才入籍香港程序的批准时间,让高层次人才能更高效、更快速地为香港特区科技公司和企业提供智力技术支持,该计划已于 2018 年 6 月正式开通申请渠道,首年的配备名额为 1 000 个,每家香港技术企业最多可获得 100 个配额。为汇聚和吸引更多的高层次人才加入香港高新技术创新发展的建设,香港创新科技署于 2018 年 8 月 22 日正式推出了为期五年的科技专才培育计划,包括针对博士专才的培训计划、再工业化计划以及科技培训计划,获得科技创新基金资助的企业或机构可以申请招聘博士后专才对公司的相关科学研究进行专项研发,基金会为每位博士后专才提供每月最高 32 000 港元的津贴补助,补助时间最长为 24 个月,再工业化计划以及科技培训计划主要针对拥有香港永久性居民证的学员,培训内容主要与"工业 4.0"相关。

澳门特区政府于 2018 年公布了《澳门中长期人才培养计划——五年行动方案》,明确指出澳门中长期人才培养的主要目标包括重点领域的紧缺人才、产业多元人才、金融保险人才、中葡双语人才和海洋经济人才,提出要打造中葡双语人才,并最终建立中葡双语人才基地。澳门结合本地经济社会发展实情,将重点放在对中葡双语精通人才的培育、储备和发展上,以期为澳门文化旅游业、博彩娱乐业和海洋经济的对外发展和交流合作提供人才供给资源。促进精英、博士、院士等高层次人才的回流也是其重点内容之一。

第四节　粤港澳大湾区的生活成本与生活质量

生活成本与生活质量是吸引人才的重要因素。美世咨询公司(MERCER)根据食物、烟酒、住房及家庭用品、服装、交通和娱乐的消费情况,统计了全球城市生活成本并进行了排名。在 2020 年度排名的名单中,香港和深圳分别占据榜首和第 13 位,广州排第 20 位,其余珠三角城市和澳门未进入排行榜单。由此可见,除上述 3 个城市,粤港澳大湾区整体生活成本不高,而随着粤港澳大湾区市场一体化逐步推进,粤港澳大湾区生活将更加便捷,城市配套设施更加齐全,珠三角地区较低的生活成本,有利于稳步落实宜居、宜业、宜游优质生活圈规划,而未来在城市治理及生活配套设施方面的建设,将成为促进粤港澳大湾区人才环境建设、人才流动的关键。

一、珠三角生活成本与生活质量

从生活成本来看,珠三角 9 市的生活成本相对于港澳两市而言相对较低,但 9 市间存在差异。从住房成本来看,通过人均 GDP 与二手房均价的比值表示的各市二手房购买力整体水平,可以发现珠三角 9 市中二手房购买力最强的是佛山,其次是惠州。而作为经济最发达的深圳市,其二手房购买力明显低于其他城市,仅有 3.41 的水平。广州二手房购买力水平高于深圳,但在 9 市中仍排在第 2 位(表 11.5)。事实上,一直以来,与自身经济发展水平一致,深圳和广州的生活成本在珠三角 9 市中排名居高不下,但同样地,这两个城市的生活质量也相对较高。

表 11.5　珠三角 9 市住宅人均 GDP 购买力情况

人均 GDP 排名	城市	人均 GDP/万元	2019 年 12 月二手房均价/(元·m⁻²)	人均 GDP /二手房均价
1	深圳	20.07	58 785	3.41
2	珠海	16.98	21 321	7.96
3	广州	15.44	33 100	4.66
4	佛山	13.18	12 737	10.35
5	东莞	11.20	16 329	6.86

续表

人均 GDP 排名	城市	人均 GDP/万元	2019 年 12 月二手房均价/(元·m⁻²)	人均 GDP /二手房均价
6	中山	9.17	11 573	7.93
7	惠州	8.56	10 020	8.54
8	江门	6.80	8 039	8.45
9	肇庆	5.37	7 382	7.28

注：①人均 GDP 根据各市统计年鉴数据计算所得。

②2019 年 12 月二手房均价根据安居客与房天下数据综合分析所得。

从生活质量来看,深圳和广州两大核心城市位于广东全省的领先水平。广州和深圳作为湾区四大核心城市中的珠三角城市,其吸引大量优质社会资源的能力在全国范围内保持领先水平。特别是在教育和医疗领域,广州的性价比得到市民的广泛认可。而得益于粤港澳大湾区城市群的建设,随着优质社会资源在广深两地的集聚,广深两地的资源外溢效应在粤港澳大湾区建设下不断扩大,广东其余城市受广深两地的资源外溢效应影响,其生活成本降低和生活质量提高的特征凸显。2020 年中国经济实验研究院城市生活质量研究中心发布的《中国城市生活质量报告(2019)》对全国 35 个城市在消费者信息、教育质量满意度、健康满意度以及医疗服务 4 个方面进行评价,结果显示,2019 年,广州和深圳居民生活质量主观满意度均处于满意区间(表 11.6)。其中广州和深圳在消费者信心方面,指数得分均比 2018 年 117 左右的得分大幅提升,分别为134.03 和 137.63,显示出两个城市的居民在未来 1~5 年对收入预期和经济前景预期趋于满意态度,但排名却大幅下滑;在教育质量满意度方面,尽管广州比2017 年有所上升,但仍排在较后的第 29 位,深圳则排在第 7 位,两个城市尚趋于满意水平;在健康满意度方面,广州低于平均值 56.99,且相比 2018 年有所下滑,仅为 53.32,但仍高于好(50)的水平,深圳则排在第 3 位,居民满意度普遍较高;在医疗服务满意度方面,广州相对 2018 年有了较大幅度提升,排在第 11 位,深圳则较稳定,排名未见明显变化,但低于平均值 62.80。

表 11.6 2019 年广州和深圳城市居民生活质量指数

城市	年份	消费者 信心指数	教育质量 满意度指数	健康满意 度指数	医疗服务 满意度指数
广州	2019	134.03	65.30	53.32	64.37
深圳	2019	137.63	69.00	60.82	61.55

资料来源:中国经济实验研究院城市生活质量研究中心。

从上述生活质量指数得分来看,广州和深圳的城市居民生活质量指数总体处于较高水平,但仍有提升空间。从消费水平来看,珠三角地区的生活成本与生活质量依然存在发展不平衡的情况(图 11.4)。广州、深圳、珠海、佛山、东莞和中山的人均消费水平处于广东全省的人均消费水平之上,其中,深圳的人均消费水平位于广东全省的人均消费水平榜首位置。从广东全省居民家庭基本消费方面来看,食品烟酒和居住方面的人均消费支出较多,是全省居民个人消费的主要部分(图 11.5)。

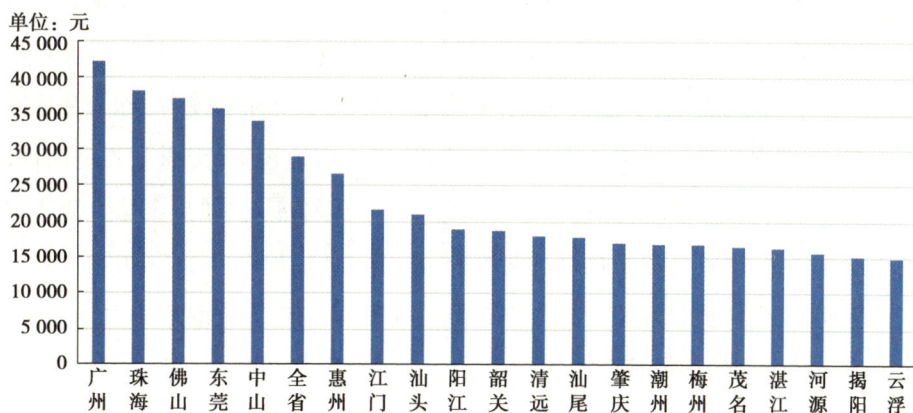

单位:元

图 11.4 2019 年广东省各市全体居民人均消费支出情况

资料来源:广东省统计局,国家统计局广东调查总队.广东统计年鉴 2019[M].北京:中国统计出版社,2019.

单位：元

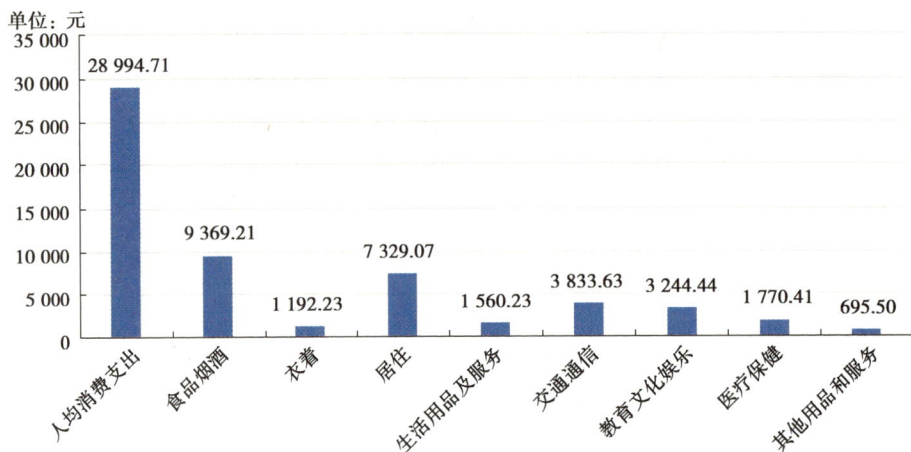

图 11.5　2019 年广东全省居民家庭基本消费情况

资料来源：广东省统计局，国家统计局广东调查总队.广东统计年鉴 2019［M］.北京：中国统计出版社，2019.

二、香港生活成本与生活质量

香港一直以来都是一个寸土寸金的繁华大都市、国际自由港和国际第三大金融中心，被 GAWC（世界城市排名）评为世界一线城市第 3 位，是世界上人口密度最高的地区之一。在房价房租方面，香港相较粤港澳大湾区其他城市是偏高的。香港的餐饮种类丰富，物价水平稳定且食品安全标准较高，由于香港地少人多，蔬菜肉食等原材料大多来自内地，价格比内地稍贵，交通主要是地铁，人们在基本的交通花费上比较稳定。根据经济学人智库发布的《全球生活成本调查》，香港自 2015 年以来排名长期居于全球第 2 位，2019 年及 2020 年连续 2 年位居榜首，生活成本冠绝全球。高昂的住房价格拉高了香港整体生活成本，令香港成为全球生活最昂贵的城市。

尽管香港生活成本较高，但其也能够提供优质的生活环境。作为国际大都市，香港生活硬件、软件配套齐全，在医疗卫生、教育、交通便利、饮食卫生方面都处于领先水平（图 11.6）。首先是医疗体系和资源对标国际，能给当地居民提供及时且良好的健康保障,其私人医疗医院的诊治保健水平非常高,能够大范围地满足对各种医疗器械和药物需求,对于如老年人养老保健、月子服务等医疗保健需求也能够提供较好的支持。截至 2019 年,香港共有医护人员 819 106 人,私立医院 46 033 家,公营医院 747 家,每千人口医生人数配比为 1.12(表 11.7)。可见,香港的医疗卫生保障体系完善,能够满足当地居民的医疗救治需求。在教育方面,香港拥有优质的多元教育资源,其教育体系融合了中西方文化,国际化特色鲜明,拥有先进的教育理念、灵活的教学方式以及优越的教育环境,教育水平特别是精英教育在世界名列前茅。在公共交通方面,香港交通建设极为发达,运行效率极高。尽管香港是世界上道路密度最高的城市之一,但其交通道路顺畅、管理科学,享誉全球。在食品安全监督方面,香港有一整套完善的监督机制,食品安全水平冠绝全球,曾连续 20 多年食品安全率达 99% 以上,并素有“美食天堂”的称号。与此同时,香港在电力供应、水资源、学龄教育资源等公共服务方面表现也相当优秀。结合医疗卫生、教育、交通、餐饮及公共服务等方面来看,香港地区的生活配套设施齐全,能够较好地服务于当地居民的各项生活需要,是粤港澳大湾区内宜居城市的典范。

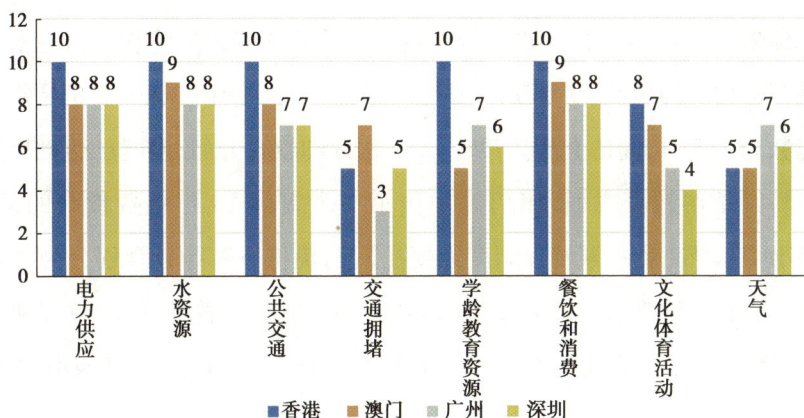

图 11.6 2019 年粤港澳大湾区核心城市生活便利程度指数评估情况

资料来源:美世咨询.粤港澳大湾区人力资源白皮书[R/OL].(2019-06-25)[2021-01-10].美世咨询中国官网.

注:城市生活便利程度指数是美世公司从上述 8 个方面对各个城市生活便利程度和发达程度进行评估打分,10 分为最高分。

表 11.7　2019 年香港医疗资源基本情况

医护人员/人	整体	819 106
	医生	171 107
	牙医	156 260
	护士	214 189
医疗设施/家	医院管理局辖下的公营医院和机构数目	747
	私家医院数目	46 033
	护养院数目	465 142
	惩教机构辖下的医院数目	26 787
每千人口医护人员数/人	医生	1.12
	牙医	1.03
	护士	1.41

资料来源:根据香港特别行政区政府卫生署、美世咨询发布的数据整理所得。

三、澳门生活成本与生活质量

总体来看,澳门的"衣"和"行"成本较低,但是"住"和"食"相对内地来说较高。澳门的住房均价在 10 万澳门元上下(图 11.7)。澳门 2020 年 8 月的消费物价指数为 115.31,同比上涨 2.79%①。在医疗和教育方面,澳门已达世界领先水平。特别是在教育方面,澳门是中国第一个提供 15 年免费教育的地区。2006 年澳门发布《非高等教育制度纲要法》,明确将非高等教育划分为正规教育和持续教育两种类型。前者主要包括幼儿教育、小学教育、中学教育和特殊教育,后者则主要包括家庭教育、回归教育、社区教育、职业培训及其他教育活动。

① 数据来源:澳门特别行政区政府统计暨普查局。

单位：万澳门元·平方米⁻¹

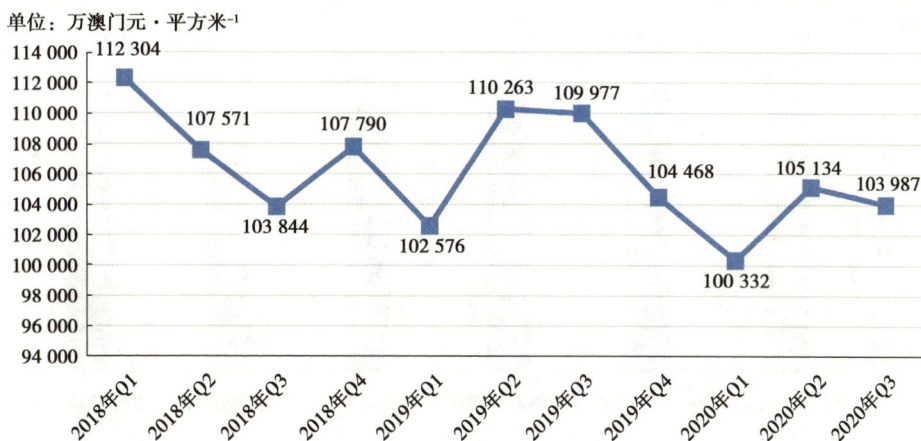

图 11.7　2018—2020 年澳门房价均价

资料来源：根据澳门特别行政区政府统计暨普查局发布的数据整理所得。

第五节　粤港澳大湾区各市薪酬与福利水平

粤港澳大湾区的平均薪酬在全国城市群范围内极具竞争力，其中香港和澳门薪酬水平在全球范围内也处于较高水平。粤港澳大湾区 9 市 2 区社会福利水平领先全国，优质教育、医疗和养老等城市资源集聚，生活配套设施完备，社会保障制度完善，薪酬水平和福利水平比肩世界其他湾区具有极高性价比，对人才的吸引力和凝聚力也在逐步增强。

一、粤港澳大湾区 9 市 2 区薪酬排行

根据《2019 年粤港澳大湾区产业发展及人才流动报告》，在全国主要城市群薪酬排行榜中，粤港澳大湾区薪酬排在第 3 位，2019 年粤港澳大湾区总体平均薪酬为 9 227 元/月（图 11.8），与排在第 2 位的长三角城市群薪酬水平相差不大，薪酬水平高于武汉城市群、成渝城市群等，位居全国薪酬排行榜前列。

单位：元

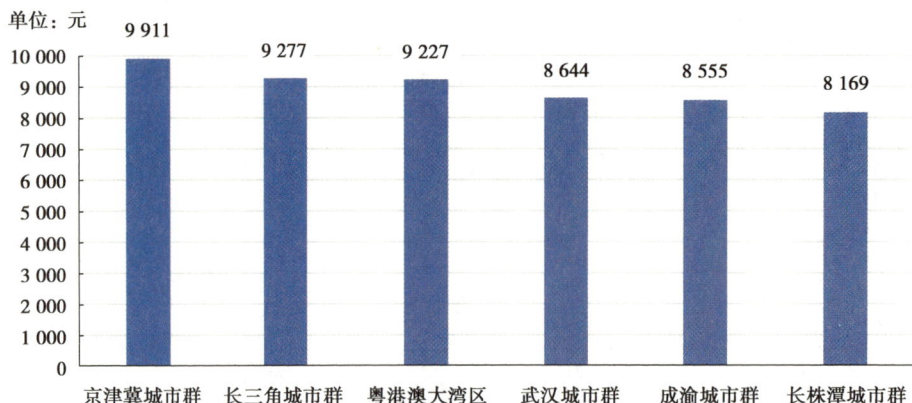

图 11.8　2019 年全国主要城市群平均薪酬

资料来源：根据智联招聘发布的数据整理所得。

　　从 11 个城市来看，香港作为中国经济较为发达的地区，其平均薪酬水平领跑大湾区内 9 市 2 区，薪酬收入水平高达 23 745 元/月。经济活动同样活跃的澳门和深圳处于第二梯队，平均薪酬均在 1 万元/月以上。粤港澳大湾区其他城市平均薪酬在 8 000~9 000 元/月内平稳浮动（图 11.9）。

单位：元

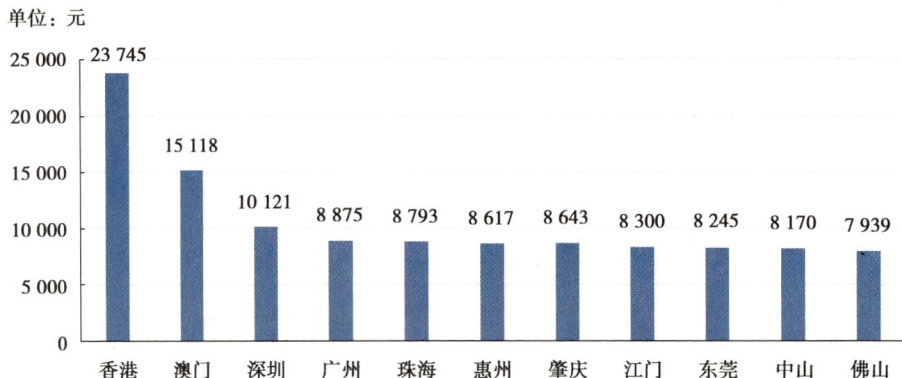

图 11.9　2019 年粤港澳大湾区 11 城市平均薪酬

资料来源：根据智联招聘发布的数据整理所得。

二、珠三角福利水平

在社会保障制度方面，广东遵循内地"五险一金"标准，在养老、医疗、教育和公积金方面的福利水平较港澳更高（表11.8）。广东对雇员年假、病假和产假休假福利情况也做出了明确的规定（表11.9）。2012年11月19日，经广东省编办批准，广东省社会福利服务中心（广东江南医院）被认定为公益二类正处级事业单位，其主要职责是承担社会民政对象、社会困难群体的养老保障安置工作，并向社会老年人提供日常托养、老年康复、疾病治疗和临终关怀等服务。

表 11.8　2019 年广东社会保障福利情况

社会保障制度	企业	个人
养老	13%~14%	8%
医疗	1.6%~7%	0.5%~2%
生育	0.45%~0.85%	——
工伤	根据行业不同缴纳比例不同	——
失业	0.5%~1%	0.2%~1.5%
公积金	5%~12%	5%~12%

资料来源：根据广东省社会福利服务中心和美世咨询发布的数据整理所得。

表 11.9　2019 年广东省年假、病假和产假休假福利情况

类别	福利情况
年假	与工作年限相关：1~9 年 5 天；10~19 年 10 天；20 年及以上 15 天
病假	医疗期：3~24 个月，根据工作年限和劳动关系年限而定
产假	98 天产假+80 天奖励假（+30 天难产假），全薪
陪产假	15 天

资料来源：根据广东省人力资源和社会保障厅及美世咨询发布的数据整理所得。

三、香港福利水平

香港在社会保障方面多由企业和个人共同承担,例如,在养老方面,企业和个人分别提供5%的强积金,在医疗方面,由企业提供补充医疗保险失业,若发生工伤则参见雇员补偿条例(表11.10)。香港对年假、病假和产假休假福利情况也做出了明确的规定(表11.11)。2000年12月,香港特区政府出台了针对退休养老的强制性公积金(强积金)政策,该政策强制要求香港所有雇员参与退休投资基金,以作为退休养老的资金保障。该基金由香港公营机构强制性公积金计划管理局监察管理。此外,香港特区政府还颁布了《雇员补偿条例》,规定了雇员因工受伤的企业补偿标准。

表 11.10　2019 年香港社会保障福利情况

社会保障制度	企业	个人
养老	强积金 5%	强积金 5%
医疗	企业提供补充医疗保险	
工伤	参见雇员补偿条例	

资料来源:根据美世咨询发布的数据整理所得。

表 11.11　2019 年香港年假、病假和产假休假福利情况

类别	福利情况
年假	工作满 1 年即有 7 天,逐年递增;工作满 9 年,最高可达 14 天
病假	工作满 1 年,每工作 1 个月有 4 天,最高 120 天,80% 薪水
产假	70 天,80% 薪水
陪产假	3 天

资料来源:根据美世咨询发布的数据整理所得。

四、澳门福利水平

澳门在社会福利方面采用强制性制度和任意性制度相结合的双层式社会保障制度，主要是在社会保险原则的基础上，依托财政收入对雇员、雇主和任意性制度供款人士提供定额供款、1%的政府总预算经常性收入拨款以及博彩拨款。2009—2019年，澳门社会服务支出增长了3.39倍，2019年澳门的社会服务支出为28.42亿澳门元，比2018年增加了1.26亿澳门元。澳门面向老人及儿童的公共服务机构和社会福利机构①分别从2009年的133个增长至2019年的212个②，澳门社会福利水平不断提高。2008年11月，澳门特区政府发布《社会保障和养老保障体系改革方案》，明确将澳门社会保障制度划分为强制性供款制度和任意性供款制度这两种社会保障制度，并分类别制定了针对不同社会保障制度的保障规范。

澳门在医疗方面的保障措施多由企业提供，对养老、失业和公积金等采取强制性制度供款（表11.12）。澳门对用工保障情况、年假、病假和产假休假福利情况也做出了明确的规定（表11.13、表11.14）。澳门特区政府对特定人群定期发放养老金、残疾金、失业津贴、丧葬津贴、婚姻津贴、出生津贴和呼吸系统职业病赔偿等福利津贴，其他符合法律规定的澳门居民也有权申请任意性制度供款。2019年澳门社会工作局的社会服务总支出为28.41亿澳门元，社会服务设施共287处，资助设施共2 837 704处③。由此可见，澳门的社会福利水平较高，政府对于居民的公共品供给较为重视，当地居民生活便利，教育、医疗、交通和养老配套设施齐全。

---

① 面向老人及儿童的公共服务机构和社会福利机构包括儿童及青少年服务机构、托儿所、儿童及青少年院舍、长者服务、安老院舍、康复服务机构。
② 澳门特别行政区统计暨普查局.统计年鉴 2019［R/OL］.（2020-07-14）［2021-01-10］.澳门特别行政区统计暨普查局官网.
③ 数据来源：澳门特别行政区政府统计暨普查局。

表 11.12　2019 年澳门社会保障福利情况

社会保障制度	企业	个人
养老	强制性制度供款	
医疗	企业提供补充医疗保险	
工伤	强制性制度供款	
失业	强制性制度供款	
公积金	强制性制度供款	

资料来源：根据美世咨询发布的数据整理所得。

表 11.13　2019 年澳门用工保障情况

单位：澳门元/月

雇用类型	强制性制度供款	
	企业	个人
长工	60	30
散工，工作满 15 天以上	60	30
散工，工作少于 15 天	30	15

资料来源：根据美世咨询发布的数据整理所得。

表 11.14　2019 年澳门年假、病假和产假休假福利情况

类别	福利情况
年假	劳动关系满 1 年不少于 6 天， 劳动关系在 1 年以下 3 个月以上， 工作每满 1 个月翌年享有半日年假， 余下时间满 15 日亦可
病假	过试用期后 6 天，全薪
产假	56 天，全薪

资料来源：根据美世咨询发布的数据整理所得。

第六节　粤港澳大湾区的就业环境

粤港澳大湾区高度的对外开放水平以及充满活力的经济环境,吸引了无数人才来此求职。粤港澳大湾区拥有明显的经济区位优势和经济要素资源优势,能够为各行各业的企业创造大量营商机遇。中国线上人才招聘平台智联招聘发布的《2019 年粤港澳大湾区产业发展及人才流动报告》显示,在澳门地区,人才供需平衡基本面平稳(CIER 指数为 0.95)。在广东地区,惠州、佛山、东莞、珠海、江门、肇庆、中山、香港 8 市的 CIER 指数均呈现出大于 1 的表现特征,说明这些地区的人才需求是高于人才供给的,且劳动市场生态处于人才短缺的状态。粤港澳大湾区,尤其是珠三角 9 个城市显然成为人才汇聚的热点地区,同时在粤港澳大湾区建设背景之下,各城市和地区越来越注重就业环境的优化,以吸引更多高层次人才进驻(图 11.10)。

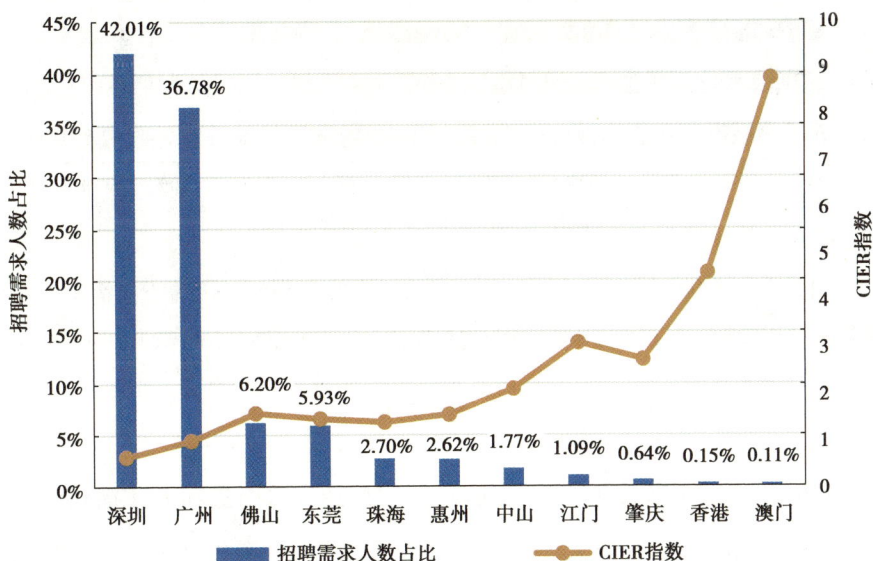

图 11.10　2019 第三季度大湾区人才供需情况

资料来源:根据智联招聘发布的数据整理所得。

一、广东就业环境

广东就业环境优良,就业人数逐年增加,第三产业成为吸纳就业人数最多的领域(图 11.11)。在粤港澳大湾区建设过程中,广东作为吸纳就业人员最多的地区,发挥了为粤港澳大湾区建设输送人才的作用。其中,深圳和广州作为第一梯队的核心城市,是广东就业市场的主要岗位供应地区,是承载粤港澳大湾区建设人才要素集聚和流动的两大核心城市,也是为珠三角地区提供劳动要素的关键枢纽城市。2019 年从粤港澳大湾区外部流入的人才中有 40.39% 流向了深圳,排在第 2 位的是广州,共有 31.42% 的人才流入,深圳和广州的人才吸纳数量占珠三角地区人才吸纳数量的七成①。

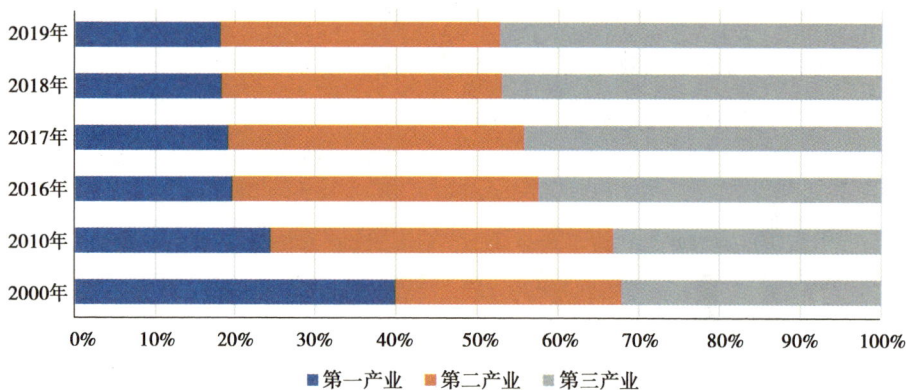

图 11.11　2000 年、2010 年、2016—2019 年广东就业人数及其行业分布情况

资料来源:广东省统计局,国家统计局广东调查总队.广东统计年鉴 2020[M].北京:中国统计出版社,2020.

近年来,广东不断推出人才就业政策,出台的人才引进和人才福利政策不断优化落实。例如,广东省人民政府在 2020 年发布《广东省进一步稳定和促进

---

① 智联招聘.2019 年粤港澳大湾区产业发展及人才流动报告[R/OL].(2019-04-09)[2021-01-10].智联招聘官网.

就业若干政策措施》，明确提出支持企业稳定岗位、开发更多就业岗位、促进劳动者多渠道就业、进一步鼓励创业带动就业、稳定高校毕业生等重点群体就业和提升劳动者技术技能水平等就业扶持的福利政策。2020年广州市出台《广州市人才引进政策补贴》，广州五区出台放宽的人才政策，积极鼓励人才进驻广州。2019年江门正式发布《关于进一步集聚新时代人才建设人才强市的意见》，提出实施九大计划40条措施来推动建设人才强市工程，加快实施人才政策兑现承诺制，通过"先发后审"的方式加快人才政策兑现落地，具体而言，江门对符合条件的到江门就业创业的全日制硕士和本科（含国、境外）毕业生给予相应的住房和生活补贴。2018年深圳发布《关于实施"鹏城英才计划"的意见》和《深圳市博士后资助资金管理办法》，指出科研流动站的在站博士后除了可享受省财政给予的每人每年15万元基础生活补贴经费外，还可以在此基础之上享受每人每年6万元的配套资助；科研工作站、创新基地的在站博士后每人每年可享受18万元的生活补贴经费；博士后出站选择留（来）深圳从事科研工作，且与深圳企事业单位签订3年以上劳动（聘用）合同的人员，可享受30万元的科研资助经费。广东各市人才政策不断优化落实，吸引人才的政策福利力度不断加强，就业环境逐步优化改善。

为推动粤港澳大湾区的人才交流和人才集聚，粤港澳大湾区推出了诸如《粤港澳大湾区发展规划纲要》《发挥广州国家中心城市优势作用支持港澳青年来穗发展行动计划》和《关于实施"广聚英才计划"的意见》等一系列人才福利和就业便利政策文件。在福利优惠政策法规的推动下，珠三角9市2区的地方政府、高等教育机构、私营部门和民间组织都更加重视与港澳地区的政治、经济、社会和文化等领域的合作与交流。例如，深圳启动了"宝安青年与粤港澳大湾区共成长"计划，以进一步贯彻落实《纲要》中关于"加强内地青年与港澳青年的交流沟通"方面的内容。而根据2019年《粤港澳大湾区产业发展及人才流动报告》，香港地区求职者在粤港澳大湾区其他城市求职就业时主要考虑薪酬水平、事业及行业前景、更广阔的工作阅历以及交通便利四方面。对于最受香港地区求职者青睐的 4 个行业包括创新科技行业、金融服务业、专业服务业以及贸易和物流业。在一系列的政策保障下，粤港澳大湾区人才就业环境不断迈向更加高水平。

二、香港就业环境

香港就业环境优越，不仅拥有繁荣的经济、国际化的现代设计，更有与国际接轨的教育资源和世界一流的师资。香港是中西方文化相互碰撞和互相融合之地，其作为全球最开放、自由和繁荣的地区之一，经济自由度连续 20 多年高居世界前列，同时，香港自身吸引人才的魅力也成为其经济发展制胜的关键。香港具有开放的商业环境，吸纳优质人才的承载力较强，能够为求职者提供较大的发展空间。在"一国两制"下，香港保留了独立的货币、政治及法律制度。香港不仅作为国际商业中心和金融中心继续蓬勃发展，还顺利成为无可比拟的内地市场门户，这对于求职者开阔视野、寻找升职机遇和提升自身工作技能大有裨益。此外，香港是全球最具竞争力的经济体系之一，其经济表现、政府效能、商业效能和基础设施建设以及知识产业保护等均达到国际顶级水平。同时，低税率、简单而具竞争力的税制，使企业及个人可享有简单透明的税制以及低廉的税负。加上作为全球重要的自由贸易港，香港发展成为一座中西文化荟萃的国际化都市，具备吸引全球投资商来港入驻的基础条件，已逐步成为国际商贸人才的集聚高地。

三、澳门就业环境

澳门特区政府十分重视就业问题，人才流动使澳门代际流动现象更为显著。澳门娱乐博彩和旅游等行业是人才就业的重要方向。澳门始终坚持"教育兴澳，人才建澳"的发展战略，重视在高等教育和青年就业领域推动职业生涯规划，以促进澳门更加积极融入粤港澳大湾区建设，助力澳门青年就业。澳门整体经济发展良好,就业环境健康乐观。

在经贸发展环境方面,粤港澳大湾区的发展无疑会给澳门地区带来积极的溢出效应,澳门的经济贸易活动也会更加活跃频繁,就业岗位的供给能力随之提升,澳门青年的就业水平和就业平台进一步提高,使澳门经济社会迈向融通内地的更高质量发展,同时为澳门本地经济社会的发展带来良性影响,澳门对人才招聘的需求也会进一步上升。得益于回归祖国的巨大发展机遇,澳门在20多年的时间中取得了令人瞩目的跨越式发展。经济社会的飞跃发展创造了许多就业岗位和用工需求,为促进澳门当地的就业做出了重要贡献。在《纲要》中,澳门的定位是"建设世界旅游休闲中心、中国与葡语国家商贸合作服务平台,促进经济适度多元发展,打造以中华文化为主流、多元文化共存的交流合作基地",其文化旅游业的发展在粤港澳大湾区建设框架下得以进一步提升,对文旅产业的人才需求也大幅增加。

在就业率方面,澳门就业率常年保持在高位。2003年,澳门借鉴许多发达国家就业追踪体系的经验范式,确立了10个领域和80项指标作为澳门高校毕业生的就业情况收集内容,并以此为基础对澳门高校毕业生的就业情况进行实时追踪,由此建立了"澳门青年指标体系"。澳门青年(16~29岁)失业率从2009年的5%逐步降至2016年的3.5%,总体失业率和本地居民失业率也分别从2009年的3.5%和4.4%下降到2016年的1.9%和2.7%,随后几年保持在这一低位水平[①]。澳门能有如此高的就业率,究其原因,主要是澳门在面向世界,积极发展博彩娱乐、文化旅游等行业的同时,积极主动地融入内地的经济发展之中,以内地广阔的消费市场为依托,进一步促进其文化旅游业和博彩娱乐业的发展,从而为澳门本地青年的充分就业提供了保障。澳门作为粤港澳大湾区四大中心城市之一,特区政府为确保本地青年就业提供了大量政策制度保障支持,其开放灵活的就业环境也推动了人力资源的可持续发展。

---

① 数据来源:澳门特别行政区政府教育及青年发展局。

12

展望未来：
中国高质量发展典范

　　立足当下，粤港澳大湾区正处于新发展阶段，通过贯彻新发展理念，以体制机制的不断创新以及务实担当，取得了一系列的显著成绩，为积极参与构建新发展格局贡献了大湾区样板。在国家迈向第二个百年奋斗目标、开启全面建设社会主义现代化国家新征程之际，《中华人民共和国国民经济和社会发展第十四个五年规划和 2035 年远景目标纲要》为粤港澳大湾区在"十四五"时期的建设方向及重点提供了科学的规划性指引，赋予了粤港澳大湾区引领国家高质量发展的重要使命，以期为我国参与国际合作和竞争增创新动能。

　　近年来，全球化进程受阻，国际形势复杂严峻，外部经济压力加大，中共中央基于国内外形势做出重大战略部署，提出国内国际双循环的新发展格局，以期通过构建国内经济与国际经济交互联系的新机制，推进国内国际双向开放，全面利用国内国际两种资源、挖掘国内国际两大市场，开创国内高质量发展、构建开放型经济新格局。构建双循环新发展格局的落脚点在于进一步扩大对外开放，加快中国市场与世界市场接轨，不断提升中国在全球价值链中的优势。粤港澳大湾区位于面向当今世界经济主要增长地带的亚太区中心位置，是中国对外开放综合性门户枢纽，是中国与国际制度、规则、市场的对接区，是打通国内和国际双循坏的战略节点。未来，粤港澳大湾区将紧紧契合我国"十四五"规划和 2035 年远景目标，继续发挥敢为人先精神，先行先试，在紧跟国家"十四五"规划、迎接双循环新发展机遇、参与推进双循环联动发展的进程中，对内发挥极点带动功能和桥头堡作用，在积极与海南自由贸易港联动发展的同时，为推进"一带一路"倡议建设发挥重要支撑作用，成为双循环新发展格局的样板和中国高质量发展的典范。

第一节　粤港澳大湾区"十四五"发展新要求

　　自 2017 年党中央初次提出"粤港澳大湾区"概念以来，历经 4 年的顶层设计及实践打磨，我国在"十四五"规划中以更高站位为粤港澳大湾区提出了更具系统性的发展谋划。根据"十四五"规划，粤港澳大湾区在未来 5 年有更为清晰的发展逻辑,主要包括5个层面(图12.1)。第一层是以"一国两制"为内核,坚持以"一国两制"作为基本国策,谋划三地协同发展战略。第二层是以城市群发展为基础,以9市2区作为整体进行发展,发挥11市的相对竞争优势,联动互补,着力实现高质量发展。第三层是带动区域发展,一方面是在大湾区内部实现区域协同,另一方面是由粤港澳大湾区带动泛珠三角发展,打造新时期下区域发展新格局,在更大区域范围内促成"经济共振"。第四层是粤港澳大湾区需在国家层面承担应有使命,并且需与"一带一路"、海南自贸港建设等国家倡议、战略联动互促,引领全国实现更高水平开放。第五层是抓住新发展格局构建机遇,积极作为,深度融入国家发展大局,为实现第二个百年目标以及中华民族伟大复兴注入新动能。

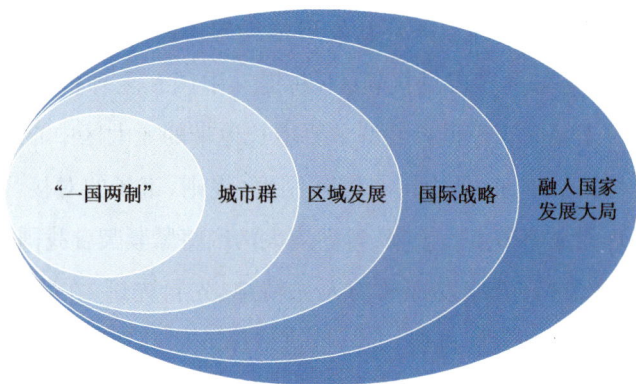

"一国两制"　城市群　区域发展　国际战略　融入国家发展大局

图 12.1　粤港澳大湾区"十四五"发展逻辑

具体而言,"十四五"规划分别在其4个章节、共有9处明确提及粤港澳大湾区,提出了更为全面的粤港澳大湾区"十四五"发展蓝图,蕴意深远,可见粤港澳大湾区将成为我国在客观危机中育先机、于世界百年未有之大变局下开新局的重要战略锚点。下文将对"十四五"规划提及的对粤港澳大湾区的9处要求进行解读,力求探析"十四五"时期粤港澳大湾区高质量发展路径。

一、打造增强国家战略科技力量中坚部队

"十四五"规划提出要强力推进粤港澳大湾区建设成为国际科技创新中心和综合性国家科学中心。在此指引下，未来粤港澳大湾区要分阶段层层推进战略科技力量的提升，打造成为增强国家战略科技力量的中坚部队。

（一）不断强化国际科技创新中心建设

"十四五"规划在第四章（强化国家战略科技力量）第四节（建设重大科技创新平台）中提出"支持北京、上海、粤港澳大湾区形成国际科技创新中心"，明确在我国东部沿海的 3 个重要支点建立具有国际竞争力的科创中心。一方面，这与国家近年来建设科技强国的重大战略部署一脉相承，从党的十八大提出创新驱动发展战略，到党的十九大提出创新是引领发展的第一动力，再到党的十九届五中全会提出加快建设科技强国，科技助我国崛起的重要性不言而喻，粤港澳大湾区虽在"十三五"时期才逐步得以成形，但已成为我国科创发展版图的重要一极。另一方面，党中央对粤港澳大湾区对支持我国构筑国际科技发展高地所发挥的"排头兵"作用予以高度重视。得益于粤港澳大湾区各地在科创发展上的差异化优势，11 个城市合则兴。早在 2018 年，习近平总书记对在港两院院士来信做出重要指示，强调"促进香港同内地加强科技合作，支持香港成为国际创新科技中心"，2019 年正式印发的《纲要》明确将粤港澳大湾区定位为"具有全球影响力的国际科技创新中心"，提出通过"构建开放型区域协同创新共同体""打造高水平科技创新载体和平台""优化区域创新环境"，支撑大湾区建设成为国际科技创新中心。由此可见，在更高水平开放格局的背景下，粤港澳大湾区将以更大的合力，汇河成海，充分发挥港澳作为对外窗口门户以及对国际资源要素虹吸的作用，叠加深广科创势能以及其余城市作为广阔腹地的优势，协同推进国际科技创新中心建设，以适应新时期的发展要求。尤其是在美国通过企业制裁等试图遏制我国科技发展的背景下，粤港澳大湾区将有望在国际科

技创新发展上突破重围,为我国科技发展保驾护航提供强有力的支撑平台。

(二)加快推进综合性国家科学中心建设

"十四五"规划在第四章(强化国家战略科技力量)第四节(建设重大科技创新平台)中提出"建设北京怀柔、上海张江、大湾区、安徽合肥综合性国家科学中心",首次将粤港澳大湾区纳入综合性国家科学中心建设支持的对象。以下三点尤为值得注意,一是国际科技创新中心与综合性国家科学中心之间的区别与联系。从"综合性国家科学中心"这一名词来看,其由"综合性""国家""科学中心"3个关键词组成。其中,"综合性"强调支撑科学发展的各环节之间的整体性和互补性,从过去侧重于科学成果应用到当下侧重于从"0"到"1"的全流程支持,实现从源头创新到落地转发的可持续科学技术发展;"国家"强调在国际科技竞争中的国家科技发展定力,从国家大战略维度出发,强调科技发展忧之所忧,服务于国家重大战略需求;"科学中心"实质上属于平台建设,通过构筑科技资源集聚地,从功能性和开放度上实现更进一步的提升,为周边地区乃至全国科技发展提供坚实的平台保障。二是相较于怀柔、张江、合肥3个地方城市,粤港澳大湾区作为城市群,得益于近年来在两岸三地之间规则对接上取得的一定成效,在推进基础性研究进程中实现协同分工,具备较强的实力并获得国家认同,但不可忽视的是,大湾区未来如何实现更深层次的协同发展,从珠三角9市与港澳2个特别行政区的集合体发展成为高度共同体,从而落实综合性国家科学中心建设,理应成为题中要义。三是粤港澳大湾区内部各城市各有所长,在推进建设综合性国家科学中心上如何分工,仍亟待探讨。从发布的政策文件来看,2019年《中共中央 国务院关于支持深圳建设中国特色社会主义先行示范区的意见》明确提出"以深圳为主阵地建设综合性国家科学中心,在粤港澳大湾区国际科技创新中心建设中发挥关键作用",而2020年科技部等印发的《加强"从0到1"基础研究工作方案》提出"北京怀柔、上海张江、合肥、深圳综合性国家科学中心应加大基础研究投入力度,加强基础研究能力建设"。上述两个文件均强调深圳在建设成为综合性国家科学中心,尤其是在大湾区科技发展中需发挥中坚作用，这与深圳近年来高强度的科技投入以及高质量的科技成果输出密不可分。鹏城实验室、光明科学城及诺奖实验室落地成效显著，国家高新技术企业存量与增量双头并进，全社会研发投入占 GDP 比例达到国际前沿水平等，都体现出深圳作为后起之秀，在促进基础性研究以及科技成果转化等多方面的巨大实力。"十四五"规划将"粤港澳大湾区"列入建设综合性国家科学中心，而深圳肩负重任，在未来科技发展中要发挥尖兵力量，不仅要作为单一城市发展，更要成为大湾区中的核心，主动带动大湾区其他地市共同发展。

二、持续优化创新策源协同布局

"十四五"规划在第三十章（优化国土空间开发保护格局）第二节（开拓高质量发展的重要动力源）中提出"以京津冀、长三角、粤港澳大湾区为重点，提升创新策源能力和全球资源配置能力，加快打造引领高质量发展的第一梯队"，高度认可了粤港澳大湾区在创新策源以及全球资源配置上的领先能力，并从空间布局上将粤港澳大湾区置于高质量发展的第一梯队位置，强调了其对国内其他地区发展的示范作用、牵引作用和辐射作用。在"十二五"时期，我国已开展谋划新时期下发展空间布局，一方面纵横联动国内东西南北地区，另一方面统筹联通国内国外两个层面，加快形成高质量发展格局。面向"十四五"，国土空间布局优化将作为协调区域发展的基础保障，而在全球视野下提升创新策源能力，是紧抓新一轮科技革命与产业变革的内在要求，更是为高质量发展提供扎实的软实力支撑。接下来，如何以"源"促"策"，以实现全球资源配置令"领先"层次升级，对大湾区科创能力发展提出了更高要求。具体而言，一方面，鞭策粤港澳大湾区科创发展突破现有水平，对标国际创新策源水平，以及秉承"敢为人先"精神，率先在创新突破的"无人区"探索新道路；另一方面，强调大湾区在带动国内其他科技追赶型地区实现科技水平跃升上做出的贡献，打造国内区域创新策源发展梯队，从而形成国内科技协同发展新优势。

三、重点关注区域发展重大战略

"十四五"规划将推进粤港澳大湾区建设单独成节,主要从科技创新发展、现代化一体化交通设施配置、通关模式改革、规则衔接、青少年跨境交流发展5个方面勾画出粤港澳大湾区"十四五"发展蓝图。其中,在以下明确提及粤港澳大湾区的三处地方值得重点关注。

(一)坚持防范化解重大风险不动摇

"十四五"规划在第三十一章(深入实施区域重大战略)第三节中提出"积极稳妥推进粤港澳大湾区建设","稳妥"一词寓意尤深,暗指将推进粤港澳大湾区建设的节奏调整到平稳而妥当之处,既不要求"大跃进"式的迅猛发展,又需避免"骤停"式发展中断,在稳中求进,方可符合国家发展大战略的需求。在"一国两制"基本国策的指引下,港澳回归祖国以来取得举世公认的成就,但在境外势力持续试图干预中国内政的背景下,特别是"港独"势力在2019年"修例风波"前后日益猖獗,一度对香港特区的法治和社会秩序造成严重冲击,恶意破坏香港长期稳定繁荣发展态势,人为造成政治和经济风险,拖缓了粤港澳大湾区协同发展进程。2020年《中华人民共和国香港特别行政区维护国家安全法》通过后,香港发展逐步回到"一国两制"正轨,为齐心推进大湾区"十四五"建设提供坚定支持。为此,"十四五"期间,以稳妥之势积极推进粤港澳大湾区建设,将为新时期下的大湾区拉开更为广阔且可预期的发展前景,将在更大程度上为推进粤港澳在科技、人才、金融等多元领域实现更高水平的互联互通提供明确指引。

(二)坚持创新驱动协同布局不动摇

"十四五"规划在第三十一章(深入实施区域重大战略)第三节(积极稳妥推进粤港澳大湾区建设)中提出"加强粤港澳产学研协同发展,完善广深港、广珠澳科技创新走廊和深港河套、粤澳横琴科技创新极点'两廊两点'架构体系,推进综合性国家科学中心建设,便利创新要素跨境流动",进一步丰富了粤港澳大湾区内部的科技创新发展空间布局内涵,构建起更为立体化的发展体系。相较于《纲要》将"推进'广州—深圳—香港—澳门'科技创新走廊建设"作为大湾区"建设开放互通、布局合理的区域创新体系"的重要组成部分,"十四五"规划从以下3个层面对粤港澳大湾区内部创新空间布局进行了拓展和延伸。一是将粤港澳大湾区内部的科技创新发展格局上升至国家规划层面,首次提出"两廊两点"架构体系,将原有的发展布局提升到新的层次,为大湾区"十四五"科技创新发展空间建设提供战略指导。二是紧紧抓住粤港澳产学研协同发展这一主题,在原有的广深港澳科技创新走廊的基础上进行微调和细化,结合科技创新走廊的最新发展情况,按照地理空间位置,明确广深港和广珠澳两条科技创新走廊,以及深港河套和粤澳横琴两个科技创新极点,以此"两廊两点"促进沿线区域的创新资源进行高效配置,为推进综合性国家科学中心等重点平台建设提供着力点。三是以动态发展的思维去谋划粤港澳大湾区科创发展布局,承接过往发展基础,并面向未来进行统筹谋划,顺势而为,力求使粤港澳人湾区建设与新发展格局需求相契合。

（三）坚持青创培优融合发展不动摇

"十四五"规划在第三十一章（深入实施区域重大战略）第三节（积极稳妥推进粤港澳大湾区建设）中提出"便利港澳青年到大湾区内地城市就学就业创业,打造粤港澳青少年交流精品品牌",反映出青年在粤港澳大湾区发展中占据了重要的一席之地,无疑是支持大湾区中长期可持续发展的中坚力量。实际上,"十三五"期间,广州、深圳、香港、惠州等大湾区各城市针对港澳青年到内地发展均推出了人才政策,为港澳青年提供了跨境交通补助、人才住房、创业就业补贴等多方面的政策支持,用实际行动为其跨境发展解除"后顾之忧",并为他们打开了广阔的创新创业空间。"十四五"规划更是从以下两方面,对促进港澳青年增进对内地了解以及强化其爱国情怀做出了进一步的探索。一方面,强调港澳青年到大湾区内地城市就学就业创业便利化,为破解当前仍然存在跨境资格互认困难、信息不对称、户籍限制等软联通问题立下坚定决心。另一方面,将打造粤港澳青少年交流精品品牌纳入国家战略规划中,重视发挥品牌力量,为在国内外树立优质粤港澳青年交流良好形象,提升两岸新生代力量交流质量提供良好示范,由此塑造更强的号召力和影响力。同时,此举亦有利于鼓励政府和市场两种力量共促粤港澳青年携手共进、真诚交流,帮助他们体验两岸多元文化,开阔视野,胸怀国家发展大义。

四、着力推进港澳深度融入国家发展大局

"十四五"规划在第六十一章对保持香港、澳门长期繁荣稳定进行专门论述,提出通过支持港澳更好融入国家发展大局,把港澳发展至于国家大局中进行考量谋划,再次明确港澳之于国家发展之独特性及重要性。

"十四五"规划在第六十一章(保持香港、澳门长期繁荣稳定)第二节(支持港澳更好融入国家发展大局)中提出"高质量建设粤港澳大湾区"。这意味着粤港澳大湾区将肩负打造我国高质量发展模板的重任。粤港澳大湾区建设作为区域协同发展的前沿探索之举,在推动区域协调发展上可以提供宝贵经验。粤港澳大湾区凭借其在科技创新、体制机制改革、资源要素跨境流动等多个重点领域先行先试,将有利于为我国在从高速发展向高质量发展转型升级过程实践动力变革、质量变革、效率变革提供借鉴经验。

"十四五"规划在第六十一章(保持香港、澳门长期繁荣稳定)第二节(支持港澳更好融入国家发展大局)中提出"深化粤港澳合作、泛珠三角区域合作"。这是过去党中央对粤港澳大湾区发展论述的延续,一方面继续强调粤港澳三地之间的合作,另一方面明确辐射带动泛珠三角区域发展,联合港澳两个特别行政区以及福建、江西、湖南、广东、广西、海南、四川、贵州、云南 9 个省,共建、共

研、共享泛珠发展，实现从沿海向内陆地区延伸，为新时期下泛珠发展焕发新机。

"十四五"规划在第六十一章（保持香港、澳门长期繁荣稳定）第二节（支持港澳更好融入国家发展大局）中提出"推进深圳前海、珠海横琴、广州南沙、深港河套等粤港澳重大合作平台建设"。广东自由贸易三大片区作为粤港澳大湾区发展的先行先试地区，在探索创新、经验总结乃至成功经验推广复制等方面承担重要功能，"十四五"规划在《纲要》关于"加快推进深圳前海、广州南沙、珠海横琴等重大平台开发建设"的论述基础上，将深港河套平台建设纳入其中，反映出深港河套作为重点科创政策试点，将发挥其差异化优势，推动粤港澳三地合作，尤其是使科创合作向更高层次发展。表12.1对国家"十四五"规划中关于粤港澳大湾区的新要求进行了概括性总结。

表 12.1 "十四五"规划关于粤港澳大湾区的要求一览表

序号	章节	具体内容	《纲要》*是否提及
1	第四章第四节	支持北京、上海、粤港澳大湾区形成国际科技创新中心	√
2	第四章第四节	建设北京怀柔、上海张江、大湾区、安徽合肥**综合性国家科学中心**	×
3	第三十章第二节	以京津冀、长三角、粤港澳大湾区为重点，**提升创新策源能力和全球资源配置能力，加快打造引领高质量发展的第一梯队**	×
4	第三十一章第三节	积极**稳妥推进粤港澳大湾区建设**	×
5	第三十一章第三节	加强粤港澳产学研协同发展，完善**广深港、广珠澳科技创新走廊**和**深港河套、粤澳横琴科技创新极点"两廊两点"**架构体系，**推进综合性国家科学中心建设**，便利创新要素跨境流动	×

续表

序号	章节	具体内容	《纲要》* 是否提及
6	第三十一章第三节	便利港澳青年到大湾区内地城市就学就业创业,打造粤港澳青少年交流**精品品牌**	√
7	第六十一章第二节	**高质量**建设粤港澳大湾区	×
8	第六十一章第二节	深化粤港澳合作、泛珠三角区域合作	√
9	第六十一章第二节	推进深圳前海、珠海横琴、广州南沙、**深港河套**等粤港澳重大合作平台建设	√

资料来源:根据《中华人民共和国国民经济和社会发展第十四个五年规划和 2035 年远景目标纲要》《粤港澳大湾区发展规划纲要》整理所得。

注:"具体内容"一列中加粗部分内容为"十四五"规划较《纲要》新增内容。* 指《粤港澳大湾区发展规划纲要》。

第二节　积极发挥对内辐射带动作用

粤港澳大湾区需在进一步优化提升自身实力的基础上,继续加强对全国经济社会和民生福利方面的引领辐射作用,以期通过积极落实国家发展规划进而深入服务国家战略。"十三五"时期广东省委积极抢抓粤港澳大湾区和深圳中国特色社会主义先行示范区建设重大机遇,团结带领全省广大干部群众扎实推进"1+1+9"工作部署。"十四五"时期,粤港澳大湾区踏上新征程,应继续建设综合性国家科学中心,打造世界级重大科技基础设施集群及新发展格局的战略支点,为加快推动现代化经济体系建设做出贡献。

一、加快建设全国改革开放先行区

粤港澳大湾区亟须加快推进全国改革开放先行区建设，以重点打造全国经济引擎为抓手，加快实现与泛珠三角地区的经济联动以及与内陆地区协同共建深度合作核心区。

（一）坚持重点打造全国经济高质量发展重要引擎

粤港澳大湾区亟须充分挖掘和发挥辐射、引领和带动全国经济高质量发展的经济引擎作用，以提出全国营商环境、创新驱动和服务贸易领域的国际竞争力，从而进一步推动经济社会和市场产业的市场化、国际化和现代化发展。

一是进一步加快提升新优势，带动全国营商环境向更高质量发展。粤港澳大湾区在构建湾区经济国际化、法治化和市场化的过程中，积累了许多优化营商环境的先进经验。作为全国经济发展的重要引擎，粤港澳大湾区应加快协同大湾区内的营商环境发展格局，从制度、体制、规则、标准、科技、创新、市场和资源等方面充分总结自身经验教训，率先打造与国际规则接轨的优良营商环境，并形成可复制的经验路径，引导全国经济向对接国际、服务市场和遵守法制的方向实现更大范围、更深层次和更广覆盖的经济高质量发展，为整体提升国家竞争力和产业吸引力奠定重要基础。

二是继续增强创新驱动新优势，推动全国经济创新发展。粤港澳大湾区在加快发展方式转变方面具有丰富的先行经验，而目前全国经济正处在发展与转型的攻坚期，必须借鉴先进优秀的改革经验以深化改革，从而促进经济发展方式转变。为更好地服务国家发展，粤港澳大湾区亟须进一步增强自身的创新驱动发展优势，破解传统发展模式的瓶颈制约，从而为全国经济的平稳有序发展提供新动能。在制造业创新发展方面，粤港澳大湾区应加大力度培育装备制造业，同时加大对消费品工业和原材料工业的创新投入，以增强粤港澳大湾区的产业配套能力和产业协调发展能力。在战略性新兴产业方面，粤港澳大湾区内的创新科技要素资源丰富,在信息技术、绿色环保、生物工程、新能源、新材料和科技金融等产业领域具有先发优势,因此要打造重点产业领域优质企业集聚高地,联动内地城市群加快培育全国性的子公司和生产基地,以推动以上战略新兴产业要素在全国范围内的流动,助推全国先导性和支柱性科技创新产业的发展。

三是重点推动服务贸易合作优势实现新提升,带动全国服务贸易转型升级。粤港澳大湾区亟须在强化自身服务贸易的基础上,向全国推广服务贸易发展的先进经验,以提升全国服务贸易向更高水平发展。首先,充分挖掘香港的世界金融、贸易和物流服务平台作用,利用澳门的世界级博彩产业资源,结合广东旅游业、咨询业和电子商务业等领域的产业集聚效应,合理制定适用于全国的粤港澳服务业投资全国的促进政策,进一步改善 CEPA 框架下粤港澳服务业进入全国各市各区的便利化措施,通过发挥粤港澳的服务业优势强力推动全国服务贸易高质、高效发展。其次,利用粤港澳大湾区的国际枢纽作用,大力推进全国现代服务业在物流、信用评级、支付平台等电子商务体系的进一步普及和成熟。在粤港澳大湾区巨大经济体量的牵头引领下,建立覆盖全国的高水平技术进出口交易平台。最后,在传统贸易领域,加快培育和建设商务、会展、游艇、游轮、度假酒店等高附加值的旅游服务,积极承接服务外包业务,充分发挥粤港澳大湾区先进服务业资源要素外溢全国的辐射带动作用。

(二)继续积极构建泛珠三角地区经济联动新模式

加快联动泛珠三角经济社会发展,充分发挥"一国两制"下的制度先行优势。珠三角地区的进一步改革开放离不开粤港澳大湾区的先行经验和路径范式。粤港澳大湾区地处三个关税区、两种制度和三种法治体系之下,其体制资源和社会管理模式都处于世界体制机制多元创新发展的最前沿。推动粤港澳大湾区的先进管理经验和社会发展模式为泛珠三角区内的其他城市提供经验借鉴,有助于加快泛珠三角地区经济社会的协同共建和体制机制的互补共生。粤港澳大湾区内的前海、横琴和南沙三大自贸区应发挥粤港澳合作机制的带头创新作用,使粤港澳大湾区成为引领泛珠三角地区制度创新和融合的重要实验平台和配套改革试验区。在地理优势上,泛珠三角地区与粤港澳大湾区的区位优势相比内地而言更大,更易于承接粤港澳大湾区体制机制创新和经济社会发展的红利效益。粤港澳大湾区应充分发挥在"一国"大前提和"两制"大背景下的经济社会价值,促使体制机制优势红利能够更加有效推动泛珠三角地区的经济发展和社会进步,为泛珠三角地区进一步实现改革开放做出贡献。

(三)坚持协同共建内地与港澳深度合作核心区

粤港澳大湾区亟须加快推进与内陆地区在深度合作核心区方面的协同贡献,以充分挖掘和发挥粤港澳大湾区的区位禀赋优势和资源禀赋优势。

一方面,加快形成联合"走出去"新优势,助推内地经济对接国际。粤港澳大湾区地处沿海经济带,在"一带一路"倡议的推动下,有实力的沿海企业纷纷响应国家号召选择"出海"。相较内地而言,"走出去"战略在粤港澳大湾区的推进落实水平更高。粤港澳大湾区"出海"企业应在进一步提升自身国际竞争力和产业竞争优势的基础之上,拉动内地企业和市场向外发展,加快形成国际化产业合作和市场深度融合新局面。例如,粤港澳大湾区亟须加快构建"海上丝绸之路"的枢纽中心,充分挖掘和发挥其得天独厚的区位优势,把建设优美生态环境、打造发达海洋经济、发扬丰富海洋文化以及推动海洋科技创新的成功经验分享给内地沿海城市,加强与内地的协同共建。

另一方面,鼓励粤港澳大湾区外资企业进驻内地,加大内地的外商投资规模。粤港澳大湾区应深入挖掘家电、化工、电子信息、高兴材料和电子商务等领域外资企业进驻内地的可能性和可行性,带头吸引外资企业进驻内地,为内地企业承接外商投资提供大湾区经验和大湾区智慧。粤港澳大湾区应加强对大湾区内外资企业的内地推荐和宣传力度,承诺提供初期试点阶段的中介枢纽服务,鼓励大湾区内的外资企业在内地设立生产基地,以推进粤港澳大湾区同内地在国际能源资源开发和加工制造方面的互利合作。同时,鼓励内地企业通过粤港澳大湾区开展对外贸易和投资活动。例如,粤港澳大湾区具有在基础设施建设承包和对外投资方面的齐备产业链配套体系,能够为内地企业进行境外基础设施贸易和投资提供有效支持。

(四)主动深化与长三角地区经济互联衔接发展模式

粤港澳大湾区应继续加强与长三角地区的经济互联,充分发挥两地区域间的比较优势和互补潜力,在响应国家"十四五"规划关于进一步深化区域经济布局号召的基础上,首先加快推进与长三角地区的区域融合和协调发展。

粤港澳大湾区应充分发挥其经济创新增长动力和经济创新发展潜力,进一步加强与长三角地区的经济互联和产业互助。从 2019 年的经济规模和"十三五"期间的年均经济增速来看,长三角地区的经济现状要优于粤港澳大湾区的经济现状(表 12.2)。虽然长三角地区在"十三五"期间的年均经济增速要比粤港澳大湾区 6% 的年均经济增速高 1.2%,但是应考虑到城市群历史建设时长的问题。长三角地区的城市群建设早在 1982 年就开始启动,而粤港澳大湾区从 2019 年开始才形成了真正意义上的大湾区城市群。从两个区域规划建设的历史时间来看,粤港澳大湾区历经了比长三角地区少近 20 倍的时间而实现了经济规模追赶,由此看来,粤港澳大湾区比长三角地区更具经济发展活力和未来发展潜力。粤港澳大湾区应当充分利用和挖掘大湾区的经济潜力,加快推进与长三角地区经济联动发展模式的实施落实,从而进一步发挥粤港澳大湾区的区域经济辐射带动作用。

表 12.2 "十三五"期间粤港澳大湾区与长三角地区生产总值情况

地区	2015 年/亿元	占全国比重/%	2019 年/亿元	占全国比重/%	2016—2019 年年均增长/%
珠三角 9 市	62 541.37	8.7	86 899.05	8.8	7.3
香港	19 268.34	—	25 254.95	—	1.9
澳门	2 857.47	—	3 654.47	—	2.7
大湾区合计	84 667.18	—	115 808.47	—	6.0

续表

地区	2015 年/亿元	占全国比重/%	2019 年/亿元	占全国比重/%	2016—2019 年年均增长/%
上海	25 123.45	3.5	38 155.32	3.9	6.6
江苏	70 116.38	9.7	99 631.52	10.1	6.9
浙江	42 886.49	5.9	62 351.74	6.3	7.3
安徽	22 005.63	3.0	37 113.98	3.8	8.2
长三角地区合计	160 131.95	22.2	237 252.56	24.1	7.2

资料来源：国家统计局。

在产业规模方面，长三角地区的规模以上工业规模显著高于粤港澳大湾区。仅江苏浙江两省的规模以上工业产值规模就跟大湾区整体规模以上工业规模相近，而长三角地区规模工业远超大湾区整体工业规模。在产业结构方面，第三产业在粤港澳大湾区和江苏浙江两省的产业布局中均占据较高份额。其中，粤港澳大湾区战略性行业和高新技术行业所占比重高出江苏浙江两省。2019 年，粤港澳大湾区在计算机、通信和其他电子设备制造业的行业营收占比高达 31.3%，比江苏浙江两省高 20.3%（表 12.3）。粤港澳大湾区战略性新兴产业发展势头迅猛，创新驱动发展格局不断深化，创新创造水平走在全国前列，因此应进一步加强对长三角地区在经济创新发展和产业优化升级方面的辐射带动作用。

表 12.3　2019 年粤港澳大湾区和江苏浙江两省规模以上工业前十行业营业收入占比

行业	粤港澳大湾区占比/%	江苏浙江两省占比/%
计算机、通信和其他电子设备制造业	31.3	11.0
电气机械和器材制造业	11.7	10.3
汽车制造业	6.5	7.9

续表

行业	粤港澳大湾区占比/%	江苏浙江两省占比/%
金融制品业	4.5	6.4
电力、热力生产和供应业	4.3	6.2
化学原料和化学制品制造业	4.0	5.8
橡胶和塑料制品业	3.8	5.6
通用设备制造业	3.5	4.6
非金属矿物制品业	3.2	4.4
专用设备制造业	2.8	3.8
合计	79.9	66.0

资料来源：国家统计局。

二、积极推进全国现代化高质量创新协同体系建设

粤港澳大湾区应加快推进全国现代化高质量创新协同体系建设,以重大科技创新平台、现代化基础设施体系和现代化城镇化空间布局为重要抓手,充分挖掘和发挥粤港澳大湾区辐射带动全国创新协同布局水平提升的潜在功能。

(一)充分发挥重大科技创新平台的全国辐射作用

深入挖掘粤港澳大湾区科技创新湾区的辐射带动潜力,为建设科技强国提供坚实制度创新基础和基础设施创新基础。粤港澳大湾区要加快形成国际科技创新中心,积极主动推进综合性国家科学中心的筹备和建设进程。以粤港澳大湾区先行先试的科技湾区经验,进一步强化粤港澳大湾区作为国家自主创新示范区的功能属性,深化落实粤港澳大湾区高新技术产业开发区的引领带头作用,贯彻实施经济技术开发区的创新功能,为加快实现国家重大科技基础设施建设提供先行超前的试点布局经验,为提高全国的科技共享水平和使用效率做

出贡献。

粤港澳大湾区应进一步发挥国际科技创新中心的辐射引领作用,持续深入推进广深科技创新走廊建设。2017年12月25日,中共广东省委和广东省政府联合发布《广深科技创新走廊规划》,提出以"一廊十核多节点"的战略布局为抓手,综合考察广东省各市的区域创新空间能力,并选取广州、深圳和东莞三市作为建设十大科技创新平台的主要阵地,致力于打造覆盖广东全省的科技创新走廊。首先,粤港澳大湾区应依托广州大学城高校教育集聚区,以科研创新资源为支撑,致力于抢占珠三角地区的科技创新制高点、开拓华南地区科技合作平台潜力和建设高科技人才创新创业新高地。其次,粤港澳大湾区应继续保持深圳活跃的市场主体优势,加大力度培育和扶持具有战略性创新潜力的企业和行业。最后,粤港澳大湾区需要进一步深化对香港国际金融中心的区域统筹和产业布局,深入推进香港科技金融和数字化金融等新兴金融产业的创新发展和技术外溢。

粤港澳大湾区应立足湾区战略定位,不断提升其在科技金融、人工智能、数字经济、电子商务、工业互联网和跨境电商等领域的发展规模和发展水平,通过以点带线、以线带面的形式推进国家集约化自然科技资源库、国家野外科学观测研究站以及科学大数据中心等工程的建设。此外,在高端科研仪器设备研发制造领域,粤港澳大湾区应发挥"教育湾区"的国际化高端资源优势,快速破解桎梏国家科技创新发展的枷锁,借助内通国内和外联国际的中心枢纽地位优势,加快构建国家科研论文和科技信息高端交流平台,助力国家科技创新能力整体全面提升。

(二)充分发挥现代化基础设施体系建设的全国引领作用

深入推进粤港澳大湾区在传统基础设施和新兴基础设施领域的建设,加快打造系统完备、高效实用、智能绿色和安全可靠的粤港澳大湾区基础设施现代化体系,从而对全国的基础设施建设迈向现代化和国际化提供物质基础和经验借鉴。在城市群都市圈交通一体化建设方面,粤港澳大湾区已具备领先全国的超前布局,其在城际铁路建设、市郊铁路建设、高速公路环线系统规划、城市轨道交通发展布局方面均走在全国前列,在有序推进以上基础设施工程建设的同时,也要着眼全国,统筹推进以粤港澳大湾区为核心区域,以周边城市为潜在带动区域,以珠三角和长三角地区的联动协同发展为脉络,推动全国基础设施体系现代化国际化进程的进一步落实。

在高速公路建设方面,"十四五"规划强调,要实施京港澳高速公路主线拥挤路段的扩容改道,以加快建设国家高速公路的主线并行线和联络线布局。粤港澳大湾区应立足国家高速公路主干线战略定位,积极主动发挥主干高速公路的陆地枢纽作用,从而带动全国陆地交通基础设施的互联互通。

在港口航线建设方面,"十四五"规划指出,要将粤港澳大湾区建设成为世界级港口群,并明确提及了将重点建设广州南沙港五期、深圳盐田港东区等集装箱码头。粤港澳大湾区应立足于世界级港口群的战略定位,积极主动发挥海上交通运输的枢纽作用,从而辐射全国海上交通基础设施的互通有无。

在机场现代化建设方面,"十四五"规划指出,要将粤港澳大湾区建设成为世界级机场群,并明确提及了对广州和深圳等国际枢纽机场的扩建工程任务。粤港澳大湾区应立足于世界级机场群的战略定位,积极主动发挥航空交通运输的枢纽作用,从而辐射全国航空交通运输基础设施的互联互通。

(三)充分发挥现代化城镇化空间布局的全国示范作用

加快推进粤港澳大湾区城市群和都市圈的规划布局建设,集中力量突破在大中小城市发展方向和重点建设领域的难点困境,以实现粤港澳大湾区自身空间布局疏密有致、城区分布功能互补和地域空间格局协作有序发展,从而辐射引领全国空间布局和地域分布的科学合理和协同平衡。

在城市群建设方面,粤港澳大湾区应加快优化提升城市群区域协同和城乡分布建设布局,进一步建立健全城市群一体化协调发展机制和成本共担机制,以整合粤港澳大湾区区内地区分布为着力点,进而辐射推进全国在地域空间分布优化方面的利益共享和统筹协作机制的建立,为全国范围内城镇化均衡协同的空间布局和城市群协调发展做出贡献。以基础建设协调布局、产业分工协作、公共服务共享和生态建设共建共治为抓手，进一步辐射优化全国城市群内部空间结构，从而以粤港澳大湾区的地域生态布局和城市安全屏障经验为全国空间布局实现多中心、多层级和多节点的网络型城市群提供参考和借鉴。

在都市圈建设方面，粤港澳大湾区内拥有辐射带动能力较强的中心城市，能够与周边城市形成较强同化效应，有助于培育以粤港澳大湾区核心城市为中心辐射点的区域城市协同发展格局，以深入推进基础设施的互联互通和公共服务的互认共享。粤港澳大湾区需充分发挥中心城市的辐射带动能力，以大湾区"一小时通勤圈"的协同发展示范路径为培育发展一批在全国范围内同城化程度高的现代都市圈做出贡献。

第三节　加快对接"一带一路"建设

当前，和平与发展仍是时代主题，但不确定、不稳定因素增多，我国在迎接新的重大机遇的同时也面临着重大挑战，需要以开放、合作、共赢的胸怀在一个更加不稳定不确定的世界中谋求发展。"一带一路"倡议是中国实现可持续发展、实现中华民族伟大复兴、实现"中国梦"的关键环节，更是世界各国积极广泛参与的重要建设行动。这一倡议为推动构建人类命运共同体提供了中国方案。

自"一带一路"倡议提出以来，粤港澳大湾区初步建成了"一带一路"建设的重要支点，在营商环境、物流航运、贸易投资、金融创新和跨国人才等领域的先进经验和优势资源的沉淀，有力推动并印证"一带一路"倡议的"五通"核心内容。展望未来，粤港澳大湾区将着力打造为"一带一路"建设的对外贸易门户、现代物流枢纽中心和金融创新平台，助推实现"一带一路"深层次、高标准、高水平的经济合作发展目标，成为"一带一路"建设的中心枢纽和世界经济新增长极。

一、构建"一带一路"建设的对外贸易门户

粤港澳大湾区是通往全球主要的贸易航道——南太平洋和印度洋的桥头堡,在对接"一带一路"建设中,依托亚洲沿海地区大中心的区位优势,充分发挥港澳在国家对外开放中的功能和作用,利用广州、深圳、香港、澳门4个城市作为核心商业平台、服务中心、对外展示窗口,致力于打造成为"一带一路"建设的重要对外贸易门户。

(一)凝聚强大的对外贸易合力

粤港澳大湾区汇聚了香港、澳门、深圳、广州等各大城市的优势资源,形成错位发展格局,在贸易、配额管制、通关、税收、国际结算、法制体系等优势条件下形成亚太贸易中心和国际贸易中心,拥有高度国际化、法治化的营商环境以及遍布全球的商业网络。

粤港澳大湾区将继续加强与全球市场网络的对接,通过推进贸易自由化和服务贸易一体化,持续优化营商环境,不断推进基础设施建设促进资源互联互通,加快落实国际贸易单一窗口建设,提升口岸海关部门间的资源共享和监管互认,提升整体商贸功能和服务效率,构建协作配套的现代服务业体系,提升对全球商贸服务业的辐射力。粤港澳将加快构建基于数字经济的现代外贸产业链,整合交易、物流、会展、金融等各个产业的资源,吸引更多的国际品牌,加快建设国际商品的中转集散中心和全球性电子商务中心。粤港澳大湾区将依托南沙、前海、横琴三大自由贸易区,助力高端资源"引进来",推动自主创新成果"走出去",各大重点城市协同发展,形成强大的对外贸易发展合力,将在促进大湾区经济深度合作、服务贸易自由化和共同建设"一带一路"等方面起到引领带动作用。

(二)加快构筑"一带一路"自由贸易区网络

随着中国与"一带一路"沿线国家的合作进一步加深,粤港澳大湾区将在充

分尊重沿线各国差异性的基础上，共商与其发展利益相适应的合作框架。粤港澳大湾区通过与沿线国家在外贸、投资和科技等方面的合作，发挥区域经济辐射作用，加速形成"一带一路"自由贸易区网络。

从构建路径上看，一方面，通过推进"一带一路"沿线国家基础设施的互联互通降低运输成本。大湾区内部如广州、香港、深圳等城市都有着发达的全球化交通体系，可借助原有的交通设施基础，稳步推进国际交通枢纽建设，不断加大对沿线国家主要城市的交通覆盖密度。通过建立完善的交通网络，促进跨境旅游、跨境电商、跨境物流等跨境合作，为构建"一带一路"自由贸易区网络提供硬件基础。另一方面，以加强生产合作和推进贸易自由化为抓手，提升贸易和投资一体化水平。出台促进贸易措施，加快培育贸易新业态、新模式，复制推广跨境电商综合试验区试点经验，推进粤港澳大湾区跨境电子商务服务标准体系建设，为构建"一带一路"自由贸易区网络提供软件支持。同时，依托品牌企业打造出口质量示范区；推动设立"一带一路"沿线国家进口商品国别中心，加大对先进技术设备及优质消费品的进口；推动建设外贸平台，促进广交会等各类展会平台提质增效，构建"一带一路"对外交流窗口。

随着《区域全面经济伙伴关系协定》的签署和实施，粤港澳大湾区将通过更全面的开放，进一步优化对外贸易和对外投资布局，在知识产权保护、海关程序、贸易自由化和投资便利化、电子商务和贸易救济等领域与更多沿线国家对话合作，对标国际高标准的贸易和投资规则，进一步增强与全球市场的联系，推动跨区域融合，最终形成以粤港澳大湾区为中心的多领域、多层次、高质量的"一带一路"自由贸易区网络。

二、打造"一带一路"建设的现代物流枢纽中心

粤港澳大湾区是我国改革开放的前沿，面朝南海，是海上丝绸之路必经之路，具有优越的地理位置优势。同时，粤港澳大湾区因其具有国际影响力的海港、空港交通基础设施，发达的陆路运输交通网络，便捷高效的现代综合交通运

输体系以及完备的物流仓储配送服务,已具备成为联通"一带一路"的现代物流枢纽中心的条件。

(一)打造密集优质的世界级港口群

粤港澳大湾区将以香港港、深圳港、广州港为支点,以东莞港、珠海港等附近卫星港口为支撑,形成密集高效的港口群。2019 年,深圳港、广州港和香港港的吞吐量分别位列全球十大集装箱港口的第 4、第 5 和第 8 位,总吞吐量超过旧金山、纽约和东京三大湾区总和,达 6 713 万 TEU。其中,深圳港开通国际集装箱班轮航线 200 多条,覆盖世界十二大航区,通往 100 多个国家和地区的 300 多个港口;广州港国际海运通达 80 多个国家和地区的 400 多个港口,并与国内 100 多个港口通航,航线达 200 多条,且尚在不断发展中;而香港港每周可提供 80 多条国际班轮约 500 班集装箱班轮服务,连接世界 500 多个目的地,是全球最繁忙和最高效率的国际集装箱港口之一。展望未来,深圳港或可发展成为中国南部的中心港,打造亚太地区的中转枢纽,为"一带一路"沿线国家和地区进出口提供优质的物流服务;广州港应该继续发挥作为国家综合运输体系的重要枢纽和华南地区对外贸易的重要口岸的关键作用,在加快业务创新、信息化水平和简化业务程序方面不断提升,通过升级软、硬件来集聚航运资源,提升国际市场话语权;而香港将在不断巩固其作为国际物流中心地位的同时,加快与内地交通设施联通,发挥"一带一路"建设中的主要枢纽港口作用。

(二)构建快速高效的多式联运体系

截至 2019 年,粤港澳大湾区高速公路里程已超过 4 500 千米,是全国高速公路网密度最高的地区之一,核心区的路网密度已经超过纽约、东京、旧金山三大湾区。按照规划将形成国家层面的高速铁路网、珠三角的城际铁路网、大湾区各个城市的地铁网 3 个层次集体交通运输体系,同时在区域由城际铁路网与地铁网交织形成大湾区低碳环保的一小时交通圈。随着 2020 年 5 月 9 日华南地区首趟行邮包裹专列——中国外运中欧班列"中国邮政号"的开通,粤港澳大湾区打开了新的国际贸易大通道，以更快速高效的多式联运体系融入"一带一路"建设，有助于打造粤港澳大湾区—中亚—东欧—西欧国际陆上物流新通道。与此同时，粤港澳大湾区依托香港、澳门、深圳、广州等国际航空运输枢纽地位和优越的国际港口资源，与"一带一路"沿线国家在铁海联运、陆海联运、陆空联运、跨境公路联运等不同运输方式之间高效协同、无缝衔接，大大提高对"一带一路"沿线国家的物流效率。同时，最大限度发挥多式联运的优势，通过运输、海关等部门密切配合，优化运输方案，实现了启运地海关一次铅封，中转地、出境地海关直接放行，沿途可以随时追踪货物定位、限时到达，有效地降低运输途中的风险，确保各个环节畅通无阻、高效运转，将进一步打通出口企业运输"堵点"，保障"一带一路"沿线国家运输通道安全畅通，为粤港澳大湾区产业群提供更加安全、环保、稳定的运输服务，为稳定国际产业链、供应链做出重要贡献。

（三）全面建成世界级空港群

粤港澳大湾区拥有密集高效的航空货运枢纽，其中，香港、澳门、广州、深圳、珠海五大国际机场构成了全球最繁忙的空港群，旅客年吞吐量大大超过国际其他湾区，2017—2019 年连续 3 年都超 2 亿人次。未来，在大湾区各大机场将建设世界一流民航基础设施，以航站楼和地面运输中心为代表的地面保障资源也将同步优化和增加。根据《民航局关于支持粤港澳大湾区民航协同发展的实施意见》，计划到 2035 年，大湾区五大机场的跑道将新增 6 条，达 15 条，并在珠三角新建 2 条机场新干线。粤港澳大湾区将全面推动大湾区民航一体化发展，香港、广州、深圳、澳门和珠海积极参与，优化区域机场功能分工定位，科学布局，实现大湾区机场群多核驱动、多核联动。

同时，粤港澳大湾区将创新民航产业发展模式，根据各产业与民航产业的依存关系，推进现有产业链协同重构，构建共赢共享的大湾区航空协同发展新格局，为"一带一路"建设提供更优质的服务。

三、打造"一带一路"建设的金融创新平台

在全球经济下行压力加大的背景下,企业对贷款融资需求迫切,为缓解企业融资难题,满足企业在生产经营及研发过程中的资金需求,提升大湾区企业参与"一带一路"建设的竞争力,同时为进一步吸引全球资本进入区内投资,粤港澳大湾区有必要加速推动科技和金融的融合,打造金融创新平台,完善港交所和深交所的互通机制,促进金融机构有序竞争,协同发展。依托香港、深圳、广州等金融中心的辐射作用,发挥好香港和深圳创业投资、私募融资的优势,与"一带一路"建设充分对接,推动粤港澳大湾区深度融入"一带一路"建设。

(一)探索本外币一体化账户,为"一带一路"提供自由便利的跨境金融支撑

目前,我国资本项目尚未完全放开,人民币还未实现完全可兑换,本外币业务分别由人民银行、外汇管理局各自独立管理,增加了管理成本。未来,粤港澳大湾区将迎来基建融资、资产管理、离岸在岸金融服务创新三大核心需求。香港金融机构因其充分了解全球最新金融市场信息,拥有大量的跨境客户资源和成熟的产品设计以及创新能力,在跨境金融业务中发挥着重要作用,将不断深化与内地金融机构合作,共同探索更多跨境金融服务产品与服务模式。一方面,粤港澳共同推进跨境金融业务创新,以需求为导向,通过人民币跨境使用的创新,服务人民币国际化战略,将港、澳、珠三角三个市场、三种资源、三种货币有机结合起来,以现有境内本外币账户体系和自由贸易账户为基础,探索在区内实行本外币一体化账户,构建多功能自由贸易账户,提高金融便利性。另一方面,充分利用"一带一路"倡议中资助沿线国家基础设施建设的相关项目,以人民币为基数设立相关的海外资金,在贸易结算、直接投资、跨境融资、跨境证券投融资等领域推进外汇管理改革,实现资金国际流动自由便利,提升自贸区金融体系的竞争力和吸引力,率先落实金融业扩大开放政策,吸引金融机构进

驻,丰富金融业态,打造国际结算中心。

(二)推动科技金融创新,助力"一带一路"建设

科技金融的创新和发展有利于促进科技成果孵化、鼓励科技专利转化,引导科技配套产业发展。粤港澳大湾区将依托科技金融创新,推动产业链逐步向附加值更高的微笑曲线两端延伸,培育更多深、港上市的"独角兽企业"。粤港澳大湾区的金融科技起步较早,因其站在金融创新融合发展的浪头上,立足科技赋能的金融业务,有着庞大的应用场景需求支撑,有利于技术创新与金融制度的改进。目前,粤港澳大湾区拥有众多技术实力强的科技企业,创新要素密集,金融资源充裕,高度注重研发投入,在科技金融系统建设上已经取得了一定成果,银行资本和其他金融市场发达,拥有港交所和深交所两大证券交易所,为科技企业提供了除主板外包括创业板、新三板和区内股权交易市场等的融资渠道。同时,在科技金融服务方面,粤港澳大湾区通过广东省科技金融综合服务中心等平台搭建孵化器和创新创业空间,找准并对接和落实科技企业的金融需求,初步具备优质的科技金融生态系统基础。

未来,由于粤港澳大湾区科技金融需求大,因此需要提供覆盖企业全生命周期的科技金融产品。科技金融创新将有效满足科技创新企业从孵化到育成的全面金融需求,提供多样化的金融产品,包括科技助保贷、科技入园通等以解决企业资金融通,创新推出科技人才创业贷等以支持人才培养。通过与"一带一路"沿线国家的合作,把资源汇聚到粤港澳大湾区,推动科技金融法律、高端服务与全球接轨,打造一个"产业链、创新链、资金链和服务链"共生高效的创新生态体系,培养大湾区内更多独角兽企业参与"一带一路"沿线国家投资,并为"一带一路"提供种类丰富和资金充裕的各类金融产品。

第四节　与海南自由贸易港的联动发展

中共中央、国务院印发的《海南自由贸易港建设总体方案》将海南从自由贸

易试验区升级为自由贸易港,体现了海南自贸港在新一轮改革开放中的重要战略地位,也体现了新时代我国全面深化改革开放向更深层次的制度型创新、更高水平的开放形态转变。海南自贸港在贸易、投资、税收、立法等领域的一系列制度创新,充分体现了中国将不断加大对外开放力度,全方位融入全球经济发展。

海南位于中国最南端,与人口稠密、经济高度活跃的华南地区仅一峡之隔,又邻近港澳、外临东南亚,既能得到经济发达地区的辐射和带动,又具备通往东南亚、南亚,直达欧洲、非洲的海上航道中转站条件,便于发展外引内联的外向型经济。同时,海南人口规模不足 1 000 万却拥有 3.5 万平方千米的土地面积,丰富的土地资源有助于自贸港的开发建设。海南自贸港的建成将极大提升地区内的贸易自由化和投资便利化水平,携手周边地区,共建产业结构优势互补、协同发展、内联外拓的新经济模式。海南也将成为东北亚连接东南亚这两大亚洲经济中心区域的关键枢纽,以及 21 世纪海上丝绸之路以及 RCEP[①] 市场一体化的重要战略支点。

海南自由贸易港建设与粤港澳大湾区建设两者均为我国重大国家战略,也都是我国制度创新的开放新高地,各具优势和特点,互为补充、相互支撑、互相促进,并不存在同质化发展的竞争关系。海南自由贸易港建设与粤港澳大湾区建设是推动新时代我国区域经济发展和高水平对外开放的新举措,是中央着眼国内国际两个大局,深入研究、统筹考虑、科学谋划做出的两大重大战略决策。

一、"3+1"引领经贸新规则

良好的营商环境是一个地方的核心竞争力,也是衡量对外开放水平的重要标志。"3+1"即粤港澳三地和海南一地,其在经贸规则上具有更高标准、更高起点、更远目标。

---

① *Regional Comprehensive Economic Partnership*,一般指《区域全面经济伙伴关系协定》。

粤港澳大湾区作为中国国际化程度最高的城市群,依托香港、澳门的示范和辐射作用,建立了与国际投资和贸易规则相适应的高标准制度规则,通过在贸易、投资、金融、税收等方面的制度创新,对接国际经贸和金融市场规则,按照稳定、公平、透明、可预期的原则,发挥市场在资源配置中的决定性作用,打造开放层次更高、营商环境更优、辐射作用更强的开放新高地。海南自贸港采取"制度创新+优惠政策+法治规则"的独特方式,开展集成性的制度创新,主要体现在贸易、投资、跨境资金流动、人员进出、运输往来五大自由便利,数据跨境流动便捷,税收和立法领域具有国际竞争力的制度安排上。接下来粤港澳大湾区将携手海南自贸港,共同塑造市场化、法治化、国际化的营商环境,以集成性制度创新引领、对接国际规则。

在推进贸易自由便利方面,广州南沙、珠海横琴和深圳前海3个自贸区将实现贸易、投资、资金、物流、数字经济和人员进出就业的自由化。海南自贸港实行"一线放开、二线管住",全岛封关运作,实现"境内关外"。货物进入海南零关税,海南产品进入内地采取以产品附加价值为基础的原产地规则管理,内地的货物、运输工具进入海南,按国内流通管理。海南自贸港的原产地规则,使其成为连接国外优质企业与国内市场的桥梁。根据原产地规则,假如一个公司生产所需要的所有零部件全部进口,在一般的保税区或自贸区内组装后再销往区外要补缴关税,而在海南自贸港只需要让加工增值超过三成,就可以享受免税待遇。而要实现30%的增值,可以在海南设立企业,以雇用当地工人进行组装或者贴牌"海南制造"的方式实现。这将吸引大量的国外企业进驻海南,以海南为跳板,进军中国内地市场。这种创新的制度安排有利于海南充分依托粤港澳大湾区大市场腹地,共同发展鼓励类产业和高附加值的高新技术产业,促进粤港澳大湾区与海南自贸港携手融入全球产业链。

在加大投资自由便利方面,"3+1"都在市场监管上全面推行"极简审批"制度,海南自贸港实行市场准入承诺即入制,即"非禁即入"。在公平竞争上,建立确保各类市场主体在要素获取、标准制定、优惠政策、政府采购等方面一视同仁的体制机制。在产权保护上,加强对中小投资者保护、知识产权保护。该政策制度在准入前国民待遇加负面清单的基础上,进一步加大投资自由便利的程度,并且借鉴主要经济体关于自由贸易协定的谈判经验和贸易摩擦的诉求。根据《海南自由贸易港建设总体方案》,海南15%的企业所得税税率不仅低于国内25%的水平,也低于全球多数自贸港的征税税率。对货物贸易,实行零关税的自由化制度安排;对鼓励类产业企业生产的货物进入内地免征进口关税,这为构建横跨粤港澳大湾区与海南自贸港之间的中间产品贸易通道提供了重要的税收激励,必将吸引更多的外资企业前来投资。

粤港澳大湾区将携手海南自贸港全面对接国际高标准市场规则体系,充分用足用好自贸区和自贸港的制度创新优势,共创国际经济贸易合作新优势,互相学习、优势互补,共同打造具有国际竞争力的营商环境。随着营商环境不断优化,粤港澳大湾区和海南自贸港将以开放型经济新体制,携手打造高水平国际合作平台,为推进全国其他地方"放管服"改革和营商环境改善,发挥试点和榜样价值。

二、软硬联动打通要素流动新通道

粤港澳大湾区与海南自贸港联动发展的关键在于如何促进生产要素高效便捷地流动。未来,粤港澳大湾区与海南自贸港协同合作,将涉及如何规划产业布局、促进信息互通和加快资源共享等领域,通过制度创新和联动合作,有效畅通人流、物流、资金流和信息流,打造良好的营商环境,双双提升地区全球竞争力。

从硬件上看,要素流通的前提是要具备完善的交通基础设施。在大湾区内部,已经形成由海运、空运、高铁、城轨、地铁组成的多式联运交通网络。但对海南来讲,琼州海峡是构建对外交通运输体系的"卡脖子"问题。随着琼州海峡跨海隧道的开通,海南将联通全国高铁网,融入国家综合运输大通道,高铁将大大缩短海南自贸港与珠三角城市的距离,加上"零关税"政策将吸引全球中间产品大规模进口到海南,海南自贸港将成为中国内地与全球的中间产品贸易通道。这些中间产品在海南经过加工增值超过 30% 以后,免缴进口关税,将大规模进入内地。因毗邻海南自贸港的地缘优势,粤港澳大湾区有望成为海南自贸港与内地的中间产品贸易通道。交通设施联通将大大提升物流效率,推动海南自贸港与粤港澳大湾区的联动发展,携手打造我国新的经济增长极。

从软件上看,要素流通要创新机制推动人才、资金、信息和技术的自由流动。人才和高新技术是海南自贸港建设的关键,琼州海峡跨海通道能够从根本上突破海南与国内腹地要素流动的"咽喉瓶颈"。在人才方面,海南自贸港和粤港澳大湾区可加快构筑人才的共享平台和交流市场,举办"粤海人才节",建立职称资格互认系统,为居住就业和创新创业提供保障,促进两地人才有序高效配置。在资金方面,探索在两地共建区域信用评估体系,简化企业融资手续,为企业提供多渠道低成本的融资,同时建立金融安全信息共享机制,加强对资本市场的监管,保障资金链的安全性和稳定性。

伴随交通条件改善,人才、资金、技术等高级生产要素的自由流动以及衣食住行、教育医疗、文旅康养等生活要素的流动,海南自贸港与粤港澳大湾区的联动发展将带来明显的乘数效应。

三、三链互补打造产业新布局

粤港澳大湾区具有门类齐全的制造业体系和生产性服务业体系,珠江东岸战略性新兴产业和高科技产业占主导,珠江西岸则主要以装备制造业和现代服务业为主,沿海地区主要以先进制造业和现代服务业为主,产业体系完备,产业结构布局完善,集群优势明显。

粤港澳大湾区将借力海南自贸港中间产品免进口关税的成本优势,而海南自贸港也将依托粤港澳大湾区健全的制造体系,携手打造产业新格局。粤港澳大湾区与海南自贸港在产业方面互补性强,两地的高新技术产业和现代服务业等产业在产业链、供应链和创新链上都有互利互惠、互促共生的合作前景。

在智能制造产业方面,粤港澳大湾区智能制造业立足珠三角前沿发展理念和资源优势,融合应用人工智能技术、新能源技术,初步建成包括智慧城市、智能工业、环保科技等产业在内的现代一站式智能化产业园。依托海南自贸港对生产设备和零部件零关税等优惠政策,两地共同推进数控机床和机器人、医疗装备、集成电路、航空航天装备等高端智能制造项目的培育发展,携手打造世界创新的清洁、绿色、智能的高科技产业园。

在新能源产业方面,目前,由于石油、煤炭发电的生产成本比较低,粤港澳大湾区的能源还是以化石能源为主,可再生能源和清洁能源占比不高。未来太阳能发电、风电等绿色、低碳、高效的发电方式将会成为发展趋势。海南自贸港可以利用海岛的有利条件,充分利用海洋资源,开发海上风电、潮汐能、波浪能,使电能的获取方式更低碳清洁。粤港澳大湾区和海南自贸港双方可以在太阳能光伏发电和风电方面互补合作,海南自贸港可以依托大湾区的广阔用能需求市场,加大新能源的开发和生产,构建以天然气和核电为主体、可再生能源为补充的清洁能源产业体系。两地合作将给大湾区带来更低成本的新能源优势,助力现代产业体系健康高质量发展。

在深海科技产业方面,粤港澳大湾区成立了深海科技创新中心,进一步深化海洋油气资源勘探,重点实施海域天然气水合物资源勘查与试采工程,初步建成考察研究地球科学的科研实验基地,将打造海洋环境与工程中心、大洋与极地中心、海底矿产重点实验室等多个科研平台。海南自贸港也将构建深海科技城、文昌国际航天城等园区平台,加快培育以"陆海空"为引领的高新技术产业体系。两地将携手推进我国海域天然气水合物产业化进程,提升深海科技创新能力,共同打造我国海域天然气水合物产业化的孵化基地。

在现代服务业方面,粤港澳大湾区服务业发达,生产性服务业占比高,大部分城市正处于工业型经济向服务型经济转型阶段,拥有香港、澳门、深圳、广州等全球性的贸易中心、金融中心、航运中心、物流中心和产业服务中心,在金融、电子通信、科技创新、人工智能、互联网、咨询服务、生态环境、人文交流等领域具有超强竞争力。海南自贸港具有政策和区位优势，可以充分利用零关税政策，结合便利的免签入境和航班加注保税航油政策，打造成为业态丰富、市场广阔的国际消费中心。零关税政策，将吸引大量内地企业特别是跨境电商到海南建物流仓储，拉动当地加工制造业的发展，也将促进两地物流业的合作。同时，粤港澳大湾区可充分发挥自身的人才优势和创新能力，依托海南自贸港的优惠政策，携手推进生产性服务业的高速发展，共同培育知识密集型生产性服务业，丰富商务服务业、科技服务业和信息服务业等现代服务行业的供给，提升生产性服务业质量水平，推动现代服务业与先进制造业的深度融合。生产性服务业的优质供给将深化两地的制造业链条，推动产业链向"微笑曲线"的两端延长，有效促进两地的产业升级，优化产业结构，形成产业集群效应，共同推动经济高质量发展。

四、携手迎接 RCEP 新机遇

2020 年 11 月 15 日，中国与东盟十国、新西兰、澳大利亚、韩国、日本，共同签署了《区域全面经济伙伴关系协定》，旨在通过削减关税和非关税壁垒，建立成员国间相互开放的区域经济一体化统一大市场，覆盖中国和东盟两个全球最大的市场，从而建立世界上人口最多、最具发展潜力的全球最大自贸区。这不仅是亚太地区经济增长的重要引擎，也是推动全球增长的重要力量。

粤港澳大湾区和海南自由贸易港位于中国面向东盟的最前沿，作为中国进入 RCEP 成员国的支点，将以 RCEP 签署为契机加快共建"环南海经济合作圈"，全方位开放对接与东盟的合作，共同打造与东南亚国家在人文、社会、产业、经贸、海洋治理等领域的合作平台，在贸易投资等领域逐步实施更开放的政策，促进与东南亚国家在资金、人员、信息、技术、数据等生产要素的跨境流动。具体而言，一是营造高标准的投资环境、市场环境、营商环境、创新环境和法治环境，推进贸易自由化和投资便利化的制度体系建设。二是加大与东盟各国在海洋旅游、教育文化、信息网络建设、人力资源发展、数字经济等领域的合作，构建更具韧性的区域性供应链。

粤港澳大湾区和海南自贸港将享受中国加入 RCEP 带来的红利。在贸易方面,由于90%的商品关税降低了,进出口成本将大幅度下降。在投资方面,未来将会对东盟、日韩等成员国全面开放国内市场,成为吸引外资进军中国内地市场的中转站,将创造更多的就业机会和无限商机。随着 RCEP 的签订,一个以粤港澳大湾区和海南自贸港为中心的"环南海经济合作圈"将被打造成 RCEP 的"合作示范区",跻身全球的贸易中心。

第五节 打造"双循环"新发展格局样板

2020 年 5 月 14 日,中共中央政治局常务委员会会议首次提出"深化供给侧结构性改革,充分发挥我国超大规模市场优势和内需潜力"构建以国内大循环为主体,国内国际双循环相互促进的新发展格局的战略部署,之后"双循环"新发展格局在多次重要会议中被提及。粤港澳大湾区是中国连接世界的重要纽带,在战略定位上,粤港澳大湾区以国际一流湾区和世界级城市群为建设目标,在实践上拥有互联互通的现代化基础设施体系,具备国际竞争力的现代产业体系,也是全球高端人才汇聚的宜居宜业的生态文明生活圈。由此可见,作为我国经济国内大循环与国际大循环的重要结合与对接区,无论在战略上还是在实践上,粤港澳大湾区均具备打造成为国内和国际大循环相互促进新发展格局的样板的先决条件和优势。

一、消费升级,打造世界一流国际消费经济圈

粤港澳大湾区拥有香港、澳门两大对外窗口城市和"深莞惠""广佛肇"等大型经济圈,基础条件成熟,经济发展程度高,区域经济深度融合,具备巨大的消费潜力。与世界三大湾区相比,粤港澳大湾区经济总量与东京湾区和纽约湾

区的差距在逐渐缩小,并已超越旧金山湾区。随着粤港澳大湾区经济发展不断加速,在庞大的人口及充足的土地资源的支撑下,经济规模超越其他湾区指日可待。然而,从消费水平及服务业发展水平来看,目前粤港澳大湾区在众多湾区中仍处于较低水平。因此,未来粤港澳大湾区可以从消费升级入手,对内消费市场从"大规模"转向"高质量"发展,通过供给侧结构性改革助推消费的内循环,打造全国消费中心城市群;对外消费市场则要进一步利用"一国两制"的先决优势,利用好享誉全球的几张亮丽名片,打造全球消费制高点,加快畅通消费的外循环。

(一)供给侧结构性改革,打造全国消费中心城市群

粤港澳大湾区拥有世界领先的制造业基地,是华南最大商业中心和文化旅游中心,正孕育着中国最具创新精神的城市,汇聚国际优秀人才和各类高端资源。在"一国两制"的制度优势支撑下,粤港澳大湾区拥有全国最庞大的高端消费圈,同时还面向广阔的、潜力无限的国内经济腹地,具备打造成为全国消费制高点的优越条件。粤港澳大湾区应积极发挥其作为全球领先制造业基地的作用,在聚焦对内市场开发、加快广东城镇化建设、推进与内地互联互通的同时,以香港、澳门、深圳和广州为据点,加大商业、旅游业和会展业等现代服务业升级力度,着力进行技术革新、品牌建设、商品服务优化、业态创新、消费升级体验等供给侧结构性改革,转变消费方向,聚力打造全国消费中心城市群,以激发国内消费潜力,扎实推进由消费升级带动的国内大循环。

(二)擦亮国际名片,抢占全球消费制高点

粤港澳大湾区拥有堪称世界独一无二的"一国两制"制度创新优势,是中华文明与西方文化交汇的中心,吸引着全球数以千万计向往一探中华灿烂文明的国际友人前往。在这样独特的制度背景下,粤港澳大湾区具备打造成为全球消费制高点的先天条件,有助于擦亮一批享誉全球的靓丽"名片"。香港是国际贸易、国际航运和国际金融中心,是著名的"东方明珠",其国际化程度与知名度与

西方发达国家无异,是国际投资者与游客进入中国的第一站。澳门作为中国与葡语国家商贸服务平台和世界旅游休闲中心,是世界四大赌城之一,更有"东方拉斯维加斯"之称,具备迈向世界的国际娱乐之都的实力。广州作为南中国的中心城市,是中国历史上从未关闭过的对外通商口岸,素有"千年商都"之美誉,是世界难得的千年不衰的国际通商港口城市。广州至今仍是一个既保留古代风俗,又蕴含国际化元素的国际大都市,作为2010年亚运会举办城市,其国际知名度不断提升。除了上述名片,粤港澳大湾区还拥有深圳、佛山、江门等这样一批"创新之都""武术之乡"和"侨乡"等有待进一步"走出去"的名片。未来,粤港澳大湾区应该继续通过提升自身国际化水平,擦亮这些已经在国际上或正走向国际的名片,并以此为招牌,吸引全球消费流入大湾区,无缝对接全球消费市场,继而吸引全球消费领域的优质生产要素进入大湾区,再助推大湾区国际消费升级,形成国际消费生态闭环,抢占全球消费制高点,并结合打造全国消费中心城市群的目标,打造成为世界一流的国际消费经济圈。

二、要素集聚,打造具有全球影响力的国际科技创新中心

根据《纲要》对粤港澳大湾区打造成为具有全球影响力的国际科创中心的定位,未来粤港澳大湾区将集聚包括高端创新型人才、最新科技成果和顶尖创新型企业的全球科技创新资源,形成以创新为主要动力的开放型经济体系。为实现此目标,一方面,粤港澳大湾区要全面融入科技的国内大循环中,充分利用国内超大规模技术需求市场所带动的技术应用规模经济效应,以及由国内需求多样性引致的科技创新迭代周期缩短效应,激发创新活力,不断提高科研成果转化效率,形成科技创新转化加速器功能;另一方面,要紧跟世界产业和科技发展前沿,不断优化跨区域创新合作发展模式,同时要创新体制机制,稳步推进全面创新改革试验,破除阻碍创新要素自由流动的制约因素,搭建多层次、多领域国际科技创新平台,抢占全球关键核心技术制高点,建成全球科技创新高地。

（一）推进科技创新走廊建设，打造国内科创引领区和实验区

目前，广东省80%高科技企业聚集广深科技创新走廊。依靠广州丰富的高校科研资源和深圳的创新力量，依托深圳、广州等珠三角城市的高科技发展和互联网创新能力，叠加香港、澳门相对发达的金融服务业，粤港澳大湾区将不断探索有利于创新要素跨境高效流动的政策举措，推动科技创新成果落地到产业、转化到商业，将以完整的创新孵化、培育转化、市场化应用链条来驱动大湾区科技产业实现变革。

到2023年，粤港澳大湾区将通过国家新一代人工智能创新发展试验区建设，充分发挥人工智能在基础设施、科教资源和应用场景等方面的优势，打造一批有影响力的人工智能创新高地，并通过开展人工智能政策试验以营造有利的制度环境、开展人工智能社会实验以探索政府治理的新手段和新模式。同时，大湾区将全面融入科技的国内大循环，充分利用国内超大规模技术需求市场所带动的技术应用规模经济效应，以及由国内需求多样性引致的科技创新迭代周期缩短效应，激发创新活力，不断提高科研成果转化效率，形成科技创新转化加速器功能。不断提升产业智能化水平和国际竞争力，把粤港澳大湾区打造成人工智能与数字经济技术创新策源地、集聚发展示范区、开放合作重点区和制度改革试验田。

未来粤港澳大湾区各主要城市将在科技创新领域深化合作，携手共创"广州—深圳—香港—澳门"科技创新走廊。香港主要依托智慧城市维度推进数字经济领域的科技变革；澳门以中医药维度推进医药科技变革；深圳以新一代信息技术为主实现科技变革的"一枝独秀"；广州则背靠广东省及泛珠三角地区，通过链接四市创新平台、跨境合作实验室、粤港澳高校协同等创新机制，推动科创成果应用。

香港利用创新科技应对城市发展挑战，提升其地区竞争力及创造优质就业机会，并遵循八大方向加强科创发展，具体包括"增加研发资源、汇聚科研人才、提供创投资金、提供科研基建、加强科普教育、改变采购制度、开放政府数据以及检视现行法律和法规"等举措。香港本地科技创新基础设施的建设完成,也将为科技创新提供良好支撑。例如,落马洲河套区"港深创新及科技园"的基建工程已于 2018 年 6 月开动。而"创新斗室"人才公寓,以及将军澳工业园的"数据技术中心"和"先进制造业中心"也会相继完成。香港将继续致力于推动科技创新内联外通,深度融入"一带一路"和粤港澳大湾区建设,保持香港科技创新持续发力。

澳门,作为一个人口占湾区 1%、经济总量占湾区总量 3% 的细小经济体,通过发挥区域中医药产业优势,先行先试,逐渐探索在大湾区中独特的价值。澳门拥有中药质量研究国家重点实验室和世界卫生组织传统医药合作中心,对开拓海外中医药市场具有非常大的战略意义。

深圳,经过 40 多年的发展逐渐形成了独特的新一代信息技术产业优势,"互联网+多产业融合"是其重要支柱。其中,华强北是全球著名的信息科技创新创业中心,以华为、腾讯等为代表的信息科技企业闻名全球,这都是深圳参与大湾区科技变革的重要抓手。

广州,集合全省大量的经济、产业、人才优势,科技成果应用潜力大。其以国家自主创新示范区建设为依托,以广深港澳科技创新走廊(广州段)为主轴,统筹整合各类科技园区,形成"四核心一枢纽二十节点"的创新空间布局。

未来,粤港澳大湾区将陆续形成一系列定位鲜明、独具特色的科技产业集聚区,如顺德机器人谷、潼湖科技小镇、深圳超算中心、国家基因库生命大数据平台等。

(二)统筹利用全球科技创新资源,打造国际创新生态圈

粤港澳大湾区有望在 5 年内成为世界第一湾区,整体在科技发展的基础、应用、孵化转化方面具备完备的产业链基础,各城市间协作互补性较强,战略性新兴产业、科技研发产业集群、科技服务业、高端制造业的技术升级与应用前景广阔,科技研发产业的体量将进一步提升。粤港澳大湾区在科技创新平台、高新技术企业数量、科技创新投入(R&D 经费)占 GDP 比重、科技成果转化数量

等指标全国领先,是中国科技研发聚集的规模最大的载体。

科技创新平台方面,截至 2019 年,粤港澳大湾区有 3 个国家创新型城市,1 个国家自主创新示范区,25 个国家工程研究中心,608 家科技企业孵化器,109 家省级新型研发机构。科技创新主体方面,截至 2019 年,粤港澳大湾区拥有 200 多万在校大学生,200 多家高校和科研院所,4.6 万家高新技术企业,上市企业研发投入金额 TOP10 的腾讯、中兴、美的等,以及未上市的华为等科技研发主体。粤港澳大湾区 11 个城市科技创新投入(R&D 经费)占 GDP 比重均值超过 7%。科创成果转化方面,粤港澳大湾区具备国际水平的创新基础,科技研发、转化能力不俗,大湾区东岸(深圳、东莞、惠州)科技研发专利年均增长率全国顶尖,创新创业的成效非常明显。

如何以创新生态圈集聚国际上更多的创新资源,培育更强的创新能力,打造更高影响力的国际科技创新中心,是整个粤港澳大湾区提质扩容增效发展的核心命题。粤港澳大湾区要加快创新资源整合载体建设,通过从不同领域、不同层次、不同模式整合国际多元创新资源,并借助与全球产业链、创新链和价值链的协同互嵌,形成内部要素的关联互动以及本身与外在环境的交互作用,最终打造成互补共生的创新生态体系。具体而言,粤港澳大湾区应强化谋划和布局创新生态圈所需要的产业空间与各类平台建设,通过加大政策扶持与财政投入,引领中国产业以大湾区为据点,参与全球中高端价值链竞争,创新跨地区的科技创新制度建设,在现有教育资源、科技资源、产业资源基础上,加快以项目、机构、平台和园区为主的创新资源载体建设,加速海外人才、资金与技术等要素的流入,形成良好的国际创新氛围和国际科技转化市场。

三、内外联通,打造具有全球先进国际综合交通枢纽

商贸物流到人文交流的发展,需要通过交通全面互联互通实现物理距离折叠。多元交通枢纽将成为下一步粤港澳大湾区经济发展的强大引擎。为加速粤港澳大湾区内不同区域的交通体系、通信网络的一体化程度,实现大湾区内

部人才、商品、资金、信息、技术等要素资源的自由流通,粤港澳大湾区将重点推动高铁、高速公路、码头、机场、城市轨道、网络电缆、工业互联网、物联网等基础设施的互联互通,打造具有全球先进国际综合交通枢纽。

(一)打造便捷城际交通,畅通国内市场要素流动

粤港澳大湾区将借助现代综合交通运输体系进一步强化区域内各大城市的交通联系,促进市场要素畅通流动。依托香港、澳门、深圳、广州等国际航运中心的优势,共建世界级空港群和港口群,同时推动高速公路、铁路、城市轨道交通等各种运输方式无缝衔接,实现粤港澳大湾区便捷高效交通圈。

从世界级城市群发展经验上看,它们大多拥有由高速公路、高速铁路、航道、运输管道、通信干线、电力输送网体系所构成的基础设施网络,而发达的铁路、公路设施则构成了城市群空间结构的联结枢纽。粤港澳大湾区也将进一步推动城市内外交通连接以实现便捷快速的城际交通,通过共同推进包括港珠澳大桥和广深港高铁等重大跨界交通工程的建设,打造便捷区域内交通圈。继广深港高铁和港珠澳大桥等重点项目之后,虎门二桥、深中通道的开通,广州至中山、广州至深圳的地铁以及莞深城轨的建成通车将更进一步推动港澳与内地的资源整合和要素流动,有利于加速推进粤港澳大湾区整体发展。届时,交通的便利将大大降低商品贸易交流的运输成本和商旅成本,粤港澳三地的货物往来以及人员交流将更为密切,这将进一步使资金流和信息流顺畅无阻,也必然推动内地与港澳规则及制度对接,助力大湾区形成整体融合的发展大局,给大湾区带来建设指数级的增长。

(二)推进基础设施立体式对外联通,助力经济外循环

对标世界级湾区的发展路径,经济融合发展是以基础设施互联互通为前提的。粤港澳大湾区将进一步破除生产要素自由流通的障碍,全方位、立体式实现基础设施互联互通,将高效整合港口、机场等交通运输资源,研究建设一批支线机场和通用机场,形成合力,使大湾区内外的人流、物流更加畅通等。在使对

外联系通道畅通方面,建成方便快捷、通关便利、海陆空全方位发展的国际运输枢纽中心,包括世界级国际航运中心和物流中心,以广州、深圳、香港三核组成海港与空港群,联动周边港口,组成粤港澳大湾区国际航运联盟。目前,粤港澳大湾区海陆空对外通道已基本成网,客运、货运总量占全国比重均超过35%。而随着国家双循环战略的推进,对外开放水平不断提高,相关贸易港口及交通基建领域将会持续受益,现代国际物流枢纽中心初步形成。

　　未来,粤港澳大湾区将建成覆盖全省、辐射全国、连通世界的现代化交通运输体系,有望带来国际人流、物流、资金流、信息流的加速流动,吸引和汇聚全球资源,进一步促进经济外循环,形成具有全球吸引力和影响力的大市场,有效激发粤港澳大湾区经济增长活力。

四、科学布局，打造具有国际竞争力的现代产业体系

　　粤港澳大湾区拥有雄厚的制造业基础,有300多个具有特色的产业集群,产业生态系统链条完整,产业链上下游分工专业化程度高,拥有大量高新技术产业、先进制造业和现代服务业,兼具许多不同的传统制造业,同时创造了人工智能、工业互联网等先进技术与传统工业结合的产业基础。未来粤港澳大湾区将推进传统产业在国内的梯度转移,扎实推进生物技术、高端装备制造等新兴产业和现代服务业,着力促进物流、金融、研发、信息技术等生产性服务业的发展,重点培育智能机器人、5G和移动互联网等重大产业项目,提升其在全球价值链的位势。

（一）加快传统产业在国内的梯度转移，大力发展先进制造业

　　粤港澳大湾区将在国家相关政策的协调下,加快传统产业在国内的梯度转移,实现由传统制造业向先进制造业全面转型升级。传统产业可以通过向上游价值链发展,提高自身的竞争力。例如,在产业链分工上,粤港澳大湾区可以将传统产业的制造工厂向中西部转移,而将总部和研发中心保留在大湾区。传统

产业除了外迁之外,通过技术改造传统产业,提高传统产业的核心竞争力也是大湾区实现产业升级的一个重要途径。例如,在美日贸易摩擦时,日本为了缓解贸易摩擦对纺织业的冲击,其纺织企业向国外积极引进先进技术,推动合成纤维技术、尼龙技术、聚酯类纤维技术等技术改造,努力提升产品竞争力。如今在互联网时代,要推动互联网和传统实体经济深度融合,通过"智能制造+传统产业"融合的模式,增强传统产业核心竞争力,集中力量在高端环节形成新优势。以纺织业为例,粤港澳大湾区可以推动纺织服装等行业与新技术、新材料、文化等元素进行融合,发展智能、个性化的中高端产品,构建以广州、深圳为核心的创新创意中心,提高传统纺织业的竞争力。

粤港澳大湾区各城市要加大对先进制造业的支持,引领企业向高新技术制造业发展,以领先的技术优势在全球经济中扮演创新引领者的角色,并将科研成果与高新技术产业转化为竞争优势。基于现有的工业基础和产业分工,粤港澳大湾区各市应建立合作共赢的协同机制,根据各市的比较优势大力发展技术密集型先进制造业,重点发展和培育的优势产业。在产业的区域布局方面,珠江东岸以电子信息产业为主,珠江西岸以先进装备制造产业为主,各城市发挥各自细分领域优势,打造以广州、深圳为重点的电子信息产业集群;以广州、深圳、佛山为重点的智能汽车产业集群;以珠海、佛山为重点的智能家电产业集群。通过城市间的互相协作、政策支持来增强整体核心竞争力,抢占世界高端制造业制高点,打造具有国际影响力的高端制造业中心。

(二)着力推进新兴产业和现代服务业,提升粤港澳大湾区在全球价值链的位势

粤港澳大湾区是国内产业体系最丰富的经济区域,产业覆盖面较宽,其经济具有较强抗风险能力与发展的韧性。近年来,粤港澳大湾区在新一代互联网、大数据、智能制造领域的发展势头较好,未来将进一步培育壮大新一代信息技术、高端装备制造、海洋经济等新兴产业,依托现有高新技术产业与传统产业融合的优势,提升传统产业的发展质量,推动粤港澳大湾区产业集群协同发展。

第三产业在粤港澳大湾区的经济地位举足轻重，为实现服务业的优化升级，从以生活性服务业为主逐渐过渡到以生产性服务业为主。粤港澳大湾区应依托港澳现代服务业优势，加大珠三角与港澳的合作力度，引进港澳现代服务业，推动港澳服务业更好地服务于珠三角地区，构建优势互补、协同发展的现代服务业体系。同时，大力发展航运物流、会议展览、旅游、会计审计、健康服务、法律服务等专业服务，加强大湾区服务产业合作，有序推进市场开放，推动提升其在全球价值链的位势。

五、以人为本，打造宜居、宜业、宜游的生态文明生活圈

粤港澳三地民俗同宗、文化同源、优势互补，具有多层次、全方位合作的先天条件。随着三地间基础设施的日益联通，人才壁垒、知识产权壁垒、技术壁垒和制度壁垒等一系列市场壁垒被逐步打破，粤港澳大湾区将实现市场一体化，继而更进一步发扬其先行先试精神，促进国内外高端人才在大湾区集聚并自由流动。《纲要》提出将粤港澳大湾区建成宜居、宜业、宜游的生活圈。为取得实质性成效，形成对国内外高端人才的虹吸效应，实现对构建"双循环"新发展格局的人才支撑，应做到以人为本，凝心聚力，以民众的学习、就业、创业、生活关注点为建设落脚点，全面深化内地与港澳的合作。同时，还应厘清经济发展与生态化、绿色化健康发展的关系，提升城市治理水平与公共服务能力。

（一）全面深化内地与港澳的合作，吸引国内外高端人才

粤港澳大湾区建设是贯彻"一国两制"实践的新探索，通过不断深化内地和港澳互利共赢的合作，为港澳经济社会发展注入新动能，推动港澳保持长期稳定繁荣。香港、澳门经济社会发展中积累了一些问题。比如由于人口多、土地少，青年人工作和住房压力大。依托内地的空间和发展机会，全面深化内地与港澳的合作，将为港澳居民提供更多机会到内地生活和创业，拓展港澳居民的发展空间，吸引更多国内外高端人才集聚大湾区。未来，粤港澳将进一步落实

内地与香港、澳门的 CEPA 协议,通过放开就业市场和房地产市场,鼓励港澳青年到内地学校就读,鼓励港澳居民到内地国有企事业单位任职,通过标准对接和资质互认创造良好的制度环境,吸引更多港澳同胞到内地旅游、就业、创业、养老等,对港澳在金融、教育、物流航运、法律、建筑等领域实施更为开放的措施,推进港澳和内地之间更为密切的经济往来和民间交流,促进城市间互联互通,实现三地的融合发展。

粤港澳大湾区将进一步加强人才国际交流合作,实行更为开放有效的高端人才引进政策,营造更具吸引力的人才环境,为国际化高端人才流动提供便利条件,充分激发高技术人才参与粤港澳大湾区建设的积极性。与此同时,粤港澳大湾区还需继续完善国际化人才培养模式,造就一批能够培养出能把握国际大势、善于统筹协调的领军人才的教育机构,培养一批创新思维活跃、勇于担当的国际级顶尖人才。

(二)提高城市治理和公共服务能力,打造高质量生活圈

粤港澳大湾区内机场、港口、高铁、高速公路等交通运输密集便利,伴随广深港高铁和港珠澳大桥等一系列重大工程的开通,粤港澳三地的居民往来将更为便捷自由,这将有效缓解港澳资源紧张的现状,维护港澳社会经济的繁荣稳定。同时,粤港澳大湾区通过持续推进 5G 基站、大数据、人工智能和物联网等重大新型基础设施与配套工程的建设,实现大湾区内智能化管理,提升智慧城市治理水平。在加快对港澳居民在粤国民待遇政策实施的基础上,通过构建国际化教育基地、建立健全就业创业服务体系等措施,提高社会管理和公共服务能力,增加优质公共服务产品供给;通过大力发展教育、养老、休闲旅游、文化娱乐等服务业,不断提高居民的生活水平和质量;通过加快城际交通互联互通,提升交通智能化管理水平,实现大湾区一小时生活圈,从而缩短劳动力通勤时间,提高居民跨城出行效率,扩大居民活动范围,助推经济内循环,形成大湾区内多元丰富的高质量生活圈。

（三）持续改善生态环境质量，建设绿色美丽湾区

建设绿色发展体系，推进共建绿色低碳健康城市群，打造生态安全、环境优美的绿色湾区是《纲要》提出的战略定位。目前，粤港澳大湾区已初步构建绿色生态新格局。珠三角地区实现了"国家森林城市"全覆盖，绿色生态水网在大湾区越织越密，建立了湿地保护分级体系，形成山体、水体、水鸟生态廊道的共生系统，为珍稀野生水鸟提供更多的栖息地。有效推进环境综合治理，空气质量持续改善，蓝天白云成为粤港澳大湾区城市的美丽风景。同时，珠江三角洲水资源配置工程全面开工建设。水是生命之源、生态之基，只有落实珠三角及港澳供水安全才能保障粤港澳大湾区的持续发展。粤港澳大湾区全面实施最严格水资源管理制度，规范珠江水资源统一调度管理，通过加强粤港澳水资源、水科技合作交流和环境风险防控工程建设，落实珠三角水资源配置工程，加快推进东深供水工程保障对港供水，启动对澳门第四供水管道建设，保障珠三角以及港澳供水安全。

未来，粤港澳大湾区将继续秉持绿色低碳发展理念，推动大湾区群众共享生态文明成果，推进环保机制创新，形成共建、共治、共享的绿色发展新格局。加快建设粤港澳大湾区环境科学实验室，完善粤港澳环保交流合作机制，探索碳排放权交易试点，有效应对粤港澳大湾区气候变化和生态环境保护等重大问题；变革传统生产方式，大力发展绿色清洁能源，创新绿色低碳发展模式，推动建立大湾区绿色产品标准和认证制度；推崇和引导低碳生活方式、消费方式，实现绿色循环发展。一个绿色健康的美丽大湾区正在加速形成。

六、制度衔接，打造高质量的全面开放新格局

当前世界面临"百年未有之大变局"，贸易保护主义和单边主义抬头，逆全球化思潮兴起，国际社会秩序发生变化。未来，经济全球化和国际经济合作仍将是世界经济发展的必然趋势。在此大背景下，中国面临开放再定位的问题，只有推动更高水平的开放，全面深化制度改革，加强与其他国家和地区的制度

衔接,以规则开放引领我国对外开放,充分参与国际竞争与合作,才能助推形成高质量的全面开放新格局。在"一国、两制、三关税区、三法系"的特殊背景下,粤港澳大湾区建设是新时代推动形成全面开放新格局的新尝试,是中国全面参与国际经济合作、加快同国际高标准对接、以规则开放引领对外开放的一面鲜明旗帜,更是中国构建国内国际双循环新发展格局中的重要支点。

(一)全面深化制度改革,打破国内经济大循环阻点

粤港澳大湾区引领构建更高水平开放新格局的关键在于建设能够吸引全球生产要素的体制机制和充满活力的需求市场。目前,构建"双循环"新发展格局面临许多堵点,国民经济循环不畅。例如,实体经济供给结构失衡,有效需求不足;产业链供应链竞争力不强;城市和农村双向流动机制有待完善等。打通这些堵点的关键就在于持续深化改革。具体而言,在供给侧,粤港澳大湾区将继续深化供给侧结构性改革,抓紧落实要素市场化改革,增强要素的流动性,激活沉淀资源并配置到更加需要的市场,提高资源配置效率。通过推动科技成果转化的产权激励机制改革,增强企业创新能力;通过营造公平竞争环境,推动产业技术变革,培育国内可替代的供应链,推动短板产品国产可替代,提高产业链供应链的稳定性和竞争力;通过深化金融改革,落实注册制,为企业提供便利的上市通道;通过推动贸易自由化和投资便利化,不断优化营商环境,吸引全球优质生产要素流入并参与到国内经济循环活动中来。在需求侧,以扩大和升级内需为战略支点,深化分配制度改革,充分激发巨大的内需潜力。同时粤港澳三地联手,通过发挥港澳的国际桥梁作用挖掘更多的国际合作机会和平台,通过开展跨国并购支持大湾区优质企业走出去,通过提升全球营销策略把更多的优势产品推向国际市场,拉动国际市场对国内产品的需求,以增强企业的国际竞争力,反哺国内经济大循环。

(二)打造以规则开放引领我国对外开放的鲜明旗帜

粤港澳大湾区将以集成性制度创新引领对外开放,以高水平开放促进全面改革。粤港澳大湾区作为"全面深化改革开放试验区"和解决我国经济发展中

深层次体制性问题的试验田，以高度开放倒逼全面改革，推动我国治理体系和治理能力现代化。

中国对外开放从商品贸易阶段到要素流动阶段，再到制度型开放新阶段，与国际规则接轨历程也从初期的学习借鉴国外先进技术和管理经验阶段，到逐渐熟悉国际经贸规则阶段，再到构建开放型经济新体制的阶段，开放程度越来越高，以制度创新对接国际规则的深度和广度前所未有。通过在贸易、投资、金融、税收等方面的制度创新，粤港澳大湾区正在逐步对接国际经贸和金融市场规则，打造代表世界最高水平开放形态的湾区和城市群。粤港澳三地致力于包括国际标准、法律法规和政府行为三方面的对接，以推动三地在有序高效的规则体系下实现共赢发展。具体而言，在国际标准方面，港澳在市场监管和市场准入方面已与国际接轨，大湾区其他城市要做好与港澳两地标准的对接工作；在法律法规方面，粤港澳三地要在秉承求同存异、先易后难的原则基础上，加快在刑法司法协助、民商法司法协助、争议解决等方面探索出一套完整、有效的合作新机制；在政府行为方面，应先尽快打破珠三角内部行政藩篱，从省级层面建立固定联系机制，形成统一市场，继而与港澳做好政府行为的对接，三地行政长官和有关部门负责人要共同参与建立机制。

开放带来进步，开放带来繁荣。粤港澳大湾区从策划之日起便以放眼全球、对标世界为起点，开放性和国际性是其与生俱来的属性。凭借开放的体制机制、现代化的经济体系、发达的国际交通枢纽布局、高效的资源配置能力以及强大的对外辐射效应，粤港澳大湾区将成为牵引我国乃至全球经济和技术发展的重要增长极。

以上的 6 个战略定位相辅相成，共同勾勒出粤港澳大湾区成为国际一流湾区和世界级城市群的建设蓝图。展望未来，粤港澳大湾区将以全新姿态，全面对接国际标准，全方位导入国际高端资源，全力打造"双循环"新发展格局样板。粤港澳大湾区城市群将成为全球资源配置的新高地、中国对外开放的最前沿，继续发挥其作为新时代中国发展的经济"主引擎"作用。

参考文献

[1] 艾德洲.服务"一带一路"政策沟通的粤港澳湾区联动发展研究[J].当代经济管理,2016,38(11):35-39.

[2] 安宁,马凌,朱竑.政治地理视野下的粤港澳大湾区发展思考[J].地理科学进展,2018,37(12):1633-1643.

[3] 安树伟,闫程莉.沿海三大城市群产业协作效果评价与比较[J].河北学刊,2017,37(5):144-150.

[4] 澳门特别行政区政府统计暨普查局.澳门经济适度多元发展统计指标体系分析报告(2018年)[R/OL].(2019-12-13)[2021-01-10].澳门特别行政区政府统计暨普查局官网.

[5] 巴曙松,白海峰,胡文韬.粤港澳大湾区金融机构协同发展策略[J].开放导报,2019(4):59-64.

[6] 蔡赤萌.粤港澳大湾区城市群建设的战略意义和现实挑战[J].广东社会科学,2017(4):5-14.

[7] 曾少聪.美国华人新移民与华人社会[J].世界民族,2005(6):45-52.

[8] 昌道励.跨境电商产业红利 外溢至整个珠三角[N].南方日报,2020-05-09(A03).

[9] 陈朝萌.粤港澳大湾区港口群定位格局实证分析[J].深圳大学学报(人文社会科学版),2016,33(4):32-35,41.

[10] 陈德宁,郑天祥,邓春英.粤港澳共建环珠江口"湾区"经济研究[J].经济地理,2010,30(10):1589-1594.

[11] 陈广汉,刘洋.从"前店后厂"到粤港澳大湾区[J].国际经贸探索,2018,34(11):19-24.

［12］陈杰,刘佐菁,苏榕.粤港澳大湾区人才协同发展机制研究——基于粤港澳人才合作示范区的经验推广［J］.科技管理研究,2019,39（4）：114-120.

［13］陈俊宇.魏晋南北朝广州政区沿革及刺史考述［J］.广西地方志,2016（5）：41-47.

［14］陈柳钦.基于新经济地理学的产业集群理论综述［J］.湖南科技大学学报（社会科学版）,2007（3）：42-48.

［15］陈倩媚.粤港澳大湾区金融合作制度创新：理论基础与研究框架［J］.中国中小企业,2019（8）：214-215.

［16］陈晓翔,丁晓英.用 FY-1D 数据估算珠江口海域悬浮泥沙含量［J］.中山大学学报（自然科学版）,2004,43（Z1）：194-196.

［17］崔霞.人民至上,打造民生幸福标杆［N］.深圳特区报,2020-08-20（A01）.

［18］单菁菁,张卓群.粤港澳大湾区融合发展研究现状、问题与对策［J］.北京工业大学学报（社会科学版）,2020,20（2）：1-8.

［19］德勤中国全国上市业务组. 2020 年第一季度中国内地及香港 IPO 市场回顾与前景展望［R/OL］.（2020-04-03）［2021-01-10］.德勤中国官网.

［20］邓大洪.从"特区"到"先行示范区"深圳再担历史新使命［J］.中国商界,2019（10）：14-17.

［21］邓文华.粤港澳大湾区产业协同发展的问题与对策研究［J］.物流工程与管理,2020,42（5）：128,147-148.

［22］杜德斌.全球科技创新中心：世界趋势与中国的实践［J］.科学,2018,70（6）：15-18.

［23］杜宪兵."恋旧"与"洋化"：纽约唐人街美国华人的民俗生活与文化认同［J］.民俗研究,2009（1）：234-245.

［24］樊纲.深圳：继续发挥特区作用重在全方位先行先示范［J］.开放导报,

2020(4)：7-8.

[25] 佛山市人民政府办公室. 2020 年佛山市政府工作报告［R/OL］.（2020-06-24）［2021-01-10］.佛山市人民政府官网.

[26] 复旦大学中国经济研究中心.粤港澳大湾区外商资本和科技创新研究报告［R/OL］.（2019-06-10）［2021-01-10］.复旦发展研究院官网.

[27] 符文颖.基于历史制度分析的珠江三角洲非国有经济演化［J］.地理研究,2018,37(7)：1334-1348.

[28] 高惠冰.略论秦汉时期广东的初步开发［J］.华南师范大学学报(社会科学版),1993(3)：110-116.

[29] 耿书培.粤语流行歌曲中的身份认同——以歌词中的城市意象和地点置入为例分析［J］.文化创新比较研究,2017,1(2)：116-117,123.

[30] 关伟嘉,陈坤,陈建平.海上丝绸之路与广东船舶发展演进研究［J］.产业与科技论坛,2020,19(4)：96-97.

[31] 广东省环境保护产业协会.广东省环保产业 2019 年上半年发展情况调研报告［R/OL］.（2019-11-16）［2021-01-10］.环保在线网.

[32] 广东省统计局人口和就业统计处. 2019 年广东人口发展状况分析［R/OL］.（2020-04-28）［2021-01-10］.广东统计信息网.

[33] 东莞市人民政府. 重磅!《东莞市建设广东省制造业供给侧结构性改革创新实验区实施方案》印发［EB/OL］.（2020-03-12）［2021-01-10］.东莞市人民政府官网.

[34] 中华人民共和国国家发展和改革委员会. 珠江三角洲地区改革发展规划纲要(2008—2020 年)［EB/OL］.（2009-01-08）［2021-01-10］.中华人民共和国国家发展和改革委员会官网.

[35] 广州市人民政府地方志办公室. 广州地方志事业志(1984—2014)［M］.广州:广东人民出版社,2015.

[36] 广州市社会科学院. 广州农村发展报告(2017)［M］.北京:社会科学文

献出版社,2017.

[37] 郭佳媛.粤语流行歌曲 20 年(1983—2003)[J].中国民族博览,2019
(24)：158-159.

[38] 何海巍.香港电影与岭南地域文化传播研究[J].当代电影,2019(8)：
173-176.

[39] 何立峰.支持深圳加快建设中国特色社会主义先行示范区　努力创建
社会主义现代化强国的城市范例[J].宏观经济管理,2019(11)：1-2,6.

[40] 何涛.广州办企速度世界领先[N].广州日报,2020-05-15(A8).

[41] 陆亚楠.2019 年我国 GDP 近百万亿元,增长 6.1%——人均 1 万美元,
了不起[N].人民日报,2020-01-18(4).

[42] 洪晓霓.改革开放初期粤港经济关系的历史考察[J].广东党史与文献
研究,2019(6)：23-32.

[43] 侯月祥.宋代广东志书与岭南文化[J].广东史志,1995(4)：22-30.

[44] 黄滨,张斌.宋至明清广东经济发展从边缘到重心的嬗变廓见[J].广州
大学学报(社会科学版),2016,15(2)：84-91.

[45] 黄滨.明清珠三角城市群繁荣与广东粤西海岸"海丝之路"的织结[J].
深圳大学学报(人文社会科学版),2015,32(6)：151-155.

[46] 黄朝翰,李江帆.CEPA 对粤港经济影响探讨[J].现代城市研究,2004,
19(7)：28-33.

[47] 黄鸿钊.明清时期澳门海外贸易的盛衰[J].江海学刊,1999(6)：
118-132.

[48] 黄启臣.广东海上丝绸之路史[M].广州：广东经济出版社,2003.

[49] 黄群慧,王健.粤港澳大湾区：对接"一带一路"的全球科技创新中心
[J].经济体制改革,2019(1)：53-60.

[50] 黄群慧."双循环"新发展格局：深刻内涵、时代背景与形成建议[J].北
京工业大学学报(社会科学版),2021,21(1)：9-16.

[51] 黄永福.我国物流业高质量发展问题研究——基于粤港澳大湾区物流业发展的分析[J].价格理论与实践,2020(4):168-171.

[52] 黄枝连.试论"C>2+2+1:珠江口—粤港澳发展湾区"——全球化区域协作时代的一个"东亚发展范式"[J].中国经济特区研究,2008(1):227-248.

[53] 兰书燕,方翠薇.浅析"一带一路"倡议背景下粤港澳大湾区经济发展策略与路径[J].知识经济,2019(1):31-32.

[54] 兰宜生.探索中国特色自由贸易港的高水平建设路径——海南自贸港建设的机遇、挑战与政策建议[J].人民论坛·学术前沿,2019(22):23-29.

[55] 郎国华. 宋代广东经济发展研究[D]. 广州:暨南大学,2004.

[56] 李红,丁嵩,朱明敏.多中心跨境合作视角下粤港澳湾区研究综述[J].工业技术经济,2011,30(8):3-9.

[57] 李江帆.CEPA 对广东第三产业的影响[J].广东经济,2004(6):38-40.

[58] 李庆新.历史视野下的广东与海上丝绸之路[J].新经济,2014(16):8-13.

[59] 李晓峰.加快生产性服务业与制造业融合促进粤港澳大湾区服务贸易发展[J].广东经济,2018(10):18-21.

[60] 李晓莉,申明浩.新一轮对外开放背景下粤港澳大湾区发展战略和建设路径探讨[J].国际经贸探索,2017,33(9):4-13.

[61] 李新春,檀宏斌.家族企业内部两权分离:路径与治理——基于百年家族企业香港利丰的案例研究[J].中山大学学报(社会科学版),2010,50(4):178-188.

[62] 李艺铭.加快推进粤港澳大湾区城市群产业协同发展——基于与东京湾城市群电子信息产业的对比分析[J].宏观经济管理,2020(9):83-88.

［63］梁廷枏．粤海关志［M］．广州：广东人民出版社，2014．

［64］林贡钦，徐广林．国外著名湾区发展经验及对我国的启示［J］．深圳大学
学报（人文社会科学版），2017，34（5）：25-31．

［65］刘艳霞．国内外湾区经济发展研究与启示［J］．城市观察，2014（3）：
155-163．

［66］刘毅，王云，杨宇，等．粤港澳大湾区区域一体化及其互动关系［J］．地理
学报，2019，74（12）：2455-2466．

［67］刘正刚．广东会馆论稿［M］．上海：上海古籍出版社，2006．

［68］卢佩莹，王波．从区域一体化看融合交通——以粤港澳大湾区和港深广
高铁线为例［J］．地理科学进展，2018，37（12）：1623-1632．

［69］陆剑宝，符正平．海南自由贸易港与粤港澳大湾区联动发展的路径研究
［J］．区域经济评论，2020（6）：130-135．

［70］罗勇．粤港澳区域合作与合作规划的耦合演进分析［J］．城市发展研究，
2014，21（6）：39-45．

［71］马海斌．深化金融对外开放提升粤港澳大湾区服务效能［J］．商业经济，
2020（12）：174-175．

［72］马海涛，黄晓东，李迎成．粤港澳大湾区城市群知识多中心的演化过程
与机理［J］．地理学报，2018，73（12）：2297-2314．

［73］马立博．虎、米、丝、泥：帝制晚期华南的环境与经济［M］．王玉茹，关永
强，译．南京：江苏人民出版社，2010．

［74］马培贵．前海修订境外人才个税补贴政策［N］．深圳特区报，2019-05-
17（A13）．

［75］毛帅．溯源珠江三角洲的形成历史［N］．中国社会科学报，2018-05-04
（5）．

［76］毛艳华，杨思维．粤港澳大湾区建设的理论基础与制度创新［J］．中山大
学学报（社会科学版），2019，59（2）：168-177．

[77] 毛艳华.粤港澳大湾区协调发展的体制机制创新研究[J].南方经济, 2018(12):129-139.

[78] 孟子敏.珠海经济特区的发展历程及路径分析[J].城市观察,2020(4): 36-44.

[79] 穆素洁.全球扩张时代中国海上贸易的新网络(1750—1850)[J].广东 社会科学,2001(6):79-83.

[80] 南沙区融媒体中心.创新不止步!南沙打造大湾区国际科创中心重要 承载区[EB/OL].(2020-04-30)[2021-01-10].广州市南沙区人民政府 官网.

[81] 欧小军.世界一流大湾区高水平大学集群发展研究——以纽约、旧金 山、东京三大湾区为例[J].四川理工学院学报(社会科学版),2018,33 (3):83-100.

[82] 欧阳湘.民国时期广东对港澳市场的出口供应述论[J].当代港澳研究, 2017(4):67-96.

[83] 潘捷,张守哲.改革开放以来粤港澳金融合作方式:回顾与展望[J].国 际经贸探索,2014,30(9):49-60.

[84] 潘苏,种照辉,覃成林.基于先进生产性服务业的粤港澳大湾区城市网 络演化及其影响因素[J].广东财经大学学报,2019,34(1):103-112.

[85] 潘圆圆.澳门对接"一带一路"和粤港澳大湾区的机遇及建议[J].宏观 经济管理,2019(10):79-83,90.

[86] 潘圳.深圳先行示范区:为新时代改革开放探索新路[N].社会科学报, 2019-09-26(1).

[87] 裴广一,黄光于.海南自贸港对接粤港澳大湾区:理论基础、战略构想与 合作方向[J].学术研究,2020(12):98-104.

[88] 裴广一,黄光于.海南自贸港对接粤港澳大湾区:协调机制创新与实施 路径[J].经济体制改革,2020(5):52-58.

［89］裴广一.海南建设自贸港背景下琼粤港澳合作机制与路径探析［J］.海南大学学报(人文社会科学版),2019,37(5):43-50.

［90］彭泽益.清代广东洋行制度的起源［J］.历史研究,1957(1):1-24.

［91］齐冠钧.澳门经济适度多元化发展研究——基于《粤港澳大湾区规划纲要》的视角［J］.国际经济合作,2019(2):43-51.

［92］钱泳.履园丛话［M］.北京:中华书局,1979.

［93］清华大学经济管理学院互联网发展与治理研究中心,LinkedIn(领英)中国.粤港澳大湾区数字经济与人才发展研究报告［R/OL］.(2019-02-23)［2021-01-10］.清华大学经济管理学院官网.

［94］邱捷.近代广东商人与广东的早期现代化［J］.广东社会科学,2002(2):75-82.

［95］邱凯付,陈少杰,罗彦.治理视角下深圳都市圈协同发展探索［J］.规划师,2020,36(3):24-30.

［96］任思儒,李郇,陈婷婷.改革开放以来粤港澳经济关系的回顾与展望［J］.国际城市规划,2017,32(3):21-27.

［97］申勇,马忠新.构筑湾区经济引领的对外开放新格局——基于粤港澳大湾区开放度的实证分析［J］.上海行政学院学报,2017,18(1):83-91.

［98］深圳市教育局社会力量办学管理处.深圳再增10所学校与香港学校缔结姊妹学校［EB/OL］.(2018-12-04)［2021-01-10］.深圳市教育局官网.

［99］广东省高级人民法院.法治护航深圳特区全周期发展［EB/OL］.(2020-08-28)［2021-01-10］.网易网.

［100］深圳市水务局.深圳出台水污染治理决战年工作方案 今年计划完成水污染治理投资近500亿元［EB/OL］.［2019-02-19］［2021-01-10］.深圳市政府官网.

［101］沈子奕,郝睿,周墨.粤港澳大湾区与旧金山及东京湾区发展特征的比较研究［J］.国际经济合作,2019(2):32-42.

［102］司徒尚纪,许桂灵.中国海上丝绸之路的历史演变［J］.热带地理, 2015,35(5)：628-636.

［103］司徒尚纪.明代广东农业和手工业分布的若干特色［J］.经济地理, 1982(4)：278-282.

［104］宋永华.回归 20 年澳门高等教育大发展［EB/OL］.(2019-12-16) ［2021-01-10］.中国教育新闻网.

［105］苏振东,赵文涛.CEPA：粤港贸易投资自由化"预实验"效应研究—— 兼论构建开放型经济背景下对广东自贸区建设的实证启示［J］.世界 经济研究,2016(9)：118-134.

［106］眭文娟,张昱,王大卫.粤港澳大湾区产业协同的发展现状——以珠三 角 9 市制造业为例［J］.城市观察,2018(5)：24-30.

［107］孙佳山.粤港澳大湾区的文化挑战——以回归前后的香港电影为线索 ［J］.广州大学学报(社会科学版),2018,17(12)：47-52.

［108］孙久文,夏添,胡安俊.粤港澳大湾区产业集聚的空间尺度研究［J］.中 山大学学报(社会科学版),2019,59(2)：178-186.

［109］覃成林,柴庆元.交通网络建设与粤港澳大湾区一体化发展［J］.中国 软科学,2018(7)：71-79.

［110］谭刚.深圳建设中国特色社会主义先行示范区发展目标研究［J］.特区 实践与理论,2019(5)：68-74.

［111］谭建光.粤商发展历史简论［J］.广东商学院学报,2007(6)：42-45.

［112］涂成林,苏泽群,李罗力.中国粤港澳大湾区改革创新报告(2020) ［M］.北京：社会科学文献出版社,2020.

［113］汪灵犀.澳门抢抓"一带一路"建设机遇［N］.人民日报(海外版), 2019-12-19(3).

［114］汪灵犀.澳门中医药产业火了［N］.人民日报(海外版),2020-01-18 (4).

[115] 汪廷奎.两宋广东区域经济及其变化[J].广东社会科学,1996(3):84-93.

[116] 王波.魏晋南北朝商业发展述论[J].南京晓庄学院学报,2012,28(1):33-39,122.

[117] 王方方,李香桃.粤港澳大湾区城市群空间结构演化机制及协同发展——基于高铁网络数据[J].城市问题,2020(1):43-52.

[118] 王伟,朱小川,梁霞.粤港澳大湾区及扩展区创新空间格局演变及影响因素分析[J].城市发展研究,2020,27(2):16-24.

[119] 王先庆.广府商人、潮汕商人与客家商人的比较研究[J].广东商学院学报,2008(5):49-53.

[120] 王友丽,南宁豫.粤港澳大湾区高科技产业供应链协同发展研究[J].国际贸易,2020(6):37-44.

[121] 王跃生,张德修,李树甘.CEPA与新世纪的内地香港经济关系[M].北京:中国发展出版社,2005.

[122] 温红彦,吕绍刚,许晴,等.走在前列　勇当尖兵　写在深圳建设中国特色社会主义先行示范区一周年之际[N].人民日报,2020-08-18(1).

[123] 温柔.广深"双城联动"记[EB/OL].(2020-07-20)[2021-01-10].南方杂志官网.

[124] 吴宏岐.宋代番禺县治所考[J].中国历史地理论丛,2008(1):87-96,121.

[125] 吴翔.司法服务保障粤港澳大湾区法治化营商环境建设的探索[N].人民法院报,2019-08-15(8).

[126] 吴泳成.技术创新链视角下粤港澳大湾区创新系统协同研究[J].山西农经,2020(10):26-27.

[127] 吴云端.粤港经济合作的历史、现状及前景[J].肇庆学院学报,2003

（3）：60-62.

[128] 伍凤兰,陶一桃,申勇.湾区经济演进的动力机制研究——国际案例与启示[J].科技进步与对策,2015,32(23)：31-35.

[129] 向晓梅,杨娟.粤港澳大湾区产业协同发展的机制和模式[J].华南师范大学学报(社会科学版),2018(2)：17-20.

[130] 肖建辉.粤港澳大湾区物流业高质量发展的路径[J].中国流通经济,2020,34(3)：66-81.

[131] 肖卓霖.粤港澳大湾区协同发展视角下产业融合发展机制探讨[J].清远职业技术学院学报,2020,13(4)：29-33.

[132] 谢贵安.明实录研究[M].武汉：湖北人民出版社,2003.

[133] 熊瑶,黄丽.粤港澳大湾区城市网络的时空演化——基于企业组织关系视角[J].世界地理研究,2019,28(5)：83-94.

[134] 徐礼媛,郑重.广州十三行的商业文化特质[J].商业文化,2019(31)：9-19.

[135] 徐奇堂.唐宋时期岭南文化的发展及其原因[J].广州大学学报(社会科学版),2002(1)：65-69.

[136] 许培源,吴贵华.粤港澳大湾区知识创新网络的空间演化——兼论深圳科技创新中心地位[J].中国软科学,2019(5)：68-79.

[137] 严中平,等.中国近代经济史统计资料选辑[M].北京：中国社会科学出版社,2012.

[138] 颜广文.元代广东社会经济发展及民族融合[J].华南师范大学学报(社会科学版),1995(4)：101-108,127.

[139] 耽旭静.广州南沙：致力打造金融业对外开放试验示范窗口[EB/OL].(2019-09-18)[2021-01-10].凤凰网广东.

[140] 杨东晨.论秦汉时期广东与港澳地区的民族与文化[J].嘉应大学学报,2000,18(5)：92-98.

［141］杨东晨.论先秦至秦汉时期岭南的民族及其经济［J］.深圳大学学报
（人文社会科学版）,1994(4)：41-51.

［142］杨洸.广州海上丝绸之路研究综述［J］.广州社会主义学院学报,2017
(2)：74-81,94.

［143］杨阳腾,温济聪. 从跟跑到领跑的高质量发展之路［N］. 经济日报,
2020-08-26(1).

［144］杨英,林典如.论粤港澳经济一体化模式的新发展——深圳前海、珠海
横琴与广州南沙的创新平台差异化分工合作［J］.产经评论,2014,5
(4)：89-95.

［145］叶菲菲.建设中国特色社会主义先行示范区推动深圳高质量发展的探
讨［J］.理论观察,2020(1)：74-76.

［146］叶林,宋星洲.粤港澳大湾区区域协同创新系统：基于规划纲要的视角
［J］.行政论坛,2019,26(3)：87-94.

［147］余欣.推进"一带一路"建设下粤港澳文化交流与合作［J］.城市观察,
2017(5)：143-152.

［148］袁宏舟.浅析香港在粤港澳大湾区建设中的作用［J］.宏观经济管理,
2018(2)：56-60.

［149］詹奕嘉. 深圳前海注册港企数量今一季度增至 12232 家［EB/OL］.
(2020-05-30)［2021-01-10］.新华网.

［150］张才华,叶菁菁.粤港澳大湾区城市建设中的产业协同发展研究［J］.
对外经贸,2019(9)：60-65.

［151］张峰,宋晓娜,董会忠.粤港澳大湾区制造业绿色竞争力指数测度与时
空格局演化特征分析［J］.中国软科学,2019(10)：70-89.

［152］张连城,郎丽华,赵家章,等.城市居民生活质量"总体稳定、稳中有
忧"——2019 年中国 35 个城市生活质量报告［J］.经济学动态,2019
(9)：3-17.

[153] 张龙鹏,刘俊杰.粤港澳大湾区战略性新兴产业政策比较研究[J].科技管理研究,2020,40(22):39-47.

[154] 张日新,谷卓桐.粤港澳大湾区的来龙去脉与下一步[J].改革,2017(5):64-73.

[155] 张彦.粤港澳大湾区背景下政校企协同育人模式构建——基于区域教育联动发展视角[J].中国高校科技,2019(11):62-65.

[156] 张燕.香港电影伦理叙事中的身份认同与国族意识(1949—2019)[J].电影艺术,2019(4):144-150.

[157] 张燚.香港流行歌曲对内地的影响与启示[J].中国文艺评论,2017(6):49-55.

[158] 张应武,朱亭瑜.CEPA促进了香港与内地的服务贸易吗[J].国际经贸探索,2015,31(2):100-112.

[159] 张羽,蹇令香,宓淑婧.粤港澳大湾区产业的协同发展[J].大连海事大学学报,2019,45(3):24-31.

[160] 张振江.早期香港华人流出地试析[J].南方人口,2008(1):11-17.

[161] 张志.有潮水的地方就有潮商[J].潮商,2006(1):34-35.

[162] 张志元.镜鉴中的反思:珠三角发展模式与东北经济振兴[J].社会科学家,2012(1):47-51.

[163] 章利新,王攀,胡瑶.文化舞台上的"澳门身段"[N].人民日报(海外版),2020-02-29(4).

[164] 赵善德.秦汉时期广东的商业贸易[J].广东经济,2003(3):30-32.

[165] 郑晴.从国际湾区发展看香港在粤港澳大湾区发展中的定位[J].现代国际关系,2020(7):51-58.

[166] 郑杨.粤港澳大湾区快速交通网络加速形成[N].经济日报,2019-04-04(10).

[167] 智联招聘.2019年粤港澳大湾区产业发展及人才流动报告[R/OL].

（2019-04-19）［2021-01-10］.智联招聘官网.

[168] 中国地质调查局.粤港澳大湾区自然资源与环境图集［M］.北京：科学出版社,2019.

[169] 钟立国.CEPA框架下粤港澳大湾区建设法律制度的协调与完善［J］.广东财经大学学报,2020,35(5)：89-100.

[170] 钟韵,胡晓华.粤港澳大湾区的构建与制度创新：理论基础与实施机制［J］.经济学家,2017(12)：50-57.

[171] 钟哲."冲一流,补短板,强特色"提升计划成效显现——广东高校百个学科入围ESI全球前1%［N］.南方日报,2020-09-20(A03).

[172] 周灿芳,梁俊芬,黄红星.粤港澳大湾区都市农业建设分析［J］.科技管理研究,2020,40(6)：121-127.

[173] 周国和,谭翀.先行示范区建设的战略意义本质要求和路径原则［N］.深圳特区报,2019-09-03(01).

[174] 深圳发布."深圳都市圈"来了！［EB/OL］.（2020-06-11）［2021-01-10］.搜狐网.

[175] 周任重.论粤港澳大湾区的创新生态系统［J］.开放导报,2017(3)：53-56.

[176] 周仲高,游霭琼,徐渊.粤港澳大湾区人才协同发展的理论构建与推进策略［J］.广东社会科学,2019(6)：91-101.

[177] 朱名宏.广州农村发展报告（2017）［M］.北京：社会科学文献出版社,2017.

[178] BRASSARD F, LEONG C M, CHAN H H, et al. A new subterranean species and an updated checklist of Strumigenys（Hymenoptera，Formicidae）from Macao SAR，China，with a key to species of the Greater Bay Area.［J］. ZooKeys,2020,970:63-116.

[179] CLARKE K C, HOPPEN S, GAYDOS L. A self-modifying cellular

automaton model of historical urbanization in the San Francisco Bay area [J]. Environment and Planning B: Planning and Design, 1997, 24(2): 247-261.

[180] YANG L B. Analysis on the role of green education model of higher vocational education in the background of Guangdong-Hong Kong-Macao Greater Bay Area[J]. International Journal of Education and Management, 2020,5(1): 161-168.

[181] CAI J J, IP K F, EZE C, et al. Dispersion of radionuclides released by nuclear accident and dose assessment in the Greater Bay Area of China [J]. Annals of Nuclear Energy,2019,132(c): 593-602.

[182] TIMMER M P, ERUMBAN A A, LOS B, et al. Slicing up global value chains[J]. Journal of Economic Perspectives, 2014,28(2):99-118.

[183] SCHAFRAN A . Origins of an urban crisis: The restructuring of the San Francisco Bay Area and the geography of foreclosure[J]. International Journal of Urban and Regional Research, 2013, 37(2):663-688.

[184] SHU Y, HARUHIKO G. Location patterns and determinants of knowledge-intensive industries in the Tokyo Metropolitan Area [J]. Japan Acchitectural Review, 2018,1(4):443-456.

[185] SICK N, PRECHITSCHEK N, LEKER J, et al. A new framework to assess industry convergence in high technology environments[J]. Technovation, 2019,84-85:48-58.

[186] TAO F, CHENG Y, ZHANG L, et al. Advanced manufacturing systems: Socialization characteristics and trends [J]. Journal of Intelligent Manufacturing, 2017, 28(5): 1079-1094.

[187] KEEGAN T H M, GOMEZ S L, CLARKE C A, et al. Recent trends in breast cancer incidence among 6 Asian groups in the Greater Bay Area of

Northern California [J]. International Journal of Cancer, 2007, 120 (6) :
1324-1329.

[188] WELCH D, WELCH L, WILKINSON I F, et al. Network analysis of a new
export grouping scheme: The role of economic and non-economic relations
[J]. International Journal of Research in Marketing, 1996, 13 (5) :
463-477.